TOWARD EXCELLENCE

卓越教育 主编

走向卓越

中小学教师专业发展理论读本

（第五卷）

济南出版社

图书在版编目（CIP）数据

走向卓越：中小学教师专业发展理论读本（全6卷）/
卓越教育主编 . — 济南：济南出版社，2016.7
　ISBN 978-7-5488-2232-5

Ⅰ . ①走… Ⅱ . ①卓… Ⅲ . ①中小学—师资培养—
研究 Ⅳ . ① G635.12

中国版本图书馆 CIP 数据核字（2016）第 179282 号

出版发行	济南出版社
地　　址	济南市二环南路 1 号（250002）
印　　刷	山东省东营市新华印刷厂
版　　次	2016 年 7 月第 1 版
印　　次	2016 年 8 月第 1 次印刷
开　　本	710 mm × 1 000 mm　1/16
总 印 张	174.75
总 字 数	3 050 千
印　　数	1-10000 套
总 定 价	598.00 元（全6卷）

目　录

专题十四　教育评价概论

专题十五　教育管理学概论

专题十三

信息技术改变教育

第一章　信息技术改变教育

第一节　数字化信息技术发展的现状与前景

当今时代，科技发展日新月异，以"数字海啸"为特征的信息化浪潮已经席卷全球，正在深刻影响和改造着整个社会。特别是在以知识、信息为基础要素的教育领域，如何搭乘信息化航母驶向一个新的未来，已经成为教育界面临的世界性课题。

我们的世界正被重塑，我们生活和工作的方式正在急剧改变，新的商业和个人机遇正在形成。一波波创新带来了机械化、电气化、动力化和工业革命，技术上先进的产品模型为创新的创业企业带来了生产力的急剧提升以及更高的利润，不可避免的结构变化以及与结构调整相关的挑战将产生新的工业标准、安全条例、知识产权以及教育和相关培训。

一、颠覆性的 IT 创新

例如互联网、社交媒体、移动电话、云计算、大数据、电子商务以及 IT 消费化等已经为世界各地的产品、服务和商业流程带来了转型的效果。杰出的新技术，包括智能微尘、量子计算、脑机交互、无人驾驶汽车以及 3D 打印等，正在成为非离散的、高度相关的事物。虚拟和现实的 IT 世界正被整合，由计算机驱动，更简洁、更智能的制造、医疗保健和建筑环境，预计将会改变长期存在的商业模式和现有的交易模式。

正在进行的数字革命和新的技术经济范式将给组织和个体带来挑战，促使他们重新定义和升级他们的系统，在获取新技能的同时培养新的思维。

新兴的技术和组织创新的传播将会深刻地改变经济结构、人们的职业和技能以及管理系统。与这波数字革命新浪潮相关的重要课题仍然需要更进一步的研究。未来会出现什么样的新工业和商业？工作性质会发生巨大的变更吗？显著的社会变革和动荡会发生吗？人们会寻求新的经济模型吗？

二、IT 趋势：关联

所谓"多种力量的结合"，即社交媒体、移动计算、云计算和信息（大数据）之间的统一和互相增强，在与物联网的结合中不断进化。社交媒体和移动应用提供了一个高效社交和商业行为交互的平台，同时云计算提供了一个便捷廉价的计算和信息传递的基础架构。跨地域联通、无处不在的移动性、工业程度的计算服务和即时访问海量数据的能力正迅速缩小创意和行动之间的距离。我们的世界正被重塑，我们生活和工作的方式在急剧改变。新的商业和个人机遇正在形成，最终会帮助我们连接消费者、病人、雇员和社会成员。

云计算平台能够支撑一系列应用服务，而丰富的应用能够被"瘦客户端"（thin clients，比如移动设备）通过互联网访问。为了与移动设备的多样性保持同步，对员工持有硬件的使用政策必须被彻底地审视、更新和扩展，与此同时，维持保密性和隐私需求的灵活性。现行的只能通过组织所拥有的或管理的设备来访问公司网络的政策应当有所改变，以适应种类不断增长的设备、计算类型、用户所处上下文和交互范式。

随着每个人都有自己的个人云，每个人都拥有私人计算机的想法正在重现。用户可以决定在云上存储什么数据，以及将这些数据分享给谁。他们也能够决定使用什么样的云服务。这将引导数字革命的重心从个人设备转移到个人服务，设备不再是必需的接入口。个人云提供安全的数据存储并通过私人管理的或供应商管理的主机来访问物联网，提供了机器、人和组织的交互方式。通过大规模互联的设备，组织和个人能够访问到与所处环境及自身相关联的海量数据。互联网已经扩展到电脑和移动设备之外的企业资产（比如田间设备和机器人）和消费物品（例如车辆和电视）上。

三、前景和影响

混合云正在演化，它正由内部私有云和公有云服务的整合，转变为私有云和外部私有服务的结合。私有云将会被设计为易于处理未来各项服务的聚集、整合、协同和定制化。企业实现这些云的时候应当做好处理云透支和云爆炸的准备，并准备好充当云服务经纪人的角色。

随着智能机器、认知计算和物联网的出现，人类与机器的关系正在转变。人类和机器将会一起工作，共同用情商和能力来高效快速地处理未知事物，例如肿瘤学家使用 IBM 的沃森计算机来与癌症做斗争。

此外，可穿戴增强设备能增加人类的能力，例如复杂的穿戴设备能够通过生物节奏方面的响应来捕捉用户的感觉。在某些情景下，机器人能够完全替代人类，自动化的物理和精神过程，例如上下文感知的智能虚拟个人助手可以帮助用户做出决定，无人驾驶汽车会自动按需分配到车位，未来的无人机或许能寄送在线订单或扫描是否有鲨鱼来保护在海中游泳的人们。

机器能以更快更廉价的方式来完成人做的事，这会快速摧毁已经确立地位的公司并触发经济的结构变更和调整。虽然机器变得更加智能，我们必须学会如何平衡人类的努力和机器的计算智能；我们并不想让人类失去做决策的权力。

大规模采用 3D 打印技术将推动数字革命，它为生产数字模型和物质产品提供了一个更为普及的方式。3D 打印将通过改良设计和改良原型的方式来帮助减少成本，但是易用性不可避免会损害知识产权，这可能增加经济冲突和政治辩论。

3D 生物打印将会影响社会和个体的生命并产生巨大的商业机会。该技术在打印用于替换的骨骼、组织和器官等领域的重大改进将会降低死亡率，减少器官的等待时间并极大地消除器官兼容的问题。然而，尽管制造活的组织和人类器官很容易，这也会带来一波波关于社会和监管的争辩，例如运动员可能会利用 3D 打印出的肌肉组织来增强他们的表现。此外，更长的生命期望值会导致最佳退休年龄的延长。大趋势研究部门将会以分期专题文章的形式来关注这些技术对正在进行的数字革命的影响。每篇文章都会专注于行业的一个特定部分，聚焦于对该行业和 IT 专业人员有重要影响的突破性技术。文章也会检验该项技术当前的状态、潜在的突破性变化、新商业活动的机会、重要的社会影响和后期采用时不可避免的风险。

第二节　数字化信息技术对教育的影响

　　教育是把人的创造力诱导出来，将生命感、价值感唤醒的育人过程，也是为了达到预定目标（传递前人的思想、经验、知识和技能）而进行的一种文化信息传播活动，依赖于信息传播媒体和一定的传播手段，教育在本质上是一种传播活动，传播媒介的每一次改变都会给教育带来深刻的革命。纵观人类教育发展历史，每个阶段的技术和媒介变革都深深地影响了教育方式的变革。

一、文字和印刷技术对教育的影响

　　在人类文明的进程中，任何一类信息媒体技术应用于教育都曾对教育产生过巨大的影响，以文字和印刷术的出现为代表的技术进步更是在教育领域引发了一场巨大的变革。

　　在文字出现以前的很长一段时间里，教育的形式主要是以口授为主的，加之面部表情和手势动作等。以雄辩术、演说术为表征的语言技术一直是当时最主要的教育技术。但是当人们需要把教育内容中的知识、经验、思想信息长期保存、随时再现或大范围同步传播时，语言技术的局限性凸现出来。文字技术的出现突破了这种局限性，并逐步上升为教育活动中的主导技术。它的出现使书面语言加入到以往只能借助口头语言和动作语言进行的教育活动中，不仅扩展了教育的内容和形式，而且大大提高了学生的抽象思维和自学能力。特别是印刷术的发明和应用，使文字传播技术产生了革命性飞跃，并引发了以文字信息为传播对象的教育群体，使印刷体的书籍、课本成为文化的主要载体，由此推动了文化的传播和近现代教育的普及。这两大信息传播技术的产生和应用堪称人类文化发展中的两大里程碑。

然而，在教育技术经历了传统技术（口语、文字、黑板、粉笔、图片、模型和实物等）、视听媒体技术（摄影、幻灯、投影、无线电广播、电影、电视和语言实验室等）以后，进入 20 世纪 90 年代以计算机技术和通信技术为基础的信息技术阶段以来，高科技以前所未有的加速度奏响了跨世纪宏伟乐章的主旋律。"多媒体"和"信息高速公路"在人类文明从工业化时代向信息时代转变的过程中，更是以惊人的速度改变着人们的工作方式、学习方式、思维方式、交往方式乃至生活方式。毫无疑问，当代信息技术在教育中的应用将成为人类文化发展的第三个里程碑。

二、当代信息技术给教育技术体系带来的影响

教育技术在本质上是为达到既定的教育目标、优化教学过程而使用的手段和工具。联合国教科文组织曾经提出："从新的和更加广泛的意义上讲，'教育技术'是对教与学的全过程进行构思、实施和评估的系统方式，既包括技术的资源，又包括人的资源以及人机之间的交互关系，并以此来实现更有效的教育。"

从功能结构上看，教育技术作为科学技术的一个特殊分支，主要表现为相互联系的五大分支，即教育模式、教育传播技术、教育资源利用技术、教育研究技术和教育评估监控技术。以计算机技术和通信技术为代表的当代信息技术应用于教育教学以后，主要使这五大分支中的前三项产生了本质性的变化。笔者将分别对此进行阐述。

（一）对教育模式的影响

教育模式主要包括教育体制、教育组织形式和动作规则等主观形态的技术。它体现了知识积累、社会文化传递的渐进性，是优化教育资源配置、实现既定教育目标的最基本、最有全局意义的。

传统的教学模式以教师为中心，知识的传递主要靠教师对学生的灌输，作为认知主体的学生在教学过程中自始至终处于被动状态，其主动性和积极性难以发挥，不利于培养学生的发散性思维、批判性思维和创造性思维，也不利于创造性人才的培养。在以知识为关键要素的信息时代，传统教学模式里培养出来的人难以适应知识翻新速度快、问题出现类型复杂的时代要求。

为了改变这种现状，国内外的许多教育工作者、教育技术专家从理论与实践两个方面做了大量的研究和探索，一致认为：发展与应用现代教育技术，促进教育现代化，关键在于"探索新型的教育模式"。计算机多媒体和互联网络技术的发展与应用，为新型教育模式的出现提供了技术上的保证。目前，在国内外，基于多媒体和网络技术的教育技术应用大体有以下四种模式：

1. 基于传统媒体和现代媒体的"多媒体组合课堂教学"模式。这种模式的特点是：（1）教师在课堂中起主导作用，控制教学过程；（2）现代教学媒体与传统教学媒体有机结合；（3）通过教学设计确定教学目标、选择教学媒体、策划教学过程、进行学习评价。

2. 基于计算机多媒体技术用于课堂教学的"多媒体计算机辅助教学"模式。其特点是：（1）教学环境是多媒体计算机及依据教学目标设计、反映教学策略的教学软件；（2）以多媒体的方式显示教学内容；（3）教学信息按超文本（非线性）方式进行组织，符合人类的联想记忆方式；（4）具有良好的交互界面，学习者必须通过一系列交互操作来进行学习；（5）以 CD-ROM 贮存教学信息，信息量大。

3. 基于互联网络的"网络教学"模式。其特点是：（1）提高信息的传播与利用率；（2）学生不受时间、地域的限制，主动地进行学习；（3）学生能按照自己的进度，自主地选择自己所需要的学习内容；（4）教师与学生、学生与学生之间可以平等地通过"协商"进行学习。

4. 基于计算机仿真技术的"虚拟现实教学"模式。虚拟现实是多媒体与仿真技术相结合而成的一种交互式人机世界，它可以创造出一种身临其境、完全真实的学习环境。

总的来说，新型教学模式区别于传统教学模式的特点是：教师由知识的传授者转变为教学活动的组织者，学生由知识的被动接受者转变为主动探究发现者，媒体由辅助教师演示、讲解的工具转变为学生手中的认知工具，教学过程转变为"创设学习环境，学生主动探索"的过程。

（二）对教育传播技术的影响

教育传播是教育活动的核心环节，它既包括远距离、大范围的声像图文信息传播技术，也包括面对面的课堂形体、语言传播技术；既包括以教学演示、实验、信息传播为目的的工具技术，也包括教学方法、工艺、过程、技巧等智能技术。

互联网络的海量化、智能化、个人化，多媒体的综合业务数字网使得全世界任何地方的用户随时随地都可以与其他任何地方的用户通过任何方式进行通讯，为人类提供了全新的信息通讯服务，同时也使得人类信息的传播呈现网络化。网络传输的带宽使得信息传输的速度不断提高，各种网络传输协议的成熟也带来了如电子邮件、电子公告牌和信息检索等多种网络信息服务，真正实现了信息资源的共享。较之利用传统媒体进行信息传输的速度慢、信息量小、存储不便来说，当代信息技术在信息传输上体现了以下几点优势：

1. 信息传输的网络化。它能为学习者提供多媒体办公通信系统，如电子邮件、图文传真机、可视电话等，为学习者的学习提供了方便。学习者可与外地学习者进行交流、协商、探讨，实现了自主学习。同时它能提供十分方便的联想式非线性即时在线式的超媒体信息检索和查询服务，打破了传统教学中学习者线性阅读的方式。

2. 信息呈现的多媒体化。多媒体技术为人机之间的信息交流提供了全新的手段，与应用其他媒体的教学系统相比，多媒体教学系统具有多重感官刺激、信息量大、传输质量高和交互性强的特点。

3. 信息贮存的光盘化。与传统的文字教材相比，呈现了信息量大、存贮速度快、表现形式多种多样、交互性强和非线性的优越性。

（三）对教育资源利用技术的影响

教育资源利用技术主要包括教育信息整合与资源利用两个方面。信息整合技术所解决的是科学知识的存储、分拣问题；资源利用技术所谋求解决的则是人力、智力、信息资源、工龄、设施、资金、环境充分利用和效益最大化问题。

信息化社会的信息量剧增，计算机等新的信息手段的飞跃，扩充了个人想要利用信息时信息选择的余地。同时，个人不仅接受、利用信息，而且也参与了包括信息的生产和发布在内的活动。这将便利双向信息传输，信息资源通过互联网络实现了资源共享。

计算机等信息手段不是针对大众而是针对个体发出信息，个体可在他愿意获取信息时随时获取、再生并发出信息。新的信息手段大幅度地扩充了教者与学者的双向信息交流，为学习者创设了个性化教学的学习环境。新的信息手段作为真正的个体信息媒体有可能符合每个学习者的学习进度与特性。

远程通信也可以用于获取大量信息。学生和教师向许多公开信息服务机构中的一个机构进行订购，便可以接触到各种各样的报纸、杂志和其他基础材料，比在任何学校中以具体形式得到的多得多。网络中大量的信息资源对于学习者来说是开放的，虽然信息的价值良莠不齐，但学习者在对信息长期的接触中，通过教师的指导，形成了"信息能力"。

三、信息时代对教育提出了新的要求

E·拉兹洛在其 1992 年提交给罗马俱乐部的报告《决定命运的选择》中指出："在 20 世纪末和 21 世纪初，规定世界权力与财富性质的游戏规则已经改变。……一个比黄金、货币和土地更灵活的无形的财富和权力基础正在形成。这个新基础以思想技术和通讯占优势为特征。一句话，以'信息'为标志。"信息技术的发展，计算机互联网和移动电话、传真机等的广泛使用，使人类历史进入了以信息化为标志的新纪元。

国际 21 世纪教育委员会向联合国教科文组织提交的报告《教育——财富蕴藏其中》指出："不久以后，人机对话的技术将使人们不仅能发送和接收信息，而且能不受距离和运作时间限制地进行对话、讨论、传递信息和知识。"

在全面信息化社会，知识是关键性要素，教育是信息时代的根本。在漫长的人类历史中，我们的教育主要以传递知识和累积文化为目的，教育是指向过去的；进入工业社会后，教育指向现实，具有明显的功利主义色彩，有急功近

利的局限性；进入信息化社会后，教育则必须面向未来。联合国教科文组织的富尔报告《学会生存》中指出："教育在历史上第一次为一个尚未存在的社会培养着新人。"随着计算机互联网络和通讯等信息技术的日益发展，社会中人们的生活方式、工作方式、学习方式以至生产方式等都在发生着显著的变化。信息社会中信息的获取、分析、加工和利用能力直接决定着学习者信息素质的高低，这乃是信息社会对新型人才培养提出的基本要求。达不到这样的要求，将无法适应信息社会的学习、工作、生活和竞争的需要，就会被信息社会所淘汰。"读、写、算、信息"已成为信息社会中文化基础的四大支柱。

目前，世界各国都在积极发展信息技术教育，我国也在积极推进中小学信息技术教育的进程，广泛运用现代信息技术为中小学课程、教材、教学改革服务。这是面向 21 世纪国际竞争，提高全民素质，培养具有创新精神和实践能力的新型人才的一项重要措施。我国应抓住机遇、加快发展，努力缩小与发达国家在信息技术教育上的差距。

第三节 教育信息化发展的大趋势

乔布斯曾经大胆预言电子科技将掌控未来教室，并在教育信息化领域取得丰厚的利润。在他去世后两年多的今天，在线教育、翻转课堂、微课、慕课、电子书包等各种新鲜名词，成为教育界、IT 界、出版界、金融界热议的话题，甚至已有一些从事互联网教育的 IT 公司取得了惊人的投融资数额。尽管如此，电子科技应以何种面目、何种方式渗透和掌控我们未来的教室，这个问题依然困扰着试图参与教育信息化领域的各路精英。

一、教育信息化的八个预测

2014 年，上海市教委基础教育处处长倪闽景给上海世纪出版集团做了一场题为"教育信息化的八个预言"的精彩讲座，对乔布斯的预言做了更为具体的设想。这八个预测将为我们揭开教育信息化美妙的图景。

预测之一　屏幕成为学习的主要介质

出版人虽然仍然眷恋着纸书散发的淡淡清香，仍然对莎士比亚书店有着刻骨铭心的眷恋，仍然挑剔着电子阅读器这样或那样的缺陷，但倪老师毫不留情、斩钉截铁地告诉我们：不要寄希望于屏幕对眼睛的伤害和书卷阅读的习惯，目前技术的难题终有一天会被解决，面对各种屏幕的阅读和学习将成为未来的常态，而由此带来的是书籍从信息组织方式、语言叙事方式、传播方式等方面将被全面颠覆。

预测之二　学习过程就是数据产生过程

这个预言的理论基础来源于教育学本身：学习就是信息传递与信息重构，而学习又分为前、中、后三个阶段，每个阶段会产生大量的数据，利用科技手段对这些数据进行积累、分析、应用、总结，其效率将大为提高。

预测之三　教室可以向学生学习

用科技手段将学习过程逐一记录下来，作为知识资产传递给下一个学习者并进行自我改进，教室通过不断记录进行学习，变得越来越智能化。倪老师用某知名小学"云厨房"教室的例子生动展示了未来"会学习"的教室。

预测之四　数字化学习产生全新学习模式

未来的学习模式不仅仅是教师说、学生听的单向模式，也不仅仅是纸和试卷的题海模式，只要有利于传授和接受知识的方法，都能成为学习的新模式。倪老师不假思索便列举出十种模式：线索构建学习、自组织学习、多路径学习、生产者学习、自适应学习、互动游戏学习、数形结合、视界转换增强现实、探究建模、跨时空协作。

预测之五　互联网思维注入课程创造

如今，互联网颠覆了商业、制造业、金融业、娱乐业等几乎所有领域，传统思维模式在互联网面前显得如此不堪一击。虽然教育界对互联网的渗入极为谨慎，但还是认同了资源、互动、个性化、分享、大数据分析等互联网思维模式。"课程将进入超个人化时代，将会出现一个人的书本和课程，从而填补信息与课程间日益增大的鸿沟——用课程的超级多样化填补课程真空。"

预测之六 学习者盈利将成为可能

这个预言基于一个简单推理：假定教育的需求是个稳固的市场，那么为满足需求而产生的供给（学习资源、课程、试题等）就理应获得经济回报，美国教师课件互换网就是很好的例证，而这种教育资源互换盈利的范围将在未来不断扩大，可谓"目光聚集的地方，金钱必将追随"。

预测之七 从提供资源到提供工具与平台

学习者将更多地使用工具和平台，随着科技装备和技术的日新月异，更多的工具将用于教育，更多的平台将提供教育服务。

预测之八 低结构成为信息化设计主导思维

教育将变得随处可见、随处可教、随处可学，而不必进行复杂累赘的程式化导入，这是低结构教学的理念。从出版的角度理解，也许从内容的形式、载体到呈现方式等将变得异常多变和丰富。

从乔布斯的一个预言到倪闽景老师的八个预言，若隐若现的未来教育、未来课堂、未来教材变得愈发清晰可辨。激情四溢、睿智博学的倪老师不忘给出版人提出新课题：在教育走向信息化的大背景下，出版社如何进行生死转型——是数字化转型还是数字化转场？是内容搬运工还是内容构架师？是提供信息还是提供产品？是捕获读者还是消费者？是做功能化媒体还是产业链平台？我们心忧如焚地静心思索——教育信息化，我们准备好了吗？

二、整合多样化

2015 年 8 月 17 日，慧科教育研究院发布了 2015 教育趋势报告（Utide Vision 2015），立足"互联网＋教育"时代教学观念与行为方式的转变，以整合多样化为主题，从教育服务模式、教学内容、制课方法、学习体验、大数据技术应用五大方面系统阐述 2015 教育趋势。专注于研究新兴信息技术与教育深度融合的慧科教育研究院，成立之初所发布的以重新定义学习（redefine learning）为主题的 2014 教育趋势报告（Utide Vision 2014）已在多方面得到充分验证，2015 教育趋势报告再次共享互联网时代信息技术与教育深度融合给教育注入的新思路。

趋势一 学习云服务（learning cloud services）

教育正进入到一场基于信息技术的伟大变革中，教育内容的持续更新、教育样式的不断变化、教育评价的日益多元，使得传统的教学服务难以满足技术快速迭代环境下学习者对知识碎片化、高效、便捷的学习需求。政府、高校、企业越来越多地通过互联网以按需、易扩展的市场化方式接受学习云服务。学习云服务能够提供更为科学先进的方式、广阔的渠道，优化配置学习资源，注重导学过程及学习质量，深度挖掘数据信息，满足教学链条中各角色的多样化需求。云的形态逐步深入学习领域，为社会步入全员学习时代奠定基础。

趋势二 知识组装（knowledge orchestration）

移动终端的普及、社交平台的盛行、互联网群体创造与分享的众传知识时代使得人们获取信息的渠道便捷而多样，学习内容"泛滥"，知识获取变得"廉价"。教育内容的价值更多地要体现在从多样化的数据源包含的海量信息中提取有用的知识碎片，并将承载知识点的碎片优化组装，形成与时俱进的知识体系，通过相应的教学指导，将系统化知识精准传达给学习者，真正实现学以致用。

趋势三 敏捷制课（agile lecture capture）

在教育智能和学习技术的作用下，碎片化学习对学习资源有着新的需求，由于学习时空的分割、学习媒体的多元化，教学视频成为"互联网＋教育"背景下传播和共享知识的重要载体。互联网教育的制课方式需根据课程的内容和容量、呈现平台、应用程序、应用场景等不同因素使用相应的视频制课方式，这些都要求制作方式的多样化和敏捷化，确保知识点以轻便的载体快速呈现的同时，有效控制视频制作成本，同时满足大量个人创作视频课程的需求，让人人可做课、人人可为师成为可能。

趋势四　多样化路径（learning path variety）

不同于传统教学模式下的统一式教学，学习的泛在性使得自适应学习者的学习路径呈现个性化、非线性的特点。学习者对于知识获取的需求和目的都是不同的，每一个学习者可以根据自身的能力、兴趣、爱好自主地选择学习内容、学习进程、学习资源，按照适合自己的学习方式自主学习，使得学习路径呈现出丰富的多样性。为满足学习者各取所需的学习体验，需要从课程设计、呈现方式、发布渠道、教学平台等教育过程的每个环节都综合匹配学习过程的多样化来构建多层次、多模式、全方位的产品和服务。

趋势五　智慧学习流（smart learning stream）

今天，娱乐化倾向与社交化倾向在互联网行为中日益明显，大脑在获取海量信息的同时也能处理多项事务，学习与娱乐行为并行，学习与社交行为并行，互联网学习时可同时发生看课程、做习题、交互等多种行为，每种行为都会产生相应的和学习相关的数据，形成多样化的学习流数据。利用大数据和信息技术深度探测、关联和挖掘，对学习者学习习惯、学习兴趣、讨论焦点、时间关系等显性和隐性学习数据进行精准分析，优化学习内容，针对学习者学习特点量身定制课程，智慧地指导学习者的学习行为，提升学习效率和精准度。

2015教育趋势报告从模式、内容、方法、体验、技术五大维度与2014教育趋势报告呼应并进一步延展。学习云服务对应的是教育市场化的升级；知识组装、敏捷制课均呼应互联网群体创造与分享的众传知识时代对于学习内容动态组装的个性化、科学化、系统化需求；多样化路径正是从产品和服务的角度满足线上线下O2O学习及泛在学习的学习体验；智慧学习流是教育智能在多维度并行数据中的更深层次应用，更丰满地展示了技术的驱动力量。

慧科教育研究院教育趋势是由慧科教育研究院在分析教育行业现状和发展基础上形成的年度报告，是从教育与技术深度融合视角下对未来发展的研判，由五个趋势组成，涵盖模式、方法、技术、内容和用户体验等多方面。趋势报告旨在抛砖引玉，为教育行业参与者的战略和创新活动提供建议和方向。

第四节 2014～2016年《新媒体联盟地平线报告》的主要内容

《新媒体联盟地平线报告（基础教育版）》由美国新媒体联盟和美国学校网络联合会合作完成。新媒体联盟自2002年开始，由地平线项目顾问委员会，通过德尔菲（Delphi）迭代研究方法，最终确定出未来一到五年之间，可能在教育中普及应用并成为主流的六项新兴技术，探讨了其在教育领域的潜在影响和在教学、学习和创造性探究中的应用，以及在该时间段内可能会改变现有教育的挑战和趋势，并按照近期趋势将会在未来一到两年内产生影响，中期和远期趋势将会在未来三到五年或更长的时间内产生影响进行排序，反映了新兴技术对基础教育阶段教学、学习和创造性探究的潜在影响。每年1月份，新媒体联盟出版的地平线报告就被翻译成多种语言，在全球70多个国家和地区发行。

一、2014年《地平线报告（基础教育版）》主要内容

（一）三大发展趋势

1.近期趋势：重塑教师角色，追求深度学习

重塑教师角色。学校教育将从"以教为中心"转变到"以学为中心"。对于教学过程来说，教师需成为学习主题及其过程的设计者、指导者与促进者。为此，教师更多的压力不再是了解如何应用不同类型的工具，而是更多地整合诸多教学因素以创设更为真实和数字化的学习环境。网络的普及也将激发传统教学模式的新一轮变革。教师不再是学生获得信息和知识的主要来源，其主要任务是培养学生具备终身学习所需要的习惯和规则。

追求深度学习。目前，在课堂教学中开展深度学习已经成为一个新的关注

点。深度学习是指以创新方式向学生传递丰富的核心学习内容,并鼓励他们在生活和社会实践中应用所学知识与技能。这一趋势要求学生,在学习重要课程时应当努力借助参与创造性项目、产品开发和社会服务,从中获得更为深刻的体验。

2. 中期趋势:增加开放教育资源关注度,促进混合学习

增强开放教育资源关注度。政府在推动教育资源开放方面大有作为。2013年,欧盟将发展开放教育资源作为"开放教育"三项创新行动之一,力图掀起学校和大学的数字化教学改革之风。应用开放教育资源,教师将精力用于为学生准备更有针对性的学习内容,并在学生需要帮助时给予他们个性化的帮助。同时,为基础教育学校提供免费电子教科书,既是对传统出版教材成本日益上涨的回应,也可以有效应对一些地区教育资源短缺的问题。

增强混合学习设计的应用。随着教师和学生逐渐熟悉并日益熟练地使用互联网,基于教室的学习逐渐涵盖了在线学习要素、混合学习策略以及教室内外各种形式的合作学习。

3. 长期趋势:加强直觉技术应用,须重建学校运行机制

加强直觉技术应用。由于触摸屏和其他自然用户界面的普及,如今的学生无须技术专长也可以操作信息技术设备。这一创新的吸引力在于学生可以体验到多种模式呈现出的信息,有机会围绕所学内容开展交互与建构。

其中一项技术叫电震动。电震动是一项更为真实的体验式学习技术,它是指当手指滑过一个带静电的绝缘表面时,产生静电力而导致有弹力、黏性、颠簸或振动感的过程。这项技术能使学生在观看内容或媒介时产生犹如触摸实物的感觉。同时,它还能够满足身体或智力残疾者的需要,为他们获取学习内容提供便利。这些都使它成为特殊教育中一项令人极其兴奋的技术。

重建学校运行机制。目前,彻底改造学校传统的课堂模式,重新规划整个学校的经验已成为教育发展的重要动向——这一趋势在很大程度上受到创新学习方式的影响,实践基于项目或挑战的学习方式要求学校调整课程与教学管理结构,使学生能够自主选择课程与学习主题,淡化传统课程表的限制。基于项目的学习将促进跨学科学习和个性化学习,极大地推进以学生为中心的教学理

念与学校课程和教学管理制度融为一体。

（二）面临的三大挑战

影响学校应用教育技术的重要挑战，地平线报告根据挑战的难度将其分成三类：一是"可应对的挑战"，即我们既能理解又能知道解决之道的挑战；二是"有难度的挑战"，是那些我们或多或少能理解，但是解决方法还不清晰的挑战；三是"严峻的挑战"，指那些极其困难的挑战，它们几乎复杂到无法对其分类，并且在找到应对方案之前，需要更多的研究和数据来分析。

1. 可应对的挑战：提供实景学习机会，整合个性化学习

提供实景学习机会。我们可以把"实景学习"定义为基于"实物、实情和实地"的学习，它聚焦真实世界、复杂问题及相关解决方案，学习方式多采用角色扮演、基于实际问题的活动、案例研究以及在一个虚拟社区中进行实践。"实景学习"蕴含着激发学生把校外世界与校内生活联系起来的巨大潜力。

整合个性化学习。个性化学习是指那些用来支持学习者自主自学或者小组互动学习等的一系列学习方法，从而更好地满足每个学生的学习需求。实现这样的目标就需要把个性化学习环境及网络、自适应式学习工具以及更多理念整合到校内活动中。个性化学习的发展呈现出两个方向：由学习者自我组织，包括利用应用软件（APP）、社交媒体或者相关的软件进行自学活动；由学校组织实施的自适应学习。随着个性化学习的概念深入人心，个性化的设计、人与人之间的差异以及对于终身学习的需求愿景也变得越来越清晰。

2. 有难度的挑战：培养复合思维及交流能力，确保学生信息安全

培养复合思维及交流能力。复合思维被认为是系统性思维的一种具体应用，在教育中采用这些方法，可以帮助学习者理解世界是如何运转的，并让他们掌握解决复杂问题所需要的基本技能。全球的决策者正在发起一项倡议，把复合思维、计算思维放在国家教育大纲的前沿位置。教育工作者需要在教学过程中加入"解决问题、协同工作"的学习实践活动，从而有效应对这些挑战。

确保学生信息安全。在基础教育阶段，学校和家庭历来担心学生的个人信息数据安全问题，方兴未艾的云服务涉及对个人隐私的侵犯，并向大众频频敲响警钟，促使社会开始关注商业和教育中的个人隐私问题。如果学校通过第三

方大规模收集学生数据，并用来开发相应的个性化学习解决方案，可能会遭到意想不到的抵制和反对，从而导致整个计划的失败。大家一致认为保障学生的数据安全非常重要，但是相应的解决方案却非常复杂。

3. 严峻的挑战：应对新教学模式的竞争，推动正规教育与时俱进

应对新教学模式的竞争。新的教学模式强调小班化教学，学生更容易得到教师个性化的指导，而且更容易接触高质量的教学工具和技术。现在学校的管理者必须正确应对这一挑战。我们需要探索多种教学模式来满足学生多样化的学习需求，其根本目的在于为学生提供更高质量的教学服务。同时，在线学习也是扩大优质教学服务、促进社会公平的一个有效手段。此外，随着新学习平台的兴起，对于科学的评价模式、更好的协作与互动、深度学习体验以及大规模评价的需求也将不断增加。

推动正规教育与时俱进。随着网络课程以及免费教育资源变得更加普及，决策者和领导层必须认真思考学校还能提供哪些不可替代的教育内容或教学服务。很多家长认为，如果只是为了让孩子掌握从业需要的知识和技能，其中很多不一定非要上学才能学到。企业用人标准的变化趋势显示，体现一个员工优秀品质的"软技能"往往是一个人脱颖而出的关键。事实表明，无论是良好的职业道德、面对重重挑战而坚韧不屈的个性，还是相应的知识和社交技能，都可以在非正式教育环境中得到培养和发展。

（三）基础教育中技术进入主流应用的重要进展

目前，新媒体联盟遴选出六项具体技术，并按照进入主流应用所需要的时间分为三类，即在未来一年内采用的近期技术，在两到三年内采用的中期技术，在四到五年内才能进入教育主流应用的远期技术。

1. 一年之内：自带设备和云计算普遍应用

研究者强调，自带设备作为技术手段，将预示出很好地适应个性化学习风格的愿景，让学生具备更强的主人翁意识。

云计算是指通过互联网的专门资源中心提供的易扩展、按需求的服务方式，让用户获得所需网络服务和技术支持的模式。许多机构运用云计算中的"软件即服务"（SaaS）和"应用程序接口"（API）服务降低开销成本。例如，谷歌教

育应用套件已成为中小学校的普遍选择，很多学校将他们的电子邮件基础设施转移到邮箱，并选择谷歌云端硬盘作为文件共享和协作的方式。

2.未来两至三年：游戏和游戏化与学习分析走进教学

美国心理协会在2013年的一项研究中强调了视频游戏在认知、动机、情感以及社交方面对人类行为的影响。一些教育公司为学校提供了基于游戏的教学方法，帮助儿童提高他们眼手协调性、短期记忆力、注意力集中性、服从指挥以及解决问题的能力。

学习分析在中小学校中已开始逐渐发展。许多学校利用成熟的网络追踪工具精确地捕捉到学生在学习网络课程时的行为，不仅可以记录简单的变量，如一个主题所花费的时间，还可以记录越来越多的细节信息。

3.未来四至五年：物联网和可穿戴技术进入主流

在教育领域，尽管物联网技术具有不言而喻的应用前景，但是为教学提供具体服务的应用产品尚不多见。目前，易于预见的技术是当学生登录校园网时就能及时被系统识别，开展科学实验的设备和实验箱也能够根据自身的规范和需求进行自动校准。

在基础教育中，可穿戴技术最有价值的应用是可增强实地考察和调查的巨大潜力。例如，可穿戴技术能够瞬间捕捉数百张照片或在地质勘探时收集用户周边环境的数据，并通过电子邮件或其他网络应用程序获取数据。

二、2015年《地平线报告》主要内容

2015年的《地平线报告》指出了基础教育领域技术应用的六大趋势、在应用方面面临的主要挑战，并遴选出六项具体可应用的技术。

（一）加速K-12领域技术应用的六大关键趋势

地平线项目专家小组归纳出了影响未来五年教育技术规划和决策制定的六大趋势。根据预期影响时间的长短，分为长期趋势，即未来五年及其以上促进K-12领域教育技术应用的因素；中期趋势，即未来三到五年促进K-12领域教育技术应用的因素；近期趋势，即未来一到两年促进K-12领域教育技术应用的因素。

1.长期趋势：五年或五年以上

（1）重建学校运作方式

传统的学校结构非常清晰而且固化，有固定的上课时间、课程计划、教学方式。随着学习越来越变成一种非固化的、以学生为中心的活动，教师和管理者认为，我们要制定一套更加灵活的学校规划，从而为学生创造进行真实学习以及个性化研究的场所和机会。

如果想要教室里的学习发生改变的话，就需要整个学校运行机制的改变，学校需要不断地打开自己，以更加开放的心态面对新事物。此外，课程技术整合也改变了学生获得新知识的方式以及对学生能力的评价标准，诸多的变化最终都将指向学校运行机制的变化。

（2）向深度学习转变

根据卓越教育联盟的定义，深度学习是指通过创新的方式向学生提供丰富的学习内容，而且学生能够学以致用。基于项目的学习、基于问题的学习、基于研究的学习都属于深入学习的一种。随着平板电脑、智能手机已经逐渐深入课堂，教师也在探索如何将这些工具和课程有机结合起来，将学习经验和学生的真实生活经验有机结合起来。在这种结合的过程中，学生能够更加有效地参与到学习中。

从评价上说，深度学习希望打破仅凭纸笔测验评价学生学习结果的状况，而是将纸笔测验的目标与良好的沟通、合作、自主学习这些软技能的目标结合起来进行综合评价。

2.中期影响趋势：三年至五年

（1）更多地采用合作学习

合作学习是指学生或者教师以同伴学习或小组学习的方式共同进行的活动，它认为学习是一种社会建构。进行合作学习一般有四个原则：学习者为中心，强调互动和行动，在小组内活动，解决源于真实世界的问题。学生合作学习模式旨在促进学生的参与、提高学习成就感，尤其是针对成绩不好的学生。

教师合作学习模式为教师提供专业发展和跨学科的教学机会，也会使教师颇为受益。随着数字化工具的广泛应用，新近兴起的在线全球合作学习打破了地域、学校、教室的局限，成为一项新的发展趋势。

（2）学生角色由教育的消费者向创造者转变

全世界都在发生这种转变，即学生在进行学习时，已然从一个知识内容的消费者向内容的创造者转变。各种数字化工具为在基础教育领域的这种转变提供了技术支持，让学生能够自己制作多媒体教育资源。

随着学生越来越成为教育资源积极的生产者和传播者，在未来，知识产权问题可能会成为中小学课程的重要议题。此外，这对教师也提出了挑战，教师也在逐渐变成创造者，比如利用教学 APP 制作剪辑教学视频等。只有教师越来越熟练地运用媒体，才能为学生提供更好的指导。

3. 短期影响趋势：一到两年内

（1）更多地采用混合式学习方式

混合式学习是指在线学习和课堂教学相结合的学习方式，学习者在学习时间、空间、途径方面有更多体验。借鉴线上学习和面授课程的成功经验，混合式学习正在中小学课堂兴起，大量研究也证实了这种趋势的有利影响。

采用混合式学习模式的学校认为，在线学习环境为学生提供不同的、互补的机构功能支持，有利于他们突破有限的课堂时间，最大限度地实现互动。此外，混合学习模式更加支持个性化的学习，有利于培养更加积极、自主的学生。

（2）STEAM 学习的兴起

STEAM 课程是科学、技术、工程、艺术、数学课程的总称，相对于原先的STEM 课程新增加了 A（艺术）课程，旨在让学科课程更加平衡。有研究表明，参加艺术正规课程的学习，有助于促进创新思维、适应性以及其他问题解决技能的发展，而这些能力对 STEM 学习都是至关重要的。

STEAM 教育的设计理念是，所有学科能够而且应该彼此关联，只有这样，学生才能够对真实世界获得整体的、相互联系的认知。换句话说，STEAM教育旨在为学生提供一个多元、跨学科、重视人文价值的学习情境，打破传统的分班和分科的局限。

（二）阻碍 K-12 领域技术应用的主要挑战

报告根据挑战的难度将其分为三个层次：第一层次是"可应对的挑战"，即我们理解并知道如何解决的挑战；第二层次是"有难度的挑战"，即我们理解但还没有清晰的解决方案的挑战；第三层次是"棘手的挑战"，即那些复杂难懂、尚需更多数据来寻找解决方案的挑战。

1. 可应对的挑战

（1）创造实景学习机会

"实景学习"指的是与真实世界紧密相关的学习，学生面对的是真实世界的情境和难题，主要教学策略包括职业训练、学徒式教学、模拟场景教学、档案袋评价等。真实学习强调元认知反思与自我意识的重要性，学校可以通过与社区、当地组织或机构建立紧密的联系以跨越书本知识与实践应用之间的鸿沟，从而帮助学生建构起对真实世界的认识。

（2）在教师教育与培训中突出科技素养

数字媒介素养日益成为几乎所有学科和职业领域的关键技能，但是在教师教育和培训中对教师的这种科技能力的培养却重视不够。教师科技素养的缺乏会限制学生的发展和学习。数字媒介素养更多的是强调数字化思维方式，而不单单是使用数字化工具，因此教师是否真正具备了科技素养对学生的思维方式也会产生直接的影响。

2. 有难度的挑战

（1）个性化学习

个性化学习是指针对学生特殊的学习需求、兴趣爱好、文化背景等而为他们提供的个性化学习项目、教学策略和学术支持。虽然个性化学习的需求很多，但是目前技术和实践都没能对其提供充足的支持。

在"以学生为中心"的教育理念之下，支持多元化选择和多样化教学的技术正在快速发展，在线学习环境和自适应学习技术也为个性化学习提供了更大的可能。目前最大的挑战就是将各种方法和技术整合起来在学校中具体实施，并且要便于推广，使之规模化。

（2）重新定义教师的角色

当今社会对教师的期望越来越高：教师可以适应各种新技术并运用技术来教学、沟通和测评；与校内外其他老师有效合作；将数字化策略融入学生的学习和生活中；在以学生为中心的学习方式中充当导师；积极配合行政管理工作等。把技术融入日常生活的期望和需求促使我们重新思考和定义教师的角色。与此同时，教师还要把媒体、在线工具和资源融入可持续专业发展中去。

3. 棘手的挑战

（1）大规模推广教学创新

学校还无法做到将单个教师的教学创新大规模推广应用。创新往往从自由尝试新想法的实践中萌发，而这与学校惯常的自上而下的教育变革是相左的。当前的学校组织结构很难鼓励创新和教学改进，更难以将这些教育创新和突破规模化。

一方面，创新需要制度上的变革，包括扫清政策障碍、获得足够的财政支持、拥有卓越的领导、健全评价体系等；另一方面，教师也要做好领导创新的准备。

（2）复合思维教学

复合思维是系统性思维的一种具体应用，运用到教育领域可以帮助学习者理解世界是如何运转的，并让他们掌握解决复杂问题所需要的基本技能。在网络世界长大的年轻一代不仅需要理解他们的网络世界，还要有运用抽象和分析推理方法解决复杂任务和难题的能力，而这很大程度上依赖于复合思维。

复合思维需要学生掌握沟通、合作、数据处理、判断力等技能，并对之综合运用。复杂思维的能力在当今社会非常重要，但是如何定义、如何教学，我们还需要探索。

（三）K-12 领域教育技术的重要进展

新媒体联盟遴选出六项具体技术，并按照进入主流应用所需要的时间分为三类，即在未来一年内采用的近期技术，在两到三年内采用的中期技术，在四到五年内才能进入教育主流应用的远期技术。这些技术对促进教学策略的发展、教师工作的组织、课程内容的安排与讲授有着非常重大的意义，是促进教育变革极具潜力的因素。

1. 一年内广泛采用的近期技术

（1）自带设备

在全世界范围内，有很长一段时间，学校老师都坚决反对学生把平板电脑、智能手机等移动设备带到学校，但目前的趋势是，越来越多的学校管理者和教师允许学生自带设备连接学校网络开展学习。理由是：既然眼下人们的生活和工作方式都离不开移动设备，那么学生的学习方式也应该尝试采用这些设备。有了这些设备，学习活动能够随时随地进行，学生们也能很快适应，教学效果明显。

（2）创客空间

在教育情境中，创客空间是指学习者通过手工设计、制作等来解决创造性的、高级的问题，是一种手工学习实践。创客空间的背后力量是一群创客，包括艺术家，技术发烧友，工程师，建筑师，喜欢捣鼓小器具、小发明的人，以及任何喜欢把设想的东西做成实物的行动者。学校领导者正在考虑将创客空间引入到正规的学习环境中，鼓励学生和老师将他们的设计从理念变成现实。

2. 两到三年采用的中期技术

（1）3D 打印

3D 打印是一种快速成型技术，是采用数字技术材料如 3D 建模软件、计算机辅助摄影成像等通过逐层打印的方式来建造物体。3D 打印技术在教育领域的一个主要应用是，使得学生能够更加真实地接触教学中那些难以展现的物体或者概念。

利用 3D 打印，数学课上，图表和数学模型可以立体地呈现出来；地理课上，学生可以更容易理解地质构造。通过该技术，学生也能体验到更加真实的学习。

（2）自适应学习技术

自适应学习是相对于传统的在线教育学习系统而言的。传统的在线教育采用线性学习模式，所有的学生都按同样的学习步骤来学习同样的内容。自适应的学习系统则通过技术手段，检测学生当前的学习水平和状态，并相应地调整学习活动和进程，帮助学生实现差异化的学习。

目前很多学校领导对自适应学习技术的前景非常乐观，认为自适应学习平台可以作为新型的、有耐心的学习导师，大规模推进个性化教学。

3.四到五年内才能进入主流应用的远期技术

（1）数字徽章

数字徽章是一种在线评估和资格认证的机制，是一种不同学习环境中获得成就、技能等的指标。与传统学位和资格认证相比，数字徽章更加全面地查看学习者的能力，也更加适应在线学习环境下学习者的弹性学习需求。越来越多的学校正在把数字徽章用作评价学生正式和非正式学习成果的替代评价方式。

（2）可穿戴技术

可穿戴技术主要是指能直接穿在身上或是整合进用户的衣服或配件的设备的科学技术，实现快速的数据获取、通过超快的分享内容能力，高效地保持社交联系。得益于科技的飞速发展，现在的可穿戴技术不仅可以追踪记录一个人去了哪里、做了什么、用了多少时间，还可以计算出他们的志向以及达成志向所需的时间。

在基础教育中，可穿戴技术最有价值的应用是可增强实地考察和调查的巨大潜力，例如可穿戴技术能够瞬间捕捉数百张照片或在地质勘探时收集用户周边环境的数据，并通过电子邮件或其他网络应用程序获取数据。

三、2016 年《教育地平线报告（中国基础教育版）》主要内容

2016 年 1 月 14 日，NMC 发布了 2016 新媒体联盟中国基础教育技术展望——地平线项目区域报告，这是中国版的《地平线报告》。

新媒体联盟发布了中国基础教育技术的趋势、挑战和技术重要进展情况。趋势分为长期趋势、中期趋势和短期趋势；挑战分为可应对的挑战、有难度的挑战和严峻的挑战三个阶段。专家组确定了教育技术方面的九大关键趋势、九大重大挑战以及十二项重要进展。其中，报告将十二项重要进展的每项另起一页，对其所涉及的教育技术进行相应的定义和描述，并按照未来"一年"、未来"两至三年"以及未来"四至五年"三个不同的时间段，将这些对中国基础教育极具重要影响潜力的技术进行了归类和排序。

（一）未来五年中国基础教育阶段教育技术应用的九大关键趋势

1. 短期趋势（未来一至两年内）：发现式学习日益增多，更多应用混合式学习设计，开放教育资源快速增加

（1）发现式学习日益增多

发现式学习方法是探究式学习的一个方面，即学生利用学习资料和自身的生活经验解决问题。在这个模式中，学生利用批判式思维，有时还通过开展实验来解决开放性问题。发现式学习的一个重要方面就是为学生创造与周围环境交流互动的机会，这通常需要他们在现实世界中进行课外实践。

（2）更多应用混合式学习设计

线上学习与线下面对面学习相结合的混合式学习方法在学校中的应用不断增加。混合式学习的益处显而易见，其灵活性、易于操作性、集多媒体与科技于一身的特性使其广受欢迎。近期学校教育运作模式正在加大数字环境下的创新投入，而这些环境被广泛认为是成熟的，有利于新的理念、服务和产品的产生。

（3）开放性教育资源的快速增加

开放性教育资源（OER）指"存储于公共领域中，或经知识产权许可授权、可供他人免费使用或再利用的教学、学习和研究资源"。学校教育若想跟上这一趋势，则必须正确理解"开放"一词。开放往往被错误地简单理解为"免费"，但其倡导者们则将"开放"定义在一个更广泛的范围——不仅仅指经济意义上的免费，还包括所有权及使用权的开放。

2. 中期趋势（未来三至五年内）：日益注重测量学习、重设学习空间，新形式的跨学科研究兴起

（1）日益注重学习的测量

目前，人们对于使用新数据资源的兴趣与日俱增，以获取个性化学习经验、实行持续的形成性学习评价和绩效评估；对于新数据资源的兴趣推动了一个相对较新领域的发展——数据驱动的学习和评估。这一趋势的关键要素是"学习分析"技术，也就是网络分析系统的具体运用。教育领域也正在着手探索数据科学方面类似的应用，从而进行学习者特征分析，即收集和分析每一位学生在

网络学习活动中交互的大量细节。其最终目标是为了构建更好的教学法、使学生主动参与学习、识别高风险学生群体（即存在学习困难的学生群体）、评估影响学生学业和成功的因素。

（2）重设学习空间

一些思想领袖认为，新的教学与学习形式需要新的教学与学习空间。中国基础教育逐渐从以讲授式为主的传统模式转向更多学生动手参与的新模式，教室开始模拟真实的世界和社会环境，以促进学生间有机互动并解决跨学科问题。以北京史家小学为例，它一直遵循 STSE（科学、技术、社会和环境）教学框架，为每一学科设计了四个不同且具有探究性的空间并允许学生动手操作。

（3）新形式的跨学科研究兴起

根据塞奇出版资料，跨学科研究是指融合两个或多个不同学科的教育活动，例如工程与艺术的结合。在现实世界特别是在工作领域中，需要一种能够反映对不同领域综合理解的技能。在我国，更多的学校正在寻找有意义的方法，能够让学生体验学科间的交叉点，参与到一种融合了批判式思维、想象力和实际应用的活动中去。

3.长期趋势（未来五年或更长时间）：推动文化变革与创新、学生从消费者转变为创造者、转向深度学习

（1）推动文化变革与创新

为了培育创新精神，我们的学校必须进行结构调整，激发创造性和创业精神。教育专家致力于开发新型的教学方法和程序，以促进自上而下的变革，并且能够广泛地适用于各类教育机构。

（2）学生从消费者转为创造者

世界范围内，越来越多的、不同学科的学习者不再仅仅是简单消化和吸收教学内容，而是通过实践和创造来学习。学校教学实践的重心也在发生改变，创造力越来越成为主动学习和实践学习的主旨。

（3）转向深度学习

目前，课堂教学日益关注深度学习。所谓深度学习，是指以创新方式向学生传递丰富的核心内容，供其学习并学以致用。对于阅读这样的日常活动，新

疆生产建设兵团农二师华山中学（小学部）以学生深层阅读为目标，利用学习元平台组织学生进行四个阶段的阅读，分别为：共同初读、个性化细读、群体研读和反思回读，促进学生的深度阅读和学习，并从共同阅读经典著作中受益。

（二）教育技术应用及发展过程中面临的挑战

1. 可应对的挑战

提升数字素养，将技术与教师教育相融合，重塑教师角色，是现阶段我们面对的挑战。随着互联网、移动设备及其他已在教育领域普及技术的迅猛发展，传统意义上读写素养的概念已扩展至数字工具及信息的理解，而 TPACK 模型给了我们一个解决信息技术和课程整合的模型，也给予了一个信息时代下教师所应该具备的素质的模型。这些挑战，有些有了解决方案，有些正在解决中，而有些还需要论证。

2. 有难度的挑战

平衡互联与非互联生活、竞争性教育模式、创造真实性学习机会是现阶段我们大致了解但解决方法尚不明确的挑战。在现阶段，我们会遇到一些困难，随着学生可选择的学习内容、技术及全面参与的方式日益丰富，在解决这些问题的时候，教学机构需要帮助学生在互联与非互联生活间寻找到一个平衡点。如今，技术成为许多日常活动的核心，对于学生而言，了解如何在互联与非互联生活中找到平衡点至关重要；新型教育模式，如大规模开放在线课程，给学校带来了前所未有的挑战，对于那些当前教育体系已无法满足其需求的学生而言更是如此。学校领导者和管理者必须正面应对这种挑战，为有需求的学生提供高质量的替代性学习方案；真实性学习，尤其是将现实生活体验引入课堂学习，在学校当中仍是少之又少。真实性学习被视为一种重要教学策略，有望促进学生更多地寻求与学校以外的世界的联系，并通过校内经历为适应校外世界做好准备；运用融入了学生所熟悉的现实生活经验、技术和工具的学习策略，及与社区成员进行互动等方式，都是将真实性学习带入课堂的方法实例。

3. 严峻的挑战

在线教育机构面临着促进教学创新、培养复合型思维能力、较少受到关注的挑战。随着学习虚拟化程度不断增强，教育机构在在线学习平台、软件、学习管理系统的制作过程中发挥着愈加重要的作用。然而，中国教育领域的思想领袖越来越担心，由于政府疏于监管这些产品和服务，将导致其不能完全符合国家教育项目的目标。此外，教师们通常不会参与在线学习资源的开发，人们会担心新研发的工具不能切实满足学校的需求，不能切实提升学生的学习成果，中国的学校尚不善于将教学创新引入主流实践。创新源于自由地以全新的方式将各种思想和观念相融合。学校通常仅允许教师按规定方式交流思想，这么做更多时候可能导致生搬硬套的学习。传统的学校晋升机制并不总是奖励教学和学习方面的创新与改进，也不总是有助于将成功案例在全校或全区予以推广。对变革的普遍回避和抵触不仅限制了新思想的传播，而且往往还会遏制探索尝试的动力；对于年轻人来说，做到以下两点至关重要：既要了解自己所处的网络世界，又要通过计算思维理解人类与人工智能之间的区别，要学会运用抽象、分解等方法处理复杂任务，展现出用启发式理性思维应对繁杂问题的能力。仅仅掌握复合思维能力是无法独立发挥作用的，学生还需要同时掌握相应的沟通技能，以便能够将复合思维运用得恰到好处。

（三）十二项重要技术进展

1. 未来一至两年：云计算、翻转课堂、创客空间、移动学习；

2. 未来二至三年：3D 打印、3D 视频、学习分析、大规模开放在线课程（慕课）；

3. 未来四至五年：自适应性学习技术、智能评分技术、虚拟及远程实验室、可穿戴技术。

第五节　营造教育信息化环境

数字化学习是指在教育领域建立互联网平台，学生通过网络进行学习的一种全新学习模式。以数字化学习为核心的信息技术与课程的整合，不同于传统的学习方式，具有如下鲜明的特点：（1）学习是以学生为中心的，学习是个性化的，能满足个体的需要；（2）学习是以问题或主题为中心的；（3）学习过程是进行通讯交流的，学习者之间是协商的、合作的；（4）学习是具有创造性和再生性的；（5）学习是可以随时随地进行，且是终身的。

数字化学习具有三个要素。一是数字化的学习环境，也就是所谓信息技术学习环境。它经过数字化信息处理具有信息显示多媒体化、信息传输网络化、信息处理智能化和教学环境虚拟化的特征，包括设施、资源、平台、通讯和工具。二是数字化学习资源。它是指经过数字化处理、可以在多媒体计算机上或网络环境下运行的多媒体材料，包括数字视频、数字音频、多媒体软件、CD-ROM、网站、电子邮件、在线学习管理系统、计算机模拟、在线讨论、数据文件以及数据库等。数字化学习资源是数字化学习的关键，它可以通过教师开发、学生创作、市场购买以及网络下载等方式获取。数字化学习资源具有切合实际、及时可信、可用于多层次探究、可操纵处理、富有创造性等特点。三是数字化学习方式。利用数字化平台和数字化资源，教师、学生之间开展协商讨论、合作学习，并通过对资源的收集利用、探究知识、发现知识、创造知识以及展示知识的方式进行学习，具有资源利用、自主发现、协商合作和实践创造几种途径。

数字化学习改变了学习的时空观念。数字化学习资源的全球共享，虚拟课堂、虚拟学校的出现，现代远程教育的兴起，使学习不再局限在学校、家庭中，人们可以随时随地通过互联网进入数字化的虚拟学校里学习。从时间上说，只通过一段时间的集中学习不能获得可供一辈子享用的知识技能，人类将从接受一次性教育向终身学习转变。所以，数字化学习要求学习者具有终身学习的态度和能力。信息时代，个体的学习将是终身的，个体的终身学习是指学习者根据社会和工作的需求，确定继续学习的目标，并有意识地自我计划、自我管理、自主努力，通过多种途径实现学习目标的过程。当然，这要求教育必须进行深刻的变革，即教育的内涵和功能、培养目标、内容和途径要转移到为人们终身学习提供条件上来。

同时，数字化学习要求学习者具有良好的信息素养。只有培养学生具备良好的信息素养，才能够理解信息带来的知识并形成自己的观点和知识结构。信息素养也是终身学习者具有的主要特征。我们认为，信息素养包含三个基本点：（1）信息技术基本知识和应用技能，指利用信息技术进行信息获取、加工处理以及呈现交流的技能；（2）对信息内容的分析、批判与理解能力，即对信息的检索策略、对所要利用的信息源、对所获得的信息内容都能进行逐一的评估，在接受信息之前，会认真思考信息的有效性、信息陈述的准确性、识别信息推理中的逻辑矛盾或谬误，确定论点的充分性；（3）能根据社会需求，整合信息、创造信息以及利用信息，融入信息社会的态度和能力，指信息使用者要具有强烈的社会责任心，具有与他人良好合作共事的精神，把信息的整合和创造力作为推动社会进步的力量。

信息技术的核心是计算机技术、通信技术和网络技术，数字化学习环境就是一个信息化的学习环境。整个数字化学习环境一般由设施、资源、平台、通信和工具等组成。在这个学习环境中，知识的表征借助于计算机多媒体技术倾向多媒体化。信息处理智能化，管理人性化，现实场景虚拟化。

数字化学习环境作为环境的一个子集，必然包括环境这一概念的重要特征。按照自然与社会二分法，数字化学习环境也设计物理环境和社会环境两个部分，其中社会环境的基础构成是以继承性为特征的文化符号的传承。所以，介于个体与客体之间的媒介也是学习环境的构成部分。

教育技术学的定义强调学习过程和学习资源的作用。数字化学习也要依托数字化学习环境和资源，学习资源建设是数字化学习的关键。数字化学习资源就是经过数字化处理的学习资源，包括文字、图像、声音、动画、课件和视频等。不同媒体形式的资源之间可以组合形成新的资源。数字化学习资源分为设计的和非设计的。有些是教学环境型的资源，本身不是纯粹的资源，但是它可以依托自身的环境组成为学习者提供学习服务的资源，基于此又可以分为资源型学习资源和系统环境型学习资源。还有综合所有类型的集成型学习资源，比如互联网等。数字化学习资源依托信息技术的优势，较传统学习资源具有多媒体化、超文本、实时交互、资源共享等特点。数字化学习资源的开发有以下几种方式：改进传统学习资源，将现有资源进行数字化升级；购买专业机构开发的资源，进行二次开发；教师和学生的优秀作品可以直接入库；网上下载资源充实本地资源库。对于资源的管理，要动态跟踪、及时更新，统筹规划、扩大投入，提高质量、丰富数量，注重学习者的真正需求。

数字化学习平台的核心架构是：

一、在线教育平台

在线教育行业起源于美国，在英、美等发达国家已经十分普及，美国现在约有400万名注册的在线教育学生，许多知名大学早已开设在线教育平台。基于互联网的高速发展，在线教育市场眼下的增长可谓突飞猛进，各大互联网巨头纷纷"瞄准"该市场。

比较于已有数年发展历程的在线教育，移动互联网教育和智能语音教育还是相对陌生的领域。普华永道近期的一项研究结果显示，移动互联网市场规模2014年达到2 590亿美元，并将在2017年突破3 850亿美元，移动互联网教育领域作为移动互联网领域的细分领域，同样暗含着巨大的发展潜力。

智能语音技术、网络视频通信技术等新技术也不断涌入在线教育领域，进一步加快该行业的发展步伐。市场人士预计，在线教育市场发展将继续呈现井喷态势。机构分析认为，随着未来互联网渗透率的进一步提升和在线教育消费习惯的养成，中国内地在线教育市场规模有望加速扩大，2015年的市场规模达1 745亿元。

在这一新趋势下，中国的智慧教育体系发展也呈现了线上和线下齐头并进、融合发展的趋势。

二、智慧教室

智慧教室解决方案以智能录播系统、交互智能电子白板、实物视频展台、沉浸式教室解决方案为主体，配套多媒体中控、音频系统、推拉黑板等周边设备，实现统一管理的多媒体数字授课，为教育行业打造一个惊喜无限的数字化教学平台，从根本上克服单调、乏味的传统教学方式。

多媒体教学是根据信息传播理论和教学过程的规律而设计、实施、评价教育过程的系统方法，它通过形声媒体、软件的运用和调控贯穿教学的全过程。多媒体教学方式容易激发学生的学习热情，引起学生学习兴趣，使学生在轻松愉快的情感体验中实现认识的不断飞跃。多媒体教学以它特有的魅力将枯燥的教学过程变成生动活泼的教学方式，使单一的教学变成师生共同参与的活动，调动了师生双方的积极性。同时，多媒体是一个新鲜的研究课题，是开展教学改革活动的一个新挑战。在教学过程中，一些重难点的地方用传统的教学方式难以让学生深刻理解，那么，此时最好的方法就是借助于多媒体来进行教学。其子系统包括：

1.电子书包

电子书包教学应用须构建的环境包括物理环境（无线网络、交互显示设备）、软件环境（课堂交互系统、教学服务平台）、数字资源（电子课本、教学资源、学科工具）。目前，教师对电子书包应用于学科教学已基本达成两个共识，即技术的应用不可能在短期内看出学生各方面能力的提升，但从当前应用来看，使用电子书包后，学生信息应用素养有明显的提升。

中国的电子书包主要针对中小学教育，除了传统家校通包含的家校沟通功能，电子书包还提供了更加丰富的教育信息化功能，如数字化教育资源、学生成长史等，让其真正成为孩子们学习和生活的助手。一般而言，电子书包具有以下功能：收发通知、账号管理、班级管理、各科教材、练习及考试、收发信息、发布作业、发布成绩、考勤管理、家校秘书、灵通短信、荣誉榜等。

电子书包的应用至少包含四个方面：一是学习终端选择，也就是学生学习用的"电脑设备——平板电脑"，也称之为移动阅读器或电纸书，其具有读写功能，又能移动、及时交流。二是与终端相连接的网络服务平台，提供学生学习的数字资源和管理平台，同时也是教师和学生之间、学生和专家之间、学生和学生之间的交流平台。三是丰富的电子书，既要有大量的优质教育教学资源用以共享，并有一支优秀的课程资源建设队伍，对不同教师、学校提供的教育教学资源进行甄别和选择，确保网络上的学习资源都是优质的。四是数字出版业的跟进，有一些教育资源可以有偿或无偿地提供给学校使用。

理想的电子书包应该具有轻便、人性化、环保和可拓展等特点，除了具备容量大、运行速度快、可手写、阅读不伤眼睛和电池续航时间长等特征外，还具有方便快速的上网功能、丰富的应用软件支持等特点。电子书包必然会带来学习革命，但同时也面临着应用场景、定义功能、指定高度兼容标准等问题。

2. 互动白板

在现代教学领域中，多媒体技术应用、增强互动性是教学发展的主流方向，无论是在普通教室还是在教育会议厅，我们都能够看到各种多媒体投影设备或互动教学设备。

互动式电子白板全面搭配短焦投影组成多媒体教学系统，在与互动电子白板配合使用时更方便。由于投影机的超短焦距功能，投影机的安装更靠近白板，使用中使用者自身不会遮挡投影光路，使演示更完整、交流更顺畅。

交互式电子白板可以与电脑进行信息通讯，将电子白板与计算机连接起来，并利用投影机将计算机上的内容投影到电子白板屏幕上，在专门的应用程序的支持下，可以构造一个大屏幕、交互式的协作会议或教学环境。可以在白板上直接操作，对文件进行编辑、注释、保存等。

交互式电子白板的教学平台（主要包括电脑、投影机、交互式电子白板），对比黑板及电教平台两种教学方式，取其精华（黑板的互动性及电教的丰富性），去其糟粕（黑板的单调性及电教的单向性），从根本上解决了以往教学模式中存在的问题，真正实现了"教与学的互动"，实现了高品质、高效率的教学模式。

3. 交互智能平板

交互智能平板集大屏高清显示、投影仪、PC、电子白板、电视和音响等功能于一身，只要连接电源就可直接在平板上进行触摸操作，相当于一个大尺寸的平板电脑。交互智能平板在 2010 年前后面世，在教育信息化深入的背景下取得了蓬勃发展。从奥维咨询（AVC）发布的《2014 年中国 IWB 市场分析报告》中可以看到，交互智能平板销量为 3.3 万台，同比增幅高达 34.4%，在整个电子白板市场中占比达到 25.6%，销售额为 5.1 亿元，增幅达 21.2%。

4. 实物视频展示台

伴随着社会的发展与科技的进步，多媒体教学设备正越来越广泛地应用于教师的教学之中，以达到最优质的教学展示效果。视频展示台又称实物投影仪，它的出现逐渐取代了传统的幻灯机。视频展示台不但能将胶片上的内容投到屏幕上，而且可以将各种实物，甚至可活动的图像投到屏幕上；最终将图像展示出来，还需通过外部设备的参与，比如电视机和投影机。视频展示台的关键部件是 CCD（电荷耦合设备）。

5. 视频会议系统

模拟大教室，充分利用师资力量：最大程度模拟大教室，学子们汇聚一堂，有师者传道、答疑、解惑，师生间即可互动交流。

召开工作会议：教育机构的规模庞大，行政会议较多，而机构的复杂性与地域的分散性常常使信息传达的周期过长，影响工作的执行，更耗费了不少的差旅费。

国际学术交流：教育机构每年都会召开许多的经验交流会和学术研讨会，以促进专业的发展和教师水平的提升。但以往受场地、时间、人员的限制，这些会议往往开得不够深入。

视频交互式远程教学：实时的远程学术交流、教科研研讨、教育管理、专业信息资源的共享。

国际友好学校交流：利用视频会议系统实现国际友好学校交流，实现优秀教学资源的共享，不仅增加了学生学习的机会、提高教学质量、降低教学成本，还有利于扩大教学规模。同时利用视频会议系统开展丰富多彩的校际联谊活动、论文评审等，提升了学校的形象，扩大了学校的影响。

6. 录播系统

随着在线教育、微课、反转课堂等热度持续上升，录播系统作为教育信息化支撑体系中非常重要的一环，越来越成为院校走向智慧化、信息化的重要和不可或缺的设备之一。随着信息技术数字化、网络化进程的不断深入，通过录播系统进行全方位的录制，能够真实地记录各种会议的全过程，并作为历史资料永久保存下来，可以方便用户会后在线查询资料或播放。

系统采用基于 IP 网络的分布式构架，录播服务器和各编码器之间通过 IP 网络进行通信。可将教学和视频互动课中的视频、音频信号和计算机动态屏幕信号进行一体化的同步录制、直播。视音频编码器负责采集录播教室的视频信号，VGA 编码器负责采集录播教室教学电脑的 VGA 信号；后端录播服务器将编码后的视音频信号封装成多流的流媒体格式存储，通过校园内网和教育专网，用户均能自如地进行录制、直播、点播、下载等。

未来发展的趋势：集全自动录播、互动录播、云录播三功能为一体的全能型录播系统，可实时直播、在线点播、同步录制、远程互动、统一管控等，支持三分屏模式课件录制和电影模式课件录制，编码效率更高，清晰度更好，适用于精品公开课、互动教学、微格教室、远程教研、教学评估等场合。

7. 直播系统

随着 OTT 技术的逐渐成熟及机顶盒功能的逐渐强大，很多运营商都开始探讨以互动点播 OTT 为主的多屏互动平台，其核心价值是让教学过程可以随心所欲地使用多种屏幕进行顺畅的切换，主要的功能则是教室内的点播、甩屏、互动等，从而实现视频广播、信息发布、课程直播、透明校园、多屏互动的融合。

三、智慧校园

1. 智慧校园架构

智慧校园的关键问题是资源的互联和管理。公共服务平台作为教育资源最重要的载体，直接影响教育资源的汇聚共享、建设与应用的衔接，而利用云计算模式可以最大限度地实现集约共享，推动资源建设与使用良性互动。为此，要构建一系列的应用平台，包括基础支撑平台、信息门户平台、共享数据平台、统一身份认证平台，为学校整体教学、科研、管理和综合服务奠定基础，实现信息分层、流程化管理，多系统、多部门、多校区、多类人员的流程协作，有效地提升了学校整体运转效率。

2. 智慧服务架构

移动互联技术深刻改变了人类的日常生活。利用移动互联技术、移动终端触控技术及云计算技术，提供交互式电子教材及课件制作工具、互动课堂教学系统、教育云服务平台等系列产品，帮助更多的学生参与到互动学习中来。

为此，须融合互动课堂教学系统、试题应用评测系统及教育云服务平台等，除了能够支持教师备课、课堂互动控制、监控和协同教学外，还能辅助教师进行试题采集、加工和管理，实现试题资源的积累和应用，为教学活动提供智能组卷、在线测试、训练诊断、查缺补漏等功能。

3. 智慧教育云平台

"智慧教育云平台"基于云计算核心技术开发，采用 SOA 架构，由教学资源管理系统、教学资源调度系统、教学资源服务系统、教师备课系统、教学授课系统、教学信息管理系统、幕课系统、统计系统、评价系统组成，满足教师日常教学应用、教师提高进修、教师集体教研、学生专题活动、学习评价等应用要求，满足教育管理者教学管理、教学资源评价、教学资源运营的需要。

4. 一卡通系统

智慧校园利用"无线城市"无处不在的网络和移动信息化应用成果，融合创新的网络科研、透明高效的校务管理、丰富多彩的校园文化，打造安全、环保、高效的和谐校园。通过一卡通应用，实现平安短信、家校互动、亲情通话等功能，为平安校园建设提供有力的保障，为广大家长提供及时了解孩子在校情况的良好通道，为教师建立促进家校和谐互动的桥梁，推动广大中小学的德育建设。

校园一卡通综合解决方案包括门禁、考勤、消费、数字化图书馆、智能学籍管理、数字化教务管理等，同时提供校园安全监控、校园信息发布等应用服务，帮助各大高校建立现代化智慧校园。

四、数字化学习平台的重要组成部分——微课

微课是目前网络数字化学习资源的主要组成部分，既有学习资源网站推送的微课，更多的还是教师自己录制的微课。

1. 优质微课的标准

根据微视频的这些特点与教学要求，上海师范大学黎加厚教授总结出了微课评价的五个指标：

（1）聚焦：微课程只讲述一个教学知识点，这个知识点是供学生自主学习时教师必须讲述才能理解的内容，是学习的重点、难点、易错点。学生自己通过阅读教材能够理解的内容，不需要教师制作微课程。

（2）简要：微课程的时间控制在 10 分钟以内，抓住学生注意力的最佳黄金时段，简明扼要地概述知识点，点拨难点，突出注意点，循序渐进地帮助学生完成对知识点的学习。

（3）清晰：微课程使用规范的学术用语，语言文字表述清晰、有条理，易于学生理解；画面合理布局，成像清晰，无质量缺陷，例如 PPT 画面能够清晰地呈现学习内容，视频画面清楚，不抖动、不倾斜等。

（4）技术：针对不同的主题，选取合适的一种或多种方法，恰当运用信息技术，帮助学生自主学习。要注意：技术的目的在于辅助学习，切勿滥用技术、分散学生学习的注意力。

（5）创新：教育理念创新，教学模式创新，运用技术创新，丰富教学策略，激发学生的学习兴趣，学生易于理解学习内容。

2. 优质微课内容的要求

美国学者多尔（R. C. Doll）1989 年提出了七条评价指标。微课作为教学内容的载体、学生在线学习的资源，更需要仔细研究这些标准。

（1）作为学科知识内容的有效性与意义。有效性与有意义是内容选择的基本准则。多尔认为，应当依据这一准则，把一些无用和无意义的教学内容剔除出去。

（2）博览与深学内容之间的平衡性。学生需要有较宽的知识面，与此同时，

他们也需要在初步了解的基础上有机会深入地学习。这种深入的学习可能是与他们个人的需要有关的。课程设计者需要解决的一个重要问题就是在宽度与深度之间做出适当的平衡。

（3）满足学生需要与兴趣的适当性。辨明学生偶然的兴趣不难，辨明学生长期的兴趣与需要则有相当的难度。

（4）内容重点部分的时效性。在诸如物理、化学这样的领域内，学科内容变化得如此之快，以至要预测它们存在的时效似乎是不可能的，然而多尔指出，一般地说，知识内容与学科的主要观点及概念联系越紧密，它存在期较长的机会也就越大。

（5）事实与其他次要内容与主要观点与概念的关联性。这是与时效性有关的准则。多尔强调，我们应当有意识地摒弃一些与主要观点不相关的内容。

（6）内容的可学性。显然没有人会尝试去教学生学不会的知识，然而多尔认为，美国教育的一大失败就在于试图把相同的基本内容教给几乎所有人的所有孩子。

（7）由其他学科领域迁移过来的可能性。跨越学科界线内容的教学有助于强化学生的学习。

3. 微课的设计与制作

微课是模拟一对一的教学情景、区别于一对多、注重教师教的课堂教学方式。微课类似于一对一辅导，注重学生学，在较短的时间内讲授一个知识点。微课要避免黑板搬家现象，就是解决用传统教学很难解决的重点、难点问题。相较于传统视频课的资源封闭、资源固结、难以修改、教师教为主，微课显然有着自身的优点，诸如易搜索、易传播、应用范围广，同时微课的录制对象、学习对象可以是任何人。

（1）微课设计与制作流程

①选题；②教案编写；③制作课件；④教学实施与拍摄；⑤后期制作；⑥教学反思。

（2）选题标准

微课的选题是微课制作最关键的一环，良好的选题可以事半功倍地进行讲解、录制，不好的选题同样可以使得微课变得平凡乃至平庸。

一是教学中的重点难点。一节微课一般讲授一个知识点，对于这个知识点的选择，关乎知识结构的设计，选择教学中的重点难点用来制作微课是一个较好的做法，较为符合微课制作的初衷：教学资源分享，为学生（教师）解惑，启发教学。

二是要适合用多媒体表达。微课作为一种媒体，内容的设计要适合使用多媒体的特性，对于不适合使用多媒体表达的内容，制作的结果也许是徒劳的，因为也许使用黑板教学或进行活动实践的教学效果更佳，同时也会使教学过程平庸无奇，令观看者失去学习欲望。因而微课选题要适合使用多媒体表达，适合加入丰富多彩的图形图像和动画以及视频。

（3）教学设计要求

微课虽然只有短短的数分钟，但是也需要进行良好的教学设计，良好的微课应该是井然有序的，杂乱无章而随意的微课是与微课理念背道而驰的。

一是要适合教学对象。不同学科、学段的微课对应不同知识能力的学生，微课不但应有学科、学段的分别，同时还要有同一学科、学段适应不同水平的学生的分别，诸如同一个数学知识点，对于不同水平的学生，传授的方法乃至内容应该有差异，进行个别化教学是符合微课理念的。

二是要符合认知过程。良好的微课设计应该是循序渐进的，不能跳跃式发展。不同年龄段的学生的认知方式是有很大差异的，对于低龄儿童，具体（多图、动画、视频）的知识对于他们更易于接受；对于中学生，认知方式已经发展为更易于接受抽象的知识，应给予学生想象思考的空间，诸如高中语文，给予学生更多的情景陶冶，而对于低年级儿童来说，情景陶冶也许就会分散其注意力。"停顿"对于低年级学生是不太需要的，而对于高年级学生，适当的"停顿"是非常必要的，对他们而言，进行知识灌输显然是低效的，进行知识的自我思考才是高效有建设性的。如果学习的对象是教师，则由于记忆能力下降，可能需要多次的重复才能牢记。同时由于观念的固化，接受新事物有一定缓冲过程，在陈述内容、观点时，转折应适当圆滑、缓慢。

三是微课要达成较好的教学效果。能有效解决实际教学问题，有针对性地释疑解惑，能调动学习者学习的主动性。

（4）PPT 设计

1）内容设计：① PPT 只要核心内容，边末角的东西可以通过教师的语言、动作表达出来，照本宣科读 PPT 的微课跟优秀微课没有任何关联。② PPT 内容设计要有启发性。③ PPT 内容设计要有悬念性。④布置反思。

2）版面设计：①首页与封面设计，最好采用 PPT 的首页作为封面，这样可以一目了然地知道知识点与作者。第一张 PPT 作为微课的"脸面"，应当有以下清晰的"五官"——额头：如果是系列微课，可以在这里说明；眼睛：简明扼要的微课标题；鼻子：作者及单位；嘴巴：学科学段、章节及教材；耳朵：边饰，缺乏边饰则显得有些古板、单调，不建议在这里放置教师画面。②背景：就好似人的皮肤，尽量以素雅为主，能烘托字体，不能太艳丽，如果跟人的皮肤一样浓妆艳抹，则凸显了内容的苍白无力，同样，背景不能乱，试想凹凸不平的皮肤，能美到哪里去？③中间页：最顶上可以写知识点，一目了然；中间则放置主题内容；右下角或左下角留出空白以放置教师画面，同时不要挡住文字。背景应当比首页更加简单，但是不推荐没有背景或是某种纯色的背景，太素颜也不好。④尾页设计：可以加入感谢语、微课题目、欢迎观看其他微课等语言，此页不建议加入教师画面。

3）美学设计：①整个 PPT 当中，应当是 50% 文字、20% 图片、30% 空白。②整个 PPT 文字颜色不要超过 3 种，最好只使用两种。③上下一致，左右协调，PPT 的上半页与下半页内容数量差不多，不出现头重脚轻、一边重一边轻的现象，左半页与右半页协调。④翻页动画可以有数种，但是不能太多，2～5种翻页效果是合适的。⑤审美不疲劳，不要出现连续好几张全部是图片或全部是文字的现象。

（5）录制与剪修

1）录制要点：①录制背景最好是白色或是浅色，不要出现其他杂物。②音量大小合适，摄像头不朦胧，摄像角度最好为正面。③如果不习惯，可以让一个学生坐在对面，就好像是给他辅导一样。④不要录制课堂教学。⑤对幼儿园或小学低年级学生，可以与学生一起录制视频放入 PPT。⑥特殊人群，如教授聋哑学生，则可以采用特殊的录制方式。⑦录制时调整电脑分辨率为 1 024 mm×768 mm，颜色位数为 16 位。

2）后期制作原则：①时间不超过 5 分钟，超过 5 分钟不能通过初审。②如果声音太小或太大，可以适当调整。③视频尺寸为：640 mm×480 mm 或 320 mm×240 mm，视频格式为：FLV、MP4，音频最好采用 MP3 格式。

微课的设计与制作的方法随着技术的创新，也在不断地创新和发展，老师们可以在课堂教学实践中不断地研究和探索、总结与升华，设计制作出更优秀的微课。

第二章　互联网影响学习方式改变：翻转课堂

第一节　翻转课堂教学的定义与特征

"翻转课堂"（flipped classroom 或 inverted classroom）也称"颠倒课堂"或"颠倒教室"，是相对于传统的课堂上讲授知识、课后完成作业的教学模式而言的。它是指学生在课前观看教师事先录制好的或是从网上下载的教学微视频以及拓展学习材料，而课堂时间则用来解答学生问题、订正学生作业，帮助学生进一步掌握和运用所学知识。传统教学过程通常包括知识传授和知识内化两个阶段。知识传授是通过教师在课堂中的讲授来完成的，知识内化则需要学生在课后通过作业、操作或者实践来完成。而在"翻转课堂"上，这种形式受到了颠覆，知识传授通过信息技术的辅助在课前完成，知识内化则是在课堂上经老师的帮助与同学的协助完成的。

一、翻转课堂的起源

"翻转课堂"起源于美国科罗拉多州落基山的"林地公园"高中。2007 年春，该校化学教师乔纳森·伯尔曼（Jon Bergmann）和亚伦·萨姆斯（Aaron Sams）开始使用录屏软件录制幻灯片演示文稿的播放和讲课声音，并将视频上传到网络，以此帮助缺席的学生补课。后来，这两位老师让学生在家看教学视频，在课堂上完成作业，并对学习中遇到困难的学生进行讲解。这种教学模式受到了学生的广泛欢迎。为了帮助更多的教师理解和接受翻转课堂的理念和方法，他们于 2012 年 1 月 30 日在林地公园高中举办了翻转课堂"开放日"（open house），让更多的教育工作者来观看翻转课堂的运作情况和学生的学习状态。这种做法促进了翻转课堂教学模式的推广。此外，翻转课堂的推动还要得益于开放教育资源（OER）运动。自麻省理工学院的开放课件运动（OCW）开始，耶鲁公开课、可汗学院微视频、TED ED（TED 的教育频道）视频等大量优质教学资源的涌现，为翻转课堂的开展提供了资源支持，促进了翻转式教学的发展。

可汗学院（Khan Academy）的创始人萨尔曼·可汗聪明过人，被比尔·盖茨（Bill Gates）称为智商 160。自小课业优异，就读麻省理工学院后，获得了数学学士、计算机学士和计算机硕士学位，此后又获得了哈佛大学的工商管理硕士学位。毕业后他进入金融业，成为一名对冲基金分析师。

2004 年 8 月，萨尔曼·可汗为帮助其表妹纳迪亚解决学习数学过程中的困难，起初他利用雅虎通的涂鸦功能来图解数学概念。然后他编写代码，出一些练习题，让纳迪亚在网上练习，以检查学习效果。在可汗的帮助下，纳迪亚的数学进步神速，她的弟弟阿尔曼和阿里也要求可汗做他们的家教辅导。随后，他们又带来了一些朋友，需要可汗帮助的孩子越来越多。根据这一实际需要，可汗开始将很多概念做成"模块"，并建立数据库，以便跟踪了解每一个孩子的学习进度。由于雅虎通无法让很多观众同时观看，于是可汗开始制作教学视频，并上传到 YouTube 网站上。每段录像约 10 分钟，包含两部分内容：黑板上的草图和画外音，对一些概念进行讲解。

2006 年 11 月 16 日，可汗发布了第一段视频，解释最小公倍数的基本概念。很快，其他学生包括一些成年人，开始搜索和观看他的视频，并给他留言，感谢他拯救了自己的数学学业。2007 年，可汗建立了一个非营利的在线"可汗学院"（www.khanacademy.org），把他的讲课视频都放在了这个网站上。

2009 年，可汗干脆辞掉了对冲基金分析师的工作，全身心投入到可汗学院的建设中。2010 年，位于加利福尼亚州的洛思阿尔托斯（Los Altos）学区的管理人员找到可汗，提议与可汗学院合作，在整个学区内选取两个五年级的班级和两个七年级的班级试验"翻转课堂"。其中，参加试验的山景中学

（Mountain View Academy）七年级学生在使用了可汗学院一个学年的服务后，在全州考试中进步明显，取得"先进"或者"精通"成绩的学生比例从 23% 跃升至 41%。

2010 年，硅谷创投家约翰·多尔（John Doerr）的太太在可汗的账户中存入 1 万美元；比尔·盖茨给可汗投入了 550 万美元；以后，他又从谷歌得到 200 万美元的捐款；从全球最大的在线影片租赁服务商网飞公司（Netflix）首席执行官里德·黑斯廷斯（Reed Hastings）那得到 300 万美元，从爱尔兰企业家肖恩·沙利文（Shawn Sullivan）那里得到 500 万美元。借助于这些资金，可汗把他的学院从视频网站上的一个个人频道打造成与硅谷新公司 DNA 合作的非营利性教育机构。他们的目标是：创立一套完整的教学方法，包括视频讲座、网上练习、颁发奖励学生进步的徽章、为教师追踪学生进步提供分析工具等，这套新式教学法可以被融入现有课堂教学中，也可以作为一所独立的虚拟学校，为任何想学习新知的人提供帮助。

到 2012 年，可汗学院有 50 余名雇员和来自全球的一大批志愿者；他们创作的课程，在美国加州 25 所学校中得到应用。可汗学院估计，全美几乎有 2 000 所学校在非正式地使用可汗的课程，这实际上使可汗学院成为全美最大的混合教学实验点。可汗开发了自动化程度更高的问题软件，并对教学视频进行大规模翻译。他招募了几个助手，打算推进革命性的教育实验。可汗希望能改变人们学习的方式，不论他们念的是私立学校还是公立学校，是在俄亥俄州还是在巴西或俄罗斯、印度，抑或是在自家的厨房里。网站上写着如下承诺："让任何人，在任何地方，都得到世界一流的教育。"截至 2012 年 7 月，视频教程被点击数已超过 1.6 亿次，全球特定用户超过 500 万。

2012 年，萨尔曼·可汗被美国时代周刊评选为年度 100 位最有影响力人物。比尔·盖茨在推荐信里写道："就像很多伟大的革新者一样，萨尔曼·可汗原先并不打算改变世界，他只是试图帮助在美国另一头的中学生表妹辅导代数课。"如今，他俨然已成网络数学"教父"。据可汗学院网站统计，截至 2014 年 3 月，可汗学院视频的教学被翻译超过了 20 种语言，该网站已经完成了超过 920 000 000 次数学题的交互学习，教学视频被播放超过了 225 000 000 次。

二、翻转课堂教学的定义与特征

（一）什么是翻转课堂

传统教学过程通常包括知识传授和知识内化两个阶段。知识传授是通过教师在课堂中的讲授来完成的，知识内化则需要学生在课后通过作业、操作或者实践来完成。在翻转课堂上，这种形式受到了颠覆，知识传授通过信息技术的辅助在课后完成，知识内化则是在课堂上经老师的帮助与同学的协助而完成的，从而形成了翻转课堂。随着教学过程的颠倒，课堂学习过程中的各个环节也随之发生了变化。

（二）翻转课堂的特征

1. 教师角色的转变

翻转课堂使得教师从传统课堂中的知识传授者变成了学习的促进者和指导者。这意味着教师不再是知识交互和应用的中心，但他们仍然是学生进行学习的主要推动者。当学生需要指导的时候，教师便会向他们提供必要的支持。自此，教师成了学生便捷地获取资源、利用资源、处理信息、应用知识到真实情景中的脚手架。伴随着教师身份的转变，教师迎来了发展新的教学技能的挑战。在翻转课堂中，学生成了学习过程的中心，他们需要在实际的参与活动中通过完成真实的任务来建构知识，这就需要教师运用新的教学策略达成这一目的。新的教学策略需要促进学生的学习，但不能干预学生的选择。翻转课堂最大的好处就是全面加强了课堂的互动，具体表现在教师和学生之间以及学生与学生之间。

由于教师的角色已经从内容的呈现者转变为学习的教练，这让教师有时间与学生交谈，回答学生的问题，参与到学习小组之中，对每个学生的学习进行个别指导。当学生在完成作业时，教师会注意到部分学生为相同的问题所困扰，于是就组织这部分学生成立辅导小组，往往会为这类有相同疑问的学生举行小型讲座。小型讲座的美妙之处是当学生遇到难题准备请教时，教师能及时地给予指导。教师通过对教学活动的设计来促进学生的成长和发展。在完成一个单元的学习后，教师要检查学生的知识掌握情况，给予及时的反馈，使学生清楚自己的学习情况。及时的评测还便于教师对课堂活动的设计做出及时调整，更好地促进学生的学习。

2. 课堂时间重新分配

翻转课堂的第二个核心特点是在课堂中减少教师的讲授时间，留给学生更多的学习活动时间。这些学习活动应该基于现实生活中的真实情境，并且能够让学生在交互协作中完成学习任务。将原先课堂讲授的内容转移到课下，在不减少基本知识展示量的基础上，增强课堂中学生的交互性。最终，该转变将提高学生对于知识的理解程度。此外，当教师进行基于绩效的评价时，课堂中的交互性就会变得更加有效。根据教师的评价反馈，学生将更加客观地了解自己的学习情况，更好地控制自己的学习。

学习是人类最有价值的活动之一，时间是所有学习活动最基本的要素。充足的时间与高效率的学习是提高学习成绩的关键因素。翻转课堂通过将"预习时间"最大化来完成对教与学时间的延长，其关键之处在于教师需要认真考虑如何利用课堂中的时间，来完成课堂时间的高效化。

3. 学生角色的转变

随着技术的发展，教育进入到一个新的时代——一个学生可以进行自我知识延伸的时代。教育者可以利用维基百科、博客等技术工具高效地为学生提供丰富的学习资源，学生也可以在网络资源中获取自己所需的知识。在技术支持下的个性化学习中，学生成为自定步调的学习者，他们可以控制对学习时间、学习地点的选择，学生能根据自身情况来安排和控制自己的学习。学生在课外或回家看教师的视频讲解，完全可以在轻松的氛围中进行，而不必像在课堂上教师集体教学那样紧绷神经，担心遗漏什么，或因为分心而跟不上教学节奏。学生观看视频的节奏快慢全在自己掌握，懂了的快进跳过，没懂的倒退反复观看，也可停下来仔细思考或做笔记，甚至还可以通过聊天软件向老师和同伴寻求帮助。可以控制学习内容、学习量。然而，在翻转课堂中，学生并非完全独立地进行学习。翻转课堂是有活力的并且是需要学生高度参与的课堂。在技术支持下的协作学习环境中，学生需要根据学习内容反复地与同学、教师进行交流，以扩展和创造深度的知识。因此，翻转课堂是一个构建深度知识的课堂，学生便是这个课堂的主角。

4. "翻转"让教师与家长的交流更深入

翻转课堂改变了教师与家长交流的内容。多年以来，在家长会上，父母问得最多的是自己孩子在课堂上的表现，比如安静地听讲、行为恭敬、举手回答问题、不打扰其他同学等。这些看起来是学习好的特征，教师回答起来却很纠结。在翻转课堂后，课堂上这些问题不再是重要的，现在真正的问题是：孩子们是否在学习？如果他们不学习，教师能做些什么来帮助他们学习？这个更深刻的问题会带领教师与家长商量如何帮助学生成为更好的学习者。

另外，华东师范大学陈玉琨教授将翻转课堂的特征概括为：

第一，先学后教的教学模式。在翻转的模式下，学生需要在课前学习教师录制或者网上下载的教学微视频，对视频讲解做出笔记，完成进阶作业。回到课堂上，就学生没有学懂的知识点、作业完成时遇到的困惑，师生共同探究和解决。因此，它是一种典型的先学后教的教学模式。

其实，先学后教作为一种教学模式在我国中小学已经有过很多探索。南京东庐中学的"讲学稿"、杜郎口的"导学案"就是这一模式的典型。无疑，它们在推动我国中小学教育，尤其是我国中小学农村教育中发挥过重要作用，是那一时代的骄傲。当然，随着科技的进步与时代的发展，这些教学模式也需要转型，在坚持"先学后教"原则的基础上，寻求新的技术与手段。以微视频作为主要课程资源载体的网络条件下的先学后教，被认为是一种比较成功的教学范式。微视频主导和网络学习条件下的先学后教，与以往导学案或讲学稿主导下的先学后教的模式有所不同，主要体现在三个方面：

（1）讲解生动。视频上，优秀教师生动形象地讲解，显然比一张纸的导学案让学生更加喜欢。

（2）反馈及时。无论是课前学习后的作业反馈，还是课堂学习过程中的学习反馈，在网络背景下，都比纸质的导学案要来得及时、迅速，并且还节省了老师大量的批改作业的时间。

（3）易保存检索。电子资料比起导学案来，更易于学生的复习，易于学校的保存与检索。

应该说，微视频与导学案，都是先学后教的载体，其背后的原理是一样的。之所以导学案产生于中国的农村学校，视频学习和翻转课堂则起源于美国，在很大程度上是由于技术条件的差异，导致所使用的工具和载体不同而已。随着我国经济的发展与网络环境的改善，相信这一差异问题很快就能得到解决。

第二，"满十进一"的进阶方式。为确保学生学习了、学会了微视频中讲解的知识点，在现代信息技术的支持下，微视频制作可以让学生在学习了一段微视频后，完成通关式的作业。只有在作业做对的情况下，学生才可以进入下一阶段的视频学习。如果作业没有做对，学生就需要根据相关提示，继续看原来的视频。或者在线请求帮助，直到掌握了这个知识点、完成了进阶作业，学生才可以进入下个知识点的学习。在完成了一个单元的知识点学习之后，学生需进行相应的单元测试，只有单元测试达到了掌握的程度，学生才可以进入下个单元的学习。在这样的"满十进一"的进阶教学程序保障下，只要时间允许，再加上有效的针对性辅导，就能够确保学生掌握每个知识点，掌握每个知识单元，最终实现让班级内大多数学生达到熟练掌握的程度。

第三，微课呈现的讲授方式。根据教学目标和教学内容，教师制作教学微视频，设计进阶作业。这些微视频的讲解形象生动、界面友好、讲解清楚，并且一个微视频讲解一个知识点，目标清楚，知识点清晰，时间通常在5~8分钟，便于学生集中注意力，在学生感到疲倦之前，就完成了知识的听讲。还有，微视频讲解和以往的网络课堂不同的是，微视频以知识点的讲解和分析为主，以学生学习为本，视频里不出现教师形象，不是课堂场景的再现。因此将这些可能分散学生注意力的因素都排除在外。而且，教师在录制微视频时，假定的教学对象是一个学生，是教师在为一个学生做讲解、做分析。这就要求教师从以往的"讲师"转变成学生的"教练"，从"讲台上的圣人"转变为学生"身边的辅导者"。在慕课学习和翻转的课堂上，"教师的表现虽然不那么凸显了，但是教师的作用却更加重要了"。用萨尔曼·可汗的话语来说："这种方式，它似乎并不像我站在讲台上为你讲课，它让人感到贴心，就像我们同坐在一张桌子面前，一起学习，并把内容写在一张纸上。"

第四，积极学习的实现形式。让学生自己而不是教师或者家长对其学习负责，是实施慕课学习和翻转课堂的老师们经常强调的观点。只有清楚自己学习的目标，为实现目标进行各种努力和探索，并能够以恰当的形式证明自己达到了目标的要求，学生的学习才是真正的积极学习和自主学习。在翻转课堂教学模式下，学生在教师设计的学习任务单的引导下，课前自己学习视频；课堂上单独或者以小组合作的形式交流学习成果，参与问题讨论。教师不断巡视学生学习情况，提出疑问，解答难题，班级内，每个学生都有事情做，没有走神的。这样的课堂，虽然表面上看起来有点乱，学生不再那么安静，但是每个学生都在积极地投入真正的学习。

第二节　国外实施翻转课堂教学的现状及学校案例

一、国外实施翻转课堂教学的现状

目前，翻转课堂在美国受到很多学校的欢迎。其中主要有两个因素促使该教学模式得到了广泛的应用，一是美国学生在高中毕业后仅有 69% 的人顺利毕业，在每年 120 万的学生中平均每天有 7 200 人辍学；二是网络视频在教学中得到了广泛的应用。2007 年，有 15% 的观众利用在线教育视频进行学习，2010 年增至 30%。在线网络课程不仅涉及历史等文科领域而且扩展至数学、物理学和经济学等领域。据不完全统计，截至 2012 年初，已经有两个国家 20 个州 30 多个城市在开展翻转课堂的教学改革实验。通过该统计发现，翻转课堂的实施主要集中在中小学，教学科目主要为数学、科学等理科课程。

许多翻转课堂的论述都只是提出了大体的操作策略，而不同的学科和学习项目在实践操作中又各有区别。

1. 外语课。教师会预先录制好语法课程和聊天话题，这样可腾出课堂时间用于学生练习和应用语言，比如更多外语口语聊天、阅读外语文学作品、用外语写故事等。比如在一节西班牙语课上，学生们不但按老师指导的方式用口语和手势进行对话互动，还回答教师的提问。这一切都得益于视频释放了课堂时间，才有机会开展这样有趣的活动。

2. 数学课。翻转数学课，数学老师用视频讲解时间来帮助学生深入理解数学基本概念，其他时间则进行数学演算和使用新技术工具，让学生不只是学习算法，还更能深入地理解复杂的数学概念。翻转数学课演变成发展计算思维、探究和连通其他 STEM 学科的实验室。

3. 科学课。翻转科学课，让教师腾出更多时间和机会在课堂上开展探究式学习。初期的模式是学生在课前观看教师录制的视频，课堂上学生开展探究式活动和进行更深入的科学实验。现在的模式是利用面向过程的引导式探究学习（POGIL），在探究活动中帮助学生加深对概念的理解。由于 POGIL 活动已经替代了视频所起到的作用，很多情况下已经没必要录制直接讲解的视频，但是视频讲解仍然被一些学生作为补充资源加以利用。

4. 社会科学 / 语文课。社会科学课教师说，实施翻转课堂后，他们有了额外的时间，可在前一天晚上的教学视频中论述目前发生的事件，课堂上则有更多时间组织学生辩论、演讲、开办模拟法庭等，让学生的学习更深入。语文教师说，他们在视频中对原始文本进行深入的分析解读，课堂上则有充裕时间让学生写作，甚至更多的时间通过同学评议来分析和讨论各自的写作。

5. 体育课。体育教师对翻转课堂尤其兴奋，他们往常花了太多时间给学生讲解比赛规则或技术动作示范。而体育课主要是让学生运动起来，而不是坐着看和听。因此，他们录制了翻转视频，这样，体育课上学生一到操场就能迅速地动起来了。

6. 基于项目的学习。翻转课堂与基于项目的学习（PBL）也能结合起来。PBL 是由兴趣和问题驱动学生去发现探索现实世界的学习方式，不过这个过程需要他们有相应的知识储备。教师面临的选择是，让全班学生先坐下来听老师讲解，还是创建视频让需要的学生随时查询和学习。如果选择后者，较好的学生可以直接开始他们的项目，而准备不足的学生可以在过程中按需学习。

2010 年，校长夸梅·西蒙斯临危受命，接任克莱默中学管理工作。此时的克莱默中学是美国华盛顿特区最差的学校之一：学生大部分来自低收入家庭，逃学率高，且学业成绩表现糟糕。在过去的两年中，通过扎实的管理和有效利用技术，克莱默中学看到了提高教学质量的转机。2012 年 6 月，西蒙斯决定在2012～2013 学年采用混合学习模式，以期整体改变学校现状。该校 300 名学生将用在校一半的时间在线学习数学和科学课程，另一半时间参加传统面对面课程。像克莱默中学那样，很多学校已经或正在采用混合学习的形式实现学校的"翻身"。

据调查，美国在过去的 10 年，在线学习已成倍增长——2000 年约 45 000 名 K-12 学生参加了在线课程，到 2009 年则增加到超过 300 万的 K-12 学生。进一步分析揭示，到 2019 年，所有高中课程的 50% 都将采用在线形式。相关调查还显示大部分的增长发生在混合式学习环境，显然在线教育已经不再是原来的远程学习形式。作为这一变革进程的支柱，在线教育正在为全体学生提供更加个性化的学习方法，进而有可能改变美国的教育系统。

二、翻转课堂教学的学校案例

翻转式教学增加了师生互动的时间，使学生可以自控式的深度学习，满足其学习需求，获得个性化的教育体验。此外，翻转课堂的实施改变了家长在学生学习中的被动角色，家长可以通过观察学生看教学视频的表现对其进行更深入的了解，更好地配合教师采取一定的干预措施促进学生提高学习效果。在美国翻转课堂做得比较成功的主要有以下几所中小学，简略介绍如下：

1. 艾尔蒙湖（Lake Elmo）小学

艾尔蒙湖小学，一所位于斯蒂尔沃农村地区的学校，该校教师于 2011 年暑期接受了有关翻转课堂的相关训练，并于 2011 年 9 月至 2012 年 1 月间进行了翻转式教学。该校的特色之处在于教师能很好地将魔灯（Moodle）平台应用到教学中，使得翻转教学活动能在学生间、师生间的课余时间内进行良好的互动交流。

在小学五年级的数学课中，学校为学生配备了苹果平板电脑（iPad）和耳机，并要求学生先观看 10～15 分钟的视频教学，再通过 Moodle 学习管理平台来完成一些理解性的问题。学生对于问题的回答都将被保存到 Moodle 平台上，教师在第二天上课之前就可以了解到学生的答题情况，然后再针对课堂活动设计教学。此外，他们还鼓励学生在 Moodle 平台上进行协作学习，同学之间开展互助讨论，促进学习共同体的形成。

在斯蒂尔沃区，共有 13 所学校（艾尔蒙湖小学作为其中之一）的 13 个班级（包括 10 个小学班级、2 个初中、1 个高中）52 门课程 8 900 名学生参与了翻转课堂的试点教学改革，大多数教师表示他们不愿再使用传统方式教学，因为翻转课堂的学生接受度高且家长也很满意。

2. 克林顿戴尔（Clintondale）高中

2010 年，为了帮助学习成绩较差的学生，克林顿戴尔高级中学教师采用了"翻转课堂"这一新的教学模式对 140 名学生进行了教学改革试验。两年后，校长格雷格·格林大胆地在全校范围内推广了翻转模式。教师利用技术工匠（Techsmith）公司的 Camtasia Relay（一款录屏软件）将课堂中需要讲授的内容制作成视频，让学生在家观看视频、做笔记并记下所遇到的问题；在课堂上，教师会重新讲授多数学生仍然存疑的概念，并用大部分时间辅导学生练习，反馈学生在作业中所出现的有关信息。学校还为部分学生解决了网上遇到的难题，将学校机房对学生开放的课余时间延长了一个小时，在特殊情况下，还允许学生使用智能手机观看视频。教师则采用个人访谈和个性化评估的方法对学生的学业效果进行评价，努力为他们创造了一个个性化的学习环境。

经过一个学期的学习，实验班学生的学业成绩得到了大幅提高。在 140 名学生中，各课程的不及格率分别降低为：英语语言艺术 33%、数学 31%、科学 22%、社会研究 19%（原先一直在 50% 以上）。此外，学生的挫败感逐渐减少、自信心日益增强，违纪的事件也大幅减少。底特律这所曾是郊区声誉最差的学校正发生着巨大变化，更多的后进生通过了州标准化考试。

3. 河畔联合（Riverside Unified）学区

加州河畔联合学区翻转课堂最大的特点是采用了基于 iPad 的数字化互动教材。这套用于试验的代数 I 的互动教材由专门的教材公司开发（59.99 美元 / 套），里面融合了丰富的媒体材料，包括文本、图片、3D 动画和视频等，还兼具笔记、交流与分享功能。与其他地区教师通过自备视频和教学材料翻转课堂相比，互动教材更能节省教师的时间，具有更好的互动性，用户体验更好，更能吸引学生沉浸其中。其效果有：（1）家长可以给孩子学习提供更多的支持。如果孩子看不懂，家长可以观看视频，与子女一起审查问题，帮助他们学习，这样也使得家长对于自己孩子的学习情况有了一个更加直接的了解。（2）学生在课堂上更主动，并对学习主题更感兴趣。学生多次利用课前时间在家中观看视频，教学效果更佳。（3）学生在互动教材上就可与同学或老师讨论、分享，克服了普通翻转课堂在家单纯看视频缺乏互动交流的缺点。

显然，互动教材的优势非常明显，尽管通过购买互动教材需要投入更多的资金，但试验成效还是令学区内的人们非常满意。据统计，在使用互动教材的学生中，有78%的人获得了"优秀"或"良好"排名荣誉，而使用传统纸质教材的学生只有58%。此外，苹果公司准备推出低价互动教材（14.9美元/套），并发放免费易用的互动教材制作工具，这为翻转课堂的进一步推广实施提供了有利的条件。

4. 石桥小学的数学翻转课堂

2011年秋天，美国明尼苏达州斯蒂尔沃特市石桥小学开始了数学翻转课堂试点计划。五六年级的学生可以按自己的学习进度在家里观看10~15分钟的讲课视频；之后会接受三到五个问题测验，看他们是否理解教学内容，测验结果即时反馈。教师则使用Moodle跟踪学生在家学习的过程，锁定那些学习有困难的学生。老师们相信，不同水平的学生都有个性化学习的需求，而翻转课堂能帮助他们有更好的学习体验。

5. 高地村小学的"星巴克教室"

美国高地村小学的许多教师在尝试翻转课堂，他们鼓励学生带技术设备入课堂，包括电子书、平板电脑和智能手机。传统教室中排列整齐的课桌不见了，取而代之的是圆桌、沙发和一排电脑终端。校长肖纳·米勒说，"星巴克教室"的想法来自学生，他们希望在教室中更加放松，有类似咖啡馆的氛围。这种新风格的课堂是德克萨斯州路易斯维尔学区努力建设面向21世纪学习环境的一部分。以科技为中心的战略已经得到回报，学生们更喜欢在这样宽松的环境中学习，他们的表现也越来越好。

5. 林地公园高中的开创性实践

美国林地公园高中是翻转课堂的起源地，大部分翻转课堂的"粉丝"们都得感谢这所学校的开创性实践。该校两名科学教师乔纳森·伯格曼和亚伦·萨姆斯想出的方法是为学生录制在线视频课程。起初，这只是为那些耽误上课的学生而准备的讲解，但教师很快就意识到，用视频来复习和加强他们的课堂教学，能让所有学生受益。实践中，师生双方都认为，是综合的翻转课堂的学习方法而非单独的视频在起作用。伯格曼和萨姆斯觉得这套方法让他们有更多时间给予学生个别关注，建立更好、更紧密的师生关系，从而更好地触发学生的学习动机。

6. 布里斯学校的 AP 微积分课堂

在美国马里兰州波托马克市的布里斯学校，教师史黛丝·罗桑的 AP 微积分课程显示出两个与众不同的地方：一是学生没有显得不堪重负；二是教师在课堂上讲得很少。教学效果令人意想不到：史黛丝提前一个月完成课程，AP 考试得到满分 5 分的学生人数明显增加。这一切源自史黛丝翻转了 AP 微积分课堂，这不但帮助学生轻松理解往常难以掌握的微积分核心概念，并帮助她一个学期完成更多的 AP 考试材料。"我总是告诉学生，最好的选择是你自己解决问题，如果不能，再向你的学习伙伴请教，最后才是向老师求教。"史黛丝说，"学生利用视频学习的优点是可以随时暂停，以便做笔记和有机会思考，概念混淆时还可以回放，考试之前能够重新观看部分重难点视频进行复习。"史黛丝还谈到，实施翻转课堂后，她的学生学习更加独立且很少焦躁。

7. 东大急流城高中的 AP 生物学课程

美国密歇根州的东大急流城高中是一所大学预备走读学校，翻转课堂模式在该校变得日益流行。第一位尝试这种教学方法的是 AP 生物学课程老师詹尼斯·霍夫。翻转课堂给了她更多的时间用于与学生做科学实验和互动，而不是像以前那样在课堂上为完成课程进度而忙碌讲授。与很多上 AP 课程的教师一样，詹尼斯发现，在指定分配的课程周期内试图涉及所有教学内容，时间是最大的障碍。她还发现花去她 40 分钟的课堂讲解可以压缩在 10~12 分钟的视频中，大大节省了她和学生的时间。学生在原先做家庭作业的时间观看教学视频，写一个简要的总结，并进入谷歌（Google）调查表回答上面的问题。詹尼斯会根据学生的回答情况，有针对性地准备第二天需要上课讨论的材料，节省下来的时间则用于师生共同完成相关实验项目。

8. 达拉斯地区生活学校的有区别翻转

在美国德克萨斯州达拉斯地区的生活学校，布雷特·维廉是一名有 13 年工作经验的教师，他在不同班级实施有区别的化学教学翻转。翻转课堂的实施，使布雷特和他的学生们有大量的时间进行诸如讨论、实验、互动等课堂活动，同时老师也有更多的时间帮助学生开展化学应用实践。布雷特利用翻转课堂实现了真正的分层教学，因为普通学生可能在基本技能上需要额外帮助，而较好的学生则需要更多实验时间。翻转课堂还能帮助老师有效评估每个学生的学习，并针对他们的基础提供相应的自定义课程，实现真正的个性化学习。

9. 圣·阿奎那学校的英语翻转课堂

卓伊在美国印第安纳州波利斯市圣托马斯·阿奎那天主教学校教英语，他录制讲座短片来给学生讲解如何采用正确的语法写作，学生在上课时就使用谷歌文档进行写作，在他的帮助下编辑段落、编排格式和解决其他问题。"很多人把主要精力集中在视频制作上，但实际上，最重要的是老师在课堂上如何支配增加的自由时间。"卓伊说。在实验还只进行两个月时，卓伊已经感觉到学生的学习有了明显改善，他最重要的体验就是"在上课时间我能做到与每个学生进行一对一教学。"

10. 草原南高中的有选择翻转

雪莱在加拿大萨斯喀彻温省穆斯乔的草原南高中教英语、科学和技术。她不认为翻转课堂是现有教育的救星，因为"晚上看讲课视频、白天做作业"这种形式只是传统课堂的重新安排，但她认为课堂时间的释放，在正确的教师手中是一个巨大的机会，特别适合探究性学习。雪莱不是在她的所有课堂教学中使用翻转，也不是每晚都分配给学生视频讲座，她更喜欢有选择地进行。她分发给学生的可能不是讲课视频，而是旨在建立好奇心、启发学生思考的简短片段。这些视频配合班级维基一起使用，帮助学生组织、交流和理解材料。

第三节　翻转课堂实施过程中的挑战

从学生角度说，翻转课堂的模式是否能真正解决因材施教的问题？传统教育的诟病在于对待不同的孩子搞"一刀切"，不仅在教学上如此，考试时更是如此，这也就使得很多成绩一般的孩子只能在班级中"跟着跑"，而不能按照自己的学习能力和消化水平制订出符合自己的学习计划。

翻转课堂虽然将学习的掌控权给了学生，但是我们应该看清目前国内学生的情况：不善于提问和主动性不强，这两点直接影响了翻转课堂的效果。

从老师的角度看，国内的教师是否具备引导学习的职业素质？翻转课堂很重要的一点，是通过教师的引导和答疑来检查学生学习的效果，教师的角色其实不是被淡化了，而是从另一个侧面有所加强，它要求老师能够通过设问、通过学生之间的讨论、完成作业、项目的情况来分析和把握学生的学习效果，相较于传统的教学模式，老师从主动变为被动，从主导变为引导，这对其职业素质有着更高的要求，而与学生一样习惯了传统教育模式的老师群体，也很难在短时间内完成自身的转变。

从家长的角度看，翻转课堂的教学效果如何去量化？中国的家长对于教育非常关注，"望子成龙，望女成凤"是家长们的心愿，虽然年轻的家长对于孩子的教育有了更加新潮的观念和更为开放的思想，但是有一点始终不变，就是如何量化老师的教学效果和学生的学习情况。过去通过考试来为学生排名次，为老师测评，但在素质教育观念影响下，家长更看重孩子的全面发展。对于翻转课堂来说，要翻转的不仅仅是教与学过程中的顺序，相对应的还要有最终的效果评估机制。具体说来，在实施翻转课堂的过程中，有如下几个挑战需要引起我们的高度重视：

一、学校作息时间安排问题

国家一直在强调实施素质教育，为学生减负，但限于中、高考的升学压力，很多学校仍以应试教育模式帮助学生努力提高学习成绩。因此，实施翻转课堂这种需要学生在课后花费大量时间的教学模式，需要学校在教学时间安排上予以支持。

在翻转课堂的教学中，教师不应占有学生晚上学习时间，应该让其有空观看教学视频。对于不上晚自习的学校，教师要严格控制作业量，学生课后的主要学习任务是观看教学视频和完成少量的针对性练习。对于需要上晚自习的学校，在晚自习的期间教师也不要讲课，让学生利用自习课时间完成翻转课堂的课前环节。

二、学科的适用性问题

目前，国外开展翻转课堂教学试验的学科多为理科类课程。理科知识点明确，很多教学内容只需要清楚地讲授一个概念、一道公式、一道例题、一个实验，其学科特点便于翻转课堂的实施。而在文科类课程中，如政治、历史、语文等人文类课程，在授课过程中，会涉及多学科的内容，而且需要教师与学生进行思想上的交流、情感上的沟通才能起到良好的教学效果。

那么，如何在文科课程教学中应用翻转课堂模式，这个问题的解决是对文科教师的一个重大挑战，那就是提高教学录像的质量，引起学生的思考。通过教学录像概括课程中所讲授的基本知识点，阐述相关理论，让学生在课后查阅资料并进行思考，然后在课堂中教师与同学进行交流探讨，逐步深化理解。重庆聚奎中学在高中语文学科实施了翻转课堂教学，在《短歌行》诗歌鉴赏课中，教师收集了影视作品中的视频片段、名家朗读，做了针对这一课的导学案，视频课中除了对诗歌内容本身的鉴赏，还介绍了曹操招揽、爱惜、尊重人才的一些实例。最终，翻转式教学取得了不错的效果。因此，对于不同的学科，教师应该采取不同的策略来完成翻转教学，并根据学生的反馈情况推进教学改革。

三、教学过程中信息技术的支持

翻转课堂的实施需要信息技术的支持。从教师制作教学视频、学生在家观看教学视频到个性化与协作化学习环境的构建，都需要计算机硬件和软件的支持。

网络速度较慢是当今制约众多学校开展网络教学的负面因素之一。在实施翻转课堂教学时，学校要通过各种途径解决这一问题，例如配置高性能服务器，增大网络宽带的接入量。学生在课后是需要通过电脑和网络进行学习的，对于一些缺乏硬件条件的学生，学校应该提供相应的设备支持，例如学校机房应在课余时间内仍对学生开放。

教学视频制作的质量对学生课后学习效果有着重要的影响。从前期的拍摄到后期的剪辑需要有专业人士的技术支持，不同学科的录像设计也会有不同的风格。实施翻转课堂教学实验的学校需要给授课教师提供技术上的支持，并在制作授课录像过程中形成流程化的发布范式，为后续教学视频录像提供经验。流程化的发布过程是麻省理工学院开放课件运作成功的重要因素之一。此外，翻转课堂成功与否的一个重要因素取决于师生、生生之间的交流程度。利用信息技术为学生构建个性化与协作化的学习环境至关重要，其中涉及教学平台的支持。前文中提到的艾尔蒙湖小学采用的开源 Moodle 平台作为交流工具便是不错的选择之一。教师可以根据自己对教学活动的设计选择不同的课程平台。

四、教师专业能力的挑战

将一种新的教学模式高效地应用在教学之中，教师占据着重要的地位。在翻转课堂的实施过程中，录制视频的质量、学生进行交流的指导、学习时间的安排、课堂活动的组织，都对教学效果有着重要的影响。

加强对教师信息素质能力的培训，在视频录制技术人员的帮助下，录制情感丰富、生动活泼的教学视频，避免死板、单调的讲述。教师在网络教学平台中要引导学生积极地进行交流。通过基于问题、项目的探究式学习，调动学生的积极性、探究性。课堂活动的组织也需要教师根据学科特点来设计。

五、对学生自主学习能力与信息素养的要求

学生在课余观看教学视频后，自己完成课余练习并在互联网中查找资料、总结问题，然后在课堂中与教师、同学进行讨论。这一切安排都是建立在学生具有良好的自主学习能力和信息素养的基础上的。学生只有具备较高的自主学习能力，才能够通过教学视频进行课程内容的学习，在课前练习中找到自己的疑问，并能够合理地安排自己的学习时间。学生只有具备较高的信息素养，才能在网络中进行资源检索，通过网络教学平台与教师和同学进行沟通交流。因此，在实施翻转课堂的过程中，要注重学生的自主学习能力的培养和信息素养的提升。

六、教学评价方式的改变

纸质笔试的传统测试方式是无法测试出学生在翻转课堂中全部的学习效果的，因为翻转课堂还涉及学生合作能力、组织能力、个人时间管理能力、表达能力等。教师必须转变评价方式（具体评价方式可见翻转课堂模型中的"反馈评价"环节）。此外，应注重对学生情感、态度和价值观等方面的评价，评价方式的改变需要学校在政策体制上予以支持。

第三章 基于大数据的学习分析技术

第一节 学习分析技术的内涵

《国家中长期教育发展和改革规划纲要（2010～2020）》的人才培养体制改革的举措之一是："注重因材施教。关注学生不同特点和个性差异，发展每一个学生的优势潜能。"《纲要》还指出："改进教育教学评价……探索促进学生发展的多种评价方式，激励学生乐观向上、自主自立、努力成才。"落实这一举措，要求教师在班级教学的情况下能够精确了解每一个学生的个人学习状况，能够通过即时评价对每一个学生的学习进行及时反馈，并对学生的个别化学习进行有效引领和指导。学习诊断系统破解了当前国内教学中存在的关注班级群体与关注学生的个人化教学的矛盾问题和无法对每一个学生的学习进行及时反馈和有效指导的问题，基本上达成了学习诊断系统开发和应用项目设定的目标：让每一个学生的每一次学习都得到及时反馈，让每一次反馈都促进更有效率的教与学。这一模型对于当今影响教育变革的学习分析技术理论有重要的贡献。

一、学习分析技术的定义

信息技术的教育应用致力于为学习者创设更为有效的学习环境，如何发现学习者的个性化特征并据此提供差异化教学是数字化学习环境设计的努力方向。通过对数字化学习环境中学习者学习过程的跟踪、记录和分析，形成学习者学习的大量结构化数据、非结构化数据和半结构化数据的教育大数据，基于教育大数据的学习分析让教师发现真实的学习者，为个性化教育的实施提供科学依据。

通过建立"即时反馈机制"，用教与学的过程中产生的数据来诊断教与学目标达成的程度，并对未达成的原因进行认知和知识等方面的统计分析，并实时进行调整改善，使教与学得到持续的改进。通俗地说，学习诊断是在学校教学过程中对某一段（时间段或者学习内容的段落）学习的学生存在什么问题、是否达成学习目标、在何种程度上达成了学习目标、没达成目标的原因是什么、怎样进行补救使学生达成全部目标的诊断性评价。系统向教师和学生提供即时的学习诊断报告，并提供在网上进行数据查询的可能性；同时采用数据可视化的方式，使得复杂的数据分析结果具有友好性和可理解性，便于对数据分析结果的理解与运用。

二、学习分析技术的价值

根据学习分析模型进行软件技术开发，使之能够在学校的教学过程中得到快捷应用。该系统的应用技术已经达到国际前沿水平，该项目的关键性特点是它已成为教师课堂教学的一个组成部分，学校和教师就是学习诊断系统的主体。该系统在多所学校进行了开发试验，取得了教师、学生、学生家长和学校充分肯定的实践结果，对学生的学和教师的教以及学校的教育教学管理都有十分积极的意义。

数据驱动改善教学的开拓性项目，是提高中小学教育信息化应用水平的突破性实践，对于促进提高中小学教学质量有重大意义。

学习分析系统破解了当前国内教学中存在的关注班级群体与关注学生的个人化教学的矛盾问题和无法对每一个学生的学习进行及时反馈和有效指导的问题，基本上达成了学习诊断系统开发和应用项目设定的目标：让每一个学生的每一次学习都得到及时反馈，让每一次反馈都促进更有效率的教与学。

学习分析是针对学习目标而进行的，因此确定学习目标是学习诊断的第一个步骤。学习目标的确定是教学设计的关键之一，学习目标的确定决定着学习诊断的目标、途径和方式，这无疑是学习诊断的第一个内容。这里的一个关键是把学习目标转化成诊断目标。

学生的学习是在课堂教学的情境下进行的，因此学生的学习目标是由教师确定的，就是教学目标的学生自我确定形式，因此学习目标的确定必须从教师的教学目标，特别是课堂教学目标开始。

教学目标都是以无主句表述出来的，表述为一个动宾结构，有一个动词，还有一个名词。也就是说，教学目标 = 动词 + 名词。进一步来说，其中动词描述我们希望学生实现的认知过程，名词描述预期学生要学习或建构的知识。

这样在进行教学评价以确定学生是否达成教学目标的时候，就应该同时对学生建构的知识和建构知识的认知过程做出评价。学生的认知过程就是知识的建构过程，同时学生的知识建构过程也就是认知过程，不存在离开知识的认知过程，也没有离开认知过程就能独立形成的知识。

作为智育目标的能力就是学生所掌握的不同认知过程水平的知识。从这个角度看，可以教会的作为智育目标的能力不在知识掌握之外，而寓于知识掌握之中。智育目标就是广义知识掌握的不同水平，就是说教学目标的动词和名词是不可分割的，只能同时进行评价，而动词表述的认知过程就反映着能力。学习诊断判断的学生学习中遇到了什么问题，指的就是学生在某种知识建构的哪个环节上，亦即在认知过程的哪个层次上出现了问题，因此学生学习某一段学习要求的知识和学习这些知识进行的认知过程两个方面都是我们的诊断内容。这两者又是密不可分的，因此就产生了一个非常重要的学习诊断问题：注意对同一个知识点的不同层次的认知过程的诊断，例如对于同一个知识，在课时评价、章节评价和学期总结评价时对认知过程的要求一般是不一样的，应该是要求的层次越来越高，学期开始的课节中对这个知识点的要求可能只是识别记忆，而在期中学习的时候就会要求到理解或者应用的层次，到了期末，学习完有关的所有系统性内容，就会要求达到分析或者评价的层次。

在我们的经验中，对于同样一个知识点，在刚开始学习这个知识点、期中学习完本章所有的知识和期末学习完所有相关的系统的知识的时候测试题的要求层次是不一样的，要求的层次越来越高，即是这个诊断问题的通俗的表述。

第二节 学习分析技术的特点

一、学习分析技术是基于数据的诊断与评价

学习分析是由专业研究人员与任课教师共同实施的对学生学习的诊断，诊断的目标就是学生学习的目标，也就是说，学习诊断是直接为教师的教学和学生的学习服务的，通过学习诊断考查学生是否达成了教学目标，或者在何种程度上达成了教学目标，找出学生之所以未能完全达成教学目标存在的问题，从而促进学生更好地达成教学目标。

学习分析是教师日常教学过程中的一个组成部分，因而学习分析可以是经常进行的，每一次测验，例如随堂测验、单元测验、期中测验、期末测验都可以用来对学生进行学习诊断，实际上在教学中也应该随时对学生进行学习诊断。尤其要重视并充分发挥诊断的反馈意义，促使学生的发展，同时也促进教师的专业发展。

学习分析通过学校日常的教学测试而实施，无须另外进行专门的测试。在学习分析之中，学生所在学校是学习分析的直接责任人，教师是诊断的主体，因为教学目标是教师设计的，教学测验应该是与教学目标相一致的，教师通过出题组卷，测验学生是否达成了教学目标，因此就需要对所出的题要测试什么教学目标做出设定——实际上是根据要测试的教学目标设计出测试的题来。

学习分析的计算模型和应用软件则是由专业研究人员开发编制的，教师通过计算机网络出题、组卷、设计答题卡，施测、扫描答题卡，同时由专门开发的学习诊断系统对学生的学习进行以学习目标为标准的诊断。诊断结果提供给教师和学生，同时进入教师教学和学生学习的数据库，以提供历史的比较并积累数据。

二、大数据是学习分析技术的基础

教育技术推动的思维建模理论是学习诊断得以实施的基础，例如复杂动态系统的建模和测量理论为研究思维、脑和教育理解的关系提供了技术实现的可能，而这无疑是学习诊断能够作用、促进学习、促进学生发展的关键。数据分析技术使得学习诊断能够及时得到即时的结果，实际上正是数据分析特别是大数据分析技术的发展使得学习诊断有了可能。数据分析指的是用适当的统计方法对收集来的大量数据进行分析，例如汇总研究、理解和概括，以便开发数据的功能，发挥数据的作用，从中提取有用的信息进而形成相关的知识的过程。

从本质上看，学习诊断过程就是一种数据分析的过程，对由测试得到的数据进行数据分析，从中得到关于学生学习的信息，再对信息进行分析，提炼出关于学生学习的知识，例如某一学生的某一学习内容学习到何种层次、在哪些方面还存在问题等。这样的知识可以用来改进学生的学习，改善教师的教学。与之相关的还有数据可视化、信息可视化、知识可视化理论为学习诊断结果的可理解性做出积极的贡献，数据挖掘的理论和技术为学习诊断数据的进一步开发奠定了基础。

现在风行全球的大数据理论为学习分析的数据分析提供了直接的理论基础。人们认为，大数据开启了一次重大的时代转型。就像望远镜让我们能够感受宇宙、显微镜能让我们观测微生物一样，大数据正在改变我们的生活以及理解世界的方式，成为新发明和新服务的源泉，而更多的改变正蓄势待发。大数据分析"是当今社会所独有的一种新型能力：以一种前所未有的方式，通过对海量数据进行分析，获得有巨大价值的产品和服务或深刻的洞见"。

大数据的精髓在于我们分析信息时的三个转变，这些转变将改变我们理解和组建社会的方法。第一个转变是，在大数据时代，我们可以分析更多的数据，有时候甚至可以处理和某个特别现象有关的所有数据，而不再依赖于随机采样。第二个改变是，研究数据如此之多，以至于我们不再热衷于追求精确度。第三个转变由前两个转变促成，即我们不再热衷于寻找因果关系……在大数据时代，我们无须再紧盯事物之间的因果关系，而应该寻找事物之间的相关关系，这会给我们提供非常新颖且有价值的观点。

相关关系也许不能准确地告知我们某件事情为何会发生，但是它会提醒我们这件事情正在发生。在许多情况下，这种提醒的帮助已经足够大了。就像互联网通过给计算机添加通信功能而改变了世界一样，大数据也将改变我们生活中最重要的方面，因为它为我们的生活创造了前所未有的可量化的维度。大数据已经成为新发明和新服务的源泉，而更多的改变正蓄势待发。

作为大数据分析基础的则是教育信息技术的充分发展，这一发展从两个方面为学习分析数据的再分析提供了保障。其一是数据收集方面，教育信息化规划的实施使得中小学有了信息化的装备，那就是宽带网络的班班通，使得可以在课堂上方便地存取数据，运用网上测试来收集数据——对于学习分析而言意味着每个班级都将产生非常大量的数据，离开网络的数据收集系统则无法保证数据的及时收集；其二是数据处理方面，怎样对数据进行及时的处理以便分析出需要的信息和进一步的知识，必须有高性能的信息技术装备，而今天教育信息化的发展提供了这两方面的技术可能性，我们的学习诊断才得以展开。

第三节　学习分析技术的教学作用

一、有利于教师教学诊断与评价

按学习分析的定义，学习分析实际上是对学习的一种评价——既具有形成性评价的意义又具有诊断性评价的意义——不过是一种具有即时性和及时性的学生学习评价，准确点儿说是对学生学习的一种分析。可以对学校和学生的任何一段（内容或者时间）学习进行即时性和及时性的学习分析，而且是既对学生集体（班级以至于学校）的学习进行分析，又对学生个人（每一个学生）的学习进行分析。这样一种分析当然就会对学生学习和教师教学起作用。

对于教师教学来说，学习分析的作用在于能够帮助教师有效地解决教学的困难问题。首先就是教师课堂教学群体、个体的"两难问题"——教学既要应对个体的需求，又必须顾及一个比如说30人的班集体或者说按年龄划分的集体，但又缺乏清晰的思路去面对学生的个体需求。通过学习分析，教师就能对每个学生的个体需求和整个班集体的学习都具有非常清晰的思路，因而就可能对学生进行真正个人化的进而精确化的教学，切实做到因材施教，才能促进每个学生的发展和在此基础上的整个班级的发展。

这里提出了数据分析的要求，就是要求评价的精确化，精确到能够评价每一个学生的学习生活、每时每日学生的发展情况，这种评价能够自动地或者很方便地转化为教师的教学方案，以使教师能够有针对性地促使学生得到更大的进步、更新的发展，这种精确化的个人学习评估为在班级教学制下实现个人化教学奠定了基础，就是为解决前面说的教师在教学中面临的群体和个体之间的两难问题开辟了道路。

对于教师来说，即时而又及时的学习评价对促进自身的教育教学的专业化也起着非常重要的作用。对学生学习的分析实际上也就是对教师的教学的分析，学生学习的问题在一定程度上也是教师教学的问题。对学生学习问题长期又大量的数据分析将使教师更好地把握每个学生的学习特点、学习风格、学习中存在的问题，这对于提高教师的专业化水平是极其重要的。

二、有利于学生学习反馈与矫正

对于学生的学习来说，学习分析为学生的学习活动提供了及时的反馈，而及时反馈是使人的行为指向自己的目标的一个关键。学习分析明确引导学生了解和反思自己的学习，哪些方面达成了目标，哪些方面没有达成目标，没有达成目标的困难在什么地方，也就是向学生持续地提供矫正性反馈，因而能促使学生始终处在学习主体的状态之中，不断改善自己的行为，提高元认知能力，解决自己存在的问题。这就能诊断分析出哪一段学习中出现了问题，这些问题的及时解决对于后面的学习有至关重要的作用。

对于学生的学习来说，学习分析的另一个意义是对学生发展自我认识或者说对自我发展有积极的意义，因为学习分析数据具有可积累的性质，对积累得足够多的学习分析数据进行再分析——可以叫作数据挖掘，就可以发现自己学习上的根本性的特点和问题、自己的思维风格存在的长处和不足，这样有助于学生更清楚地认识自己并使个性得到充分的发展。这样就能促进或者加强学生学习的主体地位，特别是学生对自己主体地位的认识和在学习中始终努力地保持这种主体地位，时刻起到学习主体的作用。这也是学习诊断的任务之一。

在具体的教学过程中，学习诊断还能产生促进师生积极互动的作用，就是说学生可以把对自己学习诊断中的问题归类反馈给教师，教师可以对学生进行学习分析，结合学生的问题，引领学生更好地学习。

在实践上，学习分析不仅仅对学生的学习和教师的学习和教学起巨大的能动作用，而且对于与学生学习相关的其他人，特别是家长也起着积极而巨大的理解学习、指导学习的作用，例如有的家长反映希望自己能对学生的学习进行指导，但是苦于不知道学生的学习状况，以致这种指导往往不到位，有了学习分析，对学生的学习状况将有比较深入的了解，可以进行有针对性的指导并且取得事半功倍的效果。

学习分析对于社会的学习辅导机构也可能产生重要的支撑作用。现在的辅导机构比较提倡"一对一"的辅导，但是如果不知道学生基本的学习状况，例如对某段学习目标的达成情况、学生的学习到底存在什么样的问题等，这种一对一的辅导也不会充分发挥作用。学习诊断将使社会的学习辅导如虎添翼，真正发挥一对一辅导对学生学习积极的促进作用。

关联拓展阅读之一

大数据时代的教育变革：挑战、趋势及风险规避

胡弼成 邓 杰

2011 年 5 月，美国的麦肯锡咨询公司发布《大数据：创新、竞争和生产力的下一个前沿领域》报告，开启了大数据产业界的先河。这份报告认为，大数据是大小超出了传统数据库软件工具的获取、存储、管理和分析能力的数据集。[1]国际数据公司据此总结出大数据的四大特征：大量化、多样化、快速化、价值化。相对过去的小数据，大数据体现的是一种快速搜集、处理和利用复杂信息的能力。2012 年 3 月，奥巴马政府发布《大数据研究和发展计划》，将大数据上升为国家战略。2013 年被称作大数据时代的元年，信息技术进入一个崭新的发展阶段。进入大数据时代，我们可以分析更多的数据，甚至可以处理和某个特别现象相关的所有数据。研究数据如此之多，以至于我们不再热衷于追求精确性，不再热衷于寻找因果关系，而是寻找关联关系。[2]时至今日，从数据科学的兴起到云基地大数据实验室的建立，大数据在中国受到了上至国家领导层、下至各基层机构的广泛关注。用数据说话、用数据决策、用数据管理、用数据创新的数据文化正在成形，大数据时代已经来临。顺应大数据时代的发展，教育变革已经进入了一个新的阶段，教育领域将迎来一场前所未有的大变革。

一、大数据时代教育面临的挑战

历史上，第一次科技革命把人类带入蒸汽时代，自然科学第一次被教育领域广泛引入，双轨制教学在西方普遍实施；第二次科技革命把人类带入电气时代，科学技术作为第一生产力在教育教学中受到极大重视；之后的电子计算机、空间、生物技术等把人类带入信息时代，网络传媒、声像技术进入教育领域，教育手段、教学内容得以拓展。可见，每一次科技革命都推动了教育的变革。进入大数据时代，教育又面临哪些挑战呢？

（一）占据社会发展话语权，重新发掘教育价值的挑战

从孔夫子提出"有教无类"打破教育壁垒，到书院的"会讲制度"打破门户之见，从中世纪大学首倡自由、民主、开放、自治，到近代新式学校率先向"国民教育"转型，教育一直以来就是引领社会发展潮流的一面旗帜。近几年来，随着科技的飞速发展，我们的教育工具和教育技术不断更新，但教学的本质没变，课堂中教与学的方式没变，教育质量有待提高的现实没变。大数据的出现，给中国教育带来了新的冲击，给教育变革提出了新的挑战。数据科学的出现，对教育教学方式的改观、人才培养模式的设计、教育面貌的重塑提出了新的要求。大数据在经济、政治、科技、文化等领域已然存在的巨大价值，革新着人类的思维，给人们的生产、生活各个方面带来了全新的面貌。通过大数据的分析交换、整合利用，教育领域新知识不断出现，新智慧加速增长，新价值被高效创造。与此同时，在新一轮信息和科技浪潮中，社会各领域秩序重整，教育要在社会新一轮变革中体现自身价值、引领并服务社会发展，就必须与时俱进，革新教学方式，创新教育管理，提高教育效力。

（二）破解当前教育困境，推进教育深入变革的挑战

于我国教育而言，一方面我国教育的总体质量不高，培养的大批所谓社会人才中规中矩，创新能力不强，学生空有一套理论却不能满足社会和市场的需要；另一方面，地区之间、城乡之间及学校之间教育发展极不平衡，教育不公平问题日益凸显，历经多年的教育改革已然陷入瓶颈。大数据的发展给困境中的教育变革提出了新的挑战——大数据支持下的教学将需要更具说服力与影响力，大数据记录下的教与学的评价体系将需要更具科学性与权威性，大数据预测下的学生培养将需要更具针对性与实效性。与此同时，大量而又多样化的数据极易引发个人或群体的隐私泄露、对数据的盲目迷信等数据风险。数据资源、教育信息获取和利用的不对称将进一步加剧教育的不公平。寻求混杂性而不是唯一性的教育思维的要求，量化数据下的教育需求与沟通，高门槛与高产出并举的信息管理，无形中都加大了教育走出当前困境的难度。破解长期以来教育的低效与滞后困境，寻求教育质量与教育不公平问题的根本性改观，直面大数据带来的新挑战，关键在于趋利避害，利用大数据来实现对当前教育情境的精准分析、对教育教学的科学实施和对教育管理的合理把控。

（三）撬动教育杠杆，培养创新人才的挑战

进入大数据时代，人类或许正面临最深刻的变革，教育也不例外。传统的教育理论和教学方式可能被彻底颠覆，依靠言传身教的古代精英式教学和注重快速实效的现代大众式教学正在有效结合，基于数据分析的共享式精准教学不再遥远，按需学习、因材施教将真正成为可能。大数据对教育观念、教育方法、教育内容乃至教育体制机制的变革，对新型创新人才的培养提出了更为迫切和现实的要求：日益强大的互联网、多媒体及概念软件、开源软件等为师生提供了更加自由、灵活的学习和探索空间，求知的视野被极大拓宽；日益频繁的师生活动及社会互动被大数据予以记录、分析和共享，教育环境的时空界限和信息隔阂得以打破，长期以来潜伏于数据之下的教育理论和规律将日益凸显和明朗，人才培养将更具灵活性和多样性；学习与生活、教育与社会不再被孤立，学生、学校与现实生活的体验更为接近，学生学习兴趣、学校办学动力将被大大激发。

总之，大数据为创新人才的培养提供了广阔的空间，而创新人才的挖掘和培养也迫切需要新思维、新理论、新方法的指引和支持。可见，在大数据背景下撬动教育杠杆，为社会积累新的人力资本，培养创新人才尤其是大数据创新人才，将变得更为迫切和现实。

二、大数据时代教育变革的趋势

（一）"大数据思维"教育凸显，课堂和教学新形式出现，学生实际生活中的数据将受到更多关注

"教育理论研究的推陈出新，最根本的不是添加几个新的观点和引用几条新的材料，而是要在教育观念和教育思维方式上有所更新。"[3]在大数据时代，让数据自己"发声"，知道是什么就可以了，没必要非得知道为什么。定位于精确性上的思维已无必要和可能，建立在相关关系分析法基础上的预测是大数据的核心——不是随机样本，而是全体数据；不是精确性，而是混杂性；不是因果关系，而是相关关系。[4]这样的大数据思维应用到教育上，就是要树立这样一种观念——纷繁的教育数据越多越好，自觉拥抱数据文化，公开的教育数据只要处理得当，就能为急需解决的复杂教育问题提供答案，就能转变很多凭空猜测、互相指责的"文人相轻"现象，就能纠正众多仅凭概念和经验"拍脑袋"的教育决策。

同时，大数据的纷繁复杂也满足了人们个性化的学习需求，课堂与教学出现新形式，

如翻转课堂的引入、数字校园的流行、数据实证教育的出现、云课堂的设想……课堂将不再是单一和被动的滞后教学，学校将不再是无序和低效的传统官方式机构，教育也将不再是凭理念和经验、仅靠道德和良心来维系传承的社会活动。在信息随处可见、知识随处可搜的大数据时代，课堂上教师不仅需要传授固有知识，更需要培养学生的思维能力、知识辨析与利用能力、信息搜集与整合能力等核心能力。新时代背景下，大数据思维在教育界闪耀着光芒，全球教育界的超级巨星可汗学院便是一个例证。利用大数据工具，可汗学院实现了一人一台电脑、1 000 万学生的教育神话，大数据在挑战传统教育体系的同时也开启着未来教育的新天地。

大数据思维带给我们的不仅仅这些。由于数据更多地来源于社会与生活，所以我们要更多地关注学生在学习和生活当中的数据，注重教育教学当中的各种实践，及时而又准确地预判社会对教育的各种需求（利用大数据我们可以充分地做出应有的预判）。因此，充分挖掘和利用好学校和教育机构的数据库，建立对数据收集和分析的紧迫感，大气地展现和拥抱大数据，有意识地将数据素养和能力应用于教育教学中，用数据说话、用数据决策、用数据管理、用数据创新的数据文化必将在新一轮教育变革浪潮中大显身手。

（二）对新学科、新人才的需求呼唤转变教育观念、深化教育改革，改革的重点在于构建以学习者为中心的教学体系

顺应大数据发展趋势，传统的教学模式将受到新的挑战，一批新学科、新人才、新教学方法和手段将应运而生。在这场教育变革中，最严重的问题已经不是教育资源的缺乏，而是部分教师在传统的错误方向上还在"勤奋地工作"。[5]因此，对教师来说最重要的莫过于转变教育观念。大数据使我们生活和学习的维度达到了前所未有的可量化程度，包括思想、情感在内的量化研究成为可能。在大数据时代，教师和学生的数据分析能力将和专业知识同样重要。基于学习分析技术基础上的自适应动态化的个性教学服务将变得越来越重要。同时，教学模式更加多元，教育过程更加信息化、多样化，师生测评与考核更加数据化、实效化——教育界的思想观念将得以转变。

在印度教育专家苏伽特·米特拉看来，对学生而言只有三种最基本的东西是在今后的大数据时代要用到的和必须学的："第一是阅读，第二是搜索，第三是辨别真伪。""当一个特定领域变得特别复杂和专门化后，就会催生出对运用新技术专门人才的迫切需

求。"[6]同时，在大数据时代，谁能拥有大数据IT基础设施人才，拥有大数据的深度分析人才，拥有大数据分析结果的运用管理人才，谁就占据了未来竞争的主动地位。因此，与数据相关的专业和数据科学研究机构在教育变革中的支撑作用将日益凸显，各行各业大数据的统计分析和应用人才将成为行业翘楚。2012年9月，美国西北大学决定在其工程学院成立一个主攻大数据分析课程的分析学研究生院，授课内容在数学、统计学的基础上，融合了尖端计算机工程学和数据分析。[7]与此同时，科研与市场、产业的链接将变得更加紧密，基本原理从发现到产业化的周期将被大幅缩短。因此，我们的学生培养需要更具市场前瞻性和社会自适应性；我们的教育需要及时传播与分享最新动态舆情，及时做出校园及社会的相关教育预警；我们的教学需要更有效地总结教学经验，最大限度地挖掘人才潜能，这些必将赋予信息科学、统计科学、社会科学以及新兴的数据科学等跨专业、全方位的融合性学科以更高的地位和更大的研究平台，现有的科研和教学体制必将在大数据支撑下大幅度变革，届时全面的以学生为中心的教育教学体系必将形成。

（三）数据管理将成为教育的核心竞争力，管理及决策中需加强信息的数据化，建立、完善以数据管理为重心的制度规范体系

教育管理是充分发挥教育人力、财力、物力和信息等有利条件，高效实现教育管理目标的活动过程。优化教育管理对教育的提质增效发挥着不可低估的作用。在大数据时代，教育管理的提升尤其凸显在对教育数据的管理上。在大数据时代，教育部门和学校更加易得数据，内部利益相关者（如部门员工、学生本人等）和外部利益相关者（如相关团体机构、家长等）都能最大限度地利用数据提高自身工作和学习效率；在行使相似职能时，不同学校之间、教育管理部门之间呈现出的巨大绩效差异，为提高各部门乃至整个教育系统的执行能力提供了重要机遇；教育人为决策经由自动计算替代或辅助而得以不断完善、优化——可以说，对教育数据的管理正在成为学校和国家教育的核心竞争力。

具体来说，数据管理要真正成为教育的核心竞争力，需要做好以下三个方面的工作：

第一，教育数据的信息化及相关管理信息的数据化。孤立的信息是没有多大价值的，其价值要远远小于广泛连接的数据。具有相关关系的教育信息只有被普遍地转化为分析数据，才能帮助教师、学校及教育部门了解学生的现在，把握教育教学的规律，并预测教育的未来。高校以及省市、国家教育部门可利用其庞大的教育资源，参照其特定的教育环境，量化并建立起教育体系内的各种信息，利用计算机存储、分析和计算能力相对

强大的共享系统，充分挖掘数据库中的庞大信息，寻求数据间的对应与相关，并做出可能的分析和预测。

第二，管理流程的数据化。也就是将教育和教学管理过程中已经规范化的流程用大数据加以分析、精简并固化下来，通过 EXCEL、SPSS、SAS、WEKA 等数据挖掘和分析工具，整合教育内外资源，明晰和简化教育管理流程，提高教育管理实效，以减少管理过程中的人为控制、临时应付等行为。

第三，教育决策的优化。运用一定的数据模型，通过对数据化的信息进行科学的分析处理，既可支持和强化管理部门的可程序化决策，也能给予管理人员以更多的时间和精力用于不能程序化的决策上。

从宏观上讲，在大数据时代，对原有教育规范的修修补补已满足不了需要，规范和保障数据搜集、使用及传播的新准则将全面进入教育领域。这些新准则，越开放聚合，管理就越显实效；越量化宽松，就越显客观和公正；越靠近学生，我们的教育就越能提质增效。为了有效利用数据这一资源，同时防范大数据带来的隐私泄露、数据垄断、管理者心理抵触等风险，需要重构教育责任机制和数据保障机制，而专门的数据管理机构将变得不可或缺，并成为影响教育决策的关键部门。各层面的数据规章制度将进入教育的各个领域，以便为提高办学效率和提升教育质量保驾护航。总之，以数据管理为核心的全新的制度规范体系建设，将引领新一轮教育保障体系的变革。

目前，我国的教育正面临着竞争激烈、观念多元、需求多样又苛刻等复杂发展环境，教育经费缺乏和浪费并存、相关人才匮乏与过剩并存、教育蓬勃发展但又后劲不足。利用大数据来获得系统监督及精准预测的能力、提高经费使用效率、引导教学及教育决策与时俱进，从而最大限度地集成和综合教育教学信息流、工作流和办学资源流，实乃优化资源配置、培养创新人才，实现教育决策科学、教育竞争力显著提升之上策。

三、大数据时代教育变革的风险规避

变革是大势所趋，但也有风险，大数据时代的教育变革更是如此。将大数据融入教育这一复杂的育人系统，尤需谨慎。变革的关键在于如何管控和规避风险。大数据时代的教育变革有哪些风险？又该如何规避呢？此处，主要从三个方面进行分析。

（一）化解不良数据风险，让数据在流动中增值

大数据并不等同于海量数据，海量只是大数据的特征之一，大数据更强调数据的及

时性和多样性。其实，学校里发生的事件、学生的活动情况、教师的一言一行都可以搜集并及时转化为数据，都是大数据教育变革中所需要研究和处理的对象。尽可能快地挖掘、分析多样化的海量数据并用于决策，才能生成大数据的价值。利用大数据时应避免一些不良数据风险。不良数据风险主要包括数据割裂、数据独裁和数据迷信等。所谓数据割裂即由于思维观念、资金技术、制度等原因造成的数据分散而得不到有效挖掘和利用的现象。在教育领域，受传统狭隘思维的影响，部分学生刻意隐瞒自身情况，部分学校谎报或者拒绝开放相关数据资源，部分教育部门办事拖沓，信息数据搜集、整理及公开滞后等，都会造成数据割裂。以大学的学院图书室为例，部分学院的图书和资料只对本院师生开放，这种资源的封闭致使相关资源不能共享，严重阻碍了学科特别是跨学科学习和科研的进行。同时，部分学院和学校受现有资金、技术的局限，不能完整地搜集和处理数据，这些也直接导致了数据链的分散断层，相关数据不能有效地被整合利用。数据独裁，又称数据垄断，体现在教育上就是各教育部门和学校拥有大量的高价值数据却不予以共享。这些数据或许由于包含敏感或隐私信息，在现有数据制度和立法不到位的情况下，往往限制他人对数据的利用甚至访问。数据迷信就是人们过分依赖数据的统治。我们可能会为了收集数据而收集数据，从而完全受限于我们的分析结果，缺失了教育和人才培养应有的本意。流水不腐，户枢不蠹，让数据在流动中增值，是化解数据风险的良策。各具差异的数据在可控、授信、全程监督的情况下放开，鼓励对大数据价值的探索，更有助于大数据价值的实现。[8] 化解数据割裂和数据独裁风险，利用好大数据这一宝库，除了引导树立大数据开放性的思维外，还需要完善现有各层次的教育规章制度保障体系，尤其需要教育主管部门充分扮演好自身角色，当好学校之间的数据资源分配者、协调官和整合专家。我们无法获得所有完美的数据信息，大数据给我们提供的毕竟不是最终答案，而只是参考答案。它只是一种工具，人的培养才是最终的裁判，尤其当教育面对的是正在成长的可塑性极强的学生时。即使数据再"大"，数据也不是教育，更不是人。因此，这也提醒教师及相关教育管理者，在利用大数据管理和培养学生时，应始终铭记人性之本，常怀一颗谦恭和仁慈之心。

（二）避免泄露学生隐私，使学生全面成长

大数据是一把双刃剑，在让教育和管理更加高效、科学、透明和创新的同时，也可能带来泄露学生信息、侵犯学生隐私等问题。在大数据时代，学生全时段的校内外活动

轨迹及其家庭背景、社会交往等个人信息，在教师和教育管理者面前"一览无余"，而学生却处在教育管理链的末端，因此，保护好弱势学生的隐私信息就显得尤为重要。教师和教育管理者在获取、生成、使用和传播数据时必须遵循数据道德，规范其数据信息使用行为和方式。在数据隐私认识上，为了保护作为一个现代人（尤其是未成年学生）应有的隐私，维护其作为一个个体应有的尊严，教师应该了解哪些数据信息的获取是应该保密的，哪些数据信息的披露是应该禁止的；在数据使用和传播方面，教师应保护借教育所获取的学生信息，学生有权利监督自身信息数据的去向，教育研究者和管理者应理清独享与共享的界限，在确保数据安全和不侵犯学生权益的情况下最充分、有效地利用数据资源。总之，教师及教育管理者在接触各种数据信息时，应有针对性地选择各类实时数据，在不违反数据道德的前提下，将其加工并作用于学生，传播于社会。唯有如此，才能培养出道德素养和数据素养都较高的高质量人才。

（三）转变管理者的抵触情绪，为教育变革大显身手

从管理角度看，部分教育管理者会对大数据的应用产生较大的抵触情绪。

首先，是基于教育管理者权威地位动摇的抵触。教师是课堂管理者，是教育的主体，而现代信息技术和网络传媒的飞速发展，使得知识、信息量井喷式爆发，数据源大大拓宽，教师不再是学生唯一的信息源，学生甚至可以比教师更快、更多地获得最新的数据和信息，在纷繁复杂的数据面前更具创造性。许多数据需要学生的参与，教师不再独享知识，单纯的知识和经验传授将不再变得像以往那般至关重要，基于大数据工具的预测性分析进一步弱化了教师在师生关系中的主导地位。对学校管理者而言，大数据分析在教育教学规划、教师评价、人才选拔等教育管理中的应用比重大幅增加，传统意义上的学校领导者和教育管理者权威将进一步动摇。这种权威的动摇必将引发部分管理者对数据新媒介、新方法的抵触。

其次，是基于数据泛滥的恐慌。数据泛滥即大量重复、失真、陈旧的数据经由各种传媒和技术而在社会中泛滥成灾。在复杂的大数据背景下，当教育管理者面对多层次、多方位、多领域的参差不齐的大数据冲击时，唯恐自己淹没在数据的海洋里，无法对众多数据进行有效辨析和利用，加之全面和相关的实时数据的生成和搜集要求，常常使得管理者无所适从，盲目跟着冰冷的数据走——这些都难免会引起管理者对数据的恐慌，引发他们的心理失调。

再次，是基于提高数据素养的压力。辨别和查找出恰当的数据资源，知道如何分析、应用可靠的教育统计数据，通过理解数据的潜能和局限来提高数据的洞察力、决策力——这些都是在大数据时代作为一名教育管理者应具备的数据素养。但有调查发现，部分管理者（如一些年长者）的数据处理技能比较差，不会搜集、利用最基本的信息和数据，甚至连最基本的 EXCEL 数据工具都不会应用，碰到稍微复杂的问题往往束手无策，不得不花大量时间和精力来提升自身素养，适应数据时代的变化。大数据时代的不确定性给管理者带来了巨大的挑战，给教师的教育教学增添了新的一时难以适应的压力。大量、多样而实时的要求决定了大数据的不确定性。在不确定的情况下，学习、焦虑、困难以及对未知的恐惧在所有的变革过程中都是必然存在的，特别是在初期。[9]风险是任何变革所必然面对的，如果缺乏承受风险的能力，如果不愿意冒不确定性的风险，就不可能产生有意义的变革。[10]教育也不例外，要想突破现实中的困境，打破大数据给教育教学带来的恐慌和压力，就必须与时俱进，勇于在实践中扎扎实实推进教育变革。大数据的强势来袭，管理者首当其冲。教学管理者必须学会摆正"领路人"和"牧羊人"的位置，放低姿态，与学生同学习、共进步，在新形势、新挑战下弄潮数据和驾驭课堂。教育管理者必须调整好自身心态，转变抵触心理，不断提升抗压和学习能力，提高自身数据素养，只有这样，才能在大数据时代的教育变革中掌握主动权，乘风破浪，引领教育直达质优效高的彼岸！

参考文献：

［1］郭晓科．大数据［M］．北京：清华大学出版社，2013：5．

［2］［4］［6］维克托·迈尔·舍恩伯格，肯尼思·库克耶．大数据时代生活、工作与思维的大变革［M］．盛杨燕，周涛译．杭州：浙江人民出版社，2013：18，75，227．

［3］王道俊．主体教育论的若干构思［J］．教育学报，2005（5）．

［5］魏忠，何立友．大数据：开启面向未来的教育革命［J］．中小学信息技术教育，2013（10）．

［7］承田真琴．大数据的冲击［M］．周自恒译．北京：人民邮电出版社，2013：232．

［8］赵国栋，易欢欢，糜万军等．大数据时代的历史机遇：产业变革与数据科学［M］．北京：清华大学出版社，2013：74．

［9］迈克尔·富兰．变革的力量——透视教育革命［M］．中央教育科学研究所译．

北京：教育科学出版社，2000：36.

[10] 任友群，胡航，顾小清.教师教育信息化的理论与实践 [M].上海：华东师范大学出版社，2009：83.

选自《教育科学研究》2015 年第 6 期

关联拓展阅读之二

科技，深度理解教育后的殊途同归

陈向东　跟谁学创始人、董事长

自 2 400 多年前伟大的哲学家柏拉图创建学院以来，面对面的学习方式一直保留下来。然而，这种学习方式在今天遇到了巨大的挑战。21世纪的高度网络化和各种技术汇聚在一起，使人们接受教育的途径和范围极大地拓宽了，学习正在以前所未有的方式向我们开放，它为传统教育的变革带来了机遇，为现代教育的未来带来了新的希望。在扑面而来的第三次工业革命（信息革命）的新浪潮中，网络改变了人类延续几千年的教与学的模式。比如翻转课堂，新技术的应用为学习提供了不同于传统的方式方法，信息革命成为人类历史发展中的又一个里程碑。

一、网络技术带给教育的变革显而易见

今天，当我们看到学龄前儿童都拿着 iPad 玩游戏、通过触摸来感受和认知这个世界的时候，毫无疑问，技术革新带来的变化让教育变得更加平等、更加便捷、更加高效、更加个性化，科技进步带来的变化正在影响并重塑人们的学习方式。这是一个任何能接入互联网的人都可以享用的学习大课堂、教育大世界，遍及世界各个角落的人们如此空前地彼此相接相连，从陆地到天空到海洋，从火车到飞机到轮船，随时随地都可以向任

何人学习，随时随地都可以与任何人分享，即自我学习和帮助他人学习。

网络技术给教育带来的变革有以下 10 个方面：

1. 教育变得更加开放包容。人们不仅仅是向同种族、同地区或文化的人学习并分享，也向来自世界不同种族、不同地区或文化的人学习并分享。

2. 教育变得更加公平公正。共享全球巨大的知识资源库，贫富差距不再导致教育资源分配不公平，包括那些最贫困地区最贫困的人也都享有学习的机会。

3. 教育变得更加便捷灵活。任何人在任何时间、任何地点任意接入互联网就可以自主选择学习，如同移动的身边课堂，使碎片化学习成为可能。

4. 教育变得更加注重个性。根据个人的节奏来学习，而不是人为规定统一的进度，通过学习过程中数据的存储和分析，提供个性化、定制化的解决方案，真正做到因材施教。

5. 教育变得更加智慧智能。教师不再是知识唯一的载体，不需要空间的在线课程，为人们提供了进入一个虚拟世界或模拟场景之中与任何一位大师互动的机会。

6. 教育变得更加高效透明。成本降低、费用降低，用最经济的方法为人们提供高质量教育，比如不走进大学也能够系统地接受高等教育。

7. 教育变得更加形式多样。有文字、音频和视频等多种表现形式，特别是研发出了许许多多具有拓展或者变革学习潜力的技术工具。

8. 教育变得更加灵活互动。通过交互界面和环境，实时或者是异步的人与人、人与信息交流，比如评价，包括学习者评价课程和学习效果的评估，双方相互适应和相互影响。

9. 教育变得更加快乐有趣。教育的"娱乐化""游戏化"唤起学习过程中的乐趣，在教育中传递学习的快乐，激发学习者的创造力和创新意识。

10. 教育变得更加宽阔广博。某些学习领域的受众面非常小，在传统教育模式中无法形成规模，而在互联网时代可以形成"长尾"的聚合。

学习是人生中不变的一个常数，信息革命成功地将学习推到了人生的极致。从互联网到移动互联网，移动设备已经成为连接世界的中心、世界智能的超体、个体智慧的延伸、快速决策的依靠、生活方式的映射。依托移动互联技术，我在去年创办了跟谁学，一个 O2O 找好老师的学习服务电商平台，这个平台实际上已经展现了王竹立教授在《碎片与重构：互联网思维重塑大教育》中所阐述的网络教育的"淘宝模式"的概念。我们希望所有有知识、技能、才华的人都能够在这个平台上成为老师，让所有需要知识、技能、才华的人都在这个平台上找到他们学习的榜样，从而改变每一个人影响世界的方式；我们希望不管是学生还是老师，不管是青少年还是成年人，每次拿出手机打开 APP 或者打开计算机登录网站时，就如同开启了一段专属于自己的学习和探索世界的快乐旅程。

二、技术的现代化不能替代教育的现代化

技术革新和科技进步在改变全人类教育的方式方法中发挥着越来越重要的作用，但与此同时，我们应该时时刻刻提醒自己不要忘记教育的初衷是什么，教育的本质是什么。技术的确很重要，技术是手段，但不是本质，技术的现代化并不等同于教育的现代化。"教育是帮助受教育的人，给他能发展自己的能力，完成他的人格"，归根结底，人还是要守护他的精神高地、守护他的内心。一个人的内心感觉是否幸福、是否宁静、是否有力量，从某种意义上讲，最终还要回归教育本质、回归幸福本质、回归爱的本质，而这一切都不是依靠技术革新能够解决的。

在谈到科技和教育相结合的时候，许多人都试图通过这种结合对社会有所改变、对人类有所影响，试图通过科技手段推进教育变革。我认为，作为教育工作者还需要思考的是，我们如何能够为每一个学习者可持续的幸福人生奠基，我们如何能够成为榜样，让学习者愿意去效仿，并且成为学习者追求美好生活的快乐源泉。

三、积极拥抱教育新时代的变化

人类具有无限的创造力，教育将这种潜能挖掘出来，促进个人成长，从幼稚走向成熟，造福于人类社会。这是一个变革的时代，如果我们因为恐惧变化而视而不见，我们就会被变化抛弃。这就像科技改变我们的生活一样，如果我们恐惧技术，就会被技术抛弃，我们就可能被动、就可能落后。身处这样一个极具变革的时代，在积极拥抱变化的同时倾听自己内心的声音，我们要比历史上任何时期都更有信心实现教育梦想。

最后，我想说，传统教育模式正处在千载难逢的变革之中，《碎片与重构：互联网思维重塑大教育》探索了互联网时代下的教育新模式。这些教育教学新模式正在改变世界千千万万学习者的学习方式，那些致力于推进教育变革的人可以读一读这本书，这是一本能够让你汲取灵感的书。瞬息万变的世界从未停止过革新的脚步，我们处于一个在历史上具有极其重要意义的转折点，就当今世界的发展变化趋势来看，它必定会加速变迁。所以，可以肯定地说，随着时间勾画新的年轮，必定会有无数的惊喜等待着我们。

选自陈向东为王竹立著《碎片与重构：互联网思维重塑大教育》所写的序言

关联拓展阅读之三

互联网 + 教育：给传统教育带来三个层面的变革

方 圆

方圆，香港浸会大学教育学博士，从事教育行业 10 年，曾参与香港百年名校如喇沙小学、凤溪小学等多个在线合作项目，曾参与人民教育出版社和上海教育出版社教材编辑组工作。

乔布斯生前曾无比遗憾：为什么计算机改变了几乎所有的领域，却唯独对学校教育的影响小得令人吃惊？答案在于技术越来越多地成为生活一部分的时候，我们要超越技术的工具观。教育，功在当代，利在千秋，更应该走在浪潮之巅。未来移动互联网这一股大浪将带给教育三个层面的变革。

第一个层面：知识获取方式的变革，即人机结合是认知方式

中科院院士戴汝《社会智能科学》一书中提到，到了信息社会，人机结合的思维体系将会取代以个人为主的思维体系。他认为人脑和计算机都是进行信息处理，人脑通过经验的积累和形象思维，计算机有着极快的速度，两者充分发挥各自的优势又相互结合、分布式认知，它可以超越我们人类认知个体的极限，使得我们能够驾驭和超越个体极限的复杂性，使得我们能够驾驭超越人类个体极限的快节奏、海量信息、不确定性，以及它的复杂性。

这是一个信息爆炸的时代，知识是以指数曲线膨胀的，但是个人的认知能力却十分有限，面对浩如烟海的信息，把所有东西都存储在学生大脑里显然是不可能的。在社会越来越复杂、信息量越来越多而我们的学习时间又非常有限的情况下，人类只有变革学习和认知的方式，只有接纳新的认知方式，即人机结合的思维体系，也是现在认知的基

本方式。

时间倒退20年，无论在世界何处，获取大量有效信息的方法几乎只有一个——看书、看报，获取知识的最佳场所是图书馆；而在国内，图书馆是少数几个大城市或者高校学府的特权。

对比现在，互联网的普及使传统图书馆被"搬"进了网络，海量纸质书籍、全球信息都能得到完好保存与共享，再加上检索技术的发展，获取知识的便捷已经无可想象。各大小型数据库、多媒体的使用，早已经把纸质媒体远远抛在了身后。

想学习知识，上互联网啊，不仅可以查阅电子图书馆，还有全球海量的教学资源如在线观看哈佛教授视频讲座、学习清华北大老师的公开课，甚至可以和外教进行一对一的英语学习。思路决定出路，思想观念落后是最大的落后。就怕你还没来得及更新你的观念和认知、学习的方式。

第二个层面：变革教学模式，利用技术建构以学习者为中心的教学行为

千百年来，教学通过面面相授、口口相传，借助黑板、粉笔进行班级授课的方式来进行，这种单一、简单的教学手段只能将教育限制在课堂内进行，教学行为的核心在于教师，并非学生。而这种延续了几千年的传统教学模式，在当今互联网时代得到了颠覆式的诠释。

随着教育信息化的到来，各种现代化教学方式纷至沓来。最初是幻灯、投影仪、录音、广播、语音实验室、在线直播等现代技术广泛应用，不仅极大丰富了教学的手段，而且促成了"个别化教学"的产生，为教育提供了新的途径。自2001年以来，在新一轮基础教育课程改革和"校校通"工程的推动下，信息技术在教育领域得到广泛而深入的应用，构成课堂教学的四要素——教师、学生、教材、媒体及相互之间的关系都较之传统发生了深刻的变化。

在互联网时代，教学模式的研究呈现多元化和现代化的特点。信息技术与网络使得知识呈现方式更符合学生认知需求，教师的知识权威地位逐渐被打破，个性化学习成为可能。就拿英语学习来说，传统的课堂上，教师把英语当作一门科学来教，而非当做一门语言来学习，培养了大批的英语"哑巴"。一个英语学习平台聚集了世界各地英语国家的优质外教，学生打开电脑自选外教、时间、课程，完成约课后就可以和外教进行面对面、一对一的学习；教学完全以学生为核心，学生可以根据自己的喜好、自己的状态

预约适合自己的外教，这种以学生为核心的教学模式，才是真正的因材施教。

第三个层面：商业模式的变革使学习成本大幅降低

互联网对教育的变革不仅仅体现在知识获取方式以及教学模式上，最重要的是围绕各个环节形成了一个健康可持续的在线教育生态链。为学员提供超出预期的学习体验，回归教育本真，才是情怀之举、制胜王道。这就要谈到"互联网思维""互联网模式"这个话题。互联网创造出一个个传奇神话，各种颠覆，改变的不仅仅是传统产业链，更是颠覆了人们的世界观和行为方式。

新东方创始人俞敏洪提到，未来的教育体系——O2O体系，线上线下结合的模式，是在线教育的发展方向，也是未来教育的必然取向。借助现在互联网的技术，使教育变得更加智能化，让学习变得更加高效，让沟通变得更加无边界，这是趋势，不可阻挡。

建立在线教育O2O生态系统，同样一节外教1对1的课程比传统模式便宜10倍，并且能为学员提供超出预期的学习体验，同时，课后还能及时点评外教，提升学习效率。过去，人们总是将教育事业视同公益，也针对教育培训平台是教育机构还是商业机构展开过讨论，但这有何妨？正如说客英语的创始人王华宁所说，让说客英语成为学员英语梦的起点，成为加盟商创业梦的起点，成为自己事业的起点，让教育和商业和谐发展，这样的事业怎能没有未来？

2014年，大量的资本关注、热钱涌入，圈里圈外、茶余饭后，似乎所有人都在讨论教育，讨论谁在在线教育的尝试中碰了壁，谁在在线教育行业迷失了方向，谁先找到在线教育的的商业模式，谁在这条道上靠谱地奔跑。在线教育投资过热、在线教育再遇瓶颈、在线教育面临洗牌等行业观点扰乱视听，弄得人心惶惶。但大家都忽略了在线教育的本真。北京师范大学现代教育技术研究所的余胜泉教授说："我特别希望哪一天出现既能对传统教育产生颠覆性的教育，又能产生经济效益的公司，只有这种公司才是基业长青的公司，而不仅仅是对传统教育的模仿。"

选自 2016 年校长传媒

关联拓展阅读之四

面对移动互联网，我们该办一所什么样的学校

李希贵

无线网络（wifi）时代的到来，不仅打破了学习的疆界，还打破了生活的疆界、人生的疆界。

教育信息技术正深刻地影响着我们的教育。移动互联网时代，你知道学生的手机上安了多少"奇奇怪怪"的 APP 吗？

通过一个小小的 APP，他们就可以找老师，查考题，扫答案，看教学视频……

在互联网"移民"看来，手机只是一种工具，上网只是一种服务；而在"90后""00后"这些"原住民"眼里，手机如同器官，网络就是生活。

消费习惯在改变，出行习惯在改变，学习习惯也在改变……人们获取信息和资源的方式在不断延伸。

"互联网＋"在重塑教育形态的同时，教育者，你该如何应对移动互联网时代的教育？

一、学校教育危机下的空间管理

1. Wifi 让学校的围墙已经坍塌

这样一个瞬息万变的时代，好多流行的东西让我们应接不暇、眼花缭乱。

互联网，特别是谷歌和百度，它开创了知识共享的时代，每一个人无论是权威还是草根，都可以很方便地获取信息，它让多少人改变了工作，甚至失业，它甚至已经让老师部分地失业。因为当学生面对着百度的时候，他就面对了一位全科老师，跟随教师学习已经不是学生获取知识的唯一途径。

如果教师还是当知识的搬运工还是仅仅教给学生知识，那么现在的学生已经不需要

了，教师在未来将面临越来越大的挑战。所以，教师需要重新定义。

Wifi 给我们的冲击更大。在这样一个 wifi 到来的时代，它打破了学习的疆界，学习不仅仅发生在教室。而且我的理解是 wifi 不仅打破了学习的疆界，而且会打破生活的疆界、打破人生的疆界。

有了 APP，学生就不再迷信教师，学生就不再认为学习必须在学校、在教室、在 45 分钟内发生，随机的、各种碎片化的时间都可以找到最好的老师，获取最宝贵的资源。

现在还在上小学的这代孩子，未来他们会有两个世界：一个世界是我们世俗的这个世界，另一个世界是互联网的世界。现在我们好多人是因为在世俗的世界互相认识，于是在网上又进一步交往，而这一代孩子有可能首先在网上建立了自己的世界，形成了自己的圈子，然后再在世俗的世界发生交往。所以，很多孩子更加看重的不是世俗的世界，而是虚拟世界有没有他的角色、地位、荣耀和空间。他不是为了在网上学习，而是为了在网上生活，而且经营他的一生。这就是 wifi 带来的一个重大的冲击，我们没有办法回避，这就是疆界的打破、学校的围墙已经坍塌。所以，学校需要重新定义。既然学校的围墙已经坍塌，教育就拓展了广阔的空间。

2. 教育的空间不仅仅在教室

北京十一学校初一年级每年都搞一个传统的英语学习活动，叫"英语原声电影配音大赛"，每年老师都有遗憾：好多学生没法展示，在 45 分钟时间里只能有几个学生展示；不是所有的学生都能参与评判，如果放开就会占用太多的教育时间，英语的学习就没法完成进度。后来，他们把这样一个解决不了的、在教室里发生的难题搬到了网上，形成了一个 O2O 的英语原生电影配音大赛，每一个学生用英语趣配音，用配音秀、英语魔方秀编制自己的作品，最后把它放在"爱云校"APP 里，放在班级圈里，每一个学生的作品都被分享，每一个学生都去点赞，就大大提高了他们活动的空间，活动不仅仅在教室里发生，而是在一个广阔的空间里去实现。

在十一学校有一个"京沪异地学生社团"，他们所有的事情都发生在网络空间里。他们有一个几个学校联盟的跨界创意大赛，希望校长给他们提供奖励经费，但是成员之间从来没有见过面。好多朋友经常告诉我，当问起某一个专家、某一个校长、某一个老师的时候，他们会很熟悉，但是从来没有见过面，因为在同一个微信圈里，在网络空间里已经是朋友。那么，为什么这样的事情不可以发生在我们的教学当中呢？就是因为我们没有打开思路去想，我们只是打教室的主意，我们只是和 45 分钟鏖战。

美国的一位网络专家说："地点已死，空间长大。"空间是一个电子化创造出来的环境，它和地点不一样的是，空间可以有无限维度，不同对象可以与上千种方向相邻。所以，越来越多的活动包括我们的教育教学活动都发生在这个地方。美国的国防部已经提出了要在第五空间作战的理论，他说："网络空间是战争的新领域，对军事活动而言如同陆地、海洋、天空和太空一样，它至关重要。"战争有了第五空间，我们教育有没有第二空间呢？

3. 应对学生的网络空间挑战，我们必须进入空间

十一学校初中学部对初一、初二学生做的一个空间调查，其中有一项了解了初中学生上学路上在干什么，当家长送他上学的时候，男生在干什么、女生在干什么。

初一：听歌、看风景、听广播、玩手机；

初二，看手机视频排在第一，初二的学生运用手机终端的比例大幅增长。

这样的变化，我们有相应的应对措施吗？他们用手机终端在干什么呢？挑战，不仅仅在教室，我们必须进入空间、必须移民到网络空间这个领地，和这些"原住民们"（我们的孩子）去接触，向他们学习。说实话，我跟学生接触就跟他们请教，你们现在更多用哪些 APP？你们觉得哪些东西更好玩？我学习的大量的知识都是来自于我的学生，因为我们必须通过他们进入到和他们一样的领地，尽管我们是"移民"，但是我们必须成为一个好的"移民"。

重新学习表达空间的语言。进入网络空间就要学习网络空间的表达方式。有一天，我在微信圈看到学生发了这样的一个帖子，他说：根据画图质量判断 M 老师的讲课速度。我有点奇怪，根据画图质量怎么能够判断这个老师的讲课速度呢？我就打开了他画的这些笔记，一张一张去分析，我终于明白了，他记的文字越来越少——他来不及记了，就是老师的讲课是加速度的。这就是"原住民"的空间语言。

学生在微信圈又发了一条微信：怎样才能不把 MUJI 看成是 MIUI？我搞不明白了。我说："我对你这个很好奇，是什么呢？"他说："是一个日本品牌，就是无印良品、一个日本杂货店的品牌。"

"另一个呢？"

"是小米手机品牌。"

"是什么让你关心这两个呢？"

"我经常把这两个品牌看错。"

"你是不是自我嘲讽呢？"

"算是吧。"

这就给我一个很重要的信息，但是从这样一段对话里，我事后看了一下，校长的问题很大。校长没有学会在网络空间里和学生对话。校长就是不断追问、审问，一点都不幽默，也不用一些表情，我们没有学会网络语言，我们必须学会重新去表达，我们将线下的表达方式搬到线上和学生表达。学校的物理空间同样也有很多问题。当我们放弃对空间的管理、没有形成相应的规则时，孩子们就会以自己愿意和方便的方式在那里生活。其实在我们的一些物理空间中同样存在这个问题。

学生不愿意去学校的大广场，为什么？这样的空间对学生是没有吸引力的。教师和学生在大厅里谈心，学生能敞开心扉吗？学校的物理空间是不是有问题？当教师要给学生答疑的时候，老师们非常辛苦，但学校有没有为老师配置上可以供学生坐的小圆凳，让学生能够方便地坐下来？当我们随意，不去设计的时候，它发生的事情也是随意的。随意的往往是效率低下的。当我们慢慢有所设计、有所引导，用我们设计的思路和眼光去推动空间建设的时候，也许会发现一些我们意想不到的东西。

食堂成为学生中心。

今年暑假，十一学校翻修房子，把我们的食堂改成了学生的学习中心，食堂不仅仅是吃饭的地方，我们有一个诙谐的说法就是：学习中心是一个学习的地方，顺便吃饭。在这样一个重新设计的学习中心里面，我们怎么样研究它们的空间布局，怎么让它们更加适合学生在这个地方学习和活动，就成为一个巨大的挑战。

一张餐桌可以发生什么？

现在我们尝试在这个角上慢慢引导一部分喜欢参加竞赛的学霸在一起吃饭，在那个角上引导一批喜欢辩论的孩子一起用餐。像英国伦敦海德公园的星期天下午，一到这个时间喜欢演讲的、喜欢辩论的、喜欢争论天下大事的就带着梯子到了演讲一角，人少时就站在平地上演讲，人多时就在梯子上演讲，召来了很多愿意听演讲的游客。我们能不能设计出这样的空间？与教学形态相适应的空间改造，也已经摆到我们前面。比如老师和学生个别谈话就没有一个地方，得拖着椅子坐到电梯旁边。

给学生摆放的公共电脑都是一样高的，有很多学生匆匆过来、匆匆离开，他不想坐下，但是我们没有设计可以站着使用的电脑。

在十一学校的教学楼上有一些供学生休闲的地方，就在走道的旁边。但是，这样的安排让老师们心里很不舒服，为什么？因为学生在那里不是半躺着，就是歪斜着——为什么学生会这样？因为我们的设计本身必然造成学生出现这种情况，我们在家里面对沙发不也是这种情况吗？所以，如果你想让学生休闲的话，请把它们搬到离走道远的地方，不要让大家天天接触；如果你想让这个地方成为一个让学生讨论、互相帮助和分享的空间，我们就可以搞一些特别设计。

食堂里应该搞一些面壁的座位，就是一个人吃饭面对的是墙壁。为什么？有些学生一天很劳累，特别想安静、不想在吃饭的时候和别人说话，他需要选择这样的空间。所以，我们要为学生提供这样的空间。孩子在校园里上阅读课，大声地读出自己的心情。这样的空间，我们为什么不去利用？为什么一定要把他们局限在我们的教室里？

4. 让教室的空间增加新的价值

十一学校初中学部的老师潜心进行了一些研究，我感觉非常棒。一个教室分为两个区域：自主学习区、小组讨论区。

这样的教室安排适合数学课堂，优秀学生可以在自主学习区。对于喜欢听老师讲课的学生，再单设讲解区，老师在白板上可以给他们讲解。根据需要，这个区域的学生也可以随时回过头来参与旁边这个小组的讨论。这种 U 形的座位，有利于大家充分发表看法，老师是组织者，思想品德课和语文课常用。这样一个圆桌形的座位摆放，每一个学生不仅能够得到相邻同学的帮助，老师在外围也可以及时指导学生，我们初中的数学教学班不超过 12 位学生，他们特别适合这样安排的教室。老师在中央随时关注情况，可以迅速形成合作关系，而且相邻的组之间也可以互动，非常有利于教学班的建设。

在教师梳理总结这样安排座位、利用教室空间的过程中，我发现了他们在微信圈的讨论。其中，朱老师说：看到了一个未来教室设计展，无限向往、无限忧虑。忧虑自己，有意无意总是把秩序置于无上的位置，在这样的空间里，表面化的秩序和严谨的课堂结构是无论如何守不住的。周老师说：这两天研究教室座位的摆放，也深深感受到，在我们的潜意识里，的确是把秩序放在至高无上的地位。

面对移动互联时代，如何应对这样一个移动互联的时代？我觉得学校做两件事就够了，一个就是 wifi，再一个就是自带设备。学生可以用智能手机，可以用平板电脑，在学校课堂使用。有了这两个东西，课堂上、校园里，老师和学生的创新挡也挡不住。

二、学校管理要有所不为，实现更大程度的"留白"

怎么样有所不为去涵养生态，怎么更大程度地留白？这是管理的境界。可以肯定地说，在大部分学校里面，我们领导都是做得太多了，我们给下属设计好了一条条路径，给他提供了一种种方法，使他没有了创造力。我内心有这样一个管理的模型，就是在学校里，除了房子、设备这些硬件，我可以叫它一级硬件之外，这三个要素我希望叫它二级硬件，即学校的治理结构、教师和课程，这些需要学校全力去做。行政的手段推动是必不可少的，尽管也不完全是行政手段。

但是，当两两相遇产生新东西的时候，比如治理结构和课程、课程和教师、教师和治理结构接触的时候，就会产生出一个新的软件。当治理结构和教师发生对接的时候，我希望产生出教师教育的创新力，形成一个鼓励老师百花齐放的生态。当治理结构和课程发生关联的时候，我希望产生出学生个性化的成长的系统。当教师和课程发生关联的时候，我希望在校园里产生支持学生学习的、多元化的系统。

我希望在某些地方，我们要有所不为。我们需要从容淡定、学会等待，创新来自于老师和学生。现在的问题是有很多校长在做的是内因的事情，没有去做这个第二硬件的事情。在多个场合，我听到校长谈了很多很细的设计，这个时间必须干什么，那个月必须搞什么活动等等，这样的设计看起来做了很多，但它不是一个生态系统。我们往往回避治理结构、回避课程的开发，甚至回避教室的建设，我们可能也感觉到有很多难处，但是再难，作为学校要做的也是这三件事情。

我提到学校治理结构，这个治理结构一定是一个多元主体的治理结构。我们目前能不能把学校的各种权力梳理一下，把它装在不同的笼子里？也就是有不同的治理主体，而且我们不能直接拿着这个笼子的钥匙，要由别人拿着钥匙。

举个例子，十一学校的教代会是多元治理结构之一，它决定学校章程、学校行动纲要、各种人事分配制度，它的权力够大吧？但是校长有权利在通过这个方案之后，遇到国家出了新的政策，或者是环境发生重大变化时提出有些政策暂缓执行，在下一个教代会提前修订。所以，教代会有一把小小的钥匙在校长手上，校长有他的行政权力，所以学校的行政决策归校长。但是，校长的权力不能无限膨胀，每一个年度的教代会要对校长进行无记名信任投票，当场公布投票结果，票数达不到规定要求，明天就"下课"。这就是校长的钥匙拿在教代会的手上。

三、办一所不完美的学校，培养一批有缺点的学生

如何应对移动互联时代？好多学校非常努力，手段也非常硬，措施也非常多，有的在所有的老师中推同课异构、翻转课堂，我觉得非常不得了，但是我不是非常赞赏。为什么呢？学校要做的是营造一种生态，而不是说每一个人都要搞同课异构、翻转课堂。有些老师不翻转很好，为什么一定要翻转呢？学校里的学术生态和课堂生态怎么百花齐放？

如何应对这样一个移动互联的时代？我觉得学校做两件事就够了，当然对大部分学校来说还需要一到两年的时间，一个就是wifi，你推翻转课堂，老师受得了吗？学生受得了吗？你有强大的wifi，你还用去管吗？再一个就是自带设备，学生可以用智能手机，可以用平板电脑，可以带着笔记本电脑在学校课堂使用。没有条件全校用的时候，可以在一个学科、在一个楼上试验一下，为两年之后做好准备，我觉得这都是很重要的。

另外一个就是，怎么让价值观通过制度和行动落地。没有一定的价值观，这个学校不可能有好的生态。当我们希望把学校办成一个滴水不漏、完美的学校时，我们想把学生培养成没有缺点的学生，那我们就会焦虑，就会寝食不安。怎么让老师能够从容淡定，价值观的引领很重要，我们提出来："要办一所不完美的学校、培养一批有缺点的学生。"因为我们想告诉别人的是十一学校不完美，它永远不会完美，它就在不完美的生态里慢慢往前走。还有，我们要培养一批有缺点的学生，学生没有缺点可能吗？我们谁没有缺点？有了这样一种心态，就会有好的学生观，但仅仅说是不管用的，你的机制必须要配套。如果说你评价每一个行政班还是用简单的分数，那个班比另一个班高10分就是优秀、低10分就不是优秀，老师们能有从容淡定的心态吗？我认为学生、班级达到一定的情况就可以了，否则必然会盯着学生的问题不放。

最后我想跟大家分享的是，要引导一个生态，还要有知识产权的保护。为什么老师面对面办公，都分别在制作PPT、分别设计考试题目？两个学校就隔着一条马路，互相之间还封闭，为什么？因为我们没有一个知识产权的保护措施。所以，在校内怎么推进这种学术智慧的分享需要一个机制。我们想到了怎么给产生这些智慧的老师版权、荣耀和报酬，来推动在这个生态下的智慧，这是我们下一步在努力的方向。

最后，我想跟各位分享一个故事，是微信上传播的一个故事：说猴子想变成人，它知道要变成人必须要砍掉尾巴，它决定要砍掉自己的尾巴。但是在动手的时候，它却被三件事困住了。第一，砍尾巴的时候会不会很疼呢？（改变是有一定痛苦的。）第二，砍了以后，身体还能不能灵活性？（改变注定会有一定风险。）第三，活了这么久了，一直以来就跟它在一起，跟了很多年了，不忍心抛弃它。（改变在情感上会有些许难受。）但是，我们发现猴子直到今天也没有变成我们，因为要成就一些事就必须要舍弃另一些事，舍不得你所拥有的，就得不到更好的。所以，我们在这样一个时代，我们的确要改变了。但是，你首先想的应该是我要。

选自"新学校研究院"公信号

关联拓展阅读之五

未来已经到来，只是尚未流行

倪闽景

一、三次社会巨变和教育巨变

恩格斯曾经说过："一切社会变迁和政治变革的终极原因，不应当到人们的头脑中，到人们对永恒的真理和正义的日益增进的认识中去寻找，而应当到生产方式或交换方式的变更中去寻找。"

我们回顾人类的文明史，可以发现其经历过三次巨变：一次是从狩猎收集阶段到驯养种植农业社会，第二次是从农业社会到工业社会，第三次是从工业社会到智能社会，每次巨变都带来了教育的巨大变化。

第一次巨变：教育是伴随着文字的出现而出现的，中国的文字至今大概已有 5 000

年左右的历史，在这个过程中出现了学校1.0版，这个阶段延续了很长的时间。最典型的就是孔夫子的故事，他的学生跟着孔子走到哪里学到哪里，没有固定的校舍。实际上那个时代是教育很差的年代，因为那时接受教育的人连1%都不到，是超精英教育的阶段，知识被高度垄断，知识被神秘化。

第二次巨变：是从农业生产到大规模机械化生产的阶段，大概从500年前开始。机器的发明，使分工更加精细、更专业，出现了银行、资本等。人类进入陌生人社会，信用和统一化的规则显得很重要。在这种情况下，出现了学校2.0版，有固定校舍，采用班级授课制。与学校1.0版有很大的差异，2.0版是大众教育，由于其目的就是培养流水线上的工人，因此教育内容和形式是统一化、规模化的。它的知识是确定化的，知识就是工具，知识就是力量。

第三次巨变：是从工业社会到智能社会，大概从40年以前开始。它是现实与虚拟重混的社会，几乎每个人都有两个角色，一个是现实的社会中的自己，一个是虚拟社会中的另一个自己，甚至可能在网站上你"认识"了某人很久，但却从未见过。智能社会当中人和信息快速交互，世界成为一个村落。

而教育方面最大的特点就是打破了知识垄断，也许你走进教室，学生可能懂得比你多。学校进入了一个新个性化教育的阶段，这种个性化教育与农业社会时代个性化教育的区别就在于，农业时代的个性化教育以老师为中心，新个性化教育是以每个学生为中心，以"我"为主。还有一个特点就是：知识流体化，它一方面意味着知识是不再确定的，在形成过程中就开始成为我们学习的内容；另一方面意味着，知识随时随地在流进我们的大脑，知识即生活时代已经到来。

二、智能社会有三个特点

第一，奇点出现。和我们小时候不一样，人类知识的增长速度已经超越了我们个人的学习速度，这是非常重要的变化。三四十年以前，我们个人的学习速度要比人类知识增长的速度快，我越学，就会越有知识，到大学毕业时我们成为天之骄子。但是现在不同了，从小学、初中、高中、大学一路读书，越读你会发现不懂的就越多。这个奇点的出现成为对教育最大的一个挑战。当整个世界知识的增长速度越来越快，这个奇点的影响就会非常深远。2014年的统计数据显示，全球每年会产生800万首新歌，200万本新书，1.6万部新电影，300亿个博客帖子，1 820亿条微信信息，4万件新产品。但是与此对应的是，在座的每一位不管受多少年教育，获得怎样的营养滋润，人的大脑在速度、记忆力、洞察力上并没有像电脑性能一样每18个月翻一番。社会进步太快，如果学校没有及时调整学习内容的话，学生毕业时学到的东西很可能已经是过时的。应对这样的新问题，用老的办法来解决，只能解救过去，不能解救我们的未来。

第二点：分享主义。分享经济在这次全国两会上非常热门。如果你在奉贤南桥，到处可见有可以租的自行车，只要办张卡，一刷就可以骑走，在可以还的地方还。1个小时内使用是免费，超过1个小时只要2元。车不是你的，但是可以借来用。

在奉贤还可以看到很多分时租赁绿色能源车EVCARD。只要有驾照，手机下个APP，然后注册，两天之内就可以办下来。手机上预约好电动汽车，在15分钟到，手机一摇就可开门上车，开1个小时30元。这种车已经遍布上海，可能你还没有用，但是在奉贤使用得很多。有了它你真的不用买车了，这一辆车的利用率是家用车的5倍以上。你的私家车要两个停车位，单位一个，家里一个，可是你一天开车最多两个小时。

实际上，在这样一个分享时代，大家都在用滴滴打车、优步、途家。滴滴、优步大家可能很熟悉，对途家略有点陌生。途家做的就是让你的家随时与人分享。前段时间有人去美国，在途家上用5美金租了一套别墅，设备俱全，走的时候门一关就可以了。分享依靠技术，技术支撑起了信用。

我曾去过英国驻上海的教育推广部门，他们的员工有近300人，办公桌只有100张，怎么分配呢？上班的时候，在办公桌前坐下，电脑办公桌就是我的，一退出就是别人的了。大家有没有想过，学校也可以这样，今明两天你到奉贤来，你的办公室就有两天空在那里。如果也采用分享的方式，可以空出很多办公室，可以派其他用处，每天不同的人坐在一起。可能学校还没想到，但是上海很多的企业已经是这样了。像奉贤的如新，里面的感觉就像一座大学，几千员工都没有固定的办公桌，这种分享每天都会带来新的故事，让工作生活充满了流动感。

第三点：科技爆发。今天，无论是人工智能、新材料、新能源、基因工程都到了匪夷所思的地步。这次阿尔法狗和李世石的比赛，阿尔法狗的最大功能是机器有了价值判断。第四盘阿尔法狗输了，最终结果4∶1，但机器可能输吗？机器是有意输的，这就是机器的价值思维的判断。阿尔法狗知道，它只有输一场才可以进入世界排名，如果永远赢是不可以进入世界排名的。只要输一场，就可以排在李世石前面，排名世界第四，这就是价值思维和策略思维，匪夷所思。

还有一个重大的事件，今年 2 月 11 日，农历的大年初五，美国人公布了 2015 年 9 月 14 日一个重大的事件——捕捉到了引力波，两个距离地球 13 亿光年的、质量分别为 26 倍和 39 倍太阳质量的黑洞，互相靠近并快速旋转最后合并为一个大的黑洞。该技术可以测到微小的震动，只有质子半径的万分之一。

这里我要介绍一个人埃隆·马斯克，贝宝（paypal）就是他发明的，卖掉贝宝后开了两家公司，一家是太阳能公司，一家就是特斯拉。他最绝的是开了 SpaceX 的航天项目，2015 年 12 月 21 日发射火箭，火箭垂直降落海上平台回收成功。从此火箭发射回收技术到了一个新的境界，他发射 100 次付出的代价相当于以前发射 1 次。而这段时间他在研发超高速管道列车（6 500 km/h），5 月 11 日他的第一次试验已经成功。他号称到 2030 年，从洛杉矶到北京只要 1 个多小时。

但是再反观课堂教育，和 30 年前有什么区别？甚至和 3 000 年前有什么区别？生产方式和交换方式发生了重大变化，教育必然会随之改变。

三、学习和创新教育的本质

学习的目的，对人类整体而言是人类的延续和发展，对人类个体而言则是个人的生存和幸福。现在我们有时会对学习的目的产生异化，认为学习的目的是考北大、清华。我曾经和香港大学的招生官讨论过，大陆的学生很努力，成绩很好，但是学习的目的不明确，她说，即使是做贤妻良母也是一个目的啊，但是他们往往只知道成绩好。

学习是要付出代价的，比如消耗时间，比如你选择了学这个，就意味着舍弃了另外一个，但还有一个隐形的代价，或者是风险，就是学生通过学习有可能被降低品质。原本孩子挺聪明，但是上好课变笨了，或者换种说法，本来学生对这门课是有兴趣的，上了一个月之后他恨死这门学科了，这样的可能性对每一个学生来说有三分之一的可能性，这就叫降低品质，不如不学。

学习最本质的特点是不可复制，每个人的学习都要从头开始。学习的生理结果实际上是脑神经的链接发生变化，从这个角度看，学习就是塑造大脑。比如听完报告，你会有新的脑神经链接产生。而脑神经的变化是由各种感觉刺激造成的。不能用复制的方法让大脑一下子完成全部链接。包括现在的 VR 技术，它可以展示美妙的虚拟世界，但是它再炫再酷，它也只是让知识披上糖衣，让知识的形态更加丰富。因此关于学习的本质我有一个总结：因为信息化的原因很多人认为不用学了，只要运用百度就可以了，现在百度你还敢用吗？即使百度都是正确的，你不去搜索，搜索了不去阅读，那依旧不是你的知识。一言以蔽之：云上有再多的诗，也不会让你变成一个诗人。

现在大家很关注创新教育，认为要给孩子培育创新的方法，但是我认为，创新教育的本质是塑造不一样的大脑。一个人为什么创新，就是因为他的脑子和别人不一样。如果每个人学了一样的创新技能，那还是没有创新。如果所有人学习的都一样，那么所有的人大脑链接都一样，就不会有创新的基础；如果大家学习到的东西不一样，学的过程不一样，才能创造出一片创新的天空。因此，基础教育的创新教育很简单，校长应当鼓励老师每节课上得不一样，每个老师上得不一样，这样才会涌现不一样的大脑，出现创新的新局面。

四、学校 3.0 版的五个预测

预测一 可以变得更聪明的学校

谷歌利用其搜索改善它的人工智能，越搜索越聪明。那学校怎么变得更聪明呢？学习就是信息传递与信息重构，只要让学习的过程成为数据产生的过程，那么学校就可以像谷歌一样，越变越聪明。

学校可以通过新技术来采集学习数据，并用大数据方式分析学生的状态。例如，BAMBOO SPARK 和佩戴式设备——UP 手腕就都是信息收集的技术。

大数据正帮助我们更好地了解更真实的学生和教育，现在的一些技术已表明：适当的剧烈运动有利于提高记忆力，数学能力和阅读量直接有关，每天自由阅读半小时的孩子学业成绩优秀，教室二氧化碳浓度过高可能导致孩子容易上课睡觉……聪明的学校就是能够自动为孩子提供需要的学校。

预测二 学习组织形态重混

应该重视三个现象：全球范围的连接、线上线下混合和名人对学习的效应。

51talk 是一个一对一的网络学习英语的平台，可以用手机学英语。现在在菲律宾有6 500 名外教，他们主要的服务对象就是中国学生。在线教师也获得了更多的认可。现在有一些好老师离开学校，从事在线教育，因为他有了更广阔的天地。线上线下的方式会让学校未来的学习组织形态越来越重混。

我想做个测试：谁是鹿晗？看来大部分在座的朋友不认识，可是学生们都很熟悉。今年 4 月 9 日半夜，鹿晗在外滩一个邮筒的旁边拍了一张照片发到微博上，拍照的邮筒至今还有人模仿拍照，你有没有想过如果用明星效应在学校教育中将产生怎样的影响？

还有一点不可不提，比如慕课，价值也越来越显现：不是让100万人学同一门课程，而是让100万人学100万门课程。

预测三　学习不可复制的知识

机器和人脑学习的区别在于，机器学习——形成流程完善，不会对自身组织结构产生完善。而人脑学习——在增长知识的同时，脑会发生更有利于下阶段学习的连接，同时情感增强。

因而学生到学校学习到的应当是不可复制的知识。那到底是哪些不可复制的知识呢？这其中就包括：自信、选择、健康、沟通、提问、娱乐、分享、有趣。而这，才是学校学习的大趋势。

预测四　低年级融合，高年级流动

低幼年级的孩子需要安定、安全、信任的学习环境，知识基础具象、贴近生活的较好。因此最好是有稳定的教师和贴近生活的课程内容，课程更多体现融合性，以主题教育为线索。但现实中的问题是，老师自己不懂那么多学科的知识。但是辅之以技术手段，可以让老师无所不能教。

较高年级的孩子基础和兴趣差异拉大，同伴激励成为主要学习动力。因此分层走班、高选择性、分类教学、模块化教学比较适合，流动的环境可以促进学生学习的积极性。而现实中的主要问题是：组织和评价的困难。现在技术可以让选择和个性化非常容易。

预测五　升学基于信任而非分数

应试教育是大工业时代最有效率的教育方式，因为教育的目的就是培育流水线上的一个重复操作工，学霸必然就是一台"学习机器"。对过去30年的中国来说，前10年应试教育是有效的，中间10年一般，而后10年的应试教育效果就很糟糕，现在到了非改不可的程度了。有人说，应试教育没什么不好，不是还培养了很多优秀学生吗？不，可以肯定地说，不用应试教育的方式他们会更优秀。应试教育的目的就是追求一个名校的文凭，而文凭本身就是信息不充分时代的产物。也因为信息不充分，所以高校录取，我们只能相信分数。

哈佛大学前招生官罗伯特曾说过："招生是一门艺术，而不是科学。"录取的标准因人而异，相对分数，哈佛更看重：智慧，个性特征，领导能力，创造力，体育才能，成熟和自强不息的精神。最近更包括有趣、富有责任感和爱心。但是这些东西，显然是不能用分数来衡量的。

但是，在生活和学习当中伴随出现的大量信息和数据，比如微信的朋友圈，其中大量反映了一个学生真实的价值观和兴趣特点，这些基于过程的数据，将作为学校录取最重要的依据，并最终导致升学基于信任而非分数。

最后我想说，从甲骨文到竹简到纸质书再到 kindle 的电子书，实际上知识的提供方式发生了重大变化，一个 kindle 背后的学习资源，一个人一辈子都读不完，它颠覆了原有的、原子形态的知识载体和学习资源。

世界已经发生了重大变化，我们的教育准备好了吗？

选自 2016 年 5 月 12、13 日上海市奉贤中学举办的"多元视野下的基础教育改革与创新"教育论坛上的发言。

专题十四

教育评价概论

第一章　教育评价的基本原理

第一节　教育评价的基本概念

一、教育评价的定义

在汉语中，评价是评定价值的意思。那么什么是教育评价呢？

所谓教育评价，是根据一定的教育价值观或教育目标，运用可行的科学手段，通过系统地收集信息资料和分析整理，对教育活动、教育过程和教育结果进行价值判断，为提高教育质量和教育决策提供依据的过程。

上述定义包含以下四个要点：

第一，教育评价的对象（即价值判断的对象）可以是教育领域中的任意元素，既可以是教育的参与者（人物），如教师、学生、教育管理人员等，也可以是教育现象和活动（事物），如教育方针、教育政策、教育活动、教育过程、教育效果等。

第二，教育评价的本质（即评价的主要性质）是对教育的价值做出判断，是评价者的主体需要与被评价对象的客体属性的一种特殊的效用关系运动。

第三，教育评价的手段（即评价的方法和技术）是运用科学的评价技术和方法，综合运用测量、统计、系统分析等手段进行的综合分析判断，既有定量的，又有定性的。

第四，教育评价的目的（即评价活动所要达到的境地）是为了促进教育改革、提高教育质量。为了达到这一目的，要为被评价者（或被评价单位）诊断各种教育问题，探索改进措施，选择行为决策。

为了深入理解教育评价的定义，下面从价值论、认识论和实践论的角度，剖析评价和价值、评价和认识及评价和实践的关系。

（一）评价和价值

由教育评价的定义可知，教育评价的本质是对教育的价值做出判断，而进行价值判断离不开一定的教育价值观。因此，没有正确的价值观，就谈不上客观、公正、有效的评价。

1. 价值

什么是价值？目前学术界仍众说纷纭，还未形成一致的看法。在日常生活中，价值泛指事物或人的功能和作用。在哲学上，有关价值的定义主要有：意义说、满足需要说、兴趣说、情感说、欲望说、先验性质说、情境说、功能说、有用说和结果内在说等。马克思曾指出："'价值'这个普遍的观念是从人们对待满足他们需要的外界物的关系中产生的。"他还说，价值"是人们利用的并表现了对人的需要的关系的物的属性"，"表示物的对人有用或使人愉快等等的属性"，"实际上是表示物为人而存在"。根据马克思的科学论断，我国哲学界一般认为，价值从本质上属于一种关系范畴，即是通过主体和客体的相互关系而体现的，这种关系的联结涉及主体对客体的需要和客体客观属性。只有当主体具有某种需要，而同时客体本身也具有满足主体需要的客观属性，才能体现出价值。缺少主体的需要，或者主体有需要，但客体本身没有满足这种需要的客观属性，那么主、客体就没有形成关系的可能性，也就无法谈论价值。

2. 教育价值

所谓教育价值，就是指教育能够满足人和社会需要的程度。具体说来，教育价值主要体现在两个方面：教育对人发展的价值和社会的价值。教育对人发展的价值主要是指教育对人的精神需要、物质需要的满足，也就是对人的知识增长、能力的提高、个性的发展、心理上的满足以及身体的发育等需要的满足，以提高人的价值实现能力和身体素质，增强人的创造自觉性以及求得人的全面的、自由的发展，从而为每个受教育者最大可能地实现其个人价值和个体价值社会化准备条件。教育的社会价值主要是指主体对教育在社会内容方面的价值，它大致包括教育的政治价值、经济价值和文化价值。教育的政治价值主要体现在教育对维护和巩固政治制度的作用方面；教育的经济价值主要表现为提高人的劳动技能、促进生产力的发展方面；教育的文化价值主要表现在传递和继承文化、发展和创造文化方面。所谓教育价值，就是指教育能够满足人和社会需要的程度。

由于教育价值的主要体现是对人的发展价值和社会价值，因此，受人的身心发展需要和社会的政治、经济、文化、人才需要的影响极大。这就形成了教育价值观的多样性，如对于一心要让子女上大学的家长来说，他们评价一所中学教育价值的标准，就是子女能否考上大学；对于一个立志要成为艺术家的人来说，评价教育价值的标准是教育为其成为艺术家所提供条件的程度；社会各界、各行各业评价教育的价值，同样是以教育培养的人满足他们需要的程度为标准。因此，对于同一教育现象，具有不同教育价值观的人、对教育有不同要求的人，会得出完全不同的评价结论。而社会发展和人的自我完善对教育的要求，又是通过社会各阶层具有不同教育价值观的人们对教育的不同要求反映出来的。这就要求我们在实施教育评价时，必须采取实事求是的态度，在正确价值观的作用下，如实地反映被评价对象的真实价值。

（二）评价和认识

评价从本质上说是一种认识活动。马克思主义认识论认为，认识的本质是能动的反映，而评价尽管过程是复杂的，但它首先是客观社会存在的反映。可见，二者都是主观形态的意识活动，反映的对象都是客观存在的，但是我们也不能不看到作为特殊认识的评价与人的认识活动之间的区别。

1. 对象的区别

我们通常所说的认识，是指对客体本身某方面的本质或规律的认识，因此其对象是客体本身。而评价的对象不是客体本身，即不是客体的实体性属性，而是客体的社会属性。

2. 主体性的区别

诚然，进行认识和评价的主体都是人，但认识的目的在于揭示事物的本质联系，而评价则不同，主体在评价事物时，总是把客观事物的属性同自身的需要紧密联系起来，主体的需要不能排除在评价内容之外，为此，评价较认识具有更强的主体性。

3. 反映形式的区别

评价、认识的本质是反映，然而，两者的反映形式是有区别的。认识常以理性的、抽象的思维形式来反映客体的本质和规律，而评价是只有在主体的需要和兴趣的关系中才能得到实现的特殊反映。每一种评价不仅是行为主体生活状况的反映，而且是评价主体世界观的体现。因此，评价作为价值判断，常常以理性和抽象思维之外的形式来反映客体与主体需要的关系。

明确两者之间的区别，便于我们更深入地了解两者之间的关系。认识是评价的基础和前提，只有在对事物有了一定认识之后，才能评价事物，同时，评价又为进一步的认识提供指导。

（三）评价和实践

教育评价活动本身就是一种实践活动，评价正确与否是要通过实践检验的，这里包含两层意思。

第一，把评价理论和方法运用于实践，接受实践的检验。

在教育评价的实践中，人们对事实判断的客观性深信不疑，对价值判断的客观性却一直持怀疑态度。究其原因，是因为事实判断和价值判断是不同的。事实判断是关于客体本身是什么的判断，而价值判断是关于客体对主体的意义是什么，对主体意味着什么的判断。两者的本质区别在于，在价值判断中多了一种对于价值而言是决定性的因素——人的需要。而人的需要是复杂的，"人"和"需要"这两个概念的内涵是复杂的，但这种复杂性并不能使我们放弃对教育评价客观性的追求，反而坚定了对教育评价客观性的追求——那就是把评价的现有成果，即评价理论和方法运用于实践，接受实践的检验。对于实践证明是科学的理论和方法，应该保留并继续运用，对于实践证明是不科学的理论和方法，我们要加以修正或摒弃。

第二，评价的结果要接受实践的检验。

教育评价既基于对教育客观规律本身的认识，又基于对满足人和社会需要的价值关系的认识。教育本身的规律以及教育对人和社会的价值，就构成了教育评价活动的两个尺度，其一称之为合规律，其二称之为合目的。所谓"合规律"指评价要合事实、合逻辑、合规范，"合目的"指教育评价目的和教育评价依据的合理性。而要衡量评价结果是否"合规律"和"合目的"，则是需要接受实践检验的。这种检验主要从三方面来观察：其一是价值客体的发展水平是否与评价结果相一致，其二是价值主体需要的满足程度，其三是评价主体的主观愿望是否实现。

二、教育评价与相关概念的区别

（一）教育评价与教育测量

所谓教育测量，就是依据一定的法则（标准）用数值来描述教育领域内事物的属性，是事实判断的过程。要对教育的价值做出判断，必须取得有关教育活动大量的、系统的信息。要获取这些信息，教育测量是有效手段，它是教育评价的基础。

所谓教育测量，就是依据一定的法则（标准）用数值来描述教育领域内事物的属性，是事实判断的过程。

但是，教育测量与教育评价有着根本区别。教育测量本质上是一个事实判断过程，而教育评价实质上是一种价值判断过程。它们的区别主要表现在以下两个方面：

第一，由于教育测量是对事实做出判断，在判断的法则（标准）确定后，如果排除测量误差的影响，则不同的人进行测量应能得到相同的结果，即教育测量具有较强的客观性；而教育评价是对教育活动的价值做出判断，由于评价主体的价值观念和标准有所不同，因此判断的结果可能是不相同的。

第二，教育测量是在事实判断基础上进行赋值的过程，因此它注重量化，但教育评价既有定量的评价，也有定性的评价，就是说测量的结果是评价的主要依据之一，评价的价值判断标准是多方面的。如某学生英语期末考试获得84分，全年级60%的人低于他。这对于教育测量来说，任务已完成。因为分数已描述了该生当前的英语水平。但是对于教育评价者来说，还应考查该生以往的成绩，即与以往成绩相比是进步了还是倒退了。若是退步了，就要找出他退步的原因，分析他哪部分知识、技能有缺陷，应如何补救。可见，教育评价不仅要对当前结果做出描述，还要考查其发展过程，诊断其症结所在，提出补救措施。

（二）教育评价和教育评估

教育评价和教育评估是非常接近的两个概念，在许多场合下是可以通用的。事实上，从认识论的角度分析，评价和评估的本质是精神对物质、意识对存在的一种反映。在教育领域中，二者均从一定社会的角度出发，按照一定的教育价值观来考查和评定被评价对象的社会价值，判断其好与坏、功与过、正确与不正确及其表现的程度。

在实际中具体使用时，不同的范围和场合又有不同的习惯用法，如高等教育领域多称教育评估，在督导部门也称督导评估，而在普通教育领域则多称为教育评价。在我国大陆教育理论界，多把"evaluation"译作"评价"，有时也译作"评估"，似已成习惯，而在我国的台湾省，常译作"评鉴"，也有译作"评量"或"评价"的。在我国正式公布的文件中有时用"评价"一词，有时用"评估"一词。可见，教育评价和教育评估在使用中并无严格的界限。

三、教育评价发展的历史演变

自 19 世纪中叶起到 20 世纪 30 年代的八十多年，为教育评价发展的第一个时期——"心理测验时期"，教育测量的研究取得了一系列的成果，在考试的定量化、客观化与标准化方面，取得了重要的进展。强调以量化的方法对学生学习状况进行测量，然而当时的考试与测验只要求学生记诵教材的知识内容，较为片面，无法真正反映学生的学习过程。20 世纪 30 年代～50 年代是教育测量发展的第二个时期——"目标中心时期"，泰勒（R. Tyler）提出了以教育目标为核心的教育评价原理，即教育评价的泰勒原理，并明确提出了"教育评价"（education evaluation）的概念，从而把教育评价与教育测量区分开来，教育评价学就是在泰勒原理的基础上诞生与发展起来的。在西方，人们一般都把泰勒称为"教育评价之父"。20 世纪 50～70 年代是教育测量发展的第三个时期——"标准研制时期"，以布鲁姆为主的教育家提出了对教育目标进行评价的问题，由美国教育学家斯克里文（M. Scriven）、斯塔克（R. E. Stake）和凯洛洛（T. E. Kellogg）等人对教育评价理论做出了巨大的贡献，学者们把1967年界定为美国教育评价发展的转折点。到了20世纪70年代以后，教育评价发展到第四个时期——"结果认同时期"。这一时期非常关注评价结果的认同问题。关注评价过程，强调评价过程中评价给予个体更多被认可的可能。总之，重视评价对个体发展的建构作用，因此，又称为"个体化评价时期"。

20世纪30年代以来兴起的现代教育评价主要有以下几方面的特点：

1. 评价目的转变。早期的教育评价主要为了"选拔适合教育的儿童"，而现代教育评价的目的则更注重"创造适合儿童的教育"，即由重视鉴定转向更加重视改进教与学，以最大限度地达成教育目标。

2. 评价对象的扩展。早期教育评价对象主要是教学领域，集中在对学生学习成绩的评定上，以此为基础对教学计划和课程编制的优劣得失做出判断，现代教育评价的对象扩展到了所有教育领域，宏观和微观教育活动的一切方面皆可作为评价对象。

3. 评价结果形式的革新。早期教育评价既重视以数量的形式表示评价结果，也重视用语言描述的形式表示评价结果，还重视以数量和描述相结合的形式表示评价结果。

4. 强调评价对象的参与。早期教育评价把评价对象看作只是被动地接受评价，现代教育评价则把评价对象看作是评价的主体，强调评价对象自我评价的重要性，并引导评价对象参与从指定评价方案到取得评价结果的全过程，强调评价对象对评价结果的认同。

关于教育评价的历史发展阶段有许多不同的观点。《国际课程百科全书》主编利维对教育评价的历史进行了大跨度的审视，将其划分为三个时期：古典的考试型时期，心理测量占统治地位的时期，后现代时期。美国评价专家古巴和林肯在1984年出版了名为《第四代教育评价》的专著，其中提出了第四代教育评价的基本理论观点和构架，在美国引起了很大反响。在此理论提出之前，教育评价已经经历了三种理论形态，他们称之为"前三代教育评价理论"。其划分标准也基本上代表了教育评价的发展历程。第一次评价理论盛行于19世纪末至 20 世纪 30 年代的测验时期，测验的结果只反映出学生对知识的记忆特征。第二代评价理论是 20 世纪 30 年代随着"八年研究"而兴起的，以泰勒模式为代表，其特点是描述教育结果与教育目标的一致程度，是以"描述"为标志的评价时代；第三代评价理论发端于 1957 年以后的教育改革并延续至 20 世纪 80 年代，其特点不仅限于描述，而且对教育教学方法方案的优点和价值进行判断。到了第四代评价理论，按古巴和林肯的认识，前三代评价理论的不足之处在于：一是往往把评价对象及其他一切有关的人都排除在外，这样容易在评价者与评价对象之间形成紧张对立的关系；二是忽视了其他价值体系在评价中的作用，突出的问题是由于文化造成的"价值差异"，评价中采用"科学方法"，从而造成对背景因素重视不够、评价过程缺乏灵活性以及忽视定性评价方法的不足。第四代评价理论针对传统评价理论中的不足，更加重视评价中对不同价值体系存在的差异进行协调，并视之为评价工作的关键问题。更为重要的是，他们认为评价结果并不依赖于其客观实际情况相同程度如何，而在很大程度上取决于所有参与评价者的意见一致性程度如何。人们认为第四代评价理论比以前任何一种都更切合实际。

第二节 教育评价的主要类型

教育评价涉及的范围广、内容多，门类繁杂，为便于研究和应用，可依据不同的标准做出分类。

一、按评价范围分类

（一）宏观的教育评价

宏观的教育评价是以教育的全领域或涉及宏观决策方面的教育现象、措施为对象的教育评价，如对教育目标、教育结构、教育制度、教育内容、教育方法、教育行政管理、教育社会效益等方面的评价。它是总体的、全局性的、战略的、宏观的、高层次的。

（二）中观的教育评价

中观的教育评价是以学校内部各方面工作为对象的教育评价。评价的内容包括学校的办学条件、办学水平、领导班子、教师队伍、思想政治教育工作、教学工作、体育卫生工作、总务工作、团队工作、家长工作、学校社会效益等方面。

（三）微观的教育评价

微观的教育评价是以学生的发展变化为对象的教育评价。评价的内容包括对学生的思想品德、知识技能、健康状况、审美情操、劳动技能等方面。

二、按评价的内容分类

（一）条件评价

条件评价是对教育方案可行性的评价，也就是对达到目标所需条件的评价。为了识别各备选方案的优劣，需要对实现目标所需成本费用、可利用的人力和物力资源、解决问题的策略和相应的程序设计等进行调查研究。为了设计实现目标的最佳方案，可以把两个或多个竞争性策略中的最好方面结合起来，增强其可操作性。

（二）过程评价

过程评价是对教育方案实施情况进行的评价，目的是获取方案实施情况的反馈信息，作为修改方案的依据。为了将方案的执行过程和预定过程相比较，要对是否按预定计划实施方案、是否在用一种有效的方式利用现有资源等问题进行考查。过程评价是对教育方案实施情况进行的评价。

（三）成果评价

成果评价就是对教育活动结果和质量的评价，如办学水平评价和选优评价等。它着重对教育结果进行成果鉴定和等级区分。过程评价和结果评价既互相区别，又互相联系、互为因果，在一定的条件下相互转化，具体地说，教育成果既是教育过程发展的自然结果，又是新的教育过程的必要前提。

三、按评价的基准分类

（一）相对评价

相对评价是在被评价对象的集合总体中选取一个或若干个对象作为标准，然后将其余评价对象与该标准进行比较，或者用某种方法把所有评价对象排成先后顺序的评价。通过比较，可以确定被评价对象在集合中的相对位置，以区分优劣。相对评价主要用于选拔性和竞赛性活动。

由于相对评价是在评价对象集合的内部，将集合中的评价对象互相进行比较，以确定评价对象在集合中的相对位置，所以相对评价的结果只适用于所选定的评价对象的集合，对于另外的集合未必适用。

相对评价的优点是适应性强、应用性广。无论这个集合的个体状况如何，都可以确定标准进行比较，使每个评价对象认清自己与集合的其他对象的差距，具有一种强烈的竞争机制。相对评价的缺点是，评价标准来自被评价群体，没有一个客观的标准或者容易降低客观标准。评价结果并不表示被评价对象的实际水平，可能是"矮子里边选高个"，因而选出来的"高个"未必是真高的。

（二）绝对评价

绝对评价是在被评价对象集合之外，预先确定一个客观标准，将评价对象与该客观标准进行比较，判断其达到标准程度的评价。它主要用于合格性和达标性活动，比如我国的高中毕业会考就属于绝对评价，凡达到合格标准的高中毕业生都可获得毕业证书。

绝对评价的标准一般是依据特定目标所确定的标准。评价时，每个个体只与评价标准相比较，个体和个体之间不进行相互比较。绝对评价的优点是可以使被评价对象明确自己和标准之间的差距，激励其积极上进。它的缺点是客观标准的制定比较困难，很难做到完全客观和合理。

（三）个体内差异评价

个体内差异评价是把被评价对象集合总体中的每个个体的过去和现在相比较，或者将一个个体的若干侧面相互比较。它在运用时常会遇到两种情况：一种是把被评价对象的过去和现在进行比较，例如把学生的期中考试与期末考试成绩进行比较；另一种情况是把被评价对象的某几个侧面进行比较，例如一个学生的外语水平可以从语言、语法、词汇、阅读、写作等几个方面来考查，考查之后可以发现这个学生在哪方面较好一些，哪方面较差一些。个体的今昔比较，可使被评价者了解自己学习的发展情况；个体的各侧面比较可使被评价者了解自己哪方面优、哪方面差，从而进行自我调节。

四、按参与评价的主体分类

（一）自我评价

自我评价就是评价者根据一定的标准对自己进行评价，比如学校对自身的教育教学管理和教育教学质量的评价；教师对自己教学思想、内容、方法、态度、效果等的评价；学生对自己的德、智、体、美、劳各方面的评价等。其优点如下：

第一，自我评价有利于全面收集信息，形成准确的判断。我们知道，能否对教育的价值形成准确的判断，在很大程度上依赖于我们能否全面地收集关于被评价对象的信息。被评价者对自己的情况最熟悉，他们所提供的自我评价材料可为正式评价提供充分而必要的信息。当然，这要求被评价者在自我评价过程中本着实事求是的态度，如实反映自己的情况，避免出于防卫心理而报喜不报忧。

第二，进行自我评价，有利于大大减轻评价组织者的工作量，特别是在选优评价中，自我评价的过程也是自我把关的过程。自我评价可以使一些自己感到不具备选优的单位或个人不参加评选活动，这就使组织者的工作量大大地减轻。

第三，开展自我评价，有利于评价活动真正发挥促进改革、推动工作的作用。自我评价促使被评价单位或被评价者自己主动去寻找问题，这对今后由他们自己去解决问题是十分有利的。评价不是目的，我们开展评价的目的是为了促进被评价者更好地工作。

（二）他人评价

他人评价是指由被评价者之外的他人进行的评价，也叫"外部评价"，例如上级教育部门对下属学校的评价、社会舆论对学校的评价、校领导对教师的评价、同行对同事的评价、教师对学生的评价、同学之间的评价等。

他人评价的优点是要求严格，评价结果客观性较强。缺点是组织工作较为繁杂，耗费的人力和时间也较多，因而不宜频繁进行。对于规模较大的评价活动，通常的做法是先进行自我评价，在此基础上再组织适当规模的他人评价，综合发挥两类评价各自的优势，最大限度地弥补二者的不足，以求达到尽可能理想的效果。

五、按评价功能分类

（一）诊断性评价

诊断性评价是指在某项教育活动进行之前，为使其计划更有效地实施而进行的预测性、测定性评价，或对评价对象的现状和存在的问题做出鉴定。其主要目的是为了了解评价对象的基础和情况，判断其是否具备进行某项活动的条件，如在教学前，诊断性评价的作用在于对学生的能力、基础等进行辨别和分置，对于不具备学习新课程条件的学生，一方面予以补缺；另一方面将之分置于能力较低的班组，使之对学习不至于产生悲观和受挫之感。对于已掌握新课程教学目标的学生，应为其确定合适的教学起点，使之对所学内容不至于感到厌烦或没兴趣；对天才学生，应予以特殊关心和培养。适当地分置有助于在教学中因材施教，在工作中因地制宜、实事求是，等等。

（二）形成性评价

形成性评价是指在教育活动进行过程中评价活动本身的效果、用以调节活动过程、保证教育目标实现而进行的价值判断。它的目的不是预测，也不是为了评定成绩，而是为了了解工作过程中的情况，以便及时调整工作的状态。比如在具体的教学过程中，形成性评价就是为了测定评价对象某一具体教学内容的掌握程度，并指出还没有掌握的那部分任务或者在学习过程中存在的问题和不足，其目的不是给学生评定成绩或作为学业的证明，而是既帮助学生也帮助教师把注意力集中到要达到的掌握知识的程度上。当然，在教学过程中，教师要对学生进行形成性评价，教师也可以对自己的整个教学工作进行形成性评价，以促进教师教学水平的提高。

形成性评价这一概念是 1967 年由美国哈佛大学的斯克里芬在课程研究中提出来的，主要用于改善教材。20 世纪 60 年代，美国芝加哥大学的布卢姆将其引进教学领域，提出了掌握学习的教学策略，取得了显著成效。20 世纪 80 年代后，我国将形成性评价运用扩展到整个学校教育领域，控制学校工作过程，及时或定期检查学校各项计划的执行情况，分析工作上的问题，及时加以改进，以便建立和完善学校指挥系统和反馈渠道。

（三）终结性评价

终结性评价也称总结性评价，是指在某项教育活动告一段落时，对最终成果做出价值判断，也就是以预先设定的教育目标为基准，对评价对象达成目标的程度，即最终取得的成就或成绩进行评价，为各级决策人员提供参考依据。

就教学目标而言，终结性评价是指在一门学科的重要部分或整个教学结束时，对学生的学习效果和成绩所进行的全面评价。它与形成性评价的区别在于以下两点：

第一，形成性评价在教学过程中进行，是经常性的；终结性评价是在整个教学或其中重要部分结束时才进行，如在期中、期末进行。

第二，形成性评价的主要目的不是为学生提供证明，而是致力于引导学生掌握他所必须具备的知识，并试图发现学生错误的起因，从而采取因人施教的补救措施；而终结性评价的主要目的是评定学生成绩，为学生具有某种能力或资格作证明。

六、按评价对象的复杂程度分类

（一）单项评价

单项评价是指对教育评价对象的某个侧面进行的价值判断，如对某一学科学生学业成绩的评价，对学校管理水平的评价，对教师教学的评价，甚至对教师一种教学技能，诸如板书技能、讲解技能、语言技能的评价。单项评价可以为评价对象某一方面工作的改进提供依据，可以提供评价对象具体细节的有关状况，为综合评价提供基础资料。

（二）综合评价

综合评价是指对教育评价对象整体的系统的价值判断。教育活动是一个多层次、多方面相互联系、相互作用的有机整体，只有相互协调、密切配合，才能实现教育目标。综合评价的方法有两种基本的思路：一是通过分析，先对评价对象的评价内容进行分解，在单项评价的基础上汇总做出全面的评价结论；另一种思路是直接通过综合的方法，不对评价内容进行分解，而是凭直观和经验对评价对象的整体进行评价，这种评价简便，一般适用于非正式的评价。比如领导在视察某校后，做出一个比较简单的综合评价等。

单项评价和综合评价的区别不是绝对的，不是一成不变的。在不同的条件下，可以相互转化。在实际评价工作中，两者相辅相成、互为补充。单项评价是综合评价的基础，综合评价是单项评价的综合。

第三节　教育评价的功能

一、导向功能

导向功能是指教育评价本身所具有的引导评价对象朝着理想目标前进的功效和能力。在教育评价中，对任何被评价对象所做的价值判断，都是根据一定的评价目标、评价标准进行的。因此，有什么样的评价内容，被评价对象就会注重哪个方面的工作；有什么样的评价标准，被评价对象就会向什么方向努力。也就是说，评什么、怎样评，将有力地引导被评价者在教育教学工作中做什么、怎么做。这些评价内容、评价标准，对评价对象来说，起着"指挥棒"的作用，发挥着导向功能。他们必须按目标努力，才能达到合格的标准，否则就达不到合格标准，得不到好的评价。例如，在评价教师课堂教学时，学生参与教学的活动量是其标准之一，这一标准将引导教师在教学中调动学生动脑、动口、动笔、动手积极参与教学活动，以充分体现学生在教学活动中的主体地位。

为了更好地发挥教育评价的导向功能，必须依据教育目标制定恰当的评价内容和标准，对教育效果实行全面的评价。另外，教育评价要顺应时代发展的潮流，注意科学文化进展的新动向，了解教育改革的理论和信息，及时调整评价内容和重点，使之既适合教育教学实际，又体现出发展性和先进性。

二、鉴定功能

鉴定功能是指教育评价认定、判断评价对象合格与否、优劣程度、水平高低等实际价值的功效和能力。从教育评价的历史发展来看，教育评价在其早期阶段是以发挥鉴定功能为主要特征的，泰勒模式所注重的就是这一功能。它主要表现在以下几个方面：

一是用于配置和决策。如通过对学生德、智、体等方面的评价来鉴定学生的发展水平，以便合理制定教育方案，进行因材施教。

二是进行认可鉴定。具体地说就是对学生某一阶段的学习或者对教师的教学进行认可性的评定，例如结合学年末的考试所进行的评价，就是对学生发展水平的认可，如果认为学生已达到应有的水平，即可进入高一年级深造，否则需留级重新学习。

三是资格鉴定。就是判断被评价者是否具备某种资格，如学生的毕业鉴定就是一种学历的资格鉴定评价。

三、改进功能

改进功能是指教育评价本身所具有的促进评价对象为实现理想目标不断改进和完善行动的功效和能力。改进功能主要是运用"反馈原理"，通过评价及时获得教育过程、教育结果的信息，及时强化正确的、有利于教育目标实现的教育行为，及时调节和矫正不良的、不利于教育目标实现的教育行为，从而控制教育活动和教育工作的过程，促使其不断地完善和优化。

教育评价的改进功能能否充分发挥取决于教育评价是否既重视结果也重视过程与条件，评价的结果是否具有客观性、公正性和激励性。只有重视对教育过程的评价分析，才能科学地解释结果、总结经验、找出问题，从而使教育评价的改进功能得到最大限度的体现。

四、调控功能

调控功能是指教育评价对评价对象的教育教学或学习等活动进行调节和控制的功效和能力。通过教育评价，可以获得有关教育活动满足社会需要程度的信息，并将这个信息及时予以反馈，用以改善和调节教育目标、课程与教材、教师的教与学生的学等过程，这就是教育评价的调控功能。它主要包括两个方面：一是评价者为被评价者调节过程。例如，通过评价，评价者认为被评价者已达到目标并能达到更高目标时，就会将目标调高，将进程相对调快；如认为被评价者几乎没有可能达到目标时，就会将目标调低，将进程相对调慢，使之符合被评价者的实际。二是被评价者通过评价了解自己的长短、功过，明确努力方向和改进措施，以实现自我调节。

五、服务功能

服务功能是指教育评价为教育决策服务的功效和能力。随着教育评价的进一步发展，教育评价的调控功能在各种教育活动中日益显现出来，并发挥着重要的作用。为了更好、更科学地管理教育事业，准确把握教育的未来，减少失误，教育评价为教育决策服务的功能已越来越被广大教育工作者，特别是教育决策部门所重视。

第四节　教育评价模式

教育评价模式就是教育评价基本理论与方法的总体概括，是某种教育评价类型的总构思。它包括评价的大体范围、基本程序、主要内容和一般方法。国外学者对评价模式进行了较为系统的研究，创建了众多的评价模式。我国学者在吸取外国评价模式精华的基础上，提出了一些适合我国国情的评价模式，对如何进行评价颇有启发作用。

一、国外教育评价模式

在国外，特别是西方国家十分注重对教育评价模式的研究工作，教育评价模式已有几十种之多，较有影响的模式主要有四种。

（一）泰勒模式

这是 20 世纪 30 年代由美国著名学者泰勒提出来的，它是教育评价理论历史发展中第一个较为完整而且也是最有影响的模式。

泰勒模式是一个单向封闭系统。先制定目标，再根据目标选择和组织学习经验，然后评价目标的实现程度。由于工作流程相对简单，且结构紧凑、逻辑严密、层次分明，易为大多数人接受、掌握和运用。但也有其自身难以克服的局限，如回避了教育的价值问题，只重视对"结果"的评价而忽视了对过程的评价，对非预期结果的处理未涉及，未重视人的个性发展的特殊性。20世纪60年代开始，教育评价领域有人对一直雄踞指导地位的泰勒模式进行反思，泰勒模式遇到了挑战。

（二）CIPP模式

1966年，美国的斯塔弗尔比姆创立了CIPP教育评价模式。CIPP模式是根据背景评价（context）、投入评价（input）、过程评价（process）、成果评价（product）四种评价的第一个英文字母而命名的。这四种评价都是为决策服务的：背景评价为计划决策服务，投入评价为组织决策服务，过程评价为实施决策服务，成果评价为再一次决策服务。

斯塔弗尔比姆提出的CIPP评价模式，将教育目标纳入到评价活动之内，使目标本身的合理性首先得到评价，从而使评价更全面、更科学、体系更完整。同时，该模式重视形成性评价，时刻考虑到为决策提供所需的信息，使评价活动更具方向性和实用价值。再者，该模式把评价看成是教育活动的一部分，使评价成为改进工作、提高教育质量的工具。CIPP评价模式同样也存在着一些缺陷，如无论是背景评价、投入评价、过程评价还是结果评价都在为决策者服务，因而评价缺乏完全意义上的价值判断，同时也制约了评价人员作用的发挥，并且该模式要求各类信息源的配合、充裕的经费以及可靠的分析技术，因而使它的使用受到了很大的制约。

（三）目标游离模式

目标游离模式是美国的斯克里芬提出的。斯克里芬在考查教育活动的实际效果后认为，依据事先确定的目标进行评价往往使评价的范围受到限制。因为实际的教育活动除了预期的效果外，还会产生许多非预期的效果（或称负效应），这些非预期的效果的影响有时是至关重要的。而泰勒将评价仅限于衡量达到目标的程度是不全面的。

根据预期教育目标所进行的评价，往往只注意目标规定的预期效果，忽视了非预期效果，而教育活动的预期目标主要反映了方案、计划制定者的意图。因而，评价者考虑的重点应由"教育方案想干什么"改为"教育方案实际干了什么"，即目标游离。为了获得包括可能产生的相反效果在内的全面的、真实的效果，减少方案、计划制定者主观意图对评价的影响，他主张不把方案、计划制定者的预定活动目的告诉评价者，以有利于评价者收集有关方案的全部成果信息。

该模式突破了目标的限制，认为评价的依据不是方案制定者的预定目标，而是活动参与者的实际成效。其存在的主要问题是，如果评价组织中的各个评价者具有不同的价值标准，就会给评价的操作带来很大的困难。

（四）应答模式

应答模式是美国的斯塔克于 1973 年提出来的。这一模式的主要特点是以问题，特别是直接从事教育活动的决策者和实施者所提出的问题，作为评价的先导，而不主张以预定的目标或假设为出发点。通过评价者与评价有关的各方面人员之间持续不断地"对话"，了解他们的愿望，对教育评价方案做出修改，对大多数人的愿望做出应答，以满足各种人的需要。斯塔克认为解决教育问题只有依托于那些直接接触问题的人，教育评价才有助于改进工作。这种评价以帮助被评价者更好地了解自己的优缺点、明确今后如何改进工作为目的。

该模式强调在评价活动中使用非正式的观察、访谈和定性描述分析的自然主义的方法，在有效做出价值判断方面优于泰勒模式。但是，在评价活动中耗费人力、物力和时间，很难推广实施。

二、我国教育评价模式

在教育评价的发展历史中，我国真正开展教育评价工作是 20 世纪 80 年代的事。此后，我国教育评价在引进、吸收、消化国外先进成果的基础上，取得了长足的进步。就教育评价模式研究而言，教育评价的单一化局面开始被打破，适应不同地区、不同评价对象、不同评价目的的教育评价模式在产生、发展和完善之中。在这里，主要介绍由我国教育理论工作者提出的几种有影响的教育评价模式。

（一）教育型目标调控模式

教育型目标调控模式就是以形成性评价和自我评价为中心，充分发挥多种评价功能的一种评价模式，是由北京市一些教育评价研究人员在教育评价实践基础上概括而成的。

1. 出发点

教育型目标调控模式认为，现代教育评价的目的不仅是为了选拔、鉴定，更重要的是要发挥评价的导向、改进和激励等教育功能，促进发展。现代教育评价已从静态的终结性评价向重视动态的形成性评价发展，现代教育评价应重视评价对象的主体地位，形成性评价只有与自我评价相结合，才能充分发挥评价的调控和改进功能、克服被评价者的消极情绪，使评价过程成为教育过程。

2. 含义

"教育型"表示这种评价模式的指导思想是着眼于教育，通过评价使评价对象受到教育，从而自觉地改进和完善自己的教与学活动，以达到预期的目标。

"目标调控"反映了这种评价模式的结构、功能、过程和手段。目标是评价的基础，过程是评价的重点，自我评价和调控是进行评价的基本方法，反馈则是运行机制。

所谓目标是评价的基础，就是指评价全过程都要以目标为参照标准。评价目标具有导向、激励、控制、改进等功能，也就是评价目标是指引工作方向的，是激励、调节工作的参照依据，是判断工作结果的标准，是推动工作前进的动力。

过程评价是教育型目标调控的重点，自我评价是主要方式，它通过过程评价，突出形成性自我评价的作用，充分发挥调控功能，使评价过程具有可控性和有效性。

反馈是这种评价模式的运行机制。所谓反馈，就是指为控制教育系统的活动达到目标，及时提供信息、选择矫正的策略和措施。运行是通过反馈的调节作用进行的，即以目标为基础，通过诊断明确实际状况，在实践中及时对照目标进行反馈，即进行自我调节、自我完善。若偏离目标则及时矫正，在反馈矫正过程中形成动态序列，一步一步逼近目标。

这样的反馈、矫正、自我调节完善的过程，若达到有计划、有目的、反馈通道回路畅通，教育系统就形成了质量控制保证系统，工作与学习有了高度自觉、得到了有效的控制，评价也就从衡量质量的尺度和标准发展为提高质量的动力和保证。

3. 模式的特点

在重视目标评价的同时，十分重视过程评价和结果评价，既重视评价目标的导向，又重视评价过程的反馈、调节以及评价结果的判断和改进。特别强调形成性评价与自我评价的结合。

教育型目标调控模式以形成性评价和自我评价为中心，十分重视发挥评价的导向、改进和调控功能。

（二）协同自评模式

协同自评模式是由上海市的研究人员在确立被评价者的主体地位和肯定其个性特征的基础上建立的一种以被评价者自我评价为主、在评价人员的协同下共同完成从制定评价目标开始的一系列活动的评价模式。

1. 出发点

协同自评模式认为在任何教育活动中，只有当事人才能全过程地参与，才能全面、真实地收集资料。通常评价人员只能部分参与其过程，所以评价人员所做出的价值判断有时难免有失实之处，而当事人自评时，其评价的能力又未必符合评价的要求。若能有评价人员的协同，则可弥补其不足。这便形成以自我评价为基础，评价人员协同自评者进行评价活动，成为协同者共同参与评价过程的评价模式。在评价过程中，自评者与协同者同心协力、经常协商，不断从对评价观点的不同看法中取得共识，一起来完成包括从确立评价目标开始到制定评价方案、进行评价资料的收集、做出价值判断、撰写评价报告等一系列的评价活动。

2. 基本步骤

（1）准备阶段。由经过培训的协同者（评价人员）拟写一份评价方案，然后由自评者（被评价者）选择协同者。协同者征求自评者对评价方案的意见，共同协商，最终拟订既能体现自评者共性又能体现自评者个性的评价方案。

（2）实施阶段。首先，自评者用拟订的评价方案来评价自己的教育活动（预评价），了解哪些指标已达到预定目标，哪些指标尚未达标。协同者参与其中，与自评者共同探讨，获得共识。这个共识便是下一阶段重点要进行评价的内容，也是自评者必须加以努力提高的内容。这一时期有如一般的诊断性评价，只是更强调评价后双方要取得共识。其次，在经过一段时间之后，自评者按拟订的评价方案做出自评，在使用定量方法的同时，对重点要提高和发展的指标采用描述性语言来说明其情况，这有助于与协同者交流和讨论，取得对这次活动的共识，以便进一步有所发展。这个时期有如一般的形成性评价，但更多是强调自评者和协同者的交流、商讨活动。最后，在总结时期，主要是进行资料的整理，为协同自评报告做准备。

（3）撰写协同自评报告阶段。自评者和协同者坦诚交换意见，对评价方案中的各项指标逐一商讨，期望取得共识，对暂时不能取得共识的项目，则注明各自的观点，供阅读评价报告者做参考。

这样形成的协同自评报告应由两部分组成，第一部分是自评者和协同者取得共识的内容，其作为对被评价者进行奖惩的主要依据。第二部分是自评者与协同者暂时未取得共识的部分，其作为下一轮评价时的规定指标，期望在下一轮协同自评中取得共识。

3.模式的特点

第一，被评价者在进行真正的自我评价活动中，表现出较强的自主性、自律性、自控性、自励性和自信性。

第二，被评价者和评价人员在评价活动的全过程中，建立起民主、协商关系，为达到共同制定的目标而形成协同精神，在双方交往中形成和谐的合作氛围。协同自评可使个体内差异评价与目标参照评价的标准统一起来，使自我评价的评价过程、评价内容、评价成果的形式更加清晰起来。

第三，要使协同评价真正发挥它的功能，必须遵循两个原则：一是平等性原则。无论是自评者，还是评价人员都是主体，其地位是平等的。二是共建性原则。从评价目标的制定，到评价结果的撰写，都是自评者与评价人员共同协商、取得共识、共同构建的产物。

（三）发展性目标评价模式

这是由上海师范大学的研究人员在比较了国内外众多的评价模式、结合当前教育评价发展的趋势和我国的国情而提出的一种新的评价模式。这种评价模式在强调评价的发展和改进功能的同时，重视对教育目标的评价，当然目标本身也是发展变化的。

1. 基本思想

（1）社会在发展，教育目标也是不断变化的，以教育目标作为依据之一编制成的评价标准需要不断修正、充实和调整。

（2）以评价标准为核心的评价方案，其实施过程和评价结论也是发展、可变的。这种方案可以在评价活动中针对具体情况进行调整，只要能保证评价活动的质量，促进教育评价活动的评价理论和方法都能采用。

（3）整个评价活动要在评价制度的规范下进行。

2. 基本内容

（1）根据社会发展的需要和开展教育活动的现实条件，确定和检验教育目标。

（2）依照教育目标、评价对象和条件、与教育评价活动有关人员的愿望和需要以及现有的各种规章制度和科学理论等因素，设计出以评价标准为核心的评价方案。

（3）遵照评价方案，实施评价活动。在评价活动中，注重定量方法和定性方法的有机结合以及多种评价类型的结合，重视反对意见和非预期效果，有效运用计算机技术。

（4）完成和反馈教育评价报告。

（5）用教育评价制度控制和制约整个评价过程，以确保评价质量。

3. 特点

（1）有效吸取了中外主要教育评价模式的长处，如对教育目标进行评价、重视与评价活动有关人员的需要和意图以及注重多种评价类型的结合等。

（2）结构紧密，程序规范，可操作性强。

（3）适应面较宽。

该模式可用下图表示。

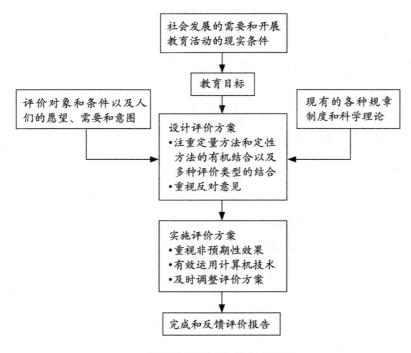

发展性目标评价模式流程图

发展性目标评价模式的基本内容是：根据社会发展的需要和开展教育活动的现实条件，确定和检验教育目标；依照教育目标、评价对象和条件、与教育评价活动有关人员的愿望和需要以及现有的各种规章制度和科学理论等因素，设计出以评价标准为核心的评价方案；遵照评价方案，实施评价活动。在评价活动中，注重定量方法和定性方法的有机结合以及多种评价类型的结合，重视反对意见和非预期效果，有效运用计算机技术；完成和反馈教育评价报告；用教育评价制度控制和制约整个评价过程，以确保评价质量。

三、教育评价模式的选择

上述七种中外教育评价模式都不是十全十美的，都有各自的优越性和局限性，也各有自己不同的适用范围。充分了解和认识这些问题，有助于我们选择最适合的教育评价模式，并且能创造出更加科学和富有中国特色的教育评价模式。但是，就目前我国教育评价的发展情况来看，作为本书贯穿始终的评价模式，我们选择以发展性目标评价模式为主，并且针对教育评价的实际情况，灵活地与其他评价模式一起运用。

第二章　教育评价的一般过程

第一节　教育评价的准备阶段

人们常说，不打无准备之仗，因此，做好各项准备工作，是保证评价工作取得成效的前提和基础。准备阶段主要就为什么要评价、谁来评价和评价什么等问题进行充分准备。这一阶段主要包括组织准备、人员准备、方案准备以及评价者和被评价者的心理准备。

一、组织准备

组织准备包括成立专门的评价领导小组，组建一定形式的评价工作小组。组织工作可由被评价对象所在部门上一级机构承担，例如对学校教学工作的评价，可由上级教育行政部门负责建立评价领导小组和工作小组。有时为了进行自我评价，也可在被评价单位内部建立评价小组。

二、人员准备

人员准备包括组织有关人员学习评价理论和有关文件，使其明确评价的目的、意义，树立起全面贯彻党的教育方针、全面提高教育质量的价值观，从而使评价人员以高度的责任感和实事求是的科学态度认真负责地做好评价工作。同时要做好有关专家的遴选工作，包括评价理论专家、评价技术专家、学科专家、项目专家等。

三、方案准备

在整个准备阶段中，实质性和关键性的工作就是设计评价方案。评价方案是整个评价过程的计划和蓝图，是实施评价工作的基本工具。它是教育评价组织者根据教育评价的目的，遵循教育活动的客观规律，在教育评价实施前拟定的有关教育评价目的、内容、范围、方法、手段、程序和预期结果的纲领性文件。

（一）方案应具有的特性

1. 以教育评价标准为中心

所谓教育评价标准，就是指对一切教育活动质量或数量要求的规定。它一般包含评价的指标体系和评价基准。制定教育评价标准是评价工作的一项基础工作。评价标准编制得科学、客观和有效，那么评价结果的信度和效度就高，反之，则不然。因此，它在评价方案中处于核心位置。在编制评价标准时，要以民意调查为基础，严格论证、专家评判、实验修正，以最大限度地提高评价标准的质量。

2. 以评价活动的组织者、评价者和被评价者等的接受程度为中心

教育评价的功能发挥得如何，在很大程度上是看评价结果是否客观、准确、使人信服。由于教育评价的本质是对教育价值进行判断的过程，因此，把评价活动的组织者、评价者和被评价者等的教育价值取向体现在评价方案中，能提高评价结果的客观性和准确性以及使人信服的程度。可见，必须十分重视评价活动的组织者、评价者和被评价者等对评价方案的接受程度。

3. 以评价程序的科学性、规范性和可操作性为根本

评价工作的科学性、规范性和操作性是指评价活动的指导理论以及评价过程中所采用的方法一定要科学，评价运行程序要规范，要按照预先设计好的程序进行，不得随意改变，而且整个评价程序要具有可操作性，要能得出明确的结论。评价方案是评价工作的准备，它必须注重评价程序的科学性、规范性和可操作性，使得依照评价方案实施完成的评价工作不仅具有较高的信度和效度，而且也能增强评价结果的可比性。

（二）方案的主要内容

1. 评价目的

不同目的的评价需要不同的评价标准和评价方法，因此，方案对教育评价的目的，即为什么要评价，必须有具体明了、准确无误的表述。比如，以分清学校教育工作优良程度为目的的评价，以衡量学校是否达到了合格标准为目的的评价，显然，在评价标准和方法上是极不相同的。前者采用的是相对评价法，即通过被评价对象相互比较得出评价结论，而后者一般采用的是绝对评价法，它是按规定的标准去衡量和判断被评价对象是否达到了应有的水平。

2. 评价对象

评价对象是指评价的客体，是评价的实践对象、认识对象。对评价对象进行全面评价，还是进行某一方面的评价；是评价这些因素，还是评价那些因素，这一问题不解决，评价就无法进行。

3. 评价标准

评价标准具体包括指标体系和评价基准。在这里还应有评价标准的背景描述等，使评价活动的组织者、评价者和被评价者都能准确理解和全面掌握评价标准，才能有利于评价方案的实施。

4. 组织实施

组织实施包括评价活动的组织形式和组织方法、评价者的基本素质要求和评价过程中评价活动的组织者、评价者、被评价者等必须共同遵守的纪律规定等。这是评价工作顺利进行的保证。

5. 评价方法

评价方法主要包括评价信息的搜集和处理方法。在评价过程中，对于相同的评价信息源，由于搜集信息的方法不同，所得到的评价信息可能不一样；由于处理评价信息方法的不同，对于相同的信息，可能得出不同的结论。因此，应该事先明确评价信息的搜集和处理方法，以确保评价结果的高信度和高效度。

6. 实施期限

教育评价是价值判断，它的标准就是教育价值的具体体现，因此具有较强的时效性，即评价标准只是在一定时间内有效。这就要求我们对现行评价方案应该规定有效期限，以保证评价活动的质量。另外，评价标准具有很强的导向性，为了做出正确而有效的导向，对于导向性较强的指标，要根据具体情况进行调查、修改或补充，这也有个实效性问题

7. 评价报告完成的时间

所谓评价报告，就是在教育评价工作完成以后，为了便于反馈、保存、检验评价信息和结论，而对评价过程、结论进行全面叙述和提出相关建议的报告。由于评价结果具有很强的时效性，评价报告不仅应该按时完成，而且完成时间应该有明确规定。

所谓评价报告，就是在教育评价工作完成以后，为了便于反馈、保存、检验评价信息和结论，而对评价过程、结论进行全面叙述和提出相关建议的报告。

8. 评价报告接受的单位、部门或个人

事先明确评价报告的接受者，便于及时反馈，使评价报告接受的单位、部门或个人能及早做出决策、制订改进工作的计划，以保证和提高评价工作的效益。

9. 预算

在实施评价方案的过程中，需要一定的资金，这是保证方案实施的物质条件，要通过预算来保证。教育评价方案的主要内容为：评价目的、评价对象、评价标准、组织实施、评价方法、实施期、评价报告完成的时间、评价报告接受的单位（部门）或个人以及预算情况。

四、评价者和被评价者在准备阶段的心理现象与调控

（一）评价者在准备阶段的心理现象与调控

1. 评价者在准备阶段的心理现象

（1）角色心理。所谓角色心理，是指人们在社会生活中，由于担负着一定的角色而形成的一种心理状态。在评价活动中，这种心理往往使评价者以显示自己的身份和专门知识技能、自己的品质、爱好和特长去要求被评价者。如果评价者的要求与评价指标相一致，就能对评价起积极作用；如果超过评价指标

的要求，那就必然影响到评价的客观性。如在设计评价方案时，评价人员容易从各自的职业、兴趣、特长出发，表现出不同的价值取向。最明显的是专家往往偏重方案的理论依据和科学性，而实际工作者则倾向于方案的可行性。

（2）心理定式。所谓心理定式，是指由一定的心理活动所形成的准备状态，影响或决定同类后继心理活动趋势的一种心理现象。它的积极方面，反映了心理活动的稳定性和一致性；消极方面，妨碍思维的灵活性。在评价准备工作中，各人往往按各自的心理定式表达自己的见解，不太注意分析具体情况，影响评价方案的客观性。

（3）时尚效应。时尚效应就是指对新颖、时髦事物的向往和崇拜的一种心理现象。在追求时尚的狂热中，往往停止自己的独立思考，服从社会潮流，接受多数人所热衷的东西，影响评价方向。如果追求的"时尚"符合教育方针和规律，符合被评价对象的实际情况，就能起积极作用；反之，则可能起到消极的作用。

2. 评价者在准备阶段的心理调控

（1）把好评价人员的选拔关。评价人员应该具有良好的思想政治素质，品德高尚、实事求是、公道正派、不谋私利，有批评和自我批评的精神，有强烈的事业心和责任感，热爱评价工作；在业务上，评价人员除应了解被评价者和具备专业知识外，还应具有一定的评价理论、方法和技术。在评价人员的内部结构上，要注意应包括各方面的代表。既要有评价工作顺利开展所需的各种专业人员，又要注意保证有足够数量的评价人员。

（2）做好评价人员的培训工作。一是要对评价人员进行职业道德、政策法规、规章制度、保密约定以及公正、公平、公道等原则的教育。二是要对评价人员进行评价技能和方法的培训，使他们掌握必要的工具编制技术、数据处理技术，了解各种评价模式和方法的适用范围等。

（二）被评价者在准备阶段的心理现象与调控

1. 被评价者在准备阶段的心理现象

（1）自我认可疑惧心理。所谓自我认可疑惧心理，就是指被评价者在自我评价中怀疑自己的评价与将来他人的评价是否相符而产生的一种心理状态。

这种心理状态可能对自我评价产生消极影响。具体表现为：其一，过低自我评价。唯恐自我评价高于他人评价，于是以较低水平评价自己。其二，模糊自我评价。为避免自我评价和他人评价的正面矛盾冲突，于是采用概括化的定性描述，运用含含糊糊的词语给出判断。其三，过高自我评价。认为自我评价是基础，他人评价走过场，因而企图以自我评价基点来抬高他人评价基点。

（2）被审心理。被评价者在接受他人评价之前，往往产生被动接受审查的评价心理，特别是那些资历较浅的被评价者更是如此。被审心理是一种被动心理，它对评价的影响也是消极的。这种消极的影响具体表现为：自我评价草率，等待他人评价一锤定音；对评价要求领会不全面，材料准备不充分或者杂乱无章；忙于准备表面工作，以求形式上给评价者留下"好印象"等。

2. 被评价者在准备阶段的心理调控

（1）首先，在评价工作开展前，评价者要认真做好宣传和沟通工作，讲清评价的目的、意义和积极作用，消除被评价者的思想顾虑，克服受审心理或消极心态。其次，在评价方案制定时，要充分发扬民主，听取被评价者的意见和建议，使被评价者增强主人翁意识，积极主动地参与评价工作。最后，要让被评价者了解评价的日程安排和工作程序，提高评价工作的透明度，以便使被评价者能做好充分的准备，积极配合，使评价工作顺利地按计划实施。

（2）引导被评价者正确评价自己。"人贵有自知之明"，正确的自我评价，对个人的心理和行为表现以及协调人际关系均具有重要影响。自我评价与他人评价如果差距过大，会使个体和他人的关系失衡、产生矛盾。长此以往，就会形成稳定的心理特征——自满或自卑，从而引发种种心理误差。心理学研究表明，人们的自我评价往往高于别人对自己的评价。自我评价过高，就容易因为他人评价的结果未能符合自己的期望而遭受挫折、引发失落感。同时，自我评价过高者对挫折的容忍力也往往较低。相反，自我评价过低，是缺乏自信心的表现，长期发展会形成自卑感，处处谨小慎微，缺乏朝气和进取心。因此，被评价者正确而实事求是地进行自我评价能起到调整心态的作用，从而减少种种不必要的、消极的心理状态。

第二节　教育评价的实施阶段

教育评价的实施阶段是实际进行评价活动的阶段。它是整个教育评价活动的中心环节，也是教育评价组织管理工作的重点。实施阶段的主要任务是，运用各种教育评价方法和技术，搜集各种评价信息，并在整理评价信息的基础上，做出价值判断。同时，对评价者和被评价者的心理进行调控，以保证评价工作的顺利进行。

一、实施阶段

（一）预评价

为了使教育评价工作能顺利进行，最好在正式评价之前，先选择试点单位进行试评，以便取得经验并进一步完善评价方案。试评可以由评价组织进行评价，也可以把被评价对象的自我评价作为试评。后者更有利于调动被评价者的积极性，促使自己寻找问题和改进工作。

（二）正式评价

这是实施阶段的一个重要步骤。做好这一步工作的关键在于与被评价者的密切配合，要求他们不仅做到实事求是地全面提供各种材料，而且还要为评价者提供有利的工作条件。同时，评价者要注意加强监督、检查，防止和杜绝各种弄虚作假和不良行为的发生。

1. 搜集评价信息

搜集评价信息是教育评价的基础性工作。评价信息是进行评价的客观依据，是做出科学结论的必要条件。评价信息搜集得越多、越全面、越充分，就越能使评价结果准确合理，越具有客观性、科学性。因此，搜集评价信息应注意到评价信息的全面性，要保证评价信息的准确性。评价信息的搜集一般分组进行，然后把从不同途径获取的信息进行归纳汇总。

2. 整理评价信息

整理评价信息，主要是指对评价信息的全面性、准确性、适应性以及收集资料方法的可靠性反复加以核实，将搜集到的全部评价信息进行检查、分类和保存，以便于使用。信息整理方法有：（1）归类。将搜集到的信息资料汇集归拢，初步进行分类。（2）审核。将归类的评价信息逐一核实，进行去伪存真、去粗取精的鉴别和筛选，对缺少的信息，要及时补充。（3）建档。将审核后的评价信息，根据评价指标体系，分门别类地制成一定的表格或卡片，进行编号建档，为评价做好准备。

3. 处理评价信息

这是实施阶段的核心工作。前面的信息收集、整理工作都是为处理评价信息服务的。处理评价信息，就是运用定性和定量的方法处理评价信息，将评价对象在各项评价指标中呈现出来的特征运用数学或其他方法处理成为评价结果。具体步骤如下：

第一，明确掌握评定标准和具体要求。

第二，评价者对被评价者或被评价单位的实际表现给予相应分数、等级或定性描述。

第三，评价小组对各评价者的测量或观察结果进行认定、复核；并对其实际操作情况、评判的态度和表现、评定标准把握的宽严程度等进行集体小结和评议，填写评价表格。

第四，评价领导小组对各评价小组的评价工作逐一进行审核。

第五，数据处理小组使用规定的计量或其他方法，处理评价信息，并将处理结果报告评价领导小组，同时反馈到各评价小组。

4. 做出综合评价

这是运用教育学、统计学、模糊数学等有关的理论和方法，将分项评定的结果汇总成综合评价结果，是实施阶段的最后一项工作。它要求教育评价的组织者根据汇总的评价结果，对评价对象做出准确、客观、定量或定性的评价结论，形成评价意见。必要时，可对评价对象做出优良程度的区分，或做出是否达到应有标准的结论。

二、评价者和被评价者在实施阶段的心理现象与调控

（一）评价者在实施阶段的心理现象与调控

1. 评价者在实施阶段的心理现象

（1）首因效应。首因效应是指评价者对被评价者最先获得的印象，影响人们对同一人或事物全面了解的心理现象。首因效应有"先入为主"的强烈印象，故又称第一印象效应。在教育评价中，首因效应在一定程度上影响着评价者对评价对象的正确评价。如教师给学生改试卷或作业，两个学生做对的题和做错的题数目相等，其中一个学生开头做对的题目较多，教师有了较好的第一印象，受其影响可能总的评分偏高；另一个学生开头做错的题目较多，教师有了较差的第一印象，受其影响可能总的评分偏低。有时候，一个开始表现不好的学生，教师可能因首因效应而看不见他的点滴进步。首因是个强刺激，但最先出现的事物未必是主要的、本质的，甚至有时还有种种假象，这是评价者在评价初期需要十分注意的问题。

（2）近因效应。近因效应是指最近获得的信息对认知产生的影响。

个体对最近获得的信息会留下新鲜而清晰的印象，其作用往往会冲淡过去所获得的印象。因此，评价者应当注意全面地看问题，不能因为被评价者近期的失误或近期的突出表现影响了对他的正确评价，从而引起前松后紧或前紧后松的偏差。

（3）晕轮效应。晕轮效应又称光环效应，它是指评价者对被评价对象的某些特征具有强烈印象，这种印象会弥散到其他方面，形成总体印象。这是一种十分常见的认知偏差。晕轮效应的特点是以点概面、以偏概全，以表面的知觉代替深入了解和分析。晕轮效应往往出现在对人了解不多、认识肤浅的阶段。它有两种表现：一是以好概差，对印象好的被评价对象爱屋及乌，一俊遮百丑；二是以差概好，俗称扫帚星效应，对印象不好的被评价对象厌恶情绪等。

美国心理学家阿希（Asoch）曾做过这样的实验：先让被试想象具有五种品

格（聪明、勤奋、灵巧、坚定、热情）的人的形象，被试普遍认为这是一位理想而友善的人。再把热情更换成冷酷，其他四种品格不变，被试普遍想象出截然相反的形象。这表明，热情—冷酷这一品格具有强烈的晕轮作用，掩盖了其他品格，决定着人们看待别人的总体印象。

（4）参照效应。参照效应又称对比效应，它是指某些被评价对象的"形象"影响评价者对另一些被评价对象的判断。当不同被评价对象的某一特性形成强烈反差时，参照效应最容易产生。"相形见绌""鹤立鸡群"这两个成语也许是参照效应的妥帖写照。如在评阅试卷（尤其是主观题）时，评阅者以前所批阅的一些试卷的回答均不理想，当阅到一份回答得较好的试卷时，就容易给高分。反之，如果以前所批阅的一些试卷的回答均很满意，当阅到一份回答得稍差的试卷时，给分容易偏低。参照效应使评价者偏离了统一的标准，造成评分忽严忽宽的现象，应当予以纠正。在教师、学校评价中，也同样存在着参照效应。

（5）理想效应。理想效应是指评价者对被评价对象所持有的完美的先期印象，导致对被评价者评价过低的现象，故又称为求全效应。一般而言，"金无足赤，人无完人"，才能越强的人，其缺点也往往越明显。由于评价者先前持有理想化的印象，在实际评价中往往会导致对被评价者的求全责备，被评价者一些不甚重要的缺点也容易引起评价者的心理失衡，做出偏低的评价。理想效应的偏差同样是以个人的预先期望替代了客观、统一的评价标准。在某种意义上说，理想效应是马太效应的对立面。

（6）趋中趋势。趋中趋势是指评价者在评价时避免使用极值，大多取中间的等级，如一般、较好等的现象。产生趋中趋势的原因主要有：评价者唯恐判断失误，影响自己的声望；采用不偏不倚的中庸态度最为保险，谁也不得罪；给予中间等级的评价结论较省事，因为较高或较低的评价结论都要提出比较充分的理由。趋中趋势掩盖了客观存在的差异，使评价失去了实际意义和激励作用。

（7）逻辑错误。逻辑错误是指评价者根据被评价者的某一属性来推断其他无必然联系的属性。逻辑错误的表现在日常生活中也随时可见，如知道某人比较聪明，便推断他富有想象力、机敏、深思熟虑等；了解某人处事较为轻率，就推断他好夸口、急躁、不踏实等。又如认为学术水平高的人教学水平也不差，或认为脾气好的人多半没有主见，等等。逻辑错误是思维定式的结果，用简单的方式看待事物的多样化联系，因此，评价者应当深入了解被评价者各方面的实际表现，而不能凭经验做出想当然的判断结论。

2. 评价者在实施阶段的心理调控

（1）制定统一的操作方法。通过制定统一的操作方法，如制定共同的取样方法、记录格式、记分方法等，避免由于心理压力、外部干扰、取样不公、自然遗忘等原因造成的偏差和不公平。

（2）加强对评价过程的管理和监控。加强对评价过程的管理包括两个方面：一方面要建立健全规章制度，强化对评价的监督机制，加强评价过程各个重要环节的监控。如经常检查评价的进展、讨论重大的倾向性问题，及时了解被评价者的反映，以便使评价心理的调控有组织和制度上的保证；另一方面又要及时了解评价者和被评价者的思想动态、情绪反应，做好积极的疏导和教育工作。在评价过程中采取有针对性的措施，可以预防某些心理误差的出现，即使出现了心理误差也能及时纠正，或制约其影响的范围。

（二）被评价者在实施阶段的心理现象与调控

1. 被评价者在实施阶段的心理现象

（1）自卫心理。自卫心理是指被评价者在被他人评价过程中产生的一种为保护自己免遭外界干扰，力图维持原有平衡状态的心理倾向。自卫心理一般表现为：①反抗。即当听到涉及自身缺点的评价时就心情压抑，企图否认这些缺点，甚至愤慨。②开脱。如编造理由为自己辩解，推卸责任以减轻内疚，文过饰非以维护自尊，甚至弄虚作假等。③回避。如扬长避短、避重就轻、避主观内因推客观外因，甚至借故请假出差脱离评价现场等。这是一种预感评价结论对自己不利而采取的本能行为。④掩盖。如抽象肯定、具体否定、大事化小、小事化了、掩盖弱点等。

（2）应付心理。应付心理是指被评价者不乐意接受评价而表现出的随意应付的不正常评价心理。具体表现为：自我评价马虎草率、计划不周、敷衍了事、拖拉搪塞。被评价者的应付态度容易引起评价人员的不满情绪，或出现疲劳、烦躁现象，影响评价工作的质量。当然，一般说来，由于评价对被评价者具有重要的影响，因此，在现实中，应付心理并不常见。

（3）逆反心理。逆反心理是指被评价者在评价过程中采取对抗或抵制的态度，这是一种反常的现象。一旦出现，评价者应当及时检查自己的工作。事实表明，逆反心理常常是由于评价者独断专行、人际关系紧张、派别活动而引起的。

（4）迎合心理。迎合心理是指被评价者在不正确的思想支配下，为了获得不合实际的好结论而表现出反常的积极配合的心理状态。具体表现为：被评价者的公关意识极为强烈，处处营造积极气氛和外部环境，试图让评价者受到情绪感染，发生移情，做出有利的评价结论。迎合心理在现实中经常可以见到，有时还会形成一种不良的风气，使一些不愿搞花架子的被评价者也不得已而为之。评价者应当引起重视，不要在"迎合"的氛围中放弃原则、偏离方向。

2. 被评价者在实施阶段的心理调控

（1）在评价实施中创造良好的评价气氛。评价实施的环境和气氛对被评价者的情绪和态度会产生直接的影响。因此，在评价中，评价者平等待人、虚怀若谷的行为，与人为善的作风，严谨而实事求是的科学态度，坚持原则、不徇私情、公正客观的立场等都有利于消除被评价者的思想顾虑。此外，评价者与被评价者应当经常进行心理交流，了解被评价者的思想动态，及时而有针对性地纠正可能出现的心理偏差。

（2）采用多种评价形态，控制评价效应。所谓评价效应，就是指通过评价者的目的、动机、需要、价值观等构成评价心理机制及倾向性，与不同的评价方案结合，作用于被评价者时所引起的被评价者的自我意识、情绪状态、意识动机、需要和成就目标、与评价者人际关系的变化等。评价态度和评价方式的结合可以产生多种评价形态，以评价的肯定和否定界限分，可分为正评价和负评价；以评价的态度为主划分，有期望型、激励型、公正型、偏见型、偏激型，等等。在以上评价形态中，显然要摒弃偏见型和偏激型。其他评价形态各有利弊，应予合理安排，以免产生不良的评价效应。

第三节　教育评价结果的处理与反馈阶段

教育评价过程的第三个阶段，是对评价结果进行分析处理和反馈。这一阶段的工作质量和效果直接关系到教育评价功能的发挥，关系到评价目标的达成。这里所说的教育评价结果有两层含义：一是对教育评价对象的各种结论性的意见；二是对实施评价方案情况的总结性意见。结果的分析处理，就是对上述两方面结果的分析处理。同时，这一阶段也要十分注意对评价者和被评价者的心理调控，以使评价功能得以充分发挥，圆满实现评价目的。具体来说，这一阶段包括以下三个环节：

一、评价结果的处理和反馈

（一）评价结果的检验

评价结果的检验，一方面要检查评价程序的每个步骤，视其是否全面、准确地实施了评价方案；另一方面要运用统计检验方法，对评价结果进行检验。

（二）分析诊断问题

为了充分说明评价结果、有效促进被评价者改进工作，还需要对有关资料进行细致分析，并对被评价者的优劣状况进行系统评论，以帮助他们找出存在的问题以及问题的症结所在。

（三）撰写评价报告

评价报告框架一般包括三大部分，即封面、正文和附件。封面提供下列信息，评价方案的题目、评价者的姓名、评价报告接受者的姓名、评价方案实施和完成时间、呈送报告的日期。正文的内容主要有：

（1）概要：对评价报告简要综述，解释为什么要进行评价，并且可列举主要结论和建议；（2）评价方案的背景信息：评价方案是如何产生的，重点叙述评价标准的编制过程及其理论依据；（3）评价方案实施过程的描述：主要叙述评价过程，即搜集信息和处理信息的过程等；（4）结果及结果分析：介绍各种搜集到的、与评价有关的信息，包括数据和记录的事件、证据等，以及处理这些信息所得到的结果；（5）结论与建议：对评价结果进行推断，得出结论，提出建议。

（四）反馈评价结果

反馈评价结果是指把评价结果返回给评价对象和上级有关领导部门，以引导、激励评价对象不断改进、完善自己，同时为领导和领导部门提供决策依据。反馈评价结果的方式有多种，如个别交谈、汇报会、座谈会、书面报告等。评价者可从实际出发，根据不同情况采用适当的方式。在反馈评价结果时，评价者必须实事求是，充分肯定成绩，指出存在的问题，提出改进的建议。通过反馈评价结果，发挥评价的功能。

（五）评价工作的总结

对评价工作本身的总结，是提高评价工作水平与质量的必要步骤和措施。评价工作总结，实质上是对教育评价的再评价，是按照一定标准，对教育评价方案、教育评价结果和获得结果的过程进行分析，从而对教育评价工作做出价值判断。这是对教育评价的科学性、有效性和可行性等进行评价，其作用在于促进教育评价规范化、完善教育评价活动、提高教育评价的科学水平并为今后的教育评价积累经验。评价工作总结还包括对评价工作的计划管理、组织管理、过程管理、质量管理等方面的分析和评价。

（六）建立评价档案

将教育评价过程中的各项文件、计划、方案、数据和总结，立卷建档，并建立教育评价档案管理制度，由专人妥善保管，以备查阅和研究使用。

二、评价者在评价结果处理阶段的心理现象及调控

（一）评价者在评价结果处理阶段的心理现象

1. 类群关系

类群关系是指评价者和被评价者属于同一类别或同一群体，如同行、同事、同学之类的关系。一般来说，由于所处的地位和环境比较接近，评价者和被评价者之间会有较强的相互理解基础。但处理不当的话，也会产生一些心理偏差。一方面，在竞争激烈的情境中，类群关系容易产生相互贬低、吹毛求疵的现象，俗话所说的"同行是冤家"，便是这种偏差的生动写照；另一方面，类群关系也可能产生相互褒扬的现象，即人们常说的"惺惺相惜"。这两种倾向都不能公正、客观地对被评价者做出判断，是评价者必须注意避免的。

2. 亲疏效应

亲疏效应是指评价者与被评价者之间的亲近和疏远的关系影响到评价的客观性。亲疏效应常常因心理相容或相悖而产生，带有较多的情感因素，一般说来，对亲近者或心理相容者容易看到长处，并给予偏高的评价，而对于疏远者或心理相悖者则容易看到缺点，给予偏低的评价。当然，有时评价者为了避嫌，也会采用严于亲而宽于疏的矫枉过正的做法。这种做法可以理解，但不宜提倡。正确的评价应当是实事求是的，既不护短，也能举贤不避亲。

3. 从众行为

从众行为是指个体在规范压力（不合群、标新立异）和信息压力（信息来自他人）下，放弃个人意见，顺从群体的行为。从众行为是个人维护良好的人际关系、避免与群体发生冲突、增强自身安全感的一种手段。其典型表现为：随波逐流，人云亦云。从众行为和服从行为不同，从众行为中自愿成分较多，而服从行为中强制因素较多。

关于从众行为，美国社会心理学家阿希也做过一项典型的实验。他把大学生分成若干个试验组，每组 9 人。其中仅 1 人是真正的被试，其余 8 人为故意做出错误判断的非试验者。实验的过程为：出示两张卡片，卡片 1 画有一条线段，卡片 2 画有三条长短不同的线段，其中只有一条线段与卡片 1 中的线段长度相等，要求被试找出卡片 2 中与卡片 1 中的线段长度相等的那条线段。多次试验的统计结果表明：有 37% 的被试放弃自己的正确判断，而顺从群体的错误判断。这一实验证明了个人在群体压力下会产生从众行为。

研究表明：从众行为的产生主要取决于情境因素和个人因素。情境因素包括：群体内成员所处的地位、群体的气氛、群体的凝聚力、问题的性质等。个人因素包括：智力水平、情绪的稳定性、独立性等。从众行为的普遍存在，对评价者的个人素质提出了较高的要求。评价者既要具有学术水平，又要有良好的心理素质。评价者应善于独立思考，敢于坚持真理，不轻易放弃经过本人深思熟虑的、有事实作为依据的看法。

4. 威望效应

威望效应是指评价小组内有威望者的态度对他人观点的形成所产生的巨大影响。威望效应与从众效应的不同之处在于从众是顺从群体的意见，威望效应则是跟从权威的意见。但两者也有共同之处，即评价者在评价小组内都未能坚持自己的看法，而顺从了他人的观点。由于具有威望者往往是学术方面的权威，或是处于某种领导地位，因此，他们的意见具有一言九鼎的力量。评价是崇尚真理和价值的，评价者应当在自己所掌握的实际材料的基础上做出自己的判断。对不同意见可以展开深入的讨论，应当相信真理和价值在辩论中会逐步明确或澄清。

5. 本位心理

本位心理是指评价者在评价中坚持突出本部门（本专业领域）的利益和价值观，缺乏全局观念的倾向。评价小组常常由各方面代表组成，在选优或进行综合评价时，不同部门的利益冲突就更加突出，各方代表都会自觉或不自觉地强调本部门的重要性或特殊性，坚持己见，互不让步。本位心理不但会影响评价的客观性，甚至还会影响评价小组内部的团结和合作，需要认真克服。

6. 社会刻板印象

社会刻板印象也称为模式效应。它是指对被评价者群体的既有印象，影响到评价者做出正确的判断。这是一种心理定式作用，即评价者头脑中存在着对某一类人的经验性固定印象，将被评价者有意、无意地归入一定的类别，并依据固定的印象进行判断。社会刻板印象的特点是以对群体固有的经验模式去解释特定的事物或现象，用对被评价群体的整体印象替代对个体具体特征的认识和评价。如前所述，教育评价的显著特点之一是针对特定个体的，其判断的结论一般不宜进行推广。社会刻板印象违背了具体情况具体分析的原则，试图以共性来推断个性，从而使评价偏离了实际。

（二）评价者在评价结果处理阶段的心理调控

1. 加强评价结果处理的管理和监督

这一阶段的主要工作是要注意审核验收，做好评价的再评价，同时，提高评价人员的重视程度，自觉进行自我调控，要不断总结经验，不断提高评价质量。

2. 考核评价者，进一步提高评价人员的素质

通过评价实施，对于那些评价水平不高、心理素质不好又不愿改进的评价人员应采取适当的方式予以更换；对于那些故意扰乱评价工作顺利开展的人员要坚决按照有关规定予以严肃查处。

三、被评价者在评价结果处理阶段的心理现象与调控

（一）被评价者在评价结果处理阶段的心理现象

1. 敏感心理行为

敏感心理行为是指被评价者过分看重评价结论而表现出来的处处斤斤计较、患得患失的行为。应当说，关心评价结论是十分正常的心理现象，但关心到事事计较，则无疑已发展成了一种心理偏差。敏感心理行为有各种表现：如对关系到自我形象的名次或累计总分极其敏感，对关系到自己切身利益的因素极其敏感。当评价结果对自身不利时，往往耿耿于怀、纠缠不休。

敏感心理的产生主要来源于被评价者未确立正确的评价观。具有这种心理的被评价者不能把评价当作一次认真总结经验和教训、致力于改进和提高工作的机会，而是着眼于比高低、争名利。对评价结果过分敏感势必忽视对造成结果的原因进行冷静的分析和反思，从而影响了评价功能的发挥。

2. 自慰行为

自慰行为是指被评价者为自己的不佳表现寻找种种理由，进行辩解、开脱，进行自我安慰。这是一种妥协性自我防御的机制。自慰行为主要有两种表现：

（1）"酸葡萄"式自我安慰。被评价者得不到自己所期望的评价结论，就故意贬低所追求目标的价值，甚至公开表明自己并不想得到它。

（2）"甜柠檬"式自我安慰。被评价者对自己所获得的评价结论，内心并不认可，但表面上却表示满意。

3. 推诿责任

推诿责任是指被评价者得到较低的评价结论时，不是从自身的缺点、弱点方面加以分析，而是把责任推给他人，埋怨他人，以减轻自己的焦虑和不安。这是一种文过饰非的行为，是消极的自我防御机制。推诿责任的行为会引起人际矛盾和冲突，评价者必须十分重视。

4. 否定评价

否定评价是指被评价者在得到较低的评价结论时，不是从自身的缺点、弱点方面加以分析，而是怀疑评价不科学，责备评价不公正，对评价的方法、标准、工具、过程、结果等方面持否定性评价。否定评价现象的出现，一般有两种原因：其一是评价工作本身存在失误，其二是被评价者不能正确对待评价结论而做出的过激反应。如属前者，评价者应及时纠正工作失误；如属后者，评价者应当对否定评价者进行严厉的批评和教育。

否定评价是一种极其消极的自我防御机制，被评价者完全根据自己的情绪，对评价持非理智的反抗、抵制和排斥的态度，并有可能发展成为一种逆反心理。

（二）被评价者在评价结果处理阶段的心理调控

1. 结果反馈方式要讲究艺术

教育评价的基本功能是通过评价达到改进工作的目的。因此，评价结果的反馈要讲究艺术。只有被评价者认识到评价结论是客观的、公正的，他们才能心悦诚服地接受评价结论，进而认真总结成功的经验或失败的教训，使今后的工作做得更好。评价者在反馈评价结果时，态度要平等和蔼，采用交换意见的方式进行双向沟通。应当允许被评价者发表不同的看法，甚至进行申述，创造良好的气氛，使被评价者具有参与感。双向沟通能使评价者针对被评价者所反馈的意见、态度，进行及时的解释和疏导，通过摆事实、讲道理，使被评价者逐渐转变情感、态度，从而接受评价结论。对于不同性质的评价结果应当采用不同的反馈方式，如一些共性的结论或倾向性的问题可以采用大会的方式公开报告，而对于一些个性的、较为敏感的评价结果，采取个别反馈方式最为适宜。

事实表明，对不同气质、性格的被评价者采取不同的反馈方式也是一种很有效的做法。如对外向型或理智型的被评价者一般可提供直接而坦率的反馈，指出其主要的优缺点并讲清理由；而对内向型或情绪型的被评价者则需采用曲线反馈方式，要避免急躁、循循善诱。

2. 引导被评价者进行正确的归因

在反馈过程中，评价者还要做好深入细致的思想工作，引导被评价者正确对待评价结果，做出合理的归因，把评价作为改进和提高的重要手段。

美国心理学家韦纳提出的归因理论是值得评价者在工作中借鉴的。归因是指人们对他人或自己的所作所为进行分析、推理或解释其原因的过程。韦纳等人认为，人们在解释成功和失败时经常会归因为四种主要原因：能力、努力、任务难度和机遇（包括各种其他的外部因素）。不同类型的人会对工作的成败做出不同的归因，比如具有内部控制特征的人常常认为，工作的结果主要由自身的因素（能力或努力）所决定，而具有外部控制特征的人则常常认为，工作的结果主要由外界的因素（任务难度或机遇等）所决定。

不同的归因对今后的工作积极性有重要影响。一般说来，追求成功的人常常把成功的原因归因于自己的能力强（内在的稳定因素），把失败的原因归因于自己不努力（内在的不稳定因素——可控制的因素）。

相反，避免失败的人往往把成功的原因归因为运气（外在的不稳定因素）、任务容易（外在的稳定因素），把失败的原因归因为自己的能力差。

研究和实践都表明，应当引导被评价者在归因时，主要从自身找原因，不宜过分强调外在的因素。对于得到不佳评价结论的被评价者，尤其应当引导他们多归因于努力这一可改变的内部因素，以激发其加倍努力的进取心。

第三章 教育评价标准的编制

第一节 编制教育评价标准的依据

由发展性目标评价模式可知，编制评价标准除了要依据教育目标之外，还必须考虑其他方面的因素，如评价对象和条件、与教育评价活动有关人员的愿望、需要和意图以及现有的各种规章制度和科学理论等。只有这样，编制出来的评价标准才是科学、客观和有效的。在此，我们只对教育目标做深入研究。

一、教育目的与目标的区别和联系

目的和目标两个词，在日常用语中通常被交替使用。《现代汉语词典》对"目的"的解释是"想要达到的地点或境地；想要得到的结果"，对"目标"的解释为"想要达到的境地或标准"。两者并无明显的区别。

在教育评价中，目的和目标作为术语，则有着明显的区别。一般说来，目的代表理想的、长期的、抽象的、一般的、笼统的结果，强调方向性，而目标则表示实际的、即时的、具体的、特定的、明确的结果，强调可操作性。

可见，目的和目标两者是互为补充、相辅相成的关系。目的代表着目标的总和及方向，目标则是目的的具体化和实例。需要指出的是，由于存在着总体大于部分之和这一规律，因此，尽管可列举许多目标来表示目的，但举例总无法穷尽目的的全部内涵。因此，较好的做法是先概括地描述目的，再列举具体的目标，把两者有机地结合起来，以免出现"只见树木，不见森林"的偏差。

此外，在教育评价中，人们往往更加重视目标，因为评价需要明确而具体的目标。正如美国学者比安切里所指出的："目的与目标根本不同，你能测量目标，但不能测量目的。一个最后的目的是一种哲学力量……"

二、教育目标与教育活动及教育评价的关系

目标、活动和评价是教育过程的三个重要组成部分，三者的关系是相互作用的双向关系。

具体地说，目标既是教育活动的指南、出发点，又是评价的依据；教育活动既为评价提供了内容样本，又丰富和充实了目标；评价既可以判断目标的正确性、可行性以及实现的程度，也能对教育活动提供反馈，进行有效的控制和改进。

三、教育目标和评价目标

教育目标是评价活动的主要依据。评价是按照特定的目标与标准，对教育行为与教育主、客体所进行的价值判断活动。就这一意义来说，评价是受教育目的（目标）制约的，评价本身并不是目的，它只是实现教育目标的一种手段。另一方面，评价确实也有自身的目的（目标）。评价的根本目的和主要价值是提供信息，促进教育目的（目标）的实现。此外，人们还期望通过评价，发挥其导向、激励、监控等其他重要作用。同时，评价目标中还包括一些规范性评价要求。因此，评价的目标是为评价本身的质量和效能进行评价而设立的，人们可以对照评价自身的目标，了解评价活动是否实现其预定的目标，检验评价活动是否科学、客观、有效。

四、教育目标的结构

教育目标的结构可从两种维度加以描述：一是目标的层次性，二是目标的阶段性。教育目标的这两个维度构成了纵横交错的教育目标结构网络。

（一）目标的层次性

教育目标的层次性构成了横向的目标结构。教育目标可分为由一般到具体的三个层次：教育目的、培养目标、课程或学科教学目标。现分述如下。

1. 教育目的

教育目的是指国家对教育应培养怎样的人（受教育者的质量规格）的总体要求，对所有学校均具有普遍的指导意义。

例如，《中华人民共和国教育法》第五条规定："教育必须为社会主义现代化建设服务，必须与生产劳动相结合，培养德、智、体等方面全面发展的社会主义事业的建设者和接班人。"

1999 年 6 月 13 日颁布的《中共中央国务院关于深化教育改革全面推进素质教育的决定》则进一步指出："实施素质教育，就是全面贯彻党的教育方针，以提高国民素质为根本宗旨，以培养学生的创新精神和实践能力为重点，造就'有理想、有道德、有文化、有纪律'的德、智、体、美等全面发展的社会主义事业建设者和接班人。"

教育目的是我国学校教育的基本目的，具有高度的概括性，它指明了学校教育系统的工作方向，是一切教育活动的出发点和所寻求的预期结果。

2. 培养目标

培养目标是指根据教育目的而制定的各级各类学校的具体培养要求，它与教育目的的关系是普遍与特殊的关系，在统一的教育目的的指导下，突出了对不同层次、不同类型培养对象的特殊要求。

例如，《中华人民共和国义务教育法》第三条规定："义务教育必须贯彻国家的教育方针，实施素质教育，提高教育质量，使适龄儿童、少年在品德、智力、体质等方面全面发展，为培养有理想、有道德、有文化、有纪律的社会主义建设者和接班人奠定基础。"

《中华人民共和国职业教育法》第四条规定："实施职业教育必须贯彻国家教育方针，对受教育者进行思想政治教育和职业道德教育，传授职业知识，培养职业技能，进行职业指导，全面提高受教育者的素质。"

《中华人民共和国高等教育法》第五条规定："高等教育的任务是培养具有

创新精神和实践能力的高级专门人才，发展科学技术文化，促进社会主义现代化建设。"

可见，上述三部不同教育层次和类型的教育法规在培养目标上体现了各自的特点。如《中华人民共和国义务教育法》突出义务教育的基础性，《中华人民共和国职业教育法》强调职业教育的职业性，而《中华人民共和国高等教育法》则更加重视学生的创新精神和实践能力。

近年来，随着素质教育的推行，我国中小学培养目标在坚持全面发展的基础上，更加重视学生的个性发展。

如上海市中小学课程教材改革委员会根据《中华人民共和国教育法》有关规定，提出了中小学培养目标是："对学生进行德、智、体等方面的教育，使他们成为有良好的思想素质、文化科学素质、劳动技能素质和身体心理素质，个性得到健康发展的适应社会主义事业需要的公民。"根据这一基本要求，全日制普通高级中学和全日制九年义务教育的小学和初中又制定了相应的具体培养目标。

3. 课程或学科教学目标

各级各类学校的培养目标要通过实施课程才能实现。一般认为，广义的课程是为实现学校培养目标而选择的教育内容的总和，包括学校所教各门学科和课外活动等。狭义的课程是指学校所教授的具体学科。因此，课程目标是课程要达到的目标，它规定了一定教育阶段的学生在发展品德、智力、体质等方面期望达到的程度。而学科教学目标是特定学科所要达到的目标，它规定了通过学科教学学生应当达到的发展程度。

下面，以上海市义务教育初中阶段思想政治、数学、体育学科目标为例，概括说明我国对初中学生德育、智育、体育三方面的具体要求。

（1）上海市初中思想政治学科的教学目标可概括为：对学生进行公民道德品质教育、公民心理品质教育、公民法律意识教育和公民爱国责任教育，在让学生知道基本的道德和心理品质修养知识、基本的法律规范、我国基本国情和公民的社会责任的基础上，培养热爱集体、热爱社会主义祖国、热爱中国共产党的情感，养成讲究文明、遵纪守法的行为习惯，使学生成为适应社会主义现代化建设的有理想、有道德、有文化、有纪律的合格公民。

（2）上海市义务教育阶段数学学科目标可概括为：使学生掌握适应社会生活、从事社会主义现代化建设和进一步学习所需要的数学基础知识和基本技能。培养学生的思维能力、运算能力、空间观念和解决简单实际问题的能力。初步形成辩证唯物主义观点。形成学好数学的兴趣，逐步培养学生具有良好的学习习惯，实事求是的科学态度，顽强的学习毅力和独立思考、探索创新的精神。培养学生应用数学知识进行简单操作的能力。

（3）上海市义务教育阶段体育与保健学科的教学目标可概括为：增强体质，促进身心全面、协调发展。掌握体育与保健的基础知识、基本技术和基本技能，提高自我锻炼和自我保健的能力。培养体育情感和良好的心理素质，发展个性才能，打好终身体育锻炼的基础。培养爱国主义、集体主义和坚毅顽强、竞争进取等良好的思想意志品质。

可见，学科教学目标最为详尽地体现了使学生品德、智力、体质等方面得到全面发展的具体要求，使国家的教育目的、各级各类学校的培养目标能够落到实处。

教育目标的这种层次结构体现了自上而下、由一般到具体的分解、细化趋势。与之相适应，相应层次的教育评价也逐渐深入、具体。

（二）目标的阶段性

目标的阶段性是指同一层次目标的阶段性要求，构成了纵向性的目标结构。其主要适用于课程或学科教学目标。

阶段可以以学生的学习年限来划分，随着学生学习年限的增加，目标的阶段性要求也不断提高、扩展或者深化。例如，上海市全日制义务教育英语学科课程标准把英语教学分为：小学 3～5 年级、6～9 年级两个阶段。前者是学习英语的准备阶段，着重打好语音、语调和书写的基础；后者则是学习英语的巩固和提高阶段，在加强培养学生听说能力的同时，形成初步的读写能力，并进一步培养良好的学习习惯和学习英语的兴趣。

阶段也可以按教育与教学活动的进程来划分，如分为教育阶段结束时的总结性目标和教育过程中的形成性目标等。一般来说，中小学的特定学科教学都要持续几年。如果以某学科目标作为总结性目标的话，那么学科的学年目标和学期目标都是为学科目标服务的形成性目标。当然，阶段性的划分只有相对的意义。对更为具体的单元教学目标乃至课时教学目标而言，学年目标和学期目标又成了总结性目标。

如果说教育目标的层次性主要反映了社会对各级各类教育的不同要求的话，那么教育目标的阶段性则主要体现了教育具体实施应当依据青少年身心发展的基本规律以及教学过程自身发展的规律。可见，教育目标不仅是实施教育工作的依据，也是开展教育评价的依据。

五、中外学生发展目标的比较

教育目标的研究对教育活动和评价的深入开展具有重要的意义。多年来，国外对教育目标（尤其是学生发展目标）进行了较为深入的研究，并取得了引人注目的成果。为了便于学习与借鉴，在此，首先介绍国外学生发展目标的研究成果，在此基础上再进行简要的比较。

（一）美国的教育目标分类学

从 20 世纪 50 年代至 70 年代，美国学者对教育目标（学生发展目标）的分类问题进行了较为深入的研究，出版了《教育目标分类学认知领域》《教育目标分类学·情感领域》《教育目标分类学·动作技能领域》三本专著，为学生发展目标的分类提供了基本框架，深受世界各国教育界的好评。

为了学习、借鉴国外的研究成果，华东师范大学于 20 世纪 80 年代中期先后翻译出版了这三本专著，对我国的目标研究和学生的评价起了推动和促进作用。

在此，我们对这三个领域的目标分类作以简单的介绍。

1. 认知领域

国外认知领域的目标相当于我国的智育目标，表明学生的智能水平——能够做什么。认知目标分类学是由美国教育家布鲁姆等人提出的。该目标分类学提出了学生智能的发展水平，分为知识与智慧技能两大部分和六个类别。

（1）知识。

第一类知识：又称识记、记忆。该目标是指具体和抽象知识的识记和辨认，即学生能以非常接近学习时的形式，回想起一些观念或现象。

（2）理智能力与理智技能。理智能力与理智技能是指处理材料和问题的条理化的操作方式及一般性技巧。它注重组合和改组材料以达到特定目的的心理过程。理智能力与理智技能由五个目标组成。

第二类领会：指理解或领悟。

第三类运用（应用）：指在特定和具体的情境中使用抽象概念，把概念和原理运用于无特定解决方案的新情境中去。

第四类分析：指把信息分解成各种组成要素或组成部分。

第五类综合：指对各种信息组成要素或组成部分进行加工，把它们改组成一个新的、更富有表现力的、更清晰合理的整体。该目标强调创造性。

第六类评价：指对材料和方法的价值（符合准则的程度）做出定量和定性的判断。

认知领域目标分类学是按照目标的复杂性程度，即由简单到复杂而组织起来的。该分类学的主要特点是：

① 层次性：六个目标具有由低到高的层次关系，即知识目标层次最低，评价目标层次最高。

②累积性：每一层次的目标包含了较低层次目标中的行为，同时又增加了本层次所特有的新的行为要素。比如说，领会目标包含了知识目标的行为，又增加新的行为；而评价目标则包含了其他五类目标的行为。

③超越性：构成各种类别行为基础的认知心理过程，不受年龄与教学类型的限制；在不涉及特定知识时，也不受学科和教材的限制。简言之，这一分类既适用于各个年龄阶段的学生，也适用于各门学科。

布鲁姆的认知目标分类学已经被世界各国广泛运用于课程编制领域，尤其是评价领域，被誉为"现代教育评价的基石"。

2. 情感领域

国外情感领域的目标相当于我国的德育、美育方面的目标，表明学生的意愿——愿意做什么。情感目标分类学是由美国教育家克拉斯沃尔等人提出的。

20世纪80年代以来，各国教育界对情感目标日益重视。人们普遍认为情感的发展是学生全面发展的重要组成部分，忽视情感的教育是不完整的教育。教育应当同时实现身心发展的两大目标。情感目标包括：兴趣、态度、价值观、责任感、意志力、情绪、意向、倾向等，是德育的重要组成部分。

该目标分类学提出了学生情感（兴趣、态度、价值、个性）的发展水平，分为下列五个类别（各类别又包含若干个子类别）：

（1）接受（注意）：学生对某些现象产生兴趣，从消极的不拒绝发展到愿意以至有选择地接受或注意特定的现象与刺激。

（2）反应：学生对某些现象做出反应，从服从性的反应发展到自愿主动以至积极参与并具有满足感。

（3）赋予价值：学生赞赏某种观点，并以此指导行动，属于信念、态度（倾向性）这一范畴，具有一贯性和稳定性。从初步认可发展到主动追求以至信奉，体现个人对指引行为的内部价值的责任感。

（4）组织：学生把各种认可的价值组合成价值体系，价值逐渐抽象化、概念化、有序化，达到动态平衡。属于形成价值观这一范畴。

（5）由价值或价值复合体形成的性格化：学生所持有的价值观已经内化为个体的特征，形成了自己的人生哲学。具有高度的适应性。

情感目标分类学是按照内化的组织原理而构建起来的，即由外向内逐步加深认识，由他律逐步变为自律。

克拉斯沃尔的情感目标分类学已经被世界各国广泛运用于课程编制领域，但由于情感评价较为困难，在评价领域的运用尚处于探索阶段。

3.动作技能领域

动作技能领域也称为心理运动领域，大致相当于我国的体育、美育和劳动技术教育，动作技能目标分类学是由美国两位女学者哈罗和辛普森提出的。

（1）哈罗的分类学。该分类学适用于学前教育、体育、美育、职业技术教育和特殊教育。分为六个层次：

①反射动作：指与生俱来的不随意动作，随成熟而发展。在没有意识的情况下，对某种刺激做出反应时引发的活动。如弯曲、伸展、姿势调整。

②基础（基本）动作：由反射动作的结合而形成的固有动作形式，为复杂技巧动作奠定基础。常在出生后第一年出现。

③知觉能力：对来自各种感觉通道的刺激的解释，为学习者提供顺应所处环境的信息。在所有有意义的动作中都可以观察到知觉能力的结果。

④体能：具有健康、有效发挥作用的身体生理特征；身体各系统正常发挥功能，适应所处环境的要求；体现器官活力的机能特征。适用于学前教育和体育。

⑤技巧动作：通过学习和练习才能掌握的动作任务。学生能有效控制身体各部分，熟练地完成复杂动作任务。适用于艺术（舞蹈）、职教（操作）、体育运动等方面的教学。

⑥有意沟通（非理性交流）：指通过动作来交流感情体验。如体态语言、表演，或通过动作来解释、传递信息，进行动作沟通。

该动作技能目标分类学是根据从简单到复杂的组织原理构建的。前两个目标主要适用于学前和特殊教育，教师可依此评价儿童动作正常发展的情况。知觉能力虽不属动作技能，但却是动作技能产生和发展的必要条件。哈罗把通过动作来交流作为动作技能的最高层次，颇具新意和启发性。

（2）辛普森的分类学。该分类学适用于职业技术教育、体育和美育。

①知觉：学生通过感觉器官觉察客体、质量或关系的过程，是动作的必要条件但非充分条件。

②定势：学生为某种特定的行动或经验而做出的预备性调整或准备状态。

③指导下的反应：学生在教师的指导下，或根据自我评价表现出外显的行为动作。

④机制：学生习得的反应已成为习惯，表现具有一定的信心和熟练程度。

⑤复杂的外显反应：学生掌握了动作技能，动作稳定而有效。

⑥适应：学生能够改变习惯的动作以适应新情境的要求。

⑦创作：学生创造出新的动作和操作方式。主要体现在体育与艺术领域。

该动作技能目标分类学也是根据从简单到复杂的组织原理构建的。辛普森的分类学注重动作技能的不同发展阶段，具有很强的实用价值。

（二）中美学生发展目标分类的比较

把上海市中小学课程教材委员会制定的思想政治、数学、体育与保健学科的教学目标和美国学者提出的认知、情感、动作技能的目标分类对比起来看，可发现中美教育界对目标的分类采用了不同的模式。两者各有所长，体现了各自的文化传统。

概括来说，我国学生发展目标的分类采用横向类别并列式，注重内容和结果，注重不同学科的特性，并综合认知、情感和动作技能三方面的要求。

美国学生发展目标分类采用纵向水平层次式，注重过程、发展阶段和不同的水平层次。分类强调心理性；具有跨学科的特性，有利于培养和评价。不同领域的目标分类分别予以阐述，具有一定的深度。

他山之石，可以攻玉。近年来，我国教育界在教育目标制定的过程中，既保持了我国注重内容的传统，又努力吸取国外的成功经验，逐步把两者结合起来。例如，在认知领域中，把学生的发展水平分为了解、理解、掌握和熟练掌握等；在情感领域中，把学生的发展水平分为接受、兴趣、热爱、形成品格和习惯等；在动作技能领域中，把学生的发展水平分为识别、初步学会、学会、熟练等。

（三）国外认知目标研究的新进展

在教育目标研究领域，布鲁姆的认知目标分类学最受重视，已被翻译成二十多种文字，并成为世界各国测验设计和课程开发的基础。1994 年，美国课程专家安德森等人主编了论文集《布鲁姆教育目标分类学：40 年的回顾》，系统阐述了布鲁姆的认知领域教育目标分类学的重要影响，认为该书"一直是教育测验与评价、课程编制、师范教育研究的重要参考书"。此后，由安德森与克拉斯沃尔牵头，联合了美国多名认知心理学家、课程与教学专家以及测试与评定专家，对布鲁姆的认知目标分类学进行修订，并于 2001 年出版了《学习、教学与评定的分类学——对布鲁姆教育目标分类学的修订》。该著作提出了两维的分类学框架，一维是知识的分类，另一维是认知过程的分类，见下表。

两维的分类学框架

知识维度	认知过程维度					
	1. 记忆	2. 理解	3. 应用	4. 分析	5. 评价	6. 创造
A. 事实性知识						
B. 概念性知识						
C. 程序性知识						
D. 元认知知识						

　　安德森等人的两维分类学框架，从两个方面对布鲁姆的认知目标分类学进行了拓展和修订：一是增加了知识维度并细化为四个目标，其中事实性知识是指为了了解一门学科或解决学科中的一些问题，学生必须知道的基本要素；概念性知识是指结构中基本要素之间的相互关系，使要素能协同发挥作用；程序性知识是指如何做事，探究方法，以及运用技能、算法、技术与方法的准则；而元认知知识是指了解一般的认知以及对自身认知的意识与了解。二是对认知过程维度的目标进行调整，采用更常用的语言命名目标，并调整了目标的层次结构。如把原来的知识改为记忆，把领会改为理解，把综合改为创造，并列为认知过程的最高层次。

　　两维的分类学框架的主要特点是：融入了认知心理学的新近研究成果，注重把学习、教学和评定有机地结合起来。

　　目前，我国基础教育新课程已开始全面实施。新课程在知识与技能、过程与方法、情感态度与价值观方面均提出了新的要求。因此，及时了解、学习和借鉴国外关于教育目标的最新研究成果，对于把握教育评价发展的动态和趋势、深化课程与评价的改革将具有积极的促进作用。

第二节　设计教育评价指标体系的方法

一、指标

指标的一般含义是"计划中规定达到的目标"。在教育评价中，指标是指具体的、行为化的、可测量的或可观察的评价内容，即根据可测或可观察的要求而确定的评价内容，用具体的项目反映抽象的内容。谈到指标，不要以为都是可以量化的，如有些观察的内容并不一定可以量化，因此，指标有定性指标和定量指标之分。对于定量指标，我们在设计时要计算出它的权重，以便更科学和客观地处理评价信息。指标体系就是反映某一评价对象数量和质量要求的指标的集合。

指标的优点是：能反映被评价对象的共同属性，具有规范性和可比性；分解细致，便于测量，也便于定量处理；误差较小，信度较高。

指标的缺点是：设计和编制较为费时耗力；较难反映被评价对象的特点和社会多样化的需要，多次分解可能偏离本质属性，造成效度相对较低。

二、设计教育评价指标体系的程序和技术

（一）教育评价指标体系设计的基本程序

由于我国现行的许多教育评价标准大多采用指标体系的形式，现以指标体系为例，简述其设计的基本程序。

美国学者克龙巴赫提出，指标体系的设计包括发散和收敛两个阶段。

1. 发散阶段

发散阶段的主要任务是分解教育目标，提出详尽的初拟指标。

鉴于评价所依据的教育目标一般比较概括，因此，在拟订相应的评价内容

（指标）时，需进一步分解、细化目标，使之可以观察和测量。

在初拟指标时，一般采用集体讨论的方法，召集有关人员，集思广益，详细列出与目标有关的所有指标，力求完备。这些指标可以来自各个方面：有关人士所关注的问题、以往实践的经验总结、教育与评价文献中的研究发现、专业人员的咨询意见等。

根据目标不同的复杂程度，有些目标可由若干一级指标构成，某些一级指标又可分解为二级指标，甚至细化为三级指标。这些不同层次的指标便构成评价的树状指标体系。

2. 收敛阶段

收敛阶段的主要任务是对初拟的评价指标体系进行适当的归并和筛选。

由于受到时间和人力、物力的限制，一次评价是不可能回答所有问题的。即使各种条件允许，根据庞大的指标体系所收集的信息，也难以有效地分析、处理，更难有效地利用，从而造成教育资源的浪费，因此收敛阶段是必不可少的。收敛的目的是精简指标，使其更能体现目标的本质，以保证评价的有效性；同时，突出评价的重点，使评价具有更强的可行性。

收敛阶段的参与人员应当包括评价的委托人（资助者）、评价信息的听取人（使用者）、管理人员、专家以及与评价有关的其他人员。

对指标的筛选与归并，目前国内学术界大多提倡统计方法与理论论证、专家评判相结合的方式。不少学者提出了归并和筛选指标时应遵循的一些基本原则。

（1）指标应具有重要性。指标的重要性是指能对教育活动产生持久而重要影响的指标。应当删除那些影响不大、枝节性的，甚至可有可无的指标，体现评价的导向作用。

（2）指标应具有独立性。指标的独立性是指同一层次的各条指标不相互重叠，尽量减少冗余。重叠的指标不仅使整个指标体系变得臃肿庞大，而且增大了类似指标的权重。删除那些重叠的指标，不仅有利于提高指标体系的科学性（内部的自洽性），同时也增强了评价的可行性。

（3）指标应反映被评价对象特性的本质属性。指标是被评价对象特性的具体表现，在从目标向指标转换过程中有可能造成失真现象，即指标并不反映目标的本质属性。删除那些不能反映或者偏离目标本质属性的指标，能够提高评价的有效性。此外，指标还应当尽可能体现可观察、可测量的特点。这一特点有助于提高评价的可操作性。

3. 试验修订

在经过筛选、归并，确定了评价的指标体系后，还应当制定相应的判断达成情况的评价基准，选择适当的评价对象进行小范围的试验，并根据试验的结果，对评价的指标体系及评价的基准进行修订。从根本上说，实践才是检验评价指标体系与基准科学性和可行性的最终标准。因此，试验和修订是制定评价指标体系和评价基准过程中必不可少的组成部分。此后，评价指标体系和评价基准才能正式投入使用。

（二）教育评价指标权重的确定

在设计评价方案时，选择正确的评价指标是最为重要的。很难想象，把次要（非本质的、价值不大的）的内容作为指标的评价，会产生积极的作用。尽管如此，权重的确定也具有举足轻重的影响。同样一套指标体系，如赋予不同的权重，评价的结论会大相径庭，这是人所共知的事实。为此，必须研究各种指标的权重确定问题。

权重又称权数，是统计学中的一个术语，通常用 W 表示。权重是指在统计中计算平均数等统计量时，对各个变量具有权衡轻重作用的数值。在教育评价中，权重是指根据各组成要素在整体中的地位重要性和作用大小，所分别赋予的不同数值。权重代表了评价指标的重要性程度。在给指标体系中的各指标分配权重时，应当遵循两条原则：

（1）各指标权重的取值范围为 0 到 1 之间；

（2）各指标权重之和为 1。

如果人们认为指标体系中的各指标具有相同的重要性，便可赋予各指标同样的权重。然而，在实际评价中，人们常常发现，各指标的重要性是有差别的，因此往往赋予各指标不同的权重。可见，指标规定了评价的内容——具有价值的变量，揭示了变量的特性；而权重则进一步界定评价内容的相对重要性，反映了变量价值的大小。

（三）筛选指标和分配权重的常用方法

无论是筛选指标还是给指标分配权重，都需要判断指标的相对重要性，再做出相应的决策。在实践中，人们常常采用专家会议法来筛选指标及分配权重，即邀请一些管理干部、教师（与学生）代表及有关理论工作者，以论证会的方式，共同讨论商定。

专家会议法有利于集思广益、相互启发，克服了由少数人决策的片面性。但其缺点也是显而易见的，如容易受权威和多数人意见的影响，不愿当面发表或修改自己的意见，会议时间短，对一些有意见分歧的问题或复杂的问题讨论不够深入等。此外，专家会议法主要是一种协商的方法，其结论较难进行定量处理。

20 世纪 50 年代以来，研究工作者开发出许多筛选指标和分配权重的好方法。在此，介绍几种最常用的方法。

1. 特尔斐法

该方法是 20 世纪 50 年代美国兰德公司赫尔默开发的一种专家咨询法。其特点是以匿名的方式，向专家们分发咨询表征求意见。经咨询组织者的统计整理后，将汇总情况反馈给专家，再次征求意见。经多次反复后，使专家意见逐步趋向收敛，最后达成基本统一。

分配权重所用的咨询表，一般列出已确定的若干指标，请专家就其重要性发表看法。指标的重要性程度可分为很重要、重要、一般三种。为了缩短咨询的时间，有时也可请专家直接判断咨询表中提出的各项指标的相对重要性，同时完成指标的筛选和权重分配工作。此时，重要性程度应当细化，如分为很重要、重要、一般、不太重要、不重要五种。

与常用的专家会议法相比，特尔斐法的优点表现为：采用向局外专家咨询的形式，从而减少了内部人员因有切身利害关系可能带来的偏差；"背对背"的通讯咨询方式，可以免除权威人士的威望影响与其他干扰；专家咨询的面更广，权威性也趋于更高；有控制的多次反馈，对问题的探讨较为深入，使意见逐步趋向一致；咨询的结论便于定量处理。总体上说，特尔斐法是一种比较科学、客观的方法，目前在国内外都得到广泛的采用。

2. 关键特征调查法

关键特征调查法与特尔斐法很相似，主要的区别在于它调查的样本更大，调查的对象也不限于专家；调查的过程相对简单，一次完成，一般不进行多次反复。关键特征调查法的结论的权威性不如特尔斐法，但具有更广泛的群众基础和民主性，方法的实施也更加简便易行。因此，关键特征调查法可作为特尔斐法的补充和验证。

3. 层次分析法（AHP 法）

这种方法是美国学者萨蒂首先引进教育评价领域的。基本方法是要求有关人员对同一层次的评价准则进行两两比较，区分出各项准则影响目标实现的相对重要程度，构成数值化的判断矩阵（见表 1、2）。经运算排序后，求得各准则的权重。该方法采用比较严格而复杂的数学处理方式，较为精确。

表 1　萨蒂的指标相对重要性比较表

指标的相对重要程度	指标相对重要程度的赋值
同等重要	1
略微重要	3
重　要	5
重要得多	7
极端重要	9

注：在折中时可取两个相邻程度的中间值，即取 2、4、6、8。

表 2　指标重要程度比较示例

	B1	B2	B3
B1	1	3	5
B2	1/3	1	3
B3	1/5	1/3	1

表 2 表明，指标 B1 比 B2 略微重要，赋值为 3（B2 与 B1 比，赋值便为 1／3，下同）；指标 B1 比 B3 重要，赋值为 5；指标 B2 比 B3 略微重要，赋值为 3。全部指标两两比较完毕后，便获得一个判断矩阵。该矩阵的特点是：对角线上的数值均为 1（指标与自身相比，同等重要）；对角线两边的数值互为倒数。对该

判断矩阵进行运算，便可求出各指标的权重。[详细的运算过程可参阅：吴钢.

现代教育评价基础（修订版）.上海：学林出版社,2004：139 ~ 142]

（四）确定评价指标和权重时应注意的几个问题

评价的实践表明，要提高评价的实效，确定评价指标和权重是关键。而在确定评价指标和权重时应当考虑以下几个问题：

1.指标的制定应力求简约，提高其可行性和科学性

评价的指标体系过于庞杂、烦琐是目前评价中存在的主要问题之一。庞杂的指标体系看似十分全面、完备，但缺乏实际的可行性。由于时间和条件等限制，常常出现对有些指标的评价敷衍了事、走过场的现象，严重影响了评价的实效性。

从更深的层次看，烦琐的指标反映了评价者对被评价对象特征的认识尚不深刻，不能抓住最本质的内容，只是简单罗列出所有有关的方面。因此，在确定评价指标时，应根据试行的结果对预订的指标逐项进行精心地筛选，只保留最本质的指标。经过实践验证并精简的指标体系不但提高了评价的可行性，同时也增强了评价的科学性。

2.权重的确定应当力求科学，并需要得到实证性资料的支持

在确定权重时，人们经常依据以往的经验、通过专家论证等方法使之尽可能科学、合理。尽管如此，权重的合理与否仍需要得到实证性资料的支持。在实践中，往往有这样的现象，按照预定的指标和权重进行综合评价时，所得出的评价结论与被评价对象的实际表现并不符合。出现这种现象时，评价者应当仔细分析原因，彻查权重是否合理。如发现是权重分配不当，便可对权重进行微调。较为简便的方法是设置几套权重系统，分别计算，得出各自的综合评价结果。对几套综合结果进行比较，从中挑选一套总体上最符合实际的权重系统。

3.指标和权重都应不断修订、不断完善

实践是检验真理的唯一标准，指标和权重的确定是否合理，应在实践中得到验证，并根据实践的结果不断修正和完善。同时，人们对教育规律的认识和掌握是不断深入的，指标和权重的合理性总是相对的，会因时因地发生变化。因此，在保持评价指标和权重相对稳定的前提下，应当每隔一定时间对评价的指标和权重进行修订，使评价更符合实际，发挥积极的促进作用。试图一次就制定出完美的、适用于不同时空的对象的评价方案的想法是形而上学、不切合实际的。

第三节　教育评价基准的制定

一、教育评价基准

在教育评价中，基准主要用来表示被评价对象达到什么程度才是合乎基本要求的，基准往往是区分被评价对象不同表现水平的临界点。基准是区分被评价对象不同表现水平的临界点。

一般说来，基准可以是一种，即区分合格或不合格的最低基准；也可以是多种，即在合格水平上再进行区分。在教育评价中，为了实现评价的导向、鉴定和改进等功能，常常需要采用多种基准。基准可以用定量数据表示，如十分制、百分制等；也可以用文字等级（优、良、合格、不合格）或字母等级（A、B、C、D 等）表示。不管基准采用分数还是等级，都需要以具体的文字描述相应分数或等级的典型表现，否则判断就会受到评价者主观因素的影响。例如，有些地区在评价学校办学思想时，对判断优等学校和合格学校的基准做出如下的具体描述。（见表 1）

从表中可见，优等与合格学校的基准在内容覆盖上基本相同，但表现的程度有明显差别。由于不同等级基准的文字描述主要靠限定语来加以区分，因此，在实践中，人们往往只确定优等与合格两类基准，以解决过多等级不易精确描述的困难，简便而可行。介于优等和合格基准之间的学校可评为良好，而低于合格基准的学校则被评为不合格。如要进行量化处理，不同的等级还可赋予相应的分值区间，如优等为 91~100 分，良好为 70~89 分，合格为 60~69 分，低于 60 分为不合格。得分相同等级的学校，可视其具体表现在区间内做适当的微调。

表 1　学校办学思想判断的基准描述

优等基准	合格基准
坚持社会主义办学方向，依法治校，全面贯彻教育方针，面向全体学生，积极创造条件，实施素质教育，促使学生生动、活泼、主动地发展；制订 3~5 年学校发展规划，目标明确，有 3~5 年学校发展规划，有目标；切合校情；学年计划体现规划的分步实施，目标具体，措施落实，形成全校目标管理体系	坚持社会主义办学方向，依法治校，贯彻教育方针，面向全体学生，能创造条件，努力做好由应试教育向素质教育转轨工作，有措施，有成效，促使学生生动、活泼、主动地发展；学年计划基本体现规划的分步实施，学校尚能实施目标管理

二、教育评价基准的种类及其特点

教育评价基准一般可分为三类。

(一) 相对基准

相对基准是根据特定参照组的表现制定判断的基准。该参照组一般从被评价对象总体中选取，有时也可采用外部的参照组（常模）。评价时把各被评价对象与该相对基准进行比较，从而确定个体在群体中的相对位置。在评比和择优时，相对基准最为常用。

(二) 绝对基准

绝对基准是根据特定的目标和准则制定的判断基准，一般不受被评价对象总体实际水平的限制。个体只与绝对基准相比较，不进行个体间的相互比较。绝对基准最适用于合格性和达标性评价。如国家颁布的《国家体育锻炼标准》、高等教育自学考试的有关规定等就是典型的绝对基准。

(三) 个体内部差异及发展变化基准

个体内部差异及发展变化基准是以个体的特定表现作为判断的基准，即进行自我比较。这类基准可分为横向和纵向两种。横向基准用于对个体的同期诸侧面进行比较性评价——个体内差异评价；纵向基准用于对个体的发展情况进行今昔对比的评价——个体发展变化评价。个体内部差异及发展变化基准在理论上适用于所有个体，在实际评价中常常用于对后进个体的评价。因为无论是采用相对基准，还是绝对基准，后进个体在评价中常常都只能得到较差的等级，自信心严重受挫；而进行自我比较能使后进个体看到自己的进步或值得肯定的方面，从而激发自信心。

三、教育评价基准的选择

相对评价是把个体的表现与他人的表现进行比较，他人表现的好坏会影响到对特定个体的评价；绝对评价是把个体的表现与预定的要求进行比较，他人表现的好坏并不影响对特定个体的评价；个体内部差异及发展变化评价是个体进行自我比较，他人表现的好坏与预定的要求均不影响对特定个体的评价。应当说这三种基准各有其利弊，较好的做法是根据不同的评价目的和对象选择最适当的评价基准，或适当加以有针对性的组合。同时还应当指出，相对评价与绝对评价之间的区分是相对的。一般说来，绝对基准往往建立在相对基准的基础上。例如，《国家体育锻炼标准》是一种绝对基准，但在制定标准时，必须考虑到各级在校学生不同年龄组（包括性别）实际所能达到的水平（常模），而决不会根据运动员的水平来指导制定绝对基准。但是，绝对基准一旦制定，就按照这些基准来判定个人的达标水平，而不再考虑其在群体中的相对位置。

第四章 当代教育评价改革概述

第一节 当代教育评价改革动因与原则

教育评价改革是多种因素作用的结果，它既表现为教育评价主动地寻求自身合理性的愿望，也表现为被动地接受"改造"的要求。同样，要取得改革的成功，教育评价就必须考虑这些多因素的影响，在改革观念、手段和措施上遵循一定的原则。唯此，才能"对症下药"，求得切应。

一、当代教育评价改革的动因

当代教育评价改革的原因是多层面的，既表现为理论思维的不断推进，也表现为现实问题的不断涌出。它们从教育评价内在的自我诉求和外在的协同要求两个方面构成了当代教育评价改革的主要动因。

（一）理论思维转变影响教育评价的内在诉求

教育评价改革从问题提出到政策设想再到实践深入，是与理论思维的转变分不开的。理论思维转变为教育评价提供了新的观念、视角和方法，从各个方面影响着教育评价内在的自我诉求。

从常规反思（rethinking）到创新反思（unthinking）的跳跃为直面教育评价的现实问题提供了思维的武器和力量。任何一项改革的兴起都源于个体或组织的批判、反思禀赋。这种禀赋可能表现为对理论的反思，也可能表现为对实践的反思，更普遍的情况则表现为对理论与实践的双重反思。反思有两种形式，一是常规反思，一是创新反思。真正的改革来源于创新反思的力量；那些源于常规反思的"改革"则与保守的"改良"更为亲近。摆脱因循守旧困扰的创新思维使我们认识到，教育评价改革关注的不应只是方法论的问题，而是本体论的问题；不应只是对过去评价框架的修修补补，而是一次全面性的整体推进；改革也不再是教育"圈内"的事情，而是全社会的参与。

从简单思维到复杂思维的过渡改变了人们原有的评价观念。简单思维习惯于用普遍的、还原性的、孤立的、线性的、量化的、主客两分的态度认识事物。而复杂思维则强调局部性和特殊性的补充和不可分离原则；承认和融入时间的不可逆性，使历史和事件参与到说明和解释中去；提倡把对部分的认识和整体的认识连接起来；认为在自组织的内—外因果关联中有着各种非线性因素的影响；坚信量化和形式化的描述是不能全面确认存在物和活动的范畴的；主张建立关于主体的科学理论。复杂思维的原则使我们认识到：教育评价要关注评价的个别性、适应性、情境和历史的相关性，要用整体的思维来考虑和认识评价的方式和效果，要注意评价过程中个别因素的作用，要认识到定量评价的限度与质性评价的作用，要将评价对象共同纳入到评价的活动中来，发挥自我评价的效用。

从实证性思维到生成性思维的转变为教育评价提供了新的方法。实证主义注意研究的客观性和直接的经验收集，认为"研究"是通过科学的、证实的手段发现问题、解决问题的活动。它以自然科学为自己的榜样，在研究中追求"量"的具体化和客观化，不考虑研究对象的因素。因而，这种强调外在描述和解释的方法不能深入了解事物背后掩藏的故事。与此相反，建构主义则着重于理解和解释参与研究的各方对现实的共同塑造，认为"研究"是一个参与构建的过程。相应地，在研究中，建构主义多采用质性的研究方法。传统的实证化的教育评价注重对学生的行为表现的量化评价，这种量化不能全面合理地描述学生，同时还使学生经常处于被观察的地位。建构主义则认为个体的成长是自我生成的过程，评价必须突出过程性，选用一种质化的、解释性的方法。

从"以范式为主"到"以问题为主"的思维转向为教育评价理论研究提供

了正确的目标定向。多元的理论范式为教育评价提供了多维的审视角度，同时也表露出理论渴望走入实践的愿望。不同理论的出现，不仅仅是文字演绎的结果，更是理论对于评价实践问题的回应。这种以问题为主的思维转向表明：教育评价理论的生命来自于鲜活的实践，它需要从实践中获得研究的问题域，需要在实践中调整研究的角度，需要在实践中不断反观自身，理论的目的是为了促进行动，而不仅仅是改善理论。问题主义式的思维使教育评价理论在目标定位上，更加关注实践，关注问题，因此也更加注重针对性、操作性和实效性。

（二）现实的问题要求教育评价做出改革

任何改革都可以理解为是一个问题解决的过程，这种问题可能是现存的，也可能是在可预见的未来即将发生的。改革恰如一次手术，是为了解决出现或隐藏在教育评价中的各种顽疾，从而促进教育评价与教育的良性成长与发展。

人类社会发展到新的世纪，关于人的理念、教育的理想、生活的意味、成长的含义及发展的内蕴等方面的认识都发生了巨大的变化。而现行的教育评价在事实上仍驻留在传统的陈旧认识中，以一种格格不入的态势规范着教育活动中的个体和组织。这导致了教育评价活动的种种问题，包括学生评价、教师评价、学校评价等方面内容。这些问题成了教育发展的束缚，催生了不良的观念和行为，要扭转困境、消除问题就需要通过改革为我们提供新的观念、标准和方法。

（三）其他教育改革要求教育评价的呼应

与特定的改革相伴随的必是一连串的其他改革。或者作为其他改革的原因，或者作为其他改革的结果，教育评价改革在某种程度上是对其他教育改革做出的回应。

1.素质教育改革的推进要求教育评价进行改革

素质教育改革本身可以被看作是新教育评价观念下对教育内容与形式的新安排。一方面，评价改革可以作为素质教育改革的一个部分；另一方面，素质教育改革本身也需要外在的评价对其进行引导。所谓的素质教育，不管其在形式和内容上进行多大的革新，如果对于学生的评价仍只是对学业、文凭的关注，而不是注重知识、能力及德性等因素的全面培养的话，它将仍旧是应试教育的变种。可以说，素质教育与应试教育的根本区别正是评价体系的差异。应试教育是以考试为目标的并以分数作为衡量教育质量的标准，而相对忽视了教育的发展性、创造性和持续性诉求。这种教育评价体系往往重视"评"，而不重视"价"；重视评价如分数、规范遵守等表层的东西，而不去挖掘深藏于"分数、行为"之后的意义与价值。要扭转"高分低能""学历至上"等片面发展的现象就需要采用新的评价标准。为了真正实现素质教育的承诺，教育评价不仅要关注学生的现在状况，也要关注今后的发展趋向；不仅要注意认知水平的提升，也要注意情感意识的塑造；不仅要考虑社会的要求，也要体谅学生自己的意愿。唯有从评价标准上确立一套对于教育活动中各主体的成长具有意义的内容，才有可能使目前的基础教育跳出应试教育的怪圈，素质教育的实现也才有可能取得突破性进展。

2. 新课程改革的推进要求教育评价做出改革

《基础教育课程改革纲要（试行）》关于课程改革目标的规定中明确提出："要改变课程评价过分强调甄别与选拔的功能，发挥评价促进学生发展、教师提高和改进教学实践的功能。"由于教育评价对学校教育具有导向、激励、控制、调节、诊断、评定等功能，在某种意义上可以说，能否建立起一套适合新课程改革基本理念的教育评价制度是关系课程改革能否沿着预定的方向稳步发展、稳步推进并获得收效的关键因素。因此，为了保证新课程改革的顺利施行，必须改变决策者、领导者、教师、学生、家长及社会思想中原有的关于教育评价的旧观念，必须在实践中推行一套新的评价内容体系，掀起一场教育评价改革的运动，为新课程改革保驾护航。

3. 教育体制改革的推进要求教育评价做出改革

社会转型过程中的教育体制为了适应新的形势，在追求自我创新的过程中不断地进行着新的调整。它同样要求教育评价也必须做出新的协同，唯此才能保证教育体制改革能够沿着正确的道路行进，并不断巩固教育体制改革的成果。当前，教育体制的改革主要包括：理顺政府与社会的关系，调整所有权与办学权的关系，明晰政府与学校的角色，完善政府的教育职能，创建、规范完善的教育市场体系，等等。这些都要求教育评价做出相应的改革，如以"小政府，大社会"为基准的评价会对政府的行为进行规范，促进新的政府与社会关系的生成；对民办教育的合理定位与评价，有利于明确学校的所有权与办学权；有关学校评价的主体与标准的改革，可以更好地对政府与学校的角色进行界定，等等。可见，一方面教育体制改革内含了教育评价改革；另一方面教育评价改革作为"线索与标尺"也很好地引导着教育体制改革的路向。教育体制改革的推进，离不开教育评价制度的改革。

二、当代教育评价改革的原则

原则是思想、言论和行动所依据的法则和标准，是主观与客观的统一，是活动展开的向导。教育评价改革需要遵循一定的原则，这既为教育评价改革的推进提供了思想指导，也为考察一种新的评价活动是否合理、有效提供了评判标准。具体来说，教育评价改革中要遵循以下原则：

（一）评价改革理论或政策要强化自身的合理性诉求

任何理论或政策的合理性既表现在产生过程中的"共同参与"，也表现为产生之后的"自身反思"。教育评价自身可能是"真"的，也可能是"假"的；其功能可能是"正"的，也可能是"负"的。在产生过程中，为了"去伪存真""趋正避负"，就需要强调一种全面参与和共同建构的精神。这种共同参与又包括学科理论与参与者两个方面。在学科上，要注重从其他学科获取资源。这使得改革者能对改革环境有总体性的认识，从而可以避免教育评价改革的片面化，从整体层面推进改革。在参与者方面，要给不同价值操持者以"发言"的机会。强调对话与交流，而不是压制和低贬。要认识到每种价值要求的合理之处，唯此才能在转型时期的多元价值交汇中兼顾大多数人的利益。此外，在改革理论或政策形成之后，还要时刻注意对自身进行反思与批判。改革理论或政策的完善是一段没有尽头的路，只能依靠不断的自我反思或他者批判来保持合理性的存在。

（二）评价改革要面向实践，深入实践

真正的改革不是理论的宣扬或政策的制定，它需要的是对实践的"介入"。改革最重要的部分是实践机制的建立，必须将改革的理念化为具体的行

动。严谨的文本和政策如果不能融入实践，就只能成为无用的摆设。教育评价改革面向的应是鲜活的教育现实、教育活动中的人以及人的关系，而不是仅仅面向理论研究者和决策者。理论只是提出了问题，而问题的解决则依赖于切实的行动。况且，改革理论本身是否正确还需要在实践中经历检验。

教育评价改革要深入实践可从以下几个方面入手：一是建立网络齐全、联系紧密的全国教育评价体系。从制度结构上加以落实，保证教育评价改革有相应的实施机构、监督机构和组成人员。二是要在全国范围内实行教育评价培训，这是保证教育评价改革的精神能够切实被教育实践者掌握的保证。只有实践者理解了改革的真义，才能在行动中很好地加以落实。同时，培训最主要的目的是要给实践者传授实用合理的评价方法，使他们既可以有章可循，又知道如何去做。三是要为教育评价改革配置相应的经费。改革活动需要成本，实践的探索过程更需要我们有付出代价的准备，而这首先便是经济上的花销。没有经费作为保障，教育评价改革活动是会受到限制的。

（三）教育评价改革要与其他社会改革及教育改革协调一致

教育评价改革与社会和教育等其他方面的改革有紧密的联系。一方面，教育评价改革可能是作为整体教育改革的一部分，可能是对社会改革影响的主动适应行为；另一方面，教育评价改革作为干扰变量，又可能对其他社会、教育改革的推进产生重大的影响。教育评价改革必须与其他教育改革取得协调才能顺利地被大众接受，在实践中推行。

这种协调可以从价值、事实、逻辑三个层面进行理解。在价值层面上，要考虑教育评价改革与其他改革之间"应该"保持着什么样的关系，比如是教育评价改革与社会经济改革保持趋同，还是保持自身的独立性。这里便存在价值取向与价值协调的问题。经济部门更看重效益原则，而相对忽视教育评价中的价值诉求。教育评价在改革过程中必须给自己一个合理的价值定位，再根据这样的定位处理与他者的关系。在事实层面上，要了解当前的教育评价改革与其他改革"实际"上是什么样子的。对于事实的把握是做出协调的前提，比如要了解当前教育评价改革与新课程改革的关系，就要从实际中调查教育评价改革是适应了新课程的实施，还是妨碍了新课程的实施。在逻辑层面上，要了解教育评价改革与其他改革"可能"是什么样子的，这包括两方面的意义：一是指对未出台的改革做预测，预想新的评价体系可能与其他改革发生怎样的关系；二是指对已经出台的教育评价改革措施在未来的践行中与其他改革的关系会作何种推演。

第二节　学生评价改革

学生评价是对学生学习进展与行为变化的评价，是学校教育评价的核心。现行的学生评价在评价理念、方法、标准、内容等方面违背了促进学生发展的初衷，与素质教育、新课程的推进发生着摩擦。要保证各项教育改革的顺利推进，要真正履行教育"为了每位学生的全面发展"的承诺，就必须改革现行的学生评价体系。

一、现行学生评价制度审视

20 世纪 80 年代，我国基础教育在学生评价方面进行了一系列的改革和尝试，提出了形成性评价、综合学力考察、取消百分制、质量综合评价、学生单项指标评价等许多评价的思路和方法，但由于这些探索大多是浅层的、微观的和零散的尝试，并没能使学生评价产生根本性的变化，评价中仍存在很多问题。

第一是学生评价标准的一元思维。主导的教育价值取向影响着评价标准的确立。当前，素质教育虽已在人们心中形成了一定的概念，但在实践中实行的仍是应试教育的思想。这导致学生评价虽在理论上不断呼唤"多元"标准，但能真正落到实处的还不多，以"知识掌握程度"为评价标准仍是现实教育生活中的主导趋向。所谓的学生评价也就是以学习成绩为核心，为每个学生制订统一的发展计划。一元的评价思维，忽视了学生存在的个体差异，抹杀了学生不同的兴趣爱好，也背离了学生多样化、自由化、自主性的发展要求，不能关照到价值的多元诉求，导致学生评价的僵化与片面。

第二是学生评价过程的封闭思维。现时的学生评价往往是对结果的评定，而缺少对过程的监控。封闭的评价用绝对的标准来考查学生，不能关注到学生学习和发展的过程，忽视真实、有效地记录表明学生发展过程的资料，并不能及时将这些资料呈现并反馈给学生，也不能不断对学生的表现进行纵向比较。从而，评价不能提出学生应该努力的方向和具体的改进建议、使学生通过外在的评价了解自己的成长与发展。封闭性的学生评价以"短浅的目光"将评价限于学生的学校生活、学习生活中，不能反映学生生活世界的开放性和动态性。

第三是学生评价主体性的虚假化。在"应试教育"的主导思维还没有被扭转的当下，学生评价仍是"自上而下"的活动。决策者和教师掌握着评价的主动权。他们的偏好决定了评价的理念、标准、方法及内容等各个方面。学生是处于权力最下方的群体，基本没有"发声"的空间与机会。所谓的"主动性"和"自主性"也是主动、自主地"接受"。只有"接受"而没有"选择"的主体性，其实是一种伪主体性。它表面宣扬着主体性的发挥与调动，实质上却在暗暗消解着主体自主评价与评价他人的能力和意愿。真正的学生评价主体性的发挥要求评价各方摒弃知识、权威与等级意识，给学生真正的选择空间。

第四是学生评价内容的片面性。总体而言，近几年随着素质教育和新课程改革的深入，我国学生评价研究对内容的认识呈现逐步扩大的趋势，但由于理论创新自身存在的问题以及理论创新与实践落实之间的时滞因素，现实的学生评价内容仍存在片面化的局限。表现为以知识评价为主，而漠视诸如学习过程和方法，学科素养、基本的科学精神和科学态度，收集信息、分析信息、发现问题、解决问题的能力，探究精神与创新能力，与他人的交流与合作，团队精神和责任感，健康的体魄和良好的心理素质等内容的关照。

第五是学生评价功能的偏向性。当前学生评价强调的仍然是"区分、甄别、选拔"功能的发挥。考虑到资源稀缺带来的升学竞争和就业压力，把"选拔"作为一种权宜之计对现实进行协调有其合理之处，而目前的问题是存在把"选拔"绝对化、普遍化的现象。学生为了能够在激烈的选拔中脱颖而出，不得不放弃许多其他的需要，把自己变成一架考试的机器。选拔还人为地为学生进行标定，通过选拔的是成功者，没有通过的则是失败者，时间久了便会强化学生偏颇的自我认识和自我发展的错误定位。

第六是学生评价方法的单一性。学生评价的产生以科技发展为其宏观背景，这使得学生评价自其诞生起便以科学所崇拜的客观、量化为其标志。随着评价内容的综合化，以量化的方式描述、评定一个人的发展状况时则表现出僵化、简单化和表面化的特点，学生发展的生动活泼和丰富性、学生的个性特点、学生的努力和进步都被泯灭在一组组抽象的数据之中。量化的评价把学生复杂的个体特征以及复杂的学习生活简单化，忽视或丢失了学生教育教学过程中存在的价值和意义。

二、学生评价制度改革内容

传统的学生评价从各个方面呈现出自身的缺陷与不足，对它的改革将是一个多要素整体推进的过程。改革的目的是期望通过树立合理评价观念，选用合乎学生全面发展的内容，采取多样的方法来形成一种发展性的学生评价。

（一）树立合理的学生评价观念

要构建合理的学生评价制度，首先就需要从传统的封闭、片面、局部、功利等评价思维方式中跳脱出来，树立一种全新的、开放的、整体的、全局的、具有价值追求的学生评价观念。这也是建立新的评价标准、使用新的评价方法、开拓新的评价领域的前提。

1. 要确立发展性评价观

突出评价的发展性功能是学生评价的核心。《基础教育课程改革纲要（施行）》指出，评价改革的目标是"改变课程评价过分强调甄别与选拔的功能，发挥评价促进学生发展、教师发展和改进教学实践的功能"。这表明，在新时期的学生评价要将"发展"作为主要的行动指向和评估标准。发展性的评价观不再只是检查学生知识、技能的情况，更要关注学生掌握知识、技能的过程和方法，学生学习过程中的情感态度与价值观念的形成情况，以及这些知识、技能和情感能否保证学生的持续、健康发展。评价所要思考的不再是如何对学生加以识别与标定，而是要思考如何对学生产生激励作用；不是注重学生是否达到了规定的要求，而是更注重学生与自己以前的水平相比是否有了成长和进步。评价只是一种手段，它的目的是通过问题发现帮助学生分析现实的状况及可能的发展路向，指导学生改进学习计划与方式，最终促进他们的发展。学生的发展是评价的旨归和服务对象，而不是让学生的发展为评价的框架服务。

2. 要强调过程性评价观

传统的教育评价注重学生获得怎样的答案，而不是怎样获得答案。这样，学生获得答案的推理过程、思考性质、证据运用及假设形成等因素都被摈弃于评价视野之外。过程性评价则能深入到学生发展的进程中，及时地、动态地了解学生在发展中遇到的问题、困惑与收获，从而可以对学生的良性发展和持续进步实施有效的、适时的指导。与那种把学生的学业成绩从整体教育价值追求中、从学生完整的学校生活中、从课程中分离出来的做法不同，过程性评价使学生回到完整的、丰富的学习生活过程中，保证了评价的合理性和科学性。它能有效地帮助学生形成正确的学习态度、良好的学习情感、科学的探索精神，真正实现"知识与技能""过程与方法""情感与价值"的整合与统一，促进学生的全面发展。它也把学生在课程开发、实施以及教学运行过程中的全部情况都纳入评价的范围，强调评价者与具体评价情境的互动作用，并且承认评价是一种价值判断的过程，充分体现了对学生主体性与创造性的尊重。

3. 要倡导参与性评价观

传统的学生评价往往把学生排除在评价活动之外，评价者是评价活动的当然主体，学生处于完全被动的地位，无法在评价中维护自己的利益、阐释自己的见解。这造成了评价活动中的主客体两分，否定了自我评价的地位和作用，使得学生评价容易走入偏颇。教育评价参与观将评价活动看成是评价者与被评价者、教师与学生共同建构意义的过程。评价是价值判断的过程，且这种价值是多元的。在评价情境中，不论评价者还是被评价者，不论是教师还是学生，都是平等的主体。学生作为课程与教学情境的"内部人员"，在评价中具有主体性，而不是被动的，供"外部人员"评价的对象。参与性评价观展现出一种"解放"精神，倡导对评价情境的理解而不是控制，以人的自由与解放作为评价的原则。评价变成了主动参与、自我反思、自我觉悟、自我教育、自我学习的过程。评价者与被评价者、教师与学生在评价过程中是"交互主体"的关系，评价过程是一种民主参与、协商和交往的过程，管理者、教师与学生共同承担促进学生成长与发展的职责。

4.要操持评价情境观

传统的教育评价用孤立的问题和测验来评判学生，割裂了学生学业成绩、学习表现和生活情境的关系。从而造成这样的评价结果在未来生活中表现出很少的预见价值，学生根本不能根据评价来合理确定自己的发展方向。教育评价情境观建立在建构主义的基础上，承认现实是一种社会、文化、个体相互之间的共同建构。它要求评价标准的设计要具有真实性和情境性，以便使学生形成对现实生活的领悟能力、理解能力和创造能力，使评价者能从学生的实际情况出发进行合理、客观的评价，而不至用先验的标准扭曲对个性发展的理解。

5.要树立评价伦理观

传统的教育评价由于过于强调评价的科学性、客观性与标准性，而忽视了对教育生活、生活中的人及人的关系的关照。具有生命的教育评价对象被视为物的存在和或外在的客体，忘记了教育评价中人的属性和价值，背弃了教育评价对学生的独立性、自主性与能动性的尊重的承诺。对评价手段的过分追求造成了对评价目标的压抑。最终，手段替代的目标，价值的追求被工具理性的思维所淹没。因此，在教育评价改革中要为评价注入应有的德性因素，去找回原先评价中失落的人。在对学生进行评价的过程中，要注意评价的合理性和人本性，不能脱离学生的实际情况和能力，目标的制订要兼顾适应性与超越性；不能违背国家的法律、法规与政策；不违背社会道德；评价者自身应具有相应的知识储备，不做主观臆断，也不做胡乱指导；具有较高的责任感和使命感；秉持公平、公正的理念。

（二）选择有利于学生全面发展的评价内容

与传统的评价相比，新的评价不仅关注学生知识的获得，更要发现和挖掘学生多方面的潜能，因此在评价内容上除了学科学习之外，还应包括能够促进学生全面发展的发展性内容。发展性评价内容具体包括：

（1）道德品质。其中又包含道德认知水平与道德行为的评价。主要的因子有：爱祖国、爱人民、爱劳动、爱科学、爱社会主义；遵纪守法、诚实可信、维护公德、关心集体、保护环境；自信、自尊、自强、勤奋；能对个人的行为负责、表现出公民所应具有的社会责任感和使命感。

（2）学习能力。其中又包含学习动机、学习方法、学习结果等维度。主要的因子有：有学习的愿望和兴趣，明确学习的目的，能承担学习的责任、完成学习的任务；能运用各种学习策略来提高学习水平，能对自己的学习过程和结果进行反思；能把不同的学科知识联系起来思考问题，运用已有的知识和技能分析、解决问题；具有初步的探究与创新精神，等等。

（3）交流与合作能力。能与他人一起确立目标并努力去实现目标；尊重并理解他人的处境和观点，能评价和约束自己的行为；能综合地运用各种交流和沟通的方法进行合作。

（4）个性与情趣。对生活、学习有着积极的情绪情感体验，拥有自尊和自信；能积极乐观地对待挫折与困难。表现出勤奋、独立、自律、宽容和自强不息等优秀的个性品质。

至于学科学习评价的内容，则可以依据各科制定的课程标准作为参照。当然，要真正使这些评价内容契合学生的发展，内容选择时还应注意以下几点：

首先，要力求评价内容的全面性。学生是一个多方面素质综合的生命体，其成长和发展也是整体协同进步的过程。学生评价要囊括学生的全部品质，包括个性品质与社会品质、学习品质与道德品质、认知品质与行动品质，等等。全面性不仅可以保证评价能够完整地反映学生的各种素质，也为内容之间的选择和比较提供基础。

其次，要明确学科学习内容与发展性内容的关系。事实上，在现实的教育教学过程中，两者是很难分开的。而且，一般来说两者也是相互促进的。在评价过程中，如果人为地将两者分开则会造成评价的片面化。最重要的是，不要在两者之间分出孰轻孰重。传统的学生评价正是因为将学业评价看得比发展性内容评价更重要，才造成了评价中的各种问题；评价改革应该力避两者混淆或截然分开的过激做法，努力做到相互平衡。

再次，要注重评价内容的可操作性。评价内容要具有可操作性，过于笼统和模糊则会削弱评价的作用，例如对学生的阅读进行评价，可以分解为音准、流利、情感三个方面。如果在评价音准时还是感到笼统，还可以再将其进行分解为元音发音、辅音发音、连读和儿化等内容。当然，这种可操作性的内容必须是全面、重要、有代表性和有效的，否则就会削弱评价数据的合理性和有效性。

最后，还应注意内容选择的差异性。不同的个体有不同的能力基础和发展需求。评价时要注意内容选择的差异性。不能因为道德是重要的，就将它放到所有学生评价中，如果一位具有良好品德的学生在交往能力方面不够理想的话，在实施评价时就更应该注意对他进行交往能力方面的评价。另一方面，对于同一种素质的评价也可以选用不同的内容。每次都运用同一种内容，既会使学生失去兴趣，也能增加他们的预判能力，从而降低评价的效度。

（三）重视采用多样的、实用的、可操作的评价方法

传统的评价方法强调实证科学范式下的量化方式，试图把复杂的教育现象简化为数字，把丰富的质还原为单一的量，很大程度上影响了评价的信度和效度。因此，20 世纪 60 年代末，人们开始对传统的注重量化的评价方法进行反思，在 70 年代中期提出"解释的评价"，强调在评价中使用观察、访问等质性探究的方式，同时注意评价的激励性。80 年代中期以来，质性评价和激励性评价方法逐渐流行。

（1）成长档案袋评定法

从语义分析来看，档案袋（portfolio）有"代表作选辑"的意思。最初使用这种形式的是画家及后来的摄影家，他们把自己有代表性的作品汇集起来，向预期的委托人展示。档案袋中所选择或提交的东西，是由出示档案袋的人自己创作的。把这种做法应用到教育上，档案袋评定也是汇集学生作品的样本，但它们的目的和内容，是为了展示学生的学习和进步状况。

学生成长档案袋评价是指通过对成长档案袋的制作过程和最终结果的分析而进行的对学生发展状况的评价。它是在教育评价改革的大背景中出现的，其思想基础与改革的思想基础是一致的。以标准化为特征的测验在传统评价中占

有主导性地位，在这种理念下，教育和教学要求教师按图索骥地把预先选定的知识教给学生，尔后通过考试、检查来确定学生的接受情况。这种寻求——对应的评价方法脱离了知识应用的具体情境，师生的主体性、创造性和积极性由此被湮灭。20世纪80年代兴起的评价改革把原有的评价中心由教师、课程转向学生。这些变化，要求一种新的评定方式，这种评定的基础就是学生运用所学知识而获得的成效，在此背景下档案袋评价法被提了出来。

以功能为划分依据，可以将学生成长档案袋分为：理想型、展示型、文件型、评价型和课堂型五种。它们的主要特征和区别见下表。这种分类方法由格莱德勒（M. E. Gredler）提出。资料来源：周卫勇主编，李雁冰主审. 走向发展性课程评价. 北京：北京大学出版社，2002：65～66.

成长档案袋的类型

类型	构成	目的
理想型（ideal）	作品产生和入选说明，系列作品以及代表学生分析和说明自己能力的反思	提高学习质量。通过一段时间的成长，帮助学习者成为自己学习历史的思索者和非正式评价者
展示型（showcase）	主要是学生选择出来的最好和最喜欢的作品集。自我反思与自我选择比标准更重要	给家长和其他人参加的展览会提供学生作品的范本
文件型（documentation）	根据一些学生的反映以及教师的评价观察、考查、轶事、成绩测验等得出的学生进步的系统性、持续性记录	以学生的作品、量化和质性评价的方式，提供一种系统的记录
评价型（evaluation）	主要是教师、管理者、学区所建立的学生作品集。评价的标准是预定的。	向家长和管理者提供学生在作品方面所取得成绩的标准化报告
课堂型（class）	由三部分组成：①依据课程目标描述所有学生取得的成绩的总结；②教师的详细说明和对每一个学生的观察；③教师的年度课程和教学计划及修订说明	在一定情境中与家长、管理者及他人交流教师对学生成绩的判断

以入选材料的性质为划分依据，可以将学生成长档案袋分为：最佳成果型、精选型和过程型。这种分类方法由约翰逊（B. Johnson）提出。

最佳成果型（bestworks）是通过收集学生在某一学科和领域的最佳成果，对学生达到的水平做出评价。入选这种成长档案袋的材料的形式可以多种多样，只要能反映出学生在这一学科和领域达到的最高水平就可以。

精选型（selection）要求在更广的范围内了解和收集学生的成果。它要求学生提交的不只是标志他们已经达到的最高水平的成果例证，还包括他们感到困难的典型成果例证。这样的成长档案袋能够深刻反映学生成长的概要，高度揭示学生取得的一般成绩。收集这种成长档案袋材料的时间一般需要持续一年以上。

过程型（process）档案袋致力于寻求发展性成果，而不是最终达到结果的证据，所以它要求学生按照步骤收集能够反映他们在一定领域和学科中从开始到完成阶段所取得的进步的成果的证据。

在具体的评价过程中，以上三种类型并不是截然分裂的，而通常表现为混合型。它既包括过程性作业，也包括结果性作业；既包括最佳成果，也包括虽然不是最佳但具有典型性的成果。它的目的实际上就是为学生提供一个有形的窗口，以便教师、学生、家长等可用它来评价学生的进步以及一段时间内的发展状况。

档案袋评价的主要意义，在于它们为学生提供了一个学习机会，使学生能够判断自己的进步。在传统的评价中，测验或考试对学生而言具有相当的神秘性，从标准的制定、试题的选择直到分数的评判，学生完全被隔绝在外。档案袋评价则将学生变为决策者。特别是在使用某些档案袋类型，如精选性档案袋或过程性档案袋时，学生成了所提交作品的质量和价值的最终仲裁者。

（2）苏格拉底式研讨评价法

苏格拉底式评定方法，把学生在"班级参与"（class participation）和"课堂讨论"（class discussion）中的表现作为学生学业成绩评定的一个部分，让学生学会更有成效地思考并为自己的见解提出证据。它与古希腊那位伟大的哲人所创造的"产婆术"有着共同的见地和追求。与传统的学生评价方法相比，其有着多方面的特点。

其一，在师生关系上，它以学生为中心，重视学生的积极主动性。通过问题讨论对学生进行评价。教师不是评价的控制者，而是一名指导者和辅助者，其主要的作用是保证讨论的秩序和方向。当讨论中出现问题时，他要稳定情势、进行指导；他要使所有人都能感觉到讨论就像真正的交谈一样，在民主、平等的气氛中进行，每个人都可适时地进行发言和提问，从而可以真实、全面、深入地了解每一个学生。

其二，它绝不仅仅只是交谈，而是有目的、有组织、有计划地进行的活动。讨论总是围绕着预先确定的主题展开。这也成了评价展开的一个依据。

其三，苏格拉底式问题研讨评价法是在确立了让学生学会清楚表达思想、进行批判性思考，引用参考去支持、维护自己的观点，有效地进行提问和与别人进行意见交流的教育目标前提下采用的一种方法。这种评价方法本身就存在深刻的教育性。

其四，这一评价方法是一种综合式的评价。它通过活动把对学生阅读、写作、演说、问题解决等等方面的评价很好地结合起来。

其五，苏格拉底式问题研讨也是一种富有成效的成绩评定形式。根据学生在讨论中的表现，按照既定的评分标准与规则对学生进行评价，并作详细的记录。这种评价可作为惯常的测验与考试的有益补充，从而对学生有更全面、更深刻的了解。

苏格拉底式研讨评价法，需要遵循一定的步骤。这些步骤既表明了进行苏格拉底式研讨评价的条件，也显露出此种评价方法的一些原则。

第一，明确教育结果。传统评价只是把目标作为评价的标准，而苏式研讨法则注重评价如何才能真正实现这些结果，因此它并不像传统评价那样对目标进行过细的分类，同样也不会将目标限制在特定的领域。这些目标包括批判性思维、阅读理解技能、听说技能、多样的写作能力等各个方面。

第二，选定研讨采用的文本。苏式研讨法对于学习的材料没有特别的限制，它不规定学生该看哪些书，不该看哪些书，而是在宣布讨论主题后让学生自己去寻找相关的材料。这种方法能够让学生"有效听说"，并达到一些其他高级思维技能的教育结果。所选材料或许并不具备完整性、系统性和逻辑性，但只要能最佳地促进学生的学习就行。

第三，教师提出一个起始问题。这个起始问题必须能引起研讨者的好奇心，是没有单一的或标准的答案的，能够产生对话的，能够引起文本中的思想观念更深刻、更广泛的理解，可由文本等参考资料做出最好的解答。问题讨论结束后，要求每一个学生都要依据讨论的情况写一篇文章，说出自己的思想与见解，提出自己的看法。评价者再根据学生讨论中的表现及提交的文章对学生进行全面的考评。

第四，选择记录研讨过程的方式或设计简明的记录表。记录应当完全客观地反映研讨进程，它是进行评定的客观依据。通过一系列研讨记录的分析、对比，就可以对学生的各种教育结果上的成绩做出判断。

第五，用多种方式完成评价。有些学校把它作为毕业学业展示（graduation exhibition）的一部分；而有些学校把它作为课堂评价的工具；还有些学校把它当作"离校"学业展示，以接受高一级水平的学校教育。

苏格拉底式研讨法及其附属练习都是评价学生技能和进步的有力反馈工具。它们为学生的自我评价提供了良好、积极的媒介，特别是通过观看问题研讨的录像带，学生可以对自己的表现进行评价，从而产生自我激励和新的自我要求。其以一种参与性和过程性诠释了学生评价中的师生关系以及评价与课程和教学之间的关系，表明了学生评价不只是教师的事，更是学生自己的事；不只是看重教学的结果，更看重教学过程中的表现。

（3）操行评语评价法

从 1989 年起，青岛嘉峪关学校进行了为期数年的评价模式改革，此项改革主张采用定性的操行评语评价方法。这项改革看似较小，但却对学生起了很好的激励作用，同时触及教师的教育思想、师德修养、工作态度、教育方法和文化水平，能够比较全面地反映教师的整体素质。因此，此项评价改革的经验很快在全国得到传播，取得了很好的效果。

与传统的学生评价相比，操行评语评价具有多方面的特点及意义：

其一，它找到了一种促进个别化教育的好形式。嘉峪关学校的操行评语为每一位同学画像，为每一位同学指出努力的方向，真正做到了一把钥匙开一把锁。同时，它还促进了教师与班级中的所有同学进行心灵上的交流。真实而又真诚的评语告诉学生，老师从来都没有忽视过他，他的每一点进步和成绩老师都能觉察得到。

其二，它发挥了评语的教育功能。在以往的评语中，教师给学生的评语比较苛刻，较多的是学生的不足和缺点，轻易不讲优点。改革后的嘉峪关小学的操行评语，基本架构是"肯定＋提示"。肯定的评语能够帮助学生巩固优点，提示的评语则委婉地提出了学生今后努力的方向。从进步和缺陷两方面进行评定，使学生能够客观地看待自己，既不至于因为成绩而自满，也不会因为缺点而自卑。

其三，变终结性评价为过程性评价。过去学校对学生品德的评价一般是在学期终了进行的，时间跨度比较长。这既不能及时反映学生在某方面的进步或不足，也容易丧失对学生进行优点强化和缺点纠偏的最佳时机。嘉峪关学校在改革期末评语的基础上又创造了新的评语形式——学科评语、作业评语和即时评语。这是由各任课教师针对学生课前、课上、课后过程中随时出现的情况及时进行的一种评价。它不仅发挥了任课教师集体在教育工作中的重要作用，更为学生的成长提供了及时的过程性的反馈信息，学生从中可以得到"我做得怎样，我还该怎样"的信息，这好比为学生提供了一面镜子，学生可以随时反观自己的行为。

（4）表现性评价法

表现性评价是指通过观察学生在完成实际任务时的表现来评价学生已经取得的发展成就。它重视过程性评价、质性评价和非智力品质的评价，克服了传统评价只关注学生知性能力的片面性，使评价重新回归于学生在教育活动中的完整而真实的生活，强调在完成实际任务的过程中评价学生的发展，不仅要评价学生知识技能的掌握情况，也要通过对学生表现的观察分析，评价学生在创新能力、实践能力、合作能力以及健康的情感、积极的态度、科学的价值观等方面的发展情况。

与传统的评价方法相比，表现性评价既可以是给学生评分，也可以是对学生的学习情况进行诊断，但其重点是在后者。它比较擅长和关注的评价领域不是知识和技能的回忆与再认，而是知识和技能的应用和非智力因素的发展。它的问题情境是比较真实的，需要学生解决的问题是现实中的问题，而不是脱离现实情境的抽象问题。学生需要完成的任务一般是比较复杂的，必须综合运用多学科的知识和技能来加以解决。这些任务鼓励学生的发散性思维，允许甚至追求答案的多样性。同时，表现性评价也存在自身的局限，如比较费时费力，需要付出的时间代价比较高；容易受评价主体主观因素的影响，导致评价结论的主观性比较强、信度较低，因此在运用表现性评价法时要根据评价目标和评价条件来分析判断方法的适应性，避免发生不作分析、盲目套用的行为。

第三节　教师评价改革

教师评价是教育评价的重要构成部分。由于教师评价与教师的经济收入、职务职称晋升、工作成就感等切身利益和体验紧密联系，教师评价的公平、公正与合理与否很大程度上影响着教师的工作热情和工作态度。现行的教师评价制度以对教师教学效能的考核与鉴定为重心，片面强调评价的管理作用，暴露出许多缺陷和不足，因此，要取得素质教育改革和新课程改革的成功，就必须改革现行的教师评价制度。

一、现行教师评价制度审视

现行教师评价制度在标准、功能、内容和方法上，存在着多方面的缺陷，这些因素严重影响了教师积极性的发挥和教师的专业发展，成为教育改革顺利推进的阻碍变量。

其一，在评价功能上，强调管理与奖惩，不利于发挥评价的激励作用，也不利于教师间、教师与领导间的团结与合作。现行的教师评价制度是回溯性而不是展望性的评价。它着眼于教师个人的工作表现，主要指那些评价实施以前的工作表现。评价的目的有两个：一是检查教师的工作是否达到了学校的要求，是否合格地完成了教育任务；二是根据这些检查的结果对教师实行相应的奖励和惩罚，即教师评价的结果，往往是作为领导决定被评教师是否会被解聘、降级或是晋级、加薪的依据。近几年在我国教师评价中经常用到"优胜劣汰""奖优罚劣""末位淘汰""能者上、庸者下"等等，都充分反映出我国教师评价中以奖惩为目的的鉴定选择功能特征。通常所言的"以评促改"也只是在奖惩前提下教师的被动改进，离促进教师积极主动的发展仍有较大差距。

以奖惩为目的的教师评价是不完全的评价。它忽视了教师评价的激励、改进和导向功能，不利于面向未来、促进教师发展。它虽然能在某种程度上促进改革，但这种动力是自上而下的，只能引起少数人的共鸣和响应。由于经济制约，只能奖励少数优秀教师，即使经济条件允许，也根本没有足够的职位使得所有应该得到晋升的优秀教师获得晋升的机会。例如，我国各级各类学校中的"人才工程"，便是奖惩性教师评价的结果，它虽然对造就优秀教师和稳定教师队伍起到了一定的积极作用，但对全体教师的最优发展很难说就是有利的。竞争本是促进教师积极工作的动力，但过于激烈可能不利于教师间的团结合作、互相帮助，也不利于教师间民主气氛的形成和发展，还会在一定程度上影响教师的心理健康。与此同时，过分的奖惩评价还会引起教师的逆反心理和无所谓心理。"逆反心理"是指教师由于在奖惩评价中处于不利的地位而对评价产生对抗情绪，表现到教学中就是处处以违反学校制定的评价标准为追求；"无所谓心理"是指一部分人认为反正只有少部分人能获得奖励和晋级，自己无论如何努力，到最后仍是空忙一场，难以跻身于少数受奖者行列中，倒不如放松自己，只要能达到学校的底线标准就可以了。

其二，在评价关系上，评价者和被评价者之间是不平等的。在实际的评价过程中往往是学校领导或上级主管部门对教师的教学效能进行考核，鉴定是自上而下的过程。由于缺乏与被评教师之间民主、平等的交流和沟通，评价者难免产生居高临下的心理状态，或以挑剔的眼光对待被评价教师。最终，这种隔阂越来越深，教师会对评价产生抵触情绪和心理，不配合领导的工作，不完成自己的任务，破坏了教学的正常秩序。

其三，在评价性质上，目前的教师评价多是静态的终结性评价。评价中重视的是教师教学的最终结果，而不重视教学的过程。同时，评价也仅注意到教师评价时的表现和行为，而不注意表现和行为发生之前或过程中的背景。由于受自身心理或身体因素的影响，被评教师的行为表现可能失常或不稳定，因而难以代表教师平时的真实教学水平。而现行的评价机制就稍显刻板，不能对这些因素加以考虑，进行矫正性评价。

其四，在评价中心上，以学生的考试成绩和升学率为主，这既助长了"应试教育"，也阻碍了教育教学改革的顺利推进。受"考试分数决定论"评价制度的制约，教师不得不想方设法地提高学生的考试成绩和升学率，这样便可以获得学校领导、同事、家长和学生的认可，进而能够获得优厚的物质奖励、职务晋升的空间或继续"发展"的机会。这种教师评价很大程度上巩固了"应试教育"的思维。

此外，由于长期处于"应试教育"中心的评价制度中，教师关心的是如何提高学生的考试成绩，对社会的变化却缺少敏感，对学生适应现代社会的素质关心较少，这造成了他们对教育教学改革的热情不高。加之，繁重的教学任务使得教师不能通过继续教育来不断更新知识，这使他们很难接触到新的学科知识、新的教育思想和新的教育方法，从而不愿进行改革。一方面，教育思想得不到更新造成他们没有改革的动机和愿望；另一方面，即使有改革的愿望和理想，他们的知识结构和观念态度也很难达到改革的要求。

其五，在评价方法上，过度量化导致教师教学和科研上的急功近利，师德和学术道德问题凸显。教师必须完成一定数量的教学和科研任务后，才能获得相应的工资和奖励。这种"以事为本"的评价，重结果（成果）而不重过程，重物质而轻精神，重形式而轻内涵。在此理念之下，教师只是教学和学术成果的生产工具，而不是自我创造的真正主体。鲜活生动的主体性教学和科研创造活动为实用的、工具性的任务活动所束缚、所牵累。教师为了完成任务往往不愿意，也没有时间把精力放在教学和科研的创新上，造成教育教学方法的不得当和学术研究的不严谨。

二、教师评价制度改革内容

传统教师评价观念认为：评价就是学校管理者对教师的评价，因而是单向性的；评价就是制定统一的评价标准对教师的工作进行的考评，因而是指令性的；评价就是对教师的整个工作做出总的评价，因而是终结性的。这种评价观忽视了评价过程中的双向交流，不利于调动教师工作的主动性和积极性；重视的是教学的结果而不是过程；突出的是教师的教学能力而不是综合素质；强调了制度和管理的规范和严谨，却忽视了人的情感因素；遵从了统一的标准和进度，却没有考虑到作为个体的教师的特殊性。教师评价改革的重点就是要改变这种传统的观念，让评价不再是简单地判定谁是优秀教师、谁合格或达标，而是和教师一起分析工作中的长处与不足、收获与失落，并提出改进的意见和行动计划，目的是形成一种发展性的教师评价体制。发展性的教师评价体制包括以下几方面内容：

（一）建立以"学生学业成绩"为基础，重在促进教师不断发展的评价内容

作为一名教师，最基本的职责就是要帮助学生学习、促进学生成长，自然"学生学业成绩"应该成为评价教师的重要内容，但却不能将"学生学业成绩"作为评价教师的唯一标准。正如上文已经提到的，这种片面的标准一方面有违"素质教育"的宗旨，另一方面也会影响教师素质的全面发展。这与现代教育对教师素养和专业水平所提出的要求是不相适应的。要改变这种状况，就需要在教师评价中加入能促进教师进步的发展性内容。具体内容包括：

1. 职业道德。热爱教育事业，热爱学生；积极向上，具有奉献精神；公正、诚恳，具有健康心态和团结合作的团队精神。

2. 了解学生，尊重学生。能全面了解、研究、评价学生；尊重学生、关注个体差异，鼓励全体学生充分参与学习；进行积极的师生互动，赢得学生的尊敬。

3. 教学设计与实验。能确定教学目标，设计教学方案，使之适合学生的兴趣、经验、知识水平、理解力和其他能力发展的现状与需求；与学生共同创设

学习环境，为学生提供议论、质疑、探究、合作与交流的机会；积极利用现代教育技术，选择利用校内外学习资源。

4. 交流与反思。积极与学生、家长、校长、同事交流和沟通，能对自己的教育观念、教育教学进行反思并制订改进计划。

（二）建立适应个别差异的教师评价标准

传统的教师评价对于"怎样才算好老师""什么样的教学是高质量的"给出了各种规定，而且这些规定大多以量的形式展现出来。明确的标准虽然为教师提供了努力的方向和目标，但当它们被固化、程序化和定量化时，在追求所谓"科学""客观""公正"的过程中也就忽视了教师的个体差异和具体的教学背景。用统一的标准来衡量所有的教师，要么使教师不知所措，要么使他们削足适履、放弃个性。

同一化的标准往往又都是用量化的数据表达的，于是很多不能用数字表达、工具测量的因子就被排除在评价之外了。从一开始，评价就将教师限制在预定的范围之内，严重妨碍了教师的教学创新和自身潜能的发挥。理性的教师评价应追求"合理"之维，而不是"正误"之维。如果评价标准不符合教师的本人情况，不契合学生和教学的实际情况，即使在理论上看来是正确的、应当的，其在具体的结合中也必然是不合理的。教学背景和学生的差异是非常大的，教师评价标准必须适应多种评价背景，要考虑到学科、年级、教学风格、学生特点和教学背景等，要结合教师的个体素质基础和可能的、合理的发展路向。此外，同一化的标准往往倾向于模糊或笼统，在标准的施行、操作和保证公平性方面就会有困难。如果为了避免模糊和笼统而将标准化为"要点"的话，教师在判断时容易形成很高的一致性，并可能造成"食谱"式的教学。因此，教师评价标准不能同质化，而要根据教师、学生和教学环境的特点，通过评价突出教师在教学中的差异。在实践中，好的评价标准应该通过许多不断的尝试确定标准的特异性水平，并在多样的教学背景中检验其适用性；在明确的评价标准和个性化评价之间取得平衡，关注教师个体差异，鼓励教师发挥自己的特长，形成个性化评价。

（三）处理好业绩评价和发展性评价的关系

教师评价可以分为两个维度，一是业绩评价，一是发展性评价。当前的教师评价则主要囿于业绩评价中。业绩评价关注于可达到的、相对短期的目标，倾向于在某个时间段内给教师的业绩和能力下一个结论，主要是为了对教师的教学质量进行监控。它与教师的工资和职称升迁有直接关系。相比而言，教师发展评价则旨在对教师实行帮助。它为教师提供反馈，指导他们改进或完善教学，明确个人的发展需求和相应的培训，从而提高他们的能力以促进其完成目前的任务或达到将来的目标。

业绩评价不容许教师犯错，与犯错相连的是严格的惩罚，这种惩罚既包括物质上的，也包括精神上的。发展性评价则承诺教师可以犯错，甚至把教师犯错看作是一件有意义的事，因为这样可以帮助教师发现问题，进而加以改进。显然，业绩评价与发展性评价之间是有矛盾、有冲突的。要将两者结合起来，需要付出可能暂时影响教学效果的代价，需要将有限的时间分割出来进行教师培训与辅导，需要有宽容的心态，需要有冒险的精神……但从教师的长期发展角度看，将两种评价结合起来既有利于教师的持续进步，也有利于学校的长远发展。

具体来看，两种评价的整合体的条件有：（1）向教师提供必要的信息，包括评价标准的信息、达到标准的途径、评价的反馈信息。（2）向教师提供发表意见的渠道，这样他们可以表达出自己的需求、兴趣、愿望。（3）向教师提供必要的培训，这是他们自我改进的手段，是解决现有问题的基础，学校要维护教师继续教育的权利，给他们接受再教育的机会。（4）允许犯错的评价制度，可以让教师敢于展示自己的缺点，以便他人提供建议并加以改正。当然，不能将这种机制绝对化，否则会变成懒惰者的保护伞。

（四）重视教师自我评价

自我评价是促进教师反思能力发展的最佳途径。外来的评价往往产生一种压迫感，特别是被评者不能很好地完成任务的时候。而自我评价则更具有建设性，它有助于增强教师的自觉性，使其能够在自我反思中不断进步。自我评价也改变了教师原来消极被动的被评价地位，成为评价的主体，可以在评价中发表自己的观点和意见，不再是一味地听从别人的指挥和认定。这样，教师会以主人的身份主动自觉地审视自己的教育教学活动是否合理，该怎样才能改进方法、求得进步等等问题。反思的过程便是改进的过程，而改进的过程便是提高和成长的过程。当然，教师的自我评价也是学校了解教师的重要途径。这是学校做出评价调整的重要信息来源和依据。

值得注意的是，自我评价以主观评价为主，它的客观性是欠缺的。因此，在具体实施自我评价的过程中要注意以下几点：（1）帮助教师对自评及其价值建立正确的认识，创设具有支持性的教师自评氛围。（2）帮助教师掌握科学自评的方法。（3）慎用自评结果，不宜与奖惩挂钩。（4）与他评相结合，促进教师反思能力的提高。

（五）强调校长、教师、学生和家长共同参与教师评价

传统的教师评价是校长单方面的评价，存在多方面的问题。后来，人们渐渐发现教师也是评价的主体，应该强调教师的自我评价。但这事实上也没有完全涵盖教师评价中的所有变量，即学生和家长在教师评价中处于"失语"的状态。教师评价不仅是为了教师的进步与提高，也关系到学生的成长与发展。教育的目的是为了促进学生的进步。学生对教师的能力与表现有最直接的感受和判断，他们能为教师评价提供第一手资料。而作为家长，对教师提出意见是他们的权利，也是促进学校教育与家庭教育、学校评价与社会评价结合的需求。因此，教师评价也必须考虑学生和家长的要求和意见。

（六）改革教师评价的方法

传统的教师评价方法主要是统计教师完成教学、科研的数量，召开教研室会议、教职工会议和学生座谈会。这些方法大多是做表面文章，不能通过鲜明的比较做出区分，不能深入到具体的情境中，也不能把家长和社会评价吸纳进来，更不能反映教师在横向和纵向上的变化。新的评价方法则要求能避免以上的不足，尽量做到评价的比较性、情境性、参与性和历史动态性。

具体而言，新的评价方法有：（1）观摩合作教师的教学。合作教师是指那些不具有更高的权威的同事。由于他们也是教师，因而能够为同伴提高教学质量提供重要的信息来源。通过合作教师的观察和反馈能够丰富学校中其他教师

的知识和技巧，有效地提高教师的整体教学水平。（2）教室观察法。被评教师邀请合作教师到课堂中实际观察自己的教学情况。（3）教学录像法。这种方法的优点是：首先，被录像的教师不会被观察者所打断；其次，几个同事可以一起评价录像带；最后，可以不受时间限制，在方便的时候看录像带。（4）日志（教学笔记）法。通过日志可以发现教师的真实想法与见解，以及他们的优点和不足之处。（5）学生和家长调查表。（6）卷宗法。卷宗可以帮助教师对自己的教学进行横向和纵向的比较，为个案研究提供数据，也可以提供给其他教师考察。

（七）转变课堂评价观念

课堂是教师活动的主要基地，人们评价教师总是习惯于从课堂效果的角度进行判断，因此，要改变传统的教师评价，就必须相应地改变过去对传统课堂教学的看法和观点。传统的课堂关注教师"如何教"，而不是学生"怎样学"。与此相应的教师评价是，从教师语言表达是否流畅、板书设计是否合理、感情投入是否具有感染力、教学思路是否清晰、教学设计是否合理、结构是否完整等角度对教师进行评定，它关注的是教师的课堂表现。新的课堂观主张关注学生在课堂教学中的表现、教师与学生的互动情况、学生的自主学习水平、学生与同伴合作中的表现、参与课堂教学的热情、源于课堂活动的情感体验、表现出的探究兴趣、思考的努力程度等方面，它关注的是学生怎么学。

课堂评价观的转变必然导致教师评价的改变。新课堂中的教师评价关注教师如何促进学生的学习、如何组织学生的讨论、如何评价和激励学生的表现、如何激发学生学习的热情等等，避免了以"学生学业成绩"作为唯一标准的教师评价，能够全面地评价教师；有利于学生更真实地认识教师，提供学生在教师评价中判断的可靠性；也能促进教师从各个方面认识自己，提高自评的合理性。

（八）以专业发展为教师评价的目的

教师整体素质的提高依赖于教师个体的专业发展和教师群体的专业化发展。现行的教师评价使教师的一切教学和学习活动都围绕着考试进行，这在某种程度上使教师没有时间思考自己的专业成长与发展，抑制了教师对专业发展的内在渴望和需求。新的教师评价应该从教师自身发展和教师职业专业化的角度来考虑对教师的评价，促进每一位教师不断地对自己的教育和教学观念与活动进行反思，在反思和批判中总结取得的成绩和存在的不足。教师评价不应停留于对教师过去和现在表现的评定，而是要根据这些现有的表现制定一些新的评价要求。新的要求不是让教师重复过去的工作，而是从教师个人未来的专业发展需求，制定出的教师个人未来的专业发展目标，引导教师朝专业发展的方向努力。

教师专业化的发展与教师接受的培养和培训有关，优质的培养和培训机制有利于教师素质的提高，促进教师专业化的发展。但教师接受培养和培训的时间是非常有限的，一般教师除了 3~4 年的正规教育外，接受再教育的机会很少。与此相对，教师评价则是一直伴随着教师的教学生涯的，况且，教师的教学是一门实践的艺术，教师教学观念的更新、教学实践能力的提高，在很大程度上是在学校日常管理下的教学实践中不断完善的。因此，促进教师专业化的重要途径就是在实践中建立、健全具有激励功能和起发展作用的教师评价机制。

教师专业发展与两种类型的教师评价紧密相连，即学校的教师评价制度和教师的自我评价。从学校来说，要促进教师专业发展就需要放弃原有的以考试为中心的教师评价模式，不要给教师排队，把他们分成优、良、中、差几个等级来实施奖惩，对他们的工作成就只是进行单向的查阅、核证和鉴定。相反，评价要以教师为基础，提供关于改进教育教学的新思想和新方法，帮助教师调试教育教学过程中出现的各种心理问题和疑惑，帮助教师反思和总结自己的优势和薄弱之处，从而提高教师的专业发展水平。从教师自评（参见本节第二部分第 4 小点）来说，教师要学会制订个人发展计划、保持与自我专业的经常对话以及注意和其他同事的合作；要倡导和坚持反思性教学，注重反思的习惯化和制度化，在反思实践中不断提高专业素质。

第四节　学校评价制度改革

学校作为个体教育和社会人力资源提升的场所，时刻面临各方的评价。学校发展既可能会因为合理的评价而获得有益的发展路向和策略，也可能因不合理的评说而不知所措、陷入困境。特别是某些以强力形式出现的评价，进行自以为是的引导或指责时，极易造成对学校概念的误读和学校功能的误导，影响学校的自我认同和良性发展。要消弭那些不尽合理的评价可能给学校发展带来的束缚和误导，这就需要在学校评价观念、标准、方法等方面进行新的改革。

一、现行学校评价制度审视

学校评价作为一所学校发展的引导力量，很大程度上影响着学校对于学生学习和教师教学的评价。现行的学校评价在评价标准、主体、内容和方法等方面存在的偏颇，使学校不仅不能成为素质教育的倡导者，反倒成了应试教育的守护者，阻碍着学生的成长和教师的发展。这些偏颇主要表现为：

（一）评价标准单一，以升学率作为评价学校质量的唯一标准

虽然"素质教育"的推行已有十几年的历史，但现有的学校评价依照的仍是"应试教育"的评价模式。在公众心目中仍然是以升学率作为"什么样的学校是好学校"的评定标准，"升学率"拥有一票否决的权力。没有升学率作为基础，其他方面再好也无济于事。学校的美誉首先来自学生的学习成就，而不是对学生的素质提升。于是，我们就常常见到一些学校为了招揽好的生源而打出"某某年本校本科升学率××%"的广告。社会上一些对于学校的正式或不正式的排名也都是把"升学率"作为基准的。一个好的学校在公众的心目中就是"我把孩子送进去后，就能上好学校、上大学的学校"。

在社会强大的压力下，学校不得不转变自己的身份认同，用"升学率"为自己作明证和辩护。这导致学校把全部的精力放在了教学安排上，把工作重心聚焦到学生学业成绩提升上。诚然，教学活动应是学校的重要任务和工作核心，但如果用教学替代或挤压其他活动，就会造成学校发展的片面化。学校的使命不只是为了提高学生的学业水平，更是要力求学生的全面、自由、持续发展；不只是要关注学生的成长，也要促进教师的发展。单一的评价标准束缚了学校的手脚，忽视了学校发展的多样性，从而限制了学校发展的空间，最终会导致学校和学校成员的扭曲发展。

（二）评价多以政府评价为主，学校自评的主体地位缺失

现行的学校评价主要是一种政府行为，如"重点中学""示范高中"的确定与命名体现的都是政府的主导评价，学校完全是被审视、检查的对象。政府依据制订出的各种标准和制度规范，对学校进行评审，这使学校评价融进了浓厚的官方意识。学校为了获得政府的认可、接受政府的资助，就不得不应付上级的各种检查和验收。如若这种检查和验收果真能促使学校不断地改进，那么政府的督导不失是一种合理的评价。遗憾的是，学校在应付检查和验收的过程中往往都是做表面文章，不能从学校发展的现实情况和自身需要出发考虑问题，容易掩饰学校发展的真正路向。

此外，政府的督导本身就可能存在问题。它习惯于用统一化的标准要求所有学校，而不注重对学校特殊性的关照。学校之间存在很大的差异，包括城乡学校之间、不同区域学校之间、不同类别学校之间、不同层次学校之间的差异等等，对这些差异的忽视常常使政府对学校的评价缺少针对性。差异性的存在决定了不能用一个标准对待那些拥有自身独特的历史和特殊发展情境的学校。不同地区、类别、层次的学校应有不同的评价标准，同一地区、类别、层次的学校在不同的发展阶段也应有不同的评价标准。学校评价更多地强调的应是学校自我的纵向比较，而不是不切实际地进行横向比较。

纵向的学校评价须建立在对学校过去背景、现实情况和未来发展方向的清晰把握之上。政府的评价作为一个总体要求并不能考虑到学校发展的细枝末节，真正了解学校的是学校自己。而当前学校自我评价地位的缺失却使这种寻求自

明的努力无法实现。一方面，政府评价压力的存在容易造成学校自我评价的扭曲，使学校不能提出契合自己情况的办学理想；另一方面，外在的评价使学校把很大部分的精力放在琢磨政府评价的意图和要点上，而没有余地来建立适合于自我认识问题、自我解决问题的机制。政府评价与学校自我评价的隔离，使政府评价不但没有对学校的改进和发展提供正面的影响，反而扰乱了学校正常的工作。

（三）评价内容单一，重硬件轻软件

现行的学校评价指标注重的多是对学校"硬件"的测量，而忽视对学校"软件"的全面考察。要成为"重点高中""示范高中"，就必须拥有多大的占地面积、多少特级或高级教师、多少计算机、多少图书、教师发表多少论文等等。虽然，一个好的学校必须有一定的物质基础，但好的学校毕竟不是根据富有程度来判断的。当前，许多学校为了达标和升格，往往要投入大量的人力、物力和财力用于学校的硬件建设之上。一些学校的基建预算或投入达到了几百万、几千万已经是很正常的事情，而且在学校之间还出现了攀比的现象，为的就是要争"某某市（地区）第一馆（校）"等头衔。撇开与这种高投入相伴随的教育高收费不谈，值得质疑的是，硬件建设与学校质量是否存在必然相关性呢？如果有，这种相关性又是在什么范围内、多大程度上起作用呢？是否一些学校没有了这些硬件，就不可能成为好的学校呢？硬性的硬件指标就这样轻易地把一些学校排除在优质学校之外，以沉默的方式否定了这些学校的努力，打击着它们办学的自信心和坚持力。

与过分强调"硬件"指标相对应的就是对"软件"指标的忽视。诸如学校文化、群体向心力和凝聚力、教师合作程度、学校制度民主程度等等内容，现有的学校评价是视而不见的。一方面，可能是这些评价内容不好测量，评价的成本较大，所以被放弃了；另一方面，可能是评价者在内心就认为这些内容对于学校的发展是没有多大关系的。无论是出于什么原因，学校评价中对于"软件"内容的忽视必然会使学校走向物质扩张型的发展道路，而一个学校真正的持续力则在于内涵式的发展思路。空有一副花架子，而没有文化共享、制度关怀、价值体谅等因子的支撑，学校发展的未来是缺乏前景的。

（四）评价方法落后，重结果轻过程

现行的学校评价主要由报告和巡视两方面组成。报告由校方撰写，为了能够顺利通过考核，报告不可避免地存在夸大或溢美之处，至少不会过多地如实反映现实中存在的问题。因此，学校评价有时便成了"文字游戏"，重要的不是做得漂亮，而是写得漂亮。做得不好的可以修饰一下变成还算说得过去的，做得一般的则可以装点成极好的。至于巡视，往往也都是走马观花。巡视总要有人带着，学校的领观者则总是会引导外来的评价者到一些"怡人的""赏心悦目的"地方。巡视更像是参观，而不是考评。因为报告和巡视多是以学校自我诉说的方式和内容来作为评价标准的，这种本来以公正、严谨为其特质的学校评价便成了学校的"自我评价"（这种评价并不是真正意义上真实的自我评价，它是学校为了被认可而表现出的"自吹自擂"）。这种评价方式通常并不能深入地了解到学校的真实情况。它既为学校蒙混过关增加了可能性，也为评价者的一些渎职行为提供了借口。

现行的学校评价方法决定了其关注的只能是结果性的东西，而不能反映学校发展的过程。这便容易得出片面的，甚至错误的结论。比如，两所学校现在的办学水平可能差异不大，但他们的办学基础和历程却可能是完全不同的。一所学校可能是在本来基础就很好的情况下发展到现在的水平，而另一所学校则可能是在基础很差的情况下、克服了种种困难达到了现在的地步。相比之下，后者的进步比起前者是更大的。评价者就应给予这所学校以更多的鼓励。同时，对结果的片面关注，也使得评价者不能在评价后给被评学校提出一些合理性的建议。因为，他们对于学校发展到今天这个地步的细致过程并不了解，给出的建议也总是盲目的、经验的、不切合实际的。

二、学校评价制度改革的内容

现行学校评价制度中出现的种种问题，限制和误导了学校发展路径的选择。要解决这些问题、促进学校的良性发展，就需要建立一种发展性的学校评价体系。发展性学校评价倡导质量提高型的内涵式发展，注重在潜力分析评断基础上的目标定位评价，强调学校发展过程中自我发现机制和自我保障机制的

建立，关注学校的办学特色和可持续发展能力。要建立这种发展性的学校评价体系，需要从以下几个方面入手：

（一）树立整体评价观念，不以"升学率"为唯一依据

从素质教育的要求看，学校评价应树立整体观念，不能单纯以"升学率"高低作为唯一的评价标准。一方面，"升学率"的片面追求在教育目标上本来就是错误的，学校的使命是竭力促进学生整体素质的提升。作为素质教育的主要基地，学校在素质教育改革过程中有着不可替代的作用。政府和社会要通过外部的评价为学校创设优良的环境，而不是在"升学率"上死抠不放；另一方面，"升学率"也不能反映学校发展的全部要素和品质。学校评价应该是一个综合的评价，即使有了高的"升学率"也并不能表明学校的管理就是合理、合法的，"升学率"往往倒是和一些劣质的管理相联结。作为政府和社会，有必要也有义务为学校指出管理中的问题，而不能用"升学率"一俊遮百丑，掩盖问题对于社会人才培养和学校自身发展都是不利的。学校从自身的健康、良性发展角度出发，也应形塑自身的独立性品质，真正从自我情况、需要和可能性出发，从整体思路上为自己发展做出明断。

具体来说，作为整体的学校评价应包括：（1）学校领导班子。全面贯彻党的教育方针，具有高度的责任心和实干精神；具有与时俱进、规划学校进一步发展的能力；具有一定的理论修养和总结、积累教育经验、推进教育创新的能力；能遵照民主参与、科学决策、依法办事的原则管理学校，提高学校管理效能；具有团结合作的团队精神。（2）校长要做到遵纪守法，具有正确的教育观念，有一定的教育科学理论基础，有相关学科系统扎实的基础理论和专业知识，掌握现代教育技术，了解国内外教育改革的趋势，具有开拓进取的精神和民主、平等、实事求是的思想作风，有较强的组织管理能力、协调能力，有丰富的实际工作经验和较强的研究能力，能按照课程的要求对学校各环节工作进行有效管理。（3）制度与管理。学校应有符合素质教育要求和体现学校特色的办学目标和发展规划；有符合《基础教育课程改革纲要（试行）》精神的课程设置、实施措施与管理方案；重视校内外课程资源的开发利用；有加强学校教职工队伍建设的措施；评价制度应有利于促进学生成长和教师发展；校园环境（包括人

文环境和规章制度）应有利于学生身心健康。（4）教学研究制度。学校应建立以校为本、自下而上的教学研究制度，鼓励教师参与教学改革，从改革实践中提出教研课题；学校应有归纳课程、进行教学研究的能力，有促进教师专业发展的规划与措施。（5）体育与文艺活动。学校要有活跃的学生体育与文艺社团，开展经常性的体育与文艺活动，广大学生都能自觉积极参与。学校体育、文艺活动应注重特色。（6）注重学生思想道德品质的认知、情感和行为评价。学校应以生动活泼、鲜活多样的方式进行学生的品德教育，不能把品德教育局限在课堂中，应与学生的日常生活紧密联系起来。

（二）注意评价标准的弹性，协调好统一标准与办学特色的关系

办学特色是在一定教育理念下经过长期发展积淀而成的。所谓好的学校，其实是办学具有自己特色的学校。传统的学校评价用同一标准来评价不同类型的学校，这与物质世界千姿百态的差异性、社会需求的广阔性、学校办学的主体能动性以及时代发展的多元性是不相适应的，因此同一评价标准造成了"千校一面"的现象。与同一性的学校评价标准不同，特色学校具有绝对性与相对性统一、独特性与普遍性统一、抽象性与实在性统一、稳定性与变动性统一的特性，它在客观上要求一种弹性的评价标准。

弹性的评价标准在事实上更有利于一些薄弱学校的发展。同一化的标准往往是一些薄弱学校所不能达到的，然而，在硬性的标准要求下，薄弱学校又没有另辟蹊径的制度安排。于是，它们只能在亦步亦趋中一直处于贫弱状态。一种弹性的标准则可以使薄弱学校摆脱一贯的学校发展思路，找到一个符合自己实际情况的、具有特色的发展突破点，通过这个突破点来带动学校的整体发展，从而达到赶超其他学校的目的。具有弹性的学校评价标准能照顾到不同学校的自我理解与追求，为学校作为价值主体表达自己的观点和想法提供了机会，使评价面对实践时具有实效性，能较好地适应各种学校的特质与不同要求。它不仅有利于为社会提供丰富多样、特色化的学校服务，还有利于从多角度、多层面促进国家学校教育事业的整体推进。

（三）注重校本评价，处理好学校自评与教育督导的关系

校本评价是通过校领导和广大师生对本校教育教学水平等做出的评价，它

是学校内部管理的有效手段，也是政府教育督导的重要基础。开展校本评价有利于充分调动学校自主评价的积极性和创造性。最了解学校情况的仍然是学校的内部人员，他们能更准确、迅速地找到阻碍学校发展的问题所在，并能结合现实的情况给出可行的改善意见。由于政府的教育督导可能存在的各种偏向，它不宜以强权的身份直接介入到学校评价所有层面。政府教育督导应着力制定办学水平的标准化和提供指导性意见，并在宏观上加以监控。至于如何使宏观的蓝图变成具体现实，则需要每个学校积极参与，从实际出发，参照自己的发展现状，进而创造性地开展工作。政府部门要树立"督导是为了不需要督导"的观念，从而积极转变职能身份，使政府督导由过去的直接评价向间接评价转变，由微观评价向宏观评价转变，由"硬指标"评价向"软指标"评价转变，重在引导，而不是监督。

需要提出的是，倡导校本评价并不否定教育督导部门在学校评价中的主导地位和调控作用，教育督导部门作为评价主体，有权力和责任评价学校。合理的督导有利于纠正校本评价可能引发的一些问题。在评价过程中，学校与政府的互动能使两者进行角色换位思考，达到比较一致的价值认同，从而会产生"共鸣"，使评价结论具有贴切性、可接受性和指导性，因此在倡导学校自评时，要正确处理好内部评价与外部评价的关系，尽量做到两者的结合。

建立校本评价机制，并不能成为学校孤立、封闭和保守的理由；而是对评价标准统一性和灵活性的适切把握，是对评价内容的全面性和重点性的权衡与筛选，是对评价方法的科学性和可行性的比较与抉择。

（四）突出中介组织在学校评价中的作用

由中介组织实施学校评价能够确保评价的规范性、中立性、客观性、准确性和延续性，能够很好地沟通学校、政府及社会公众之间的关系。行政性学校评价作为自上而下的评价方法，当权力的因素渗入到评价过程之中时，就容易造成评价的偏颇。行政性部门考虑的往往不只是学校的发展，还要考虑社会、经济、政治等方面的因素。有时为了平衡社会的发展，行政部门则可能不得已地使用不合适的评价方法，造成评价过程中的扭曲。学校有时囿于内部眼光或出于自身利益考虑，则会有意识或无意识地对评价多加修饰，造成自我评价的失真。公众的评价往往又多具功利色彩，不能对学生和学校的发展做出理性的判断。中介组织的评价则可以很好地解决这些问题。它既能避免行政评价的偏颇性，也能避免学校自评的主观性，同时还能减少公众不合理的意愿对于学校评价的干扰，因此由相对独立的评价专业组织开展学校评价的方式越来越被人们接受。

《国务院关于〈中国教育改革和发展纲要〉实施意见》也指出："为保证政府职能的转变，要建立、健全社会中介组织，包括教育决策咨询的研究机构、教育评估机构、教育考试机构等，发挥社会各界参与教育决策和管理的作用。"中介性学校评价方式除了能达到客观、公正与科学的要求外，还具有评价主体多重性、价值取向多元性、评价模式开放性与评价活动沟通性等特征。当前在我国，中介性学校评价已初现端倪。这些中介性评价组织在人员构成上具有全面性，在评价关系中具有中立性，在评价主体上具有专业性，在组织活动中具有相对独立性。未来的学校评价必将以中介性评价为主。

（五）学校评价要有开放性，向家长和社会开放

在目前中介性评价组织还没有形成气候、运行机制还不完善的状况下，学校评价要力求合理就必须保持自身的开放性。开放性能使评价活动中的各主体对评价保持谨慎的审视态度，既培养评价者和被评者的批判反思能力，也使学校在批判反思中能够得到不断的修正，逐渐走向完善。开放性能够使各评价主体获取"内部眼光"与"外部眼光"的双重视角以及"贴近感知"与"遥距感知"的双重体验，使学校评价可以从各个维度进行认识，避免片面化与独断化。此外，学校作为面向社会、面向未来的开放系统存在也决定了学校评价要坚持开放性，要从系统的背景、输入、过程、输出和结果几个方面对学校评价进行控制。而社会和家长作为学校存在和发展的背景与输入变量，在各方面对学校评价产生着影响。学校脱离了社会，便不能成为一个自足的系统，它必须在与社会进行输入、输出的互动活动中才能获得发展的动力。因此，社会和家长的要求，学校是不能不考虑的，学校评价必须向家长和社会开放。

学校评价要具有开放性，要真正向家长和社会开放。学校首先就必须承认社会和家长的价值主体地位，不要总认为社会、家长的要求是苛刻的、无理的，

或认为是与学校发展无关的，可以不予理会。每一种要求必然有其合理之处，能够反映一定的问题，学校要善于在这些意见中寻求发展的契机。此外，学校评价的开放性应该是主动的。开放性不仅仅意味着允许，更意味着邀请。学校要主动地与社会和家长沟通，主动向社会和家长表达自己的想法和做法。这既能使学校从社会和家长那里获得有益的意见，也能增加他们对学校的了解，从而肯定和支持学校的自我评判和设计。

（六）采用多种评价方式，提倡表现性评价

传统的书面报告和巡视不能深入地了解到学校内部情况，依据这种方式得出的评价结果也必然是不全面的。要详实地了解学校的全部事实，做出全面、客观的评价，就需要采用多样化的评价方式。除了要保证现场考察的针对性和深入性外，还可以采用访谈、问卷、听课、座谈、查阅学校原始记录和档案等方法，对学校进行评价。访谈要多与学生和一线的教师交流，用真诚的态度从他们那里获取学校内部成员对学校的感受。问卷则要建立在访谈的基础之上，对大家都比较关注的问题进行更深入的调查。听课则可以真实地反映学校的教学情况。听课最好是随机的，不能给学校作假的机会。原始的记录和档案能反映整个学校的运行情况，比起那些书面的报告要具体、翔实、可靠得多。评价者可以根据这些记录和档案分析出学校发展的脉络和问题所在，而不只是听学校方面的一面之词。

学校评价要提倡表现性评价。评价要关注学校是"怎样做的"，而不是"做了什么"；要关注行为本身，而不是关注行为的结果。不同的方式可以获得同样的结果，以往的学校评价多重视结果性的东西，而忽略藏于结果之后的方法和观念。殊不知，方法和观念对于一个学校的长期发展才是最核心的东西。方法和观念通过一定的行为得以表现和反映。表现性评价正是通过对学校行为的评定来揭示关涉学校发展的核心问题。表现性评价是操作化、行动化的。它不像结果性评价那样只提供一个静态的事物，而能够将观念与行为、过程与结果、意志与选择很好地结合起来，从而能够动态地、系统地、真实地把握学校评价的实质内容，提出合理可行的指导意见。

第五节　评价走向智能化可视化

一、背景

随着我国以"互联网+"为代表的社会形态正在形成，以及教育中"两基攻坚"的完成，我国教育正在经历从"有学上"到"上好学"、从追求规模到追求质量的内涵发展转变，从追求学业成绩到追求"核心素养"的科学教育质量观转变。"互联网+"时代的教育评价体系改革呼唤科学教育质量观，追求学生的全面发展，不仅关注学生知识与技能获得的表现和发展，还要关注知识与技能背后的思维品质、思维模式等深层次的表现和发展，更要关注学生情感、态度、心理健康、身心发展、爱好特长等非学业表现和发展。

科学教育质量观追求每个学生的个性发展，是面向全体的质量观，更是"每个人的质量观"，即教育发展要"以学生为本"，注重学生个性的发展，为每个孩子提供合适的教育环境、教育内容、教育方法与教育策略。

科学教育质量观追求过程和表现的持续发展，是"过程化的质量观"，人的成长不可以简单地用考试分数或者某一次的考试分数对其能力做出终结性的价值判断，而是要关注教育教学的过程，关注学生成长的全过程。

注重学生全面个性发展的综合评价标准体系，科学的教育质量观是"基于标准的质量观"。基础教育质量标准的建立既要符合国家教育方针及相关政策文件的要求，又要遵循教育自身的规律和学生的身心发展规律。建立系统、全面、科学的基础教育质量标准体系，将有助于明确基础教育质量的方向和要求，引导社会树立正确的教育质量观。同时，它又是及时改进评价方式、评价技术并有效监控教育质量的重要依据，也是促进我国从应试教育向素质教育完全转变的利器。

二、基本架构

宏观层面，建立健全教育督导和评价机制。我们要对政府履行教育的义务和责任加以监控，同时督促各级政府和教育部门树立科学的、全面的教育质量观，并对相关责任主体进行督政与督学，进而提升教育质量。2007 年，教育部基础教育质量监测中心挂牌成立，标志着我国开始尝试构建具有中国特色的、独立的教育评价机构。该中心是在教育部直接领导下，依托北京师范大学建立的专业机构。它将对基础教育阶段学生的学习质量、身心健康状况以及影响学生发展的相关因素进行监测，向国家报告基础教育质量现状，为教育决策提供信息、依据和建议，并引导家长、学校和社会树立正确的教育质量观，保障青少年的健康成长。

中观层面，建立和持续完善现有课程标准和评价标准。我们要建立完善的、符合时代发展的课程标准和评价标准。在现有课程标准中，融入明确的质量标准。一方面规范教育教学内容，另一方面能以此标准对学校教育过程进行监督，并对教育教学结果进行评价监督，引导学校全面落实素质教育，进而全面提升基础教育质量。

微观层面，建立基础教育质量综合评价的指标框架。我们需要建立具体而明确的学生品德和学业质量指标，并充分体现时代要求，将重视创新精神和实践能力、加强科学和人文素养及审美情趣的培养等列入考核标准。

2013 年 6 月，教育部颁布了《关于推进中小学教育质量综合评价改革的意见》，提出了五大方面含 20 个关键性指标的评价体系。在此基础上，教育部对评价改革进行了系统设计和全面部署，并在全国遴选了 30 个地区作为国家实验区，先行先试，摸索经验，为各地落实综合评价改革奠定了坚实的基础。

运用大数据技术开展教育评价面临挑战。要建立科学的基础教育质量标准体系，必然要革新评价的理念与方式。只有采用先进的评价手段，才能科学地收集、评价、分析、呈现和利用教育数据。当前，在教育质量综合评价中有效运用大数据技术，还有一些现实问题需要克服。目前，仍缺少直接反映基础教育质量的大数据。具体而言，微博、微信、百度等大数据更多来自于年轻一代的网民，网民的年龄比基础教育阶段学生的年龄大；能够直接反映基础教育过程的大数据还十分缺乏。缺乏擅长大数据分析的专业技术人才。大数据分析既需要了解教育的专门人才，针对专业问题进行"词包"的研究，又需要大量懂得大数据分析的统计人员，还需要大量的计算机专业人员。这三者都熟悉的复合型人才更加缺乏，需要擅长不同领域的专业人才协同合作，基于共同问题开展研究。教育大数据分析技术还不完全成熟。当前教育大数据分析还属于"高大上"的时髦名词，分析技术还未达到工具化、可视化、常规化，普通研究机构和研究人员还很难利用现有的分析框架开展研究。针对基础教育质量的大数据研究还十分缺乏。大数据分析是新生事物，目前较多运用到商业领域，但教育上的应用还比较少，各个研究机构正逐步与大型信息技术公司合作，共同探索教育大数据分析。

教育质量综合评价迎来契机。目前，评价的理论和评价的技术，均有待加强研究和改进。随着专业机构的不断建立、专门人才的不断培养，以及各个机构就有关核心技术不断加强研究，以及"互联网＋"时代的云计算、大数据、人工智能技术的不断成熟，基础教育质量综合评价正在朝着自动化、智能化、可视化、智慧化方面大步迈进。

国家教育云的建设为基础教育大数据提供了大量的基础性数据和信息。国家开启了"教育管理云""教育资源云"，上面汇集了全国学生的各项管理信息和资源运用信息。这些信息直接针对学生的教育管理、教师的教研、教师的教学等，并且每年都会及时更新，为基础教育质量评价的大数据分析提供了丰富的数据基础。

各地涌现的以学生发展为导向的教育信息化建设，为开展大数据分析提供了丰富的过程性和表现型数据。各地按照教育部要求，开展"三通两平台"的建设，尤其是"录播系统"和"学生学习系统"的建设，存储了大量的教育过程信息。这些过程信息中，既有教师上课的录音与录像，又有教师的备课信息，还有学生的学习过程信息、家长的参与信息。对这些数据进行大数据分析，将挖掘出现有数据的价值。

教育评价云的建设为基础教育质量大数据的科学分析奠定了基础。2014

年，中国基础教育质量协同创新中心发布了教育评价云，针对学生质量评价从标准、工具、采集、存储、分析与结果方面呈现，进行了全面的研究与设计，为将来的教育质量监测和评价的大数据分析奠定了专业基础。

"互联网 +"时代的基础教育质量综合评价不仅涉及评价机制体制的顶层设计，还涉及评价理念的革新，包括从"评价为了学习"到"评价就是学习"过渡，也涉及未来人才素质素养的理念革新以及评价核心技术的革新。这些都是"互联网 +"时代，深化基础教育综合改革必然会遇到和终将解决的一个个难题。

关联拓展阅读之一

教育评价改革再认识

张　勇　姚春艳

长期以来，由于缺乏准确反映义务教育质量状况的客观数据，单纯以成绩和升学率为标准来评价学校教育教学质量的现象一直存在。近日，国务院教育督导委员会办公室印发《国家义务教育质量监测方案》，决定在全国开展义务教育质量监测工作。《光明日报》2015 年 4 月 16 日第 10 版对这一有着"中国的 PISA"之称的教育质量监测进行了深度解读（详见《教育质量监测：考试评价制度改革的突破口》），就为什么要开展监测、会否增加学生负担、与中高考的区别等热点回应社会关注。今天特推出两位学者对教育评价改革的再认识，围绕认知理解和把握中国教育评价改革的核心逻辑、应用逻辑、技术逻辑，进一步探讨促进学生全面发展、提升义务教育质量的途径和手段。

从关于教育评价改革的各种国家政策、规划、制度、意见中明确本次改革的目标与任务，是认知理解和把握中国教育评价改革的基础和核心逻辑。正在进行的教育评价改革，作为教育领域中具有划时代意义的重大事件，肩负着从根本上改变我国当前的教育评价与国家对素质教育以及人才培养要求不相配套的历史使命，改革的成功不仅关系到中国亿万学子的身心健康和全面发展，也关系到教育兴国、人才兴国的战略能否深入推进。

在教育评价改革进程中，2002 年、2010 年、2013 年和 2014 年，我国政府相继发布了一系列文件，对教育评价改革提出了越来越清晰也越来越紧迫的要求和任务。2002 年，教育部发布《关于积极推进中小学教育评价与考试制度的通知》，提出了中小学评价与考试制度改革的原则。2010 年，被称为"中国当代教育改革元年"，《国家中长期教育改革和发展规划纲要（2010～2020 年）》正式发布，中国教育未来 10 年的总体战略、指导思想和战略目标就此确立。文件中专门论述要改革教育质量评价和人才评价制度。2013 年，被称为"中国教育史上具有里程碑意义的一年"。教育部先后发布了《关于推进中小学教育质量综合评价改革的意见》及其附件《综合评价指标框架（试行）》和《中共中央关于全面深化改革若干重大问题的决定》。前者给出了中小学教育质量综合评价改革的总体要求、综合评价体系要求、完善推进评价改革的保障机制要求、认真组织实施要求；《决定》则明确给出了教育评价、考试改革的时间表和路线图，被称为"我国教育考试招生制度系统性综合性最强的一次改革"。2014 年，被称为中国"全面深化教育改革元年"，标志性事件是教育部指定的全国 30 个中小学教育质量综合评价改革实验区以及中国教育学会管理的实验区先后启动，由此拉开了中国教育史上规模最大、历时最长的教育评价改革实验。当年 9 月，万众企盼的《关于深化考试招生制度改革的实施意见》由国务院发布，正式提出了以"学生学业水平考试成绩和统一考试成绩为两种依据，以综合素质评价结果为参考的高考招生方案"，并建立了上海和浙江两个试点。

上述一系列的政策、规划、制度以及意见类文件，基本完成了我国教育评价改革的顶层设计和实现路线，这种设计体现了全球教育评价发展的总体趋势，即教育评价进入了多元化、个性化、全面综合发展评价的时代。将教育评价改革指向建立一种"体现素质教育要求、以学生发展为核心、科学多元的中小学教育质量评价制度，并希望借此制度的建立，能够实现'切实扭转单纯以学生学业考试成绩和学校升学率评价中小学教育质量的倾向，促进学生全面发展、健康成长，促进学生社会责任感、创新精神和实践能力的培养'"的改革目标。因此，借鉴国际先进经验，建立一套符合中国国情、能够解决我国实际问题的中小学教育质量评价体系，把教育质量评价作为诊断教育问题、完善教育政策、改进教育教学的重要举措是完成这一目标的途径和手段，也成为确保改革成功而必须完成的任务。

有效可靠地研究和把握教育发达国家及中国教育评价发展的历史和现实，是认知理解和把握中国教育评价改革的应用逻辑。

迄今为止，全球教育评价发展共经过 6 个发展时期和 5 个理论阶段，分别是考试时期（学校出现于 19 世纪末，也称作萌芽时期）、测验时期（测量理论阶段）（20 世纪初～30 年代）、描述时期（目标中心理论阶段）（20 世纪 30～50 年代）、判断时期（标准研制理论阶段）（20 世纪 50～70 年代）、结果认同时期（建构理论阶段）（20 世纪 70 年代以来）和综合评价时期（多元智能理论阶段）（20 世纪 80～90 年代及之后的大发展）。与第六个时期基本同步的是全球新一轮的教育深度改革，标志着以成长为基础、以"幸福＋成功"为目标的多元化、个性化、全面综合发展的教育时代到来。

我国的教育评价发展至今，经历了考试时期（周代至清末）、引入美国教育评价时期（民国时期至 1949 年前）、引入苏联教育评价时期（20 世纪 50～70 年代）、"双基测验＋课外活动"时期（20 世纪 80 年代至 2010 年）、2013 年至今的教育评价改革启动。

我国尽管从 20 世纪 90 年代末就开始了新一轮课程改革，并于 2002 年对教育评价提出了新的要求，但在实际发展过程中，教育评价基本上还停留在测验时期。历史上这一时期的特点是，用教育测量的结果作为教育评价的结果，即用分数取代评价。教育测量解决了科学收集教学信息的问题，在一定程度上克服了传统考试的主观性、随机性和随意性，但其最大的问题在于它企图用数字来表示受教育者全部特征，而学生的态度、兴趣、创造力、鉴赏力等的评价十分复杂，很难全部量化，因此，以测量结果作为评价结果，难免过于机械化、片面化，缺乏对受教育者完整和全面的认识。从测验时期发展到综合评价时期，西方国家历经了 4 个历史时期、近 70 年的时间。我国本轮的教育评价改革力图用 10 年左右的时间达到西方国家 70 多年积累所达到的水平，改革难度之大、任务之艰巨，我们要有清晰的认识。从测量阶段跨入综合评价阶段，意味着要解决以下几方面的问题：

构建教育质量综合评价的模型，以解决教育质量综合评价到底应该评什么以及各部分之间的结构关系问题；

构建教育质量综合评价的理论体系，以解决教育质量综合评价的理论依据的问题；

健全和完善教育质量综合评价的评价标准及内容，以解决教育质量综合评价的评价标准及内容结构的问题；

健全和完善教育质量综合评价的测量标准，以解决教育质量综合评价的测量标准的问题；

开发测量和评价工具，以解决教育质量综合评价技术及方法的问题；

建立评价结果解释及应用系统，以解决教育质量综合评价结果如何解读以及如何应用的问题；

建立教育质量综合评价的标准化实施流程，以解决教育质量综合评价长效运行的问题；

研究和理解教育发达国家的教育评价历史与发展，是认知理解和把握中国教育评价改革与发展的理念和技术逻辑。

如前所述，以美国为代表的教育发达国家的教育评价历史与发展共经历了 6 个时期、5 个理论阶段，从测试时期到综合评价时期历时近一个世纪，期间积累了丰富的理论和实践经验。经历过了以单纯的标准化考试（实质就是智力测验、认知测验）为评价标准的"应试"评价模式所带来的各种弊端后，自 20 世纪 60 年代起，以评估学生的综合素质为主的"表现性评价""真实性评价"或"情境性评价"在美国开始兴起，并成为标准化考试的重要补充。时至今日，美国在评价学生和学校上已经形成了"GPA（学业成就）＋综合素质评价＋标准化考试（学习竞争能力考试，或应用、研究潜力测试）"的综合评价模式，而其对综合评价的目标结构的界定则是：综合评价目标＝学习（成就、能力、素养）评价目标＋成长（程度、个性、素养）评价目标＋应用、研究潜力（或学习竞争能力）测试目标。

一个国家对教育质量综合评价的基础框架（图式）架构的设计，是以该国教育理念、意图目标与标准为基础和基准的。1999 年《中共中央国务院关于深化教育改革全面推进素质教育的决定》，2001 年的《基础教育课程改革纲要（试行）》和 2002 年《教育部关于积极推进中小学评价与考试制度改革的通知》以及 2013 年的《意见》和《指标（试行）》，陆续给出了关于教育目标的基础的、系统的划分和结构要求——在国家教育宗旨和总目标之下，基本划分为：学科教育（三维）目标、基础性发展目标、人才培养教育目标，提出了"学业评价、综合素质评价、标准化考试"基本结构和要求。基于这些目标，从 2001 年到 2012 年，教育部陆续出台了学科课程标准、综合实践活动等综合素质课程标准、人才培养规划。十八届三中全会后，教育部发布相关文件及提出的中高考改革制度提出了综合评价＝学业评价＋综合素质评价＋统一考试（学习能力考试，或应用、研究潜力测试）的结构和模式。

综合我国国内相关政策及文件的要求，以及国外先进教育国家的实践做法，我国教育评价改革实验的基础框架应采用：以"学业（素质能力）评价＋综合素质评价＋统一考试（或标准化考试）"为基础，辅助以教育质量监测（或全国教育进步评估）的结构和模式。

教育质量综合评价结构和模式的确立仅仅是解决基础问题之一，依据 2013 年的《意见》和《框架（试行）》的要求，本次中小学教育质量综合评价应建设的评价指标、标准体系等，除教育质量监测之外，主要涉及学业评价、综合素质评价以及标准化考试三个领域。这三个领域都有其要解决的理论、技术与方法难题。

1. 中小学生学业评价的理论、方法和技术需要突破

我国 2001 年的《基础教育课程改革纲要（试行)》和 2002 年《教育部关于积极推进中小学评价与考试制度改革的通知》及相关文件，给出了"三维"的学科教育目标和学科课程标准，学科教育目标不再是过去的"双基"目标，而是"三维"目标。依据三维学科教育目标与学科课程标准的要求，学业评价应解决学生、学校在学科教育上的"三维目标"测量与评价问题，而不再局限于"基础知识、基本技能"的两目标测量评价。

就学业评价而言，评价理论、标准、技术和方法的设计需要思考在以下几个方面实现突破：

（1）理论突破。要有机整合国际知名教育理论以及教育学、心理学等学科的最新研究，建立多元、多维的评价技术模型，使学业诊断和甄别有据可依。

（2）技术突破。要在试题赋分、计分和统计分析上，依据认知与思维等发生过程，设计新的多元、多维的分数结构，为学业诊断和甄别提供丰富的信息，也为不同测试之间的等值转换提供重要的参考。

（3）应用突破。在成绩报告方面，应学习和借鉴国际大型标准化测试的报告系统，不仅能提供数据多元、多维、多重比较结果，而且能提供面向不同群体的数据报告，从

而能为教育咨询提供可靠、可信、有效的科学工具，也能为教研、教学、教管等提供可靠有效的科学平台和工具，并为教师专业发展提供科学的操作平台。

2. 中小学生综合素质评价的理论、方法和技术需要突破

中小学生综合素质评价是本次改革实验的重点内容之一。在这个方面，美国有相当丰富的经验值得我们借鉴，如以档案袋评价法为代表的表现性评价，时至今日已经成为美国教育评价和人才选拔中一种不可或缺的评价方法。

通过对比分析我国当前学生综合素质评价领域中存在的问题以及美国在此方面已经取得的成就和经验，本次教育质量综合评价改革，就学生综合素质评价而言，要考虑解决以下几方面难题：如何界定中小学生综合素质及其评价的概念；构建中小学生综合素质评价的理论体系及模型；健全和完善中小学生综合素质的评价标准；健全和完善中小学生综合素质评价的测量标准；健全和完善中小学生综合素质评价的指标体系；开发中小学生综合素质评价的评价工具；制定中小学生综合素质评价的工具操作标准；改进中小学生综合素质评价的结果呈现方式；建立中小学生综合素质评价的结果解释及应用系统；设计中小学生综合素质评价实验推广模式；设计中小学生综合素质评价公信力保障系统。

3. 标准化考试的理论、方法和技术需要突破

标准化考试作为人才评估与选拔的核心手段之一，在这次改革中也有需要解决和突破的难题。

首先要解决的难题是如何界定学科人才、学业人才以及如何界定学术型人才和应用型人才概念的问题。

其次要解决学业人才评估与选拔的理论和评价模型构建的难题。

最后要解决学业人才评估与选拔指标体系构建的难题。

选自《光明日报》（2015 年 4 月 21 日）

关联拓展阅读之二

"真实性评价"之辨

杨向东

真实性评价（authentic assessment）植根于美国著名哲学家和教育家杜威的经验教育理念，兴起于美国 20 世纪八九十年代结果取向的教育改革（out-come orient education reform）和学校重建运动（school restructuring movement），并逐渐成为席卷北美、欧洲和澳大利亚等西方发达国家和地区的评价改革思潮。在深层次上，真实性评价的兴起，并不单纯是评价领域的一场改革，而是教育理念、学习方式和学校教育机制等方面改革在评价领域中的一种反映。

真实性评价的倡导，缘于对追求唯一正确答案的标准化纸笔考试的反思和批判。通过采用多样化评估方式、创设具有现实意义的真实问题情境，真实性评价旨在改变过分关注事实性知识再认和回忆的做法，实现对高层次思维能力等有现实价值的学习结果的评价。这一概念一经提出，就受到了教育研究者、课程开发者、教育决策人员以及一线教育工作者的极大欢迎。在我国，随着基础教育课程改革的逐步实施，真实性评价也逐渐被国内学者所关注。

尽管很少有人会反对真实性评价所试图回应的教育问题，但如何理解真实性评价，不同学者给出了各种不同的解释。围绕这一术语，一系列的概念和关系需要澄清。例如，究竟什么是真实性评价？所谓真实性的内涵是指什么？如何理解真实性评价和表现性评价（performance assessment）的关系？如何理解真实性评价和基于素养的评价（competence based assessment）的关系？厘清这些基本概念和彼此关系，是合理设计和实施真实性评价的基础。

一、什么是真实性评价

通常，美国学者威金斯（Wiggins 1989a, 1989b, 1993）被认为是最早提出"真实性评价"这一术语的人。在威金斯（1990）看来，所谓的真实性评价，是指"我们直接考查学生在一些有价值的认知任务上的表现"。这些任务包括提出和解决数学问题，开展科学实验研究，开展基于文本的历史探究，不断修改和完善文学作品，以及在团队讨论中有效表达、倾听和交流思想等等。威金斯认为，和传统的纸笔测验中的问题相比，这些任务更能体现最新的教育教学理念和实践，满足基于这种理念下评估学生学习结果的挑战。解决这些任务或者这些类型的问题，需要学生反复多次，持续不断地修改自己的问题解决方案，改进自己在任务上的表现，形成不断完善的中介或最终产品。它需要学生在这一过程中不断地反省、论证自己所给出的方法、思路或答案，而不是像传统纸笔考试那样，只是简单地选择某个选项，或者写出正确答案即可。因此，真实性评价给予了学生更为充分的机会来展示自己的理解、思考和问题解决技能，更能显示学生运用已有知识解决复杂的开放性任务的水平，而不是像传统纸笔考试那样，更多涉及学生已有知识的再认、回忆或套用。

然而，威金斯（1990）只是列举了若干所谓"有价值的认知任务"，并没有给出确定和选择这些任务的依据或标准。这就需要进一步明确所谓"真实性"的内涵究竟是什么。从该词的英文 authenticity 或 authentic 来看，其含义有两个：一个是符合实际情况、值得信任的，比如，真实的记录；另一个是正宗的、原汁原味的，比如，正宗川菜。无论选取哪一个含义，真实性都隐含了一种积极的价值评判意味。真实的显然就是好的、值得期许的。采用"真实性评价"这一术语本身，就蕴含了这种类型的评价就是好的，而与之相对的纸笔考试就是不好的，但这并没有明确其内涵，反而带有误导性。它会导致教育研究者和实践人员过于草率地丢弃合理而有效的测评方式，转而寻求一些似是而非的东西。因此，明确真实性评价的内涵至关重要。

（一）真实性即任务的现实保真程度

综观已有文献，对真实性评价的一种常见理解，强调评价任务或情境的现实性，即评价任务与现实社会生活中相同或相似任务或情境的吻合程度。按照这种理解，真实性评价旨在"重现作家、商务人士、科学家、社区管理者、设计师或者历史学家们通常面对的各种挑战或要求（威金斯，1989a）"。真实性评价任务本身就是这些人所面对的任务或问题情境的实际案例。此处，学生在未来专业领域或职业生涯中可能遇到的各种现实生活情境是真实性评价所指向的目标情境（the criterion situation）。由此，判断某个评价任务的真实性程度，就是审视该任务及其施测条件对目标情境的保真程度（degree of fidelity）。保真性是计算机模拟领域中的常用术语，用以描述某个模拟场景和现实的接近程度。某个评价任务越是能够原汁原味地再现目标情境中该任务的情形、要求和实施条件，该任务就越是真实的。例如，美国数学教育心理学者乐生（Lesh）和拉蒙（Lamon）（1992）就明确表明，所谓的真实性数学活动，是指那些包括如下特征的数学活动：（1）真实的数学；（2）现实性情境；（3）现实生活情境中有可能实际发生的问题；（4）现实性的工具和资源。基于这种思路，古利克（Guliker）等人提出了一个理论框架，从五个维度来评估评价任务的真实性程度。这五个维度包括：评价任务（the assessment task）、物理场景（the physical context）、社会场景（the social context）、评价结果或形式（the assessment result or form）、评价标准（the assessment criteria）。按照这一理论框架，判断某个评价任务是否真实，不仅要看任务本身的特征是否和目标情境相似，任务呈现方式、相关信息细致程度、可利用资源的数量和种类、可支配时间等物理性因素，完成任务时的组合方式（是个人还是团队协作）和社会过程，任务完成的结果类型和呈现形式，评价标准的现实程度和公开方式等等一系列因素都是需要考虑在内的。古利克等人通过具体案例来说明考虑这些因素对于评价任务真实性的重要意义。比如，评价军队汽车机械师查明汽车故障原因的能力，通常会在一个干净舒适的修车场进行。这种情况下，机械师通常会有各种各样顺手的工具、仪器或设备以供选择和使用。然而，对这些人而言，未来实际的工作场所有可能是在战场上，天气恶劣，空间狭小，工具匮乏。即便是相同的汽车故障问题，也很难说前一种情况真实地测评了机械师在现实情境中的汽车修理能力。

（二）真实性即所测学习成就的现实价值

另一种常见的对真实性的理解，强调真实性评价所要考查的学生学业成就的现实意义和价值。其实，在威金斯提出真实性评价这一术语之前，阿奇博尔德（Archbald）和纽曼（Newmann 1988）就提出了"真实性学业成就（authentic academic achievement）"这一说法。在他们看来，任何（学生学业）评价都存在一个真实性问题，也即该评价"所收集的信息是否是对有价值的知识和技能的一种准确估计……这种关注即可概括为真实性问题。判断学业成就的真实性是一个复杂的问题……不管是传统还是替代性的测评形式，都需要用明确的真实性标准来加以指导"。所谓的真实性学业成就，至少满足三个特征：（1）能够创造知识（production of knowledge），而不仅仅是再现他人创造的知识，或者只是对他人创造的知识做出反应。（2）具有严谨的探究能力（discipline enquiry）。严谨的探究是所有领域的专家开展工作的共同方式。个体要能够在自己的专业领域开展严谨的、系统深入的探究工作，需要系统积累本领域的知识基础，能够深刻理解本领域中的问题，能够采用新颖的方式整合或重组已有知识，创造新的知识。（3）个体所从事的活动或实现的学业成就具有超越评估本身的审美、实用或个人价值（values beyond assessment）。正如阿奇博尔德（1991）所讲的那样，人们之间书信往来，并不是为了展示彼此交流的水平有多么高，活动本身对于交流的人而言就是有意义的。在纽曼和阿奇博尔德（1992）看来，这样一种真实性学业成就，其最终目的在于"培养对个体和社会都有用的高层次思维和问题解决能力"，它更有可能实现从学校到社会的迁移。

按照这一观点，指向真实性学业成就的评价就是真实性评价。这种观点下的真实性，并不关注评价任务本身是否和现实生活情境中的任务完全相同，而是任务所考查的学习结果是否是真实的学业成就。这种真实性，因而不是指向任务本身的，而是指向任务所承载的认知特征、情境条件和评价原则，判断它们是否与相关专业领域中的现实要求相吻合。换言之，纽曼和阿奇博尔德主张的真实性学业成就，强调了特定领域知识的整合或重组、系统严谨的探究能力的展现，以及在此基础上的知识创新。某种评价任务，即使没有在严格意义上"重现"个体在现实专业领域中的实际任务，但考查了学生在上述能力或学业成就上的表现，就可以被视为是真实性任务。基于这种思考，萨弗里（Savery）和达菲（Duffy 1995）认为，评价的真实性是指解决评价任务所需的认知要求或思维方式与目标情境中的认知要求或思维方式的相似性。但是，将评价（或评价任务）的真实性仅仅限定在认知层面上，显然窄化了纽曼和阿奇博尔德（1992）对真实性学业成就的界定。卡明（Cumming）等人将真实性学业成就概括为建构性学习、严谨的探究、高层次思维、问题解决、实用和审美价值等方面，因此这里真实性的核心是学生整合已有的知识、技能、态度、个体倾向性等诸多方面，并能够将其运用到有意义的新问题情境中去的能力。

（三）对真实性的分析

显然，上述两种观点都强调真实性评价和学生未来社会生活的现实要求和挑战的一致性，但强调的侧重点有所不同。前者强调评价任务本身的现实程度，而后者则侧重于所考查学业成就的本质。卡明和麦斯威尔（Maxwell 1999）将这两种观点分别称之为（学业）成就的真实性评价（authentic assessment of achievement）和真实性（学业）成就的评价（assessment to authentic achievement）。不过，这种分法似乎并没有很好地显示两者的真正区别。迈锡克（Messick 1994）将两者分别称为任务驱动的（task-driven）和建构驱动的（construct-driven）方式。相比之下，后者似乎更有助于分析两种观点的关系和利弊。任务和建构之间的关系是理解教育评价活动的关键。所谓的建构，是指评价任务所欲考查的学生的某种属性。在一般的意义上讲，教育评价是一种基于证据的推理过程，即通过学生在某些评价任务上的表现来推断他们在某些重要（心理或教育）建构上的特征或水平。此处，评价任务（assessment task）、表现（performance）、建构（construct）是理解评价活动的三个关键词。从测量的角度看，学生在所测建构上的特征和水平才是评价活动的最终指向。学生在评价任务上的表现是推断学生在建构上的特征和水平的具体指标。评价任务则是用以引发所测建构外在指标的载体。首先，通常情况下，教育领域中的重要建构，如前面提到的学业成就、探究能力、合作能力、知识整合程度等，都是无法直接观测的潜在变量。其次，建构的不同特征或水平和学生在评价任务上的某种特定表现之间存在某种对应关系。这种对应关系是评价者可以借助于后者推断前者的前提基础。第三，尽管不同建构特征或水平和学生在评价任务上的外在表现之间存在某种对应性，但是两者并不等同。一个学生的建构水平或特征，比如探究能力，具有跨越一系列具体任务的概括性和一般性。虽然通过学生在某个特定任务上的表现可以推断其探究能力的高低，但反过来，学生探究能力并不完全依存于该特定任务，必然指向一系列的不同的探究任务。从这个意义上说，任何一个评价任务，都只是所测建构的所有可能观测指标中的一个。

上述认识提供了理解和分析任务驱动和建构驱动真实性评价的基础。任务驱动的真实性评价关注评价任务的真实性，强调评价任务和预期的真实生活情境的相似性。按照这种观点，评价任务的质量取决于研究者在多大程度上能够重现现实生活问题的复杂性。通常，真实性评价所倡导的评价任务是非常复杂的、开放性的现实问题，嵌套于复杂多变的时空和社会条件中。如果不是完全不可能的话，真正的现实任务及其实施条件至少是非常难以完全重现的，即便是研究者非常谨慎小心，恐怕也会有很多变量或细节缺乏控制。以前面所述的军队汽车机械师维修汽车为例，除非将机械师直接置于真实的战场中，否则很难通过模拟的手段充分复制该评价任务的真实性。实际上，按照这种观点，绝大多数现实生活中的真实问题都是难以完全复制的，因而不可复制性是任务取向的真实性评价面临的一个重要问题，即便承认不同评价任务在真实性上存在不同程度的差异，任务驱动的真实性评价仍然面临其他难题。如果只是关注评价任务的现实意义或学生在这些任务上的外在表现，这样的评价其实只是关注了真实性评价的外在方式，而缺失了对这些任务所指向的潜在建构性质或特征的认识或理解。本质上，这是一种行为主义观下的评价方式。相应的，任务驱动的真实性评价也就自然带有了行为主义的弊端。众所周知，行为主义否认潜在的心理建构的存在，主张研究个体在特定刺激条件下可直接观测的行为。在这种观点下，真实性评价就变成研究者根据学生在某些特定（真实性）评价任务上的表现，推断其在未来专业领域或现实生活中的行为表现的过程。其中一个关键的问题，是判断当前评价任务的领域代表性。换言之，如何确定所采用的评价任务是所要推断的目标情境或任务范围的一个代表性样本。而要解决这个问题，首先需要明确而客观地界定所要预测的专业领域或现实生活的内涵和外延，以及其中所包含的所有可能"真实性"问题或情境的总体。在行为主义传统下，领域总体的界定通常是借助于领域专家的经验判断。专家基于自己对某个领域结构以及测验"内容"的理解，来判断测验"内容"是否与目标领域相关，以及是否合理地涵盖了目标领域的不同方面。这样一种判断，往往建立在专家对领域的个别理解之上，建立在他们对测验中所涵盖的行为与领域行为表面相似性的判断之上，而未必指向学生在未来生活中所需的真正有价值的技能或能力。而解决这一问题的出路，在于从建构理论的水平上分析学生在未来专业领域或现实生活中真正所需的技能或能力，寻求当前任务和目标任务在深层的反应机制上的一致性。

行为主义观的真实性评价容易导致的另一个问题是操作主义（operationalism）。这会导致几个后果。一是"真实性"评价任务操作定义的多重性。缺失了对深层建构的关注，评价者很容易局限于自己认为有价值的某些任务类型或形式上。由此，在严格操作主义基础上，真实性评价就演变成考查学生在评价者所界定的某些"真实性"任务的特定表现。这样一来，不同的真实性评价所欲考查的学生属性更多地掺杂了某种操作定义下所特有的成分。有多少个不同的评价者，就有可能形成多少种"真实性"评价任务的操作定义。这就自然引出操作主义的第二个后果，即评价标准和评价结果的不可推广性。不同的真实性评价任务包含有很多特定的、不具有跨任务一般性的特征。学生在这些任务的表现也会受到这些特定任务特征的影响。如果评价标准过分关注这些具体任务特征（task-specific feature）所导致的学生表现，评价结果就很难推广到其他任务或任务情境中去。而要解决这一问题，就必须要诉求这些评价任务背后的抽象的、概括性的建构。第三，如果只是判断学生表现等级，那么根据学生在某个操作主义下特定任务上的表现，也可以在一定程度上达到目的。然而，如果试图从学生的表现中发现学生表现不良的原因，对教师教学和学生学习提供针对性的信息，仅仅关注任务及学生表现就不够了。评价者需要从任务完成所需要的知识技能、思维过程等方面入手，来理解学生任务解决的内在过程，才有可能实现后面这些目的。真实性评价兴起的一个非常重要的原因，在于能够对学习和教学产生积极的影响。从这个角度讲，建构驱动的真实性评价更有助于在深层上解决这一问题。

任务驱动的真实性评价所面临的第三个问题和基础教育阶段学生的教育水平有关。任务驱动的真实性评价强调任务能否完全重现成人所处的专业领域或现实生活中的真实问题及其运作情境。这样的任务大都是非常复杂的、开放性的专业问题。对于处在基础教育阶段的学生而言，他们并不适合直接解决这样的问题。认知研究表明，过分复杂的认知任务会导致学生的认知负荷过重（cognitive over load），继而对学习产生负面影响。显然，任务驱动方式下所强调的真实性评价任务必须要经过某种简化，才能适合基础教育阶段学生的心理发展和教育水平，不过这并不意味着对真实问题及其运作情境的任何简化都是可以的。如何深刻理解专业领域或现实生活中的真实问题及其运作情境？对这些问题或情境进行怎样的改变才算是合理的简化？怎样判断简化后的任务是否既适合基础教育阶段的学生又保持了一定程度的真实性？诸如此类的问题，都需要采取一种理性的、审慎的态度，需要形成一种原则性的、基于研究证据的设计框架。从这个角度来看，建构驱动的真实性评价方式关注评价任务所指向的关键属性（或建构），注重分析学生解决任务背后的问题解决过程，从而在深层反应机制上提供了一种判断各种不同任务和目标情境相似程度的途径。

采纳建构驱动评价方式下的真实性观点，并不意味着完全摒弃对评价任务本身特征的关注。强调评价任务所指向的潜在建构，只是提供了在另外一个角度审视这些任务真实性程度的视角。建构的各方面特征或不同水平，和学生某种外在的表现有着某种对应关系。而学生的这些表现，必须要借助于特定的评价任务才能引发出来。因此，任务特征、学生表现和建构水平三者之间存在某种内在的联系。这种联系的实质和结构，可以通过系统的实证研究来加以揭示。建构的真实性必然会涉及评价任务的某些特征。实际上，标准化纸笔考试之所以受到批评，就在于这种考试的任务形式限制了对某些有价值学业成就的考查。合理考查阿奇博尔德和纽曼（1988）所提出的真实性学业成就，就必然涉及合适的评价任务（类型）及其特征的选择和设计。所不同的是，在建构驱动方式下，评价任务所指向的建构和目标情境所需建构的相似程度，而不是评价任务特征本身，成为评判任务真实性程度的依据。这样一来，研究建构和任务特征的内在关系，明确这种关系的结构、过程和运作机制，就为判断真实问题及其运作情境中的关键性特征和边缘性特征提供了实证基础。

迈锡克（1994）指出，设计真实性评价任务需要关注两个方面。一个方面是复杂性，是指设计任务时所能关注到的特征数量和范围；另一个方面是保真性（fidelity），是指所关注到的每个评价任务特征和现实生活中对应任务特征的相似程度。因此，设计真实性评价任务的一个重要问题，就在于要尽可能保留关键性任务特征（即迈锡克所说的复杂性），使之尽可能和现实相接近（即迈锡克所说的保真性），适当控制边缘性的、对所测建构没有重要影响的任务特征。这为如何简化现实任务提供了一种可能。不仅如此，现实生活中所需的知识或技能、研究能力或思维方式并不是一蹴而就的，而是学生在长期的学习和教学过程中不断发展起来的。在建构驱动的评价方式下，可以在建构水平上研究未来专业领域或现实生活所需能力或技能的发展阶段或机制。这种建构发展理论和上述任务设计模式相结合，为解决前面所述的第三个问题提供了一个科学系统的方法。

二、真实性评价和表现性评价的关系

真实性评价和表现性评价是两个紧密关联的概念，然而对于两者究竟是什么关系，不同学者有着各种不同的认识和理解。一种观点认为，真实性评价就是表现性评价，两者在内涵和外延上是等同的；还有学者认为，表现性评价是真实性评价的一种，真实性评价包含除表现性评价之外的其他形式；与之相反，有学者认为真实性评价是表现性评价的一种特殊形式，所有的真实性评价都属于表现性评价，其特殊性在于前者所采用的任务和现实任务的高度保真性。因此，有必要对两者关系做更为深入的分析。

在一般的意义上，个体（不一定限定为人）在任何任务或问题情境中的外在行为及其产生的结果都可以被称为一种表现（performance），比如马戏团中鸽子根据训练者出示的简单数学算式，将相应答案从一系列数字中叼出来。与之类似的，学生在传统纸笔考试中将某个选择题的正确选项划出来，也可以视为一种表现。在这个意义上，所有的评价形式在本质上都属于表现性评价。按照这种理解，本文所指的真实性评价只是表现性评价的一种形式。

然而，这显然不是已有文献中表现性评价通常所指的内涵。从这一术语提出的本意来看，表现性评价是指一种非主流评价形式（alternative assessment），是与传统的以选择题为题型、以纸笔考试为测试方式的标准化考试相对应和相区别的。这里所指的表现，是指学生要展现其任务解决的实际过程和结果，而不是像在选择题形式下那样，被动地选择事先确定的可能选项。它强调表现是学生一种积极主动的生成性活动（productive activity）。它可以是诵读课文、开展辩论、饰演戏剧、在公开场合演讲等；可以是学生已经完成或尚未完成的作业草稿，或学生根据任务要求短时间内形成的答案或展示性结果，比如对简单或复杂开放性问题的回答、写篇文章或者做个实验；也可以是学生在相对较长时间内开展的专题性学习、研究或调查，以及在此基础上的展示性作品，如研究报告、绘画、设计作品等。按照这种理解，有学者（1991）将表现性评价定义为"对学生开展某项活动（activity）或生成某种产品（product）的技能的观察或判断"。

显然，这里所说的表现涵盖了大量的不同类型任务或活动形式。只要不是被动机械的选择或回忆答案，任何积极主动的任务完成过程及其结果，都符合这里所讲的表现的含义。其实，从完全封闭的选择题到完全开放的表现性任务之间，并不是一个二分的概念，而是一个逐渐变化的连续体。这种变化的关键维度是任务情境的结构化程度和学生完成任务的自由度。在该连续体的一端，是高度结构化、完全封闭的任务类型，即西蒙（Simon 1973）所说的良好结构问题（well-structured problem）。传统测验中的很多任务类型属于这种情况。通常，这些问题或任务的表述清楚明确，解决问题所需的信息或条件都在问题或任务陈述中给出。不仅存在一个唯一正确的答案，而且存在一个确定性的问题解决策略。只要学生能够正确应用该策略，就能确保获取正确答案。因此，该类任务高度限制了学生应该给出的合理结果以及产生这一结果的过程，学生几乎没有什么自由思考或发挥的机会。与之相比，处于该连续体另一端的任务类型属于不良结构问题（ill-structured problem）。这样的任务大多是复杂的开放性任务，不仅没有确定性的答案，甚至连任务是否得到合理解决的判断标准也不是确定性的。学生有着充分的自由度来构建自己或团队的问题解决方法，通过各种各样的方式展示相应的结果或产品。由此可见，即便是在这个意义上，表现性评价的内涵依然非常丰富，涵盖了大量的任务和活动类型。按照这种理解，本文所指的真实性评价仍然属于表现性评价的一种。

因此，理解真实性评价和表现性评价的关系，关键在于研究者如何限定所谓的"表现"的含义。在很多学者对表现性评价的论述中，他们并没有在"表现"一词的完整意义上进行思考。相反，为了突出和强调表现性评价和标准化纸笔考试的对立，这些研究者往往是在真实性评价的内涵上讨论表现性评价的，例如在谈及表现性评价时，斯威特（Sweet 1995）等认为它是反对标准化考试、倡导一种新型评价模式的代名词。由此，表现性评价是非主流评价（alternative assessment）、真实性评价和表现性评价的一个统称。不同称法的区别，仅仅在于强调了这种新型评价模式的某个方面。非主流评价突出了它是有别于传统的、关注事实性知识的、以选择题为主要题型的标准化考试的一种评价方式。真实性评价突出了它所采用的任务或任务情境的现实性。表现性评价突出了在这种评价方式下，学生需要在给定的条件或标准下展示任务解决的实际过程，或者是最终产品的构思、制作和开发过程。并非所有的表现性评价任务都符合本文所讨论的真实性评价任务的要求，然而，斯威特（1995）等强调，表现性评价中的任务需要是情境化的、指向跨学科技能的、学校教育之外可能遇到的多维度问题类型。类似的，贝克（Baker）和奥尼尔（O'Neil 1994）认为表现性评价指向"……复杂学习、高层次思维、对学生大量主动反应的模拟、多步骤的任务以及学生时间和精力的真诚付出。表现性评价也可以强调'真实性'，就是说，（表现性）任务对学生是有内在价值的，不管是在当前，还是学生能够看到（这些任务）和某个重要目标的长期联结。可以认为，表现性评价创设了良好和不良结构问题的连续体一个机会，将高质量的学科学习整合到潜在有用的任务中……实践做法上，绝大多数表现性评价还要求学生交流他们对内容、过程、策略以及所得结果的理解。这种交流的成分，增强了任务的'现实生活'真实性"。显然，他们所理解的表现性任务就是本文所指的真实性任务，其外延要窄于全部任务类型。这就不难理解，不管是讨论表现性评价还是真实性评价，相关研究者都指向开放性问题的完成、评估档案袋的制作、实验室实验的开展、进行实际演讲等任务类型。

三、真实性评价和基于素养的评价的关系

当前，我国新一轮基础教育课程标准修订工作正在进行。此次修订旨在以"立德树人"为根本目标，进一步深化课程改革，转变育人模式，实现促进学生核心素养发展的学习方式和教学模式转型。因而如何理解真实性评价和基于素养的评价的关系，具有重要的现实意义。

根据前面的讨论，真实性评价的英文表述为 performance assessment of authentic achievement。对应的基于素养的评价的英文可以表述为 performance assessment of competence。可以看出，两者的不同在于表现性评价所指向的潜在建构，因此理解两者关系的关键，在于如何理解真实性（学业）成就和素养的关系。素养（competence）一词由来已久，其应用涉及语言、心理、教育、管理、人力资源等领域。早在 20 世纪 50 年代，著名心理语言学家乔姆斯基（Chomsky 1957）就对表现和素养做了区分。表现是指儿童各种外在的语言表达，而素养则是对应于这些语言表达背后的深层语言规则体系和产生机制。个体的语言素养必须要通过其在各种情境中的语言表现来加以推断。受乔姆斯基的影响，后继的心理学研究通常将素养界定为个体外在表现背后的心理属性（attribute）或特质（trait），然而在其他领域，也有人将素养界定为社会群体或机构（比如某种类型的企业）所具有的某些属性或特征。尽管应用非常广泛，素养这一概念始终缺乏一个清晰的内涵。在系统梳理了各个领域的相关文献之后，魏纳特（Weinert 1999）列出了对素养内涵的 6 种不同界定：（1）一般性认知能力，指跨越不同内容或情境的所有能力倾向。（2）先天遗传的领域具体能力，如乔姆斯基所讲的深层语言规则体系和产生机制。（3）后天习得的需求导向的知识技能。（4）个体寻求效能的各种需求。（5）对自我的主观评价。（6）成功学习或行动所需的所有认知、动机和社会性前提。魏纳特指出，这些不同的素养定义之间既缺乏共同的理论基础，在实际应用上也不尽相同，给素养的理解、测量和应用造成极大的困扰。

因此，如何理解素养的内涵是理解真实性学业成就和素养之间关系的前提。在上述 6 种不同的素养内涵下，素养和前面所述的真实性学业成就的关系也会有所不同。由于本文所关心的是在教育环境下，尤其是学校教育情况下，个体适应未来社会和专业生活

所需的素养，所以，此处对素养内涵的理解更多的是站在教育的角度展开的。对素养内涵的界定需要兼顾如下几点：（1）尽可能降低素养中对人类一般能力倾向或智力因素的依赖，强调那些后天习得的，能够通过教育活动培养的知识或能力；（2）不仅仅限定于认知能力、态度、自我信念或效能感等动机因素在问题解决以及长期的专长发展中也具有重要作用；（3）避免界定过于细碎，从而导致大量内涵狭窄的素养构成，应该关注少量关键性、根本性和基础性的核心素养（key competencies）。按照这种理解，素养是指个体整合或组织知识、技能和态度等并将其应用到新情境的能力。通常认为，核心素养至少包含三个方面：（1）认知能力，比如问题解决和批判性思维；（2）元认知能力，比如反思或反省；（3）社会能力，比如沟通交流和合作等。前面提到，纽曼和阿奇博尔德所指的真实性学业成就，其核心是对已有知识、技能和态度等的整合程度、具备各专业领域专家所共享的严谨探究能力，以及在此基础上开展高层次思维、解决有现实意义的新问题和创新知识的能力。和上述核心素养的界定相比较，可以很清楚看出素养和真实性（学业）成就在内涵上具有很大的一致性。正是在这个意义上，古利克等人将真实性评价理解为是对学生素养的一种评价。这些素养和应对专业领域中目标（任务）情境所需的素养是相同的。

四、结语

真实性评价力图纠正标准化纸笔考试的弊端，通过复杂的、不良结构的现实任务，检验学生适应未来生活和专业领域发展的能力。虽然真实性评价越来越受到国内外学者的关注，但对真实性评价的内涵以及其与其他相关评价类型的关系认识上，仍存在一定的混乱和模糊之处。和单纯关注评价任务的现实程度的真实性评价观相比，秉承一种建构驱动的真实性评价观更为科学和合理。按照这一观点，真实性评价不仅要关注评价任务的现实性，更要关注这些任务是否指向对学生真实的、有现实价值的学业成就的考查。这样一种真实性评价，如果和学校日常的课程、教学相整合，就会成为一种促进学生真实性学业成就发展的有力手段。它不仅有助于克服任务驱动真实性评价观的行为主义、操作主义和经验主义等弊端，在深层次上提供判断各种任务现实程度的一种途径，还有助于厘清和表现性评价、基于素养的评价等的关系。

选自《全球教育展望》2015年第5期

关联拓展阅读之三

义务教育质量评价的基本原理、路径与方法

张源源　刘善槐　邬志辉

　　义务教育质量评价一直是学界和各级教育行政部门关注的热点问题，《国家中长期教育改革和发展规划纲要（2010~2020 年）》明确提出要改革教育质量评价制度，根据培养目标和人才理念，建立科学、多样的评价标准。然而，当前的义务教育质量评价却存在诸多问题，如难以凝聚质量共识、没有核心的质量评价标准和缺少对学校教育质量的公平评价等[1]。而产生这些问题的根本原因在于以下四个方面：评价的理论问题不明晰，评价指标体系缺乏完整的分析框架，评价的数据支持系统不完善，评价标准的确定缺乏科学依据。为此，需要深入探讨相关理论与方法问题，以期为构建科学合理的义务教育质量评价体系提供指导。

一、评价要素关系的模型化

　　所谓评价，是从教育目标的角度，对教育测量和测验所提供的数量资料和通过观察所获得的质的资料做出解释，对教育工作在多大程度上达到了初期目标做出价值判断，从中获得可资日后利用的信息[2]。评价时需要明确以下基本问题：评价什么？评价对象是什么？评价如何实施？评价需要什么样的信息支持？评价的标准是什么？谁来进行评价？[3] 显然，义务教育质量评价的内容是"质量"，其具体内涵取决于质量观，评价对象是"质量"的作用主体——学校系统以及这一系统的作用机制和作用效果，在明确这两者的具体含义之后，需要确定它们之间的关系，这是实施评价的核心理论问题，是探讨评价实施的方法与途径、建立信息支持系统、确定评价标准的基础。为此，需要构建评价理论模型，借以表达这两者之间的基本关系。在此之前，需要深入分析义务教育的发生过程。

第一，义务教育阶段学生发展的作用主体、发展的内涵与发生过程。在义务教育阶段，与学生直接相关的作用主体有学校、家庭和社会，其中学校对学生的作用通过学校的硬件设置、师资状况以及老师的教学理念、教学方式，学校的文化氛围等来发挥；家庭对学生的作用通过家庭的物质条件、家庭成员的文化水平等进行发挥；社会对学生既有直接的作用，也有间接的作用，直接的作用通过学生参与的各种社会活动发挥，而间接的作用表现为社会对家庭和学校教育活动产生影响，进而间接对学生发挥作用。学生的发展内涵取决于义务教育阶段的教育目标，而教育目标由质量观所确定。各个国家以及同一国家的不同时期对教育质量的理解或认识都是不一样的，但多元取向的质量观获得了广泛认可。因此，教育质量的内涵可以以多种方式进行划分，如果从发展水平的维度进行划分，则可以表示为德、智、体、美、劳等维度，而如果从课程目标维度划分，则可以表示为知识与技能、过程与方法、情感态度价值观等。从义务教育发生的过程来看，它既不是教育的起点也不是教育的终点，它的两端连接着学前教育和高中阶段教育，义务教育在教育系统中的作用体现为学生在这一中间环节获得的教育增量。基于对义务教育作用主体、质量观以及义务教育的发生过程的分析，可对义务教育阶段形成以下基本认识：

1.学生的发展是多主体综合作用的结果。学生在义务教育阶段获得的教育增量不仅仅是学校系统的作用，还受社会、家庭以及学生自身特质的影响。并且各主体也可自成系统，由作用通过内部各种要素组合成的有机体共同发挥。

2.学生的发展是多元的。义务教育在学生身上不仅仅是学业成绩等某个方面的作用，还包括许多其他方面，如良好习惯的养成、道德水平的提高等，并且其中有些方面的影响是深远的，在学生进入社会后仍可能发挥作用。

3.学校系统对学生的作用取决于教育增量。作为学生教育过程中的一个中间环节，义务教育在学生身上的成效体现学生在这一过程中所获得的教育增量，而不是学生离开义务教育阶段时的基本状况。

第二，义务教育质量评价理论模型的基本结构。对学生而言，学校、社会和家庭构成了一个教育系统，但是学生在这一系统中获得的提升不仅取决于这三者，还取决于自身特质，如学生在体育素质方面的提高不仅取决于学校的培养，还取决于学生的身体状况。为了表达学生义务教育阶段在教育系统中各个方面的提升量，需要经过前测和后测，即在学生进入义务阶段教育之前以及完成义务阶段教育之后对学生某些方面的素质进行测量，而后测与前测之差，在剥离由学生自身特质、家庭以及社会系统所获得的提升后便是学生在学校系统中获得的提升量。评价维度的选取取决于评价内容，而评价的内容取决于对教育质量的不同价值解读或理解。

为了便于比较和说明，有时需要对学生的各种特质进行整合，而整合最简单和常用的方法是加权法。权重可通过定性或定量的方法确定，定性的方法有 Delphi、AHP 法等，而定量的方法通常有因子分析法、熵值法、回归分析法等。

以上理论模型体现了义务教育质量是由社会、学校、家庭、自身特质共同决定的，因此在评价学校在教育质量中的作用时应该剥离社会、家庭和自身特质等变量，常用的方法是随机法，通过多所家庭背景、生源等无显著差异的学校进行横向比较来抵消无关变量的干扰作用，在实际操作过程中可通过实验设计，利用方差分析方法来计算出学校的具体作用。需要说明的是，社会、学校和家庭这一综合系统在学生群体上的作用机制，其中，这些外部因素在学生身上的作用属于外生变量，而学生的自身特质为内生变量，只有当外生变量的作用机理吻合学生个体内生变量的发展规律时，才能达到一个较好的教育效果，而教育效果的好坏取决于学生进入义务教育阶段前后所获得的教育增量。

二、评价维度的指标化

理论模型给出的多维度特性增量均为概念性指标，如德育、能力、知识等，这些概念指标有些是综合性、有些是隐性的，不能直接观察和度量。为了精确度量理论模型中的评价维度以及教育外生变量在学生群体上的作用机理及其效果，为建设义务教育数据库收集最小分解单元的数据奠定基础，需要构建一套完备的指标体系。

第一，明确评价指标体系的功能定位。指标体系的功能指的是通过对指标体系中的指标赋予符合客观事实或客观规律的含义，并进行合理应用使其发挥出来的效能，不同的功能定位对应不同的指标体系。评价指标作为一种具体化、现象化的评价准则，它是一定时期人们价值观念的反映，体现着人们对教育活动的价值认识，在某种意义上说，评价指标是对教育评价对象的一种价值建构。[4]不同取向的教育指标的功能、主体、对象状态、指标侧重点是不同的。[5]指标体系是对指标系统化的过程，一套完备的指标体系可为全面诊断义务教育质量状况提供科学合理的标尺，为实时监控我国义务教育阶段在过程、结构、层次、活力等各个维度上的变化状况提供翔实的衡量载体，为各级政府制定义务教育阶段相关政策提供依据。对应于评价的目标，评价性的指标体系的功能有以下四类：

1. 描述与聚焦。指对义务教育质量相关的教育要素进行描述，对教育主体或教育主题进行聚焦，使人们能够获得教育质量整体状况或某一方面的基本信息。

2. 监测与评估。指对教育质量的发展状况进行监测，对其所处的状态进行评价，使人们能够就教育质量某一方面存在的问题进行诊断。

3. 分析与改进。指对教育质量的相关政策进行分析并对其进行改进或调整，使人们能够及时观察政策的运转情况并使其处于良好的运转状态。

4. 预测与规划。指利用指标体系收集的数据对教育发展趋势进行预测并且能够规划其未来的发展，使人们能够让其在预定的轨道上良性发展。

第二，确定评价指标体系的展开方式。当前比较普遍的指标体系框架有问题模式、目标模式、归纳模式、演绎模式以及系统模式等[6]，如 OECD 和美国采用的 CIPP 模式就属于系统模式，而 UNESCO 采用的是系统模式与目标模式相结合的综合模式。作为一个综合系统，指标体系框架必须能够实现其基本功能，问题模式偏重于某一重要议题，目标模式更多的用于评估政策的实现状况，演绎模式和归纳模式一般用于具体指标的展开方式而难于体现指标之间的关联性，而系统模式更能体现通过教育过程所获得的特性增量与教育参与主体之间的关系。因此，为实现指标体系不同的功能采用的指标展开方式也是不同的，描述与聚焦多采用演绎和归纳模式；监测与评估多采用问题模式和目标模式；分析与改进、预测与规划多采用系统模式。系统模式通常由三部分组成：输入、过程和输出，这也是系统模式不可或缺的部分[7]。当前较通用的系统模式由五部分组成：背景、输入、过程、输出和结果。

1. 背景。指对义务教育的资源投入有影响的经济、文化和政治系统，通常学校可获得的教育资源取决于全社会的可利用资源总量、对教育的偏好和政治定位，资源总量取决于经济的发展水平，对教育的偏好取决于文化，而对教育的政治定位是由政治体制决定的。

2. 输入。输入由两部分组成：教育资源和具有一定基础的学生。教育资源指学生可利用的教育资金、硬件资源和教师资源。硬件资源包括校舍、图书、硬件设施等；作为一种人力资源，教师资源指教师群体的数量、结构（年龄结构、性别结构、学历结构）、层次以及知识水平等能在学生培养过程发挥作用的属性。义务教育并非教育的开端，因此，进入该阶段的学生通常在某些特质上均具有一定的水平。

3.过程。过程包括资源的整合情况和作用机制，前者指硬件设施利用情况、课程开齐情况、教师资源对口情况等；后者表示教育资源在学生身上的运行机理，其效果取决于资源组织形式与学生特点和发展规律吻合的程度，外在表现为学校的管理制度、教学制度等。

4.输出。指在学生经历义务教育阶段后，知识、能力（如学习能力、身心发展状况和社会适应能力等）等维度获得提升后的水平。

5.结果。结果包括社会表征和社会效用。学生在经历义务教育阶段后，客观上许多方面均能获得提升，但社会对学生的评价还需取决于评价的标准，这一标准具有一定的价值取向性，比如中国的优秀初中毕业生在美国未必能获得较高的认可。而学生群体的社会效用取决于社会的接纳方式，如大部分初中毕业生能进入高中阶段接受教育，那么义务教育的社会效用在于培养适合高中阶段学习的学生，而如果大部分需要进入职业高中，那么义务教育的效用体现为为职业教育奠定基础的作用。

第三，构造或遴选具体的评价指标。指标体系提供的是概念指标或一级指标，如系统模式"背景"中的经济发展水平、文化发展水平，"输入"中的可获得教育资源，"过程"中的课程资源、管理制度，"输出"中的学生学业水平、学习能力，"结果"中的社会满意程度等，这些指标可实现维度的解释，但通常难于实现度量的功能。为此，需要把一级指标细化为二级指标、三级指标甚至多级指标。由一级指标细化为二级指标时采用的基本方法为演绎，由一个一级指标演绎成多个二级指标。因此，一级指标的数量要少于二级指标的数量。在具体指标构造过程中，需要遵循三条基本的原则：

1.信息最大化原则。通常情况下，构造的指标很难百分之百解释概念指标，此时需要选择信息含量最大的指标，而指标的数量取决于解释的精度，精度越高，那么选择的指标越多。

2.敏感性原则。构造的指标一定需要具有较强的敏感性，随着义务教育的动态变化，观测到的数值会发生较大的变化。通常指标的敏感性具有一定的时效性，随着义务教育的不断发展，许多原来敏感性的指标会发生退化，如"小学入学率"，当前绝大多数地区的小学入学率已经达到99%以上，有的甚至稳定在100%，这一指标已经不再敏感，在许多指标体系中设置已没有必要了。

3. 不交叉原则。在构造指标的过程中，应避免支撑不同维度概念指标之间交叉或相关，否则将影响整个指标体系的独立性与完备性。

三、评价指标的数据化

为了发挥指标体系的功效，使具体的指标能够具有解释力，需要有高信度和效度的数据支持，为此，需建立一套完备的数据支持系统，这也是构建指标体系的重要环节。获得高质量的数据通常包含三个基本过程：

首先，构建数据收集系统。数据收集系统包括建立最小分解单元数据指标体系、开发数据收集工具和建设数据收集平台三个部分。从指标的属性来看，包括直接度量性指标、间接生成性指标和构造性指标三类。这三类指标获取数据的方式并不相同，其中直接度量性指标可在调查中直接获得数据，间接生成性指标需要收集若干个直接数据指标运算获得，而构造性指标除了要收集若干间接指标外还要利用指标的权重进行运算。无论是哪种指标，最终均需要转换成若干个数据指标。从应用层级来看，指标体系需要应用于学校、学区、乡（镇）、县（市）、省、区域、国家等各个层级，相同指标在不同层级上应用的差别仅仅体现在数据的聚合程度不同，这就需要收集数据时以最小分解单元的形式呈现，以保证数据可任意组合累加。为了便于收集所需的最小分解单元数据，需要通过开发测试卷、问卷、调查表等专门的调查工具获得，最终开发出的调查工具需要给出信度和效度分析说明以保证工具的质量。此外，需要构建专门的软件平台用于数据存储、整理和分析。

其次，建立数据管理支持系统。无论是对全国而言还是对各个地方乃至学校，构建义务教育质量评价系统均是一项专业性较强的系统工程，需要投入一定数量的人力、物力和财力并成立相应的管理部门、制定相应的制度。教育质量评价需要大量的横向和纵向数据，数据的获得涉及取样、收集工具开发、数据录入等过程，为了保证这些过程得以顺利完成，相关部门需要成立专门的数据收集与管理部门，其职能是负责数据收集系统的数据更新，对某些数据采样点的选取、对数据收集人员的培训以及数据纠错等。

最后，建立数据质量控制系统。为了保障数据质量、提高数据收集效率、避免系统误差的出现，在数据收集时需要建立数据质量监控和纠错机制。对整理好的数据应进行抽样核查，有些数据还需重新调查核实，对于错误率过大的数据还需要重新收集，直至错误率在特定范围内。当数据出现系统误差时，需分析其具体原因，从数据收集系统和管理支持系统中找出问题并进行及时改进，从而保证后期数据的质量。

四、评价结果的标准化

为了使评价结果能够获得社会最大的认可度和可信度，在社会中获得广泛的应用，并且相关的社会组织和个人不会产生误读或曲解，评价结果的形成过程也必须满足特定的要求。

第一，评价机构专业独立。义务教育质量评价是一项系统工程，其专业性要求也较高，为了获得科学的评价结果，评价机构应该由各类的专家构成，包括构建理论模型的教育测量专家，开展调查设计的统计专家，开发学科调查工具的学科专家，进行系统开发的软件专家，进行问题诊断的教育专家等。为了获得客观并且得到广泛认可的评价结果，评价机构应该与相关的教育部门相对独立。各国进行教育质量监测的组织模式主要有三种：一是组建专职机构或专门委员会，这些机构独立于教育行政部门，直接向国会或总理报告；二是由政府机构以项目的形式委托大学或研究机构来进行；三是由教育部的相关职能部门，如教育督导部门直接负责[8]。这些组织均体现了一定的专业性和独立性的特点。

第二，评价程序公开透明。为了使评价过程能够接受社会的全面监督、减少由于信息不对称而对评价结果产生的猜疑或不信任，评价方法、评价过程和评价结果应该及时向社会公布。除了客观的定量指标外，指标体系也涉及定性指标，有些指标的数据需要通过大规模的民意调查获得，如社会满意度调查、家长的满意度调查等，为了增加相关主体对结果的可信度，需要详细公布指标体系以及数据收集的过程。

第三，评价标准科学合理。教育标准实际上指的是关于教育的一种尺度，它不同于一般宏观的教育法律和政策，是对各种具体教育活动和教育领域所期望的一种准则和规定。[9]如果把指标比喻成一把尺子的话，那么标准就是尺子的一个刻度。评价结果的科学性不仅要取决于尺度是否合理，还要取决于标准是否恰当，如果标准太低，就实现不了评价的功效，而若太高，则很难达到，就脱离了现实。标准的确定方法通常有比较和模拟两种。

参考文献：

[1] 马晓强. 积极推进中小学校教育质量评价改革 [J]. 教育研究，2009（5）.

[2]［日］桥本重治. 教育评价的意义与特点 [C] // 瞿葆奎. 教育评价. 北京：人民

教育出版社,1987:148.

[3] Nevo D.The conceptualization of educational evaluation:an analytical review of the literature [J].Review of Educational Research,1983,53 (1).

[4] 邬志辉. 教育指标：概念的争议 [J]. 东北师大学报：哲学社会科学版,2007 (4):120.

[5] 秦玉友. 教育指标研制的学理问题省思 [J]. 东北师大学报：哲学社会科学版,2007 (4):126.

[6] 孙志麟·教育指标的概念模式

[EB/OL] http//www.Epa.ncnu.edu.tw/reforum/vol5/5-6.pdf.

[7] Johnstone J N.Indicators of Education System [M].London:UNESCO,1981:26.

[8] 辛涛,李峰,李凌艳. 基础教育质量监测的国际比较 [J]. 比较教育研究,2007 (6).

[9] 谢维和. 我国应建立自己的教育标准 [J]. 教育研究,2001 (11).

选自《东北师大学报（哲学社会科学版)》2013 年第 5 期

关联拓展阅读之四

用大数据思维构建学生学业质量评价指标体系

刘跃华等

随着信息化时代的到来，大数据技术已逐渐被运用到学校管理与教学的各个领域，研究和探讨应用大数据的技术和思维，构建一个以学生为本的、全面的、绿色的学业质量评价指标体系。指标体系包括学习基础素养、身心健康、学业进步、成长体验四个顶层维度和若干个分层维度，根据重要性和地区情况的不同，将各维度区分为一期进行和后续展开两类。

一、研究背景

教育质量评价是教育综合改革的关键环节。推进中小学教育质量综合评价改革，是推动中小学全面贯彻党的教育方针、全面实施素质教育、落实立德树人根本任务的重要举措，是引导社会和家长树立科学的教育质量观、营造良好育人环境的迫切需要，是基本实现教育现代化、加强和改进教育宏观管理的必然要求。

教育部 2013 年 6 月下发的《教育部关于推进中小学教育质量综合评价改革的意见》（教基二［2013］2 号）中明确指出教育归根结底要以学生为本，以了解每一个学生的特质为前提："综合考查学生发展情况，既要关注学业水平，又要关注品德发展和身心健康；既要关注共同基础，又要关注兴趣特长；既要关注学习结果，又要关注学习过程和效益。……把学生的品德发展水平、学业发展水平、身心发展水平、兴趣特长养成、学业负担状况等方面作为评价学校教育质量的主要内容。"

二、大数据与教育质量评价

什么是大数据？在维克托·迈尔—舍恩伯格和肯尼斯·库克耶编写的《大数据时代》中给出的解释是指不用随机分析法（抽样调查）这样的捷径，而采用所有数据的方法。大数据具有以下的 4V 特点：大量（volume）、高速（velocity）、多样（variety）、价值（value）。可见大数据不仅仅是一种技术革新，更重要的是思维方式的转变，当然这种转变是依托于现在信息技术的迅猛发展才得以实现。现在我们可以分析与某事物相关的所有数据，而不是依靠分析少量的数据样本。现在我们可以不再探求事物间难以捉摸的因果关系，转而关注事物的相关关系。

随着信息化时代的到来，大数据技术已逐渐被运用到学校管理与教学的各个领域，学校的管理和资源配置更加合理有效，学生学习与生活的各项数据更加翔实准确。学生的每一步学习和成长轨迹都能如实地被存储与调用，使得对每一个学生的德、智、体、美进行全面的、科学的、动态的评价成为可能，我们可以通过大数据的技术和思维构建一个以学生为本的、全面的、绿色的学业质量评价指标体系。让每一个学生都享有教育信息化带来的教育公平，大数据在教育中的应用，其最重大的意义，就是能够"让我们走近每一个学生的真实"。

三、项目意义

1. 了解每个学生的特质

利用大数据思维分析学生在校的学习情况，结合学生日常单元测验成绩、期中期末成绩、学习习惯与态度，辅之以科学的问卷调研分析、主题化的模拟课堂实验，从学生个体特质的角度出发，反观传统课堂下的教师教学策略和学生学习效果将会带来不一样的教学分析视角。从教师个人层面来讲，每一个教师个体从中解读自己班级学生的不同特质并进行反思，自己应当如何有针对性地进行改变才能更加符合学生学习的要求，逐渐形成从"解读学生需求"出发，进而思考教育教学行为的意识与能力。由此可见，无论是教师还是学生，了解学生特质都对学生的发展有着非凡意义，也是教育研究者研究的当务之急。同时，了解每一个学生的特质，也是实现个性化教育的必经之路。

2. 明确学校的定位与发展方向

对于学校来说，学生各方面水平是反映其质量的最重要指标之一。一个完备的、包含各个维度的学生数据库，能够帮助学校更好地定位自己。而通过不同数据指标的监测与比对，学校能够更好地了解到自己的优势与劣势，有针对性地进行规划，从而发扬学校的长处、补足学校不足的地方，不断提升学校的综合实力。

3. 为教育决策提供依据

学生学业质量评价指标体系参考国内外中小学学生评价标准，结合学习基础素养、身心健康、学业进步、成长体验等多方面的数据信息，因此学生数据的积累对教育决策者来说提供了准确的科学依据。不同于传统的教学调研，学生学业质量评价指标体系的建立可以让教育决策者随时随地了解学校的教学情况、学生的学习和生活情况，既可以从横向发展上比较研究学生的发展状况，又可从纵向上跟踪学生整体的发展情况，为教育决策提供必要的数据支持。

四、总体框架

依据《教育部关于推进中小学教育质量综合评价改革的意见》，借鉴国际上有关学生学业水平、身体健康等方面的标准化评估工具，参考国内其他地区在学生学业质量评价方面的有益尝试，结合前期的调研工作和我市的具体情况，建议我市学生的学业质量评价指标体系的总体框架如下图所示。指标体系涵盖了学习基础素养、身心健康、学业进步、成长体验四个顶层维度和若干个分层维度，根据重要性和地区情况的不同，将各维度区分为一期进行和后续展开两类。

图 学生学业质量评价指标体系总体框架

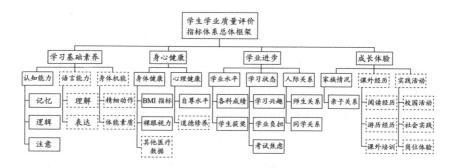

注：（1）图中实线框部分是一期优先展开进行的维度。（2）图中虚线框部分是在实现黑框部分后选择展开进行的维度。

五、分层维度设计

1. 学习基础素养

学习基础素养是反映学生学习能力的重要指标，因此纳入顶层维度。

（1）认知能力

认知能力包含记忆、逻辑与注意，作为学生学习基础素养之一，已在上海受到较为广泛的重视。在前期的调研中，我们也发现了学生认知能力与学业成就的高相关性。在上海，对于提高认知水平的相关课程在不断被开发中，针对不同认知水平学生的教育策略也有了一定的积累，因此非常有必要将学生的认知能力纳入评价的指标体系。

（2）语言能力

语言能力包含理解与表达，同样也是学生学习基础素养中非常重要的因素。我市属于多民族地区，由于学生民族差异较大，对于理解与表达的测评方式较为不统一，会影响到数据的一致性，导致数据应用与分析时产生较大偏差，且不能真实代表学生能力，因此暂时不纳入一期建设中，但在后期建设中应考虑纳入到总体框架中。

（3）身体机能

1）精细动作

精细动作更多指代学生小肌肉群的发展程度。精细动作不但与学生良好的手眼协调有关，同时研究还发现，它对于学生的学业成就也有着重要的影响。

2）体能素质

本项指标采用中国体能测试新国标。

2. 身心健康

身心健康是监测学生健康状况、影响其可持续性学习的重要指标，因此纳入顶层维度。

（1）身体健康

在身体健康评测中，BMI 指数与裸眼视力是较为客观的指标。对于学生 BMI 指数与裸眼视力的纵向跟踪，能够较好地表现出学生整体身体健康状态的变化趋势，发现这两方面的关键期，更加科学地进行干预与提升。

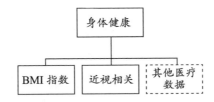

1）BMI 指数

Body Mass Index，身体质量指数，简称体质指数，又称体重指数，它与体内脂肪总量密切相关，主要反映全身性超重和肥胖情况，是目前国际上常用的衡量人体胖瘦程度以及是否健康的一个标准。计算公式为：

BMI= 体重 / 身高的平方（国际单位 kg/m^2）

之所以采取 BMI 而不用肥胖指标，因为健康水平不只需要考虑肥胖，营养不良等反向极端也需要纳入考虑，而 BMI 计算出来的得分可以检查营养不良的状况。

2）裸眼视力

国家卫生局发布关于近视的解释为，眼球在调节静止的状态下，来自 5 米以外的平等光线经过眼的屈光后，其焦点落在视网膜前，不能准确地在视网膜上形成清晰的像。我国青少年学生近视率逐年增加，据统计，小学近视率在 40% 左右，中学近视率在 65% 左右，高中近视率在 80% 左右，其中因为学校学习压力而造成近视的学生不在少数，因此需要把学生的近视率作为考核的指标之一。

3）其他医疗数据

参考美国纽约健康与心理卫生部门联合教育部门设计的《儿童青少年健康检查表》，对于在校学生的身体健康情况，许多有效数据是由提供医疗服务的人员提供的，包含既往病史、生理检查、外科（如眼耳口鼻、脊柱、语言、行为等）、发展情况（如认知、社会性、身体机能等）等。这对于深入调查学生的健康状况和疾病隐患大有帮助。

（2）心理健康

1）自尊水平（心理健康）

心理健康，从广义上讲，是指一种高效而满意的、持续的心理状态。从狭义上讲，是指人的基本心理活动的过程内容完整、协调一致，即认识、情感、意志、行为、人格完整和协调，能适应社会、与社会保持同步。

通过前期的调研，我们发现在三个心理维度的测量中，学生的自尊水平具有相对较大的标准差，同时其与学生的社会关系具有较高的相关性。对于学生关键时期自尊水平的监测，使我们能够很好地了解学生心理健康的整体情况，及时发现并干预处于风险区间的学生。

2）道德修养

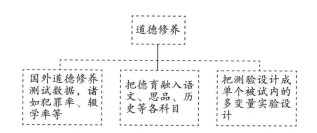

道德修养是人们为实现一定的道德理想而对自己的品行进行锤炼和陶冶的行为，有时也指经过这种长期努力所形成的道德情操。国际上评价在校学生整体的道德修养水平，可以借鉴美国 IES（Institute of Education Sciences）对美国校园学生道德水平评估的研究成果，包括统计校园犯罪率、辍学率、早孕率、堕胎率、霸凌率等相应指标衡量不同学校的整体平均水平。

由于国情不同，以上指标尚需进一步讨论与研究，筛选并形成适合我国中小学道德修养评价的具体指标。

3. 学业进步

学业进步是追踪学生学习整体状态的重要指标，因此纳入顶层维度。

（1）学业水平

学业水平的提高体现在学习成绩和学生整体学习状态的活跃与否，并且据研究显示，学生在校的人际关系，包括师生关系和同学关系，直接影响到学业发展，因此该维度不仅考查学业水平和学习状态两部分，还加上了人际关系。另外，可增加一项考核指标，即考试焦虑。该指标在国际中小学校学业水平测试中广泛应用，我国的中小学绿色指标中也作为衡量学生是否喜欢学校的一项重要标准。在学业水平的考核方面，在了解学生在校综合成绩的基础上，还要记录其参与社会机构考核的成绩，如 IELTS，TOFEL 等。详情如下：

1）各科成绩

根据学段的差别，不同年级的学生可以指定搜集具体科目的期中、期末或随机抽取单元测试的成绩，作为综合成绩考核指标的数据来源。由于国家政策规定无法对于低年级学生进行考试测试，因此，对于一二年级学生的学业水平数据考查可以加入情境测试，即围绕认知能力、语言表达等方面设计的小测验，根据学生完成的情况记入得分。

2）学生获奖

学生在各类活动与比赛中获得的奖项，同样是其学业成就的一部分。同时，从学生的获奖信息中，可以看出学生的优势与兴趣，有助于我们更好地了解个体学生的个性与技能。

（2）学习状态

1）学习兴趣

学生对于不同学科的学习兴趣，能够很好地反映出学生在各学科课堂上的状态，同时也能作为对于课堂形式与课堂内容情况的一种反馈。学生的学习兴趣已是全国共同关注并认同的需要大力培养的学习状态，从学生的学习兴趣中不但能够较为准确地判断一位学生的特质与喜好，而且对于课程也具有监测与警示意义。

2）学业负担

首先需要说明的是，学业负担并不是负担越低就越好。过重的学业负担不但影响学生的学习效果与效率，也可能影响学生的学习状态、心理状态，甚至创新意识；而过低的学业负担则可能造成学生学习动力的缺失与责任心的缺失。在全球的PISA考试中，上海学生虽然在学业成绩上领先全球，但其过重的学业负担同样也成为众人关注的焦点。学业负担更多可以作为供监测的数据，时刻调整以帮助学生保持在最佳状态。

学生过重的学习压力和学业质量之间呈现着某种负相关。学生在学习上可承受的负载是有限的，如果负载过重，就会破坏和扭曲学生的发展，而且学习会成为令人生厌而又不得不为之的"负担"。结合学生的实际情况，调查一旦发现负载过轻或过重的现象，及时调整学习任务并加强心理辅导，对于学生健康发展很有必要。

3）考试焦虑

在前期的调研中发现考试焦虑是在各学习状态中状态最差的一项，说明考试对于学生来说普遍是一项让他们感到压力与不安的事情。而事实上，日常的考试更多是作为一种对自己学科知识掌握程度的检验。过重的考试焦虑同样也表明了教育对于应试成绩的过度重视，在后续学生的全面评价推广后，考试焦虑也可以作为对全面评价推广效果的一种检验。

（3）人际关系

1）师生关系

良好的师生关系是促进学生学习兴趣、保持学习动力的重要因素，学生对教师的评价与教师对学生的态度是师生关系的两个表现方面，通过师生互评能够看出师生关系的和谐程度。

在前期的调研中，发现学生在师生关系与教师认同的评价中有部分指标相对较低。这其实就给老师提供了一个参考，有助于老师判断后续在哪些方面是可以调整与加强的。在国际的研究中，师生关系也不是越高越好的，因此对于师生关系数据的采集，也可以作为后续的教育研究来展开。

2）同学关系

同学关系往往是教育中被忽视的一面。恶劣的同学关系直接影响该生在班级的生存环境，进而影响其学习状态，甚至会导致不良校园事故。关注学生成长要从他身边开始。调查了解其同学关系，包括与同学的相处情况、同学对其评价，多角度了解，还原一个立体的学生形象。

4. 成长体验

成长体验是记录学生成长过程的重要指标，是必须纳入且非常有价值的一部分。学生的成长体验是多维立体的过程，它发生在家庭、社会、学校各个场域，因此该维度分为家庭、课外经历和实践活动三部分。家庭教育是学生成长过程中不可或缺甚至最重要的部分，它能展示学生在学校以外的成长环境，这是在校期间无法获知的。课外经历是一个相对于课堂内产生的概念。实践活动是学生从学校走向社会的初步练习，它可以反应学生的综合素质，反映在校期间的学习和生活是否丰富多彩、社会资源是否得到有效运用以及学生在整个活动与实践过程中是否得到充分的锻炼和自主管理。

（1）家庭情况

1）亲子关系

亲子关系对于学生来说是有重大及深远影响与意义的，通过亲子关系，能够大致了解到家长的教养方式，察觉学生的家庭状态，从而能够对一些错误的做法进行引导、完善。一般通过科学的问卷调查，了解孩子与父母的相处方式、遇到的问题等。

（2）课外经历

1）阅读经历

阅读经历是课外经历维度中着重考察的点。之所以看重学生的阅读经历，是因为课外阅读的书籍种类、内容、数量等数据，都能反映学生从课外获取知识的能力、其知识结构的完整程度。

2）游历经历

随着生活水平的提高，越来越多的学生有机会随父母或自己外出游历，包括旅游、出国游学、夏令营等。通过了解学生游历的地点、数量、广度、游历感受等，分析眼界开阔是否对学业成绩产生影响等。

3）课外培训

学生参加课外培训是比较普遍的现象。学生参与课外培训的时间、内容等信息能反映学生对课外补习的需求情况，从而对教育工作者产生启发，如课堂教学量是否要提高、作业布置量是否要减少等。

（3）实践活动

包括学生在学校里参加的实践活动以及在校外参与的各类社会实践活动，权重因素包括：频次系数、参与人系数、质量评定系数等。

五、结束语

按照教育部 2013 年 6 月下发的《教育部关于推进中小学教育质量综合评价改革的意见》，应用大数据的技术和思维构建一个以学生为本的、全面的、绿色的学业质量评价指标体系将是一个富有挑战性的目标，本文在指标体系的顶层维度和分层维度设计上做了一些研究和探索，不足之处，希望广大教育信息化的同行给予批评、指正！

选自中国教育信息化在线（2016-02-23）

关联拓展阅读之五

教师绩效评价与传统文化的冲突和圆融基于文化维度理论的分析

李斌辉

一、问题的提出

为深化教育人事制度改革、落实绩效工资制、加强教师队伍建设、促进教育事业科学发展，自 2009 年起，教师绩效评价在义务教育阶段学校全面实施。大量实证调查表明，[1]5 年来，教师实施绩效评价给教师队伍建设、学校管理带来了新的面貌，但与预期目标仍有较大差距，同时还滋生出新的问题。这些问题主要体现在以下几个方面：一是绩效评价使学校教师与行政管理部门之间的矛盾更加突出，甚至发生过激行为；二是教师绩效评价致使教师的工作被人为窄化、虚化；三是教师间的竞争关系未能建立，打破了旧的"大锅饭"，又建立了新的"大锅饭"；四是教师急功近利、"为评而教"现象突出；五是教师绩效评价对教师的激励效果甚微，不能有效促进教师专业发展。

基于以上问题的存在，"取消教师绩效评价"或"不适宜实行教师绩效评价"的声音时有出现。笔者认为这种论调未免轻率。从全球范围来看，教师绩效评价是一种行之有效且非常普及的教师评价制度和方法，尤其是在发达国家，教师的绩效评价制度已经相当成熟，成效也有目共睹。当前，我们应该做的是如何去发现教师绩效评价中的不足之处，进而去寻找问题的根源，探求完善的策略。

新制度经济学的观点认为，制度的有效性一定意义上取决于其是否与内在文化规范互补。文化人类学的研究也表明，不同文化背景下的组织和管理行为有着不同的表现形式，一种组织行为和管理方式持久存在并发挥长效作用需与社会文化相协调并不断自我强化。管理大师彼德·德鲁克就指出管理是以文化为转移的，并且受其社会的价值、传统与习俗的支配。[2]迪默克也认为，影响学校管理差异最重要的因素是社会文化，因为它通过对一个学校组织文化的影响，进而影响学校内部各因素。[3]米德伍德则认为"文化和传统""教师评价之前的历史""政治因素"三个方面共同塑造着教师绩效评价。[4]本文拟从文化维度理论的视角将我国传统文化作为影响教师评价因素的一个重要变量加以研究，探讨当前教师绩效评价中出现的问题以及问题的成因并寻求解决策略。

二、霍夫斯泰德文化维度理论

传统文化是影响教师绩效评价的一个重要因素，但传统文化宽泛而不可量化和比对，究竟如何来界定和分析？对此，我们可以用文化维度理论作为研究工具。文化维度（cultural dimensions）理论由荷兰教师绩效评价与传统文化的冲突和圆融——基于文化维度理论的分析学者霍夫斯泰德（geert hofstede）依据大面积实证提出，该理论从五个维度来反映各国的核心文化特征。[5]

1. 权力距离（power distance）维度。指的是在某一社会或组织中，地位低的人对于权力不平等分配的期待接受程度。权力距离越高，可接受的程度越大，反之，则越小。高权力距离社会中，拥有权力者和受权力影响者之间存在明显差异，无权者较容易接受集权领导和官僚结构，比较愿意接受权威，愿意心安理得地听从权威的领导，缺乏组织管理的积极性，参与决策的愿望不高，相互间缺乏竞争性。而低权力距离社会则相对民主、上下级关系平等，决策更具有广泛参与性。

2. 个人主义／集体主义（individualism and collectivism）维度。指的是个体在组织中保持个体独立或融入群体的程度。在个人主义较强的文化中，人际关系松散，个体更注重自身的现实利益而非良好的人际关系，工作比"关系"更重要。而在集体主义较强的文化中，个体力图维持与所在群体的良好关系，注重扮演好在各种群体中的角色，看重"关系"和"面子"；注重人缘，认为维持和谐的人际关系比完成面临的任务更重要。

3. 不确定性规避（uncertainty avoidance）维度。指的是组织成员对于不确定性和未知情况感受到的受威胁程度与减少这种不确定性和模糊情形的努力。高不确定性倾向于选择明确的规则以及较为确定性的环境，倾向于建立更多的工作条例、流程或规范以应付不确定性，管理相对以工作和任务指向为主，管理者的决策多为程序化决策。低不确定性规避则更能随遇而安，倾向于接受不确定性的环境，更容易承受不明确的规则的压力，很少强调控制、工作条例和流程规范化，标准化程度较低。

4. 刚性（男性）主义／阴性（女性）主义（masculinity and femininity）维度。指的是一个社会中的主导价值观对工作和生活质量的关注。刚性主义文化指"男子气概"价值观在社会中占统治地位，强调金钱、物质和社会地位；阴性主义文化指"女性品质"价值观在社会中起主导作用，强调人际关系和精神幸福感，对他人及对工作生活品质的关注程度高，比较关注生活环境，不将地位、金钱、物质作为成功的主要标志。

5. 长期取向／短期取向（longterm and shortterm）维度。指的是某一文化中的成员对延迟其物质、情感、社会需求的满足所能接受的程度，主要测量某一社会对未来的价值取向。在长期取向的社会里，人们注重从长远的角度看待问题，偏重于凭借不懈的努力来实现长远目标。在短期取向的社会里，人们重视过去和传统，追求近期利益，期望获得立竿见影的效果。

霍夫斯泰德从复杂的文化变量中提炼出一个简洁、清晰、统一和可以进行实证研究的理论分析框架，把文化分解成易于辨识的要素特质，为人们提供了观察不同文化差异性的"坐标系"，使人们可以按照不同的文化维度来认识不同国家的文化差异、处理文化冲突。文化维度理论成为跨文化组织管理研究领域里最具权威性和影响力的理论，[6]可以为我们探讨中国传统文化与教师绩效评价间的关系提供有效的工具。

三、教师绩效评价与中国传统文化的冲突

依据文化维度理论，我们发现，教师绩效评价与我国的传统文化确实存在着一定的冲突和隔离，这种冲突、隔离致使教师绩效评价或走样或被排斥，从而产生以下几个问题：

1. 高权力距离：行政化路径的绩效评价

我国是高权力距离国家，讲究等级、崇尚权威，官本位思想比较严重，政治结构相对集中，个体参与公共事务和决策的程度不高，如霍夫斯泰德所说的"按梯子形过日子"。在学校领域，高权力距离表现为行政人员和教师之间关系的权力分布，学校科层等级制度严格，领导在学校中"天然"地一人独大，教师对学校行政领导层保持着高度的"敬畏"和"容忍"。与此相应，教师绩效评价往往是走行政化路径，校长强势左右全校的绩效评价工作。学校领导制定绩效评价的游戏规则，普通教师仅是象征性地参与规则拟定，对其没有实质影响。组织教师绩效评价的是学校人事部门，由行政人员负责操作，因权力距离的存在，二者存在隔离，使绩效评价中的各种信息、材料无法全面和真实。绩效反馈虽公开结果，但是如何得出这样的评价结果即评价的过程并不一定透明。相关的实证印证了当前大多数学校在绩效评价中都是走行政化路径。[7]

行政化路径的教师绩效评估容易陷入不确定性或缺少客观公正的困境，无形之中助长了学校"官本教师绩效评价与传统文化的冲突和圆融——基于文化维度理论的分析位"的组织文化，这种文化进一步弱化了教师的地位。一方面，教师可能会因高权力距离的传统，默许或者容忍，消极地"非抵抗不合作"对待，绩效评价的目标难以实现；另一方面，可能会造成教师和学校行政管理部门的严重对立。霍夫斯泰德的研究表明，在知识程度和学历相对较高的群体中，权力距离会相对降低。校长等行政人员兼任"政策目标群体"与"政策执行主体"的双重角色，他们在主导学校知识群体的利益分配时的不公正可能导致激烈的冲突。

2. 集体主义文化：新的平均主义

中国社会系典型的集体主义文化。在我国，"和""家"文化、"中庸"之道源远流长，个人对组织高度忠诚，在人际交往中，讲"圈子"、要"面子"、不愿"出头"。有学者指出，中国单位内部的权力结构带有现代科层制的色彩，但单位内部成员的定位不

全由科层决定；权力的影响除来自于职位赋予外还有关系赋予。[8]集体主义文化的影响下，教师往往视校为家，"家校同构"，学校生活中，校长与教师、师生、生生之间建立起一种类似家庭中的人伦关系般的等级关系，学校充溢着亲情伦理。同时，教师关系形成"差序格局"，教师依靠各种关系（血缘、地缘、学缘、业缘、情缘、利缘等）建立起独特的"地下"秩序和信任结构，自然地把群体分为圈内和圈外、自己人和他人。

集体主义对教师绩效评价的影响深刻。一是消解绩效评价的竞争本质。绩效评价就是为了建立竞争制度、凸显个人绩效、打破"大锅饭"，但学校中的人伦关系致使教师之间讲和气情面、论资排辈、患均不患寡，竞争性得不到体现。二是削弱了绩效评价规则的约束力。在差序格局中，教师对学校事务的评判常带私人感情色彩，常常以"关系"来理解和运用学校管理中的各种规则、标准，圈内圈外有别，善于"变通"，规则对教师的约束力降低。梁（Leung）和邦德（Bond）在比较了中美对公平的认识后发现，中国人会先划分自己人和外人，对自己人而言不考虑贡献大小最公平，对外人而言基于贡献最公平。[9]三是绩效评价结果失真。目前大多学校采用360度绩效评价，即领导、同行、学生、本人全面评价。但因"关系""面子"，各方在评价时一般会只说"好话"，不说"坏话"，避免公开批评，即使意见相左也会保持缄默，或是婉转地表达自己的观点。绩效评价的结果往往趋向于正态分布的中间值。绩效评价与其说是奖优罚劣，毋宁说是一种对全体成员一致肯定的合格鉴定，致使绩效评价之本意丧失。学校在公布评价结果时，也只是公布较好的结果，对于较差和不合格的结果，会为了顾及面子而不予公开。在这种情况下，绩效评价还是过去的"吃大锅饭"，或者说是新一轮的平均主义。教师绩效评价推行五年来，事实正是如此。[10]

3. 低不确定性规避：对精确量化评价的排斥

中国社会是低不确定性规避文化，人们安于现状、求稳保守，"偏长于理性而短于理智"，"这其中的理性指的是人世间的许多情理，而理智指的是科学之理，是一些静态的知识，更讲究科学和精确"。[11]低不确定性规避文化在学校中表现为学校或者教师不倾向于变革，更愿意安于传统，中国教育改革之艰难的事实说明了这一点；[12]学校或教师更适应工作中模棱两可的规章制度而不是具体的、明确的指令依赖，希望工作环境相对稳定，在教师评价中更多的是"以德为先"的模糊评价。以往的法律法规、政策条文在对教师的要求和评价上都不成系统、不明确，存在很大的"解读"空间，只给教师提供含义极为宽泛的倾向性指导。精确量化是绩效评价的一个重要特征，它一反过去空泛模糊的要求，将评价的标的物转化为具有可比性的对象，教师的任务、绩效全部可用一系列的数字呈现，标准、明确、量化。不仅学生的学业成绩、教师工作量、科研教学成果等显性的指标可以量化，师德、安全和教学过程等隐性的过程或品质也都可以被量化成相应的外在数据，通过计算机统计就能将教师的"德、能、勤、绩"精准而一览无余地统计出来。教师的一切行为都因具有针对性和明确性而可"外视"，教师成为了一个透明的标准的"数字人"。

学校绩效评估的标准化、数字化和技术化显然与低不确定性规避的传统存在隔离。在此情况下，可能使教师不适应，从而感到焦虑、威胁甚而抵抗，因此对绩效任务或标准虚与委蛇。爱德华·戴明就说："永远不要低估，当人们面临着一个数字目标时，他们在受到惊吓后会变得有多聪明。"[13]比如一些学校规定了教师备课、批改作业、出勤的次数，那么，有教师就可能只凑够数量而不讲求质量，最终可能使大多数教师将主要精力集中在量化了的显性指标上而忽视了教育的本质。教师的工作和任务有可以观察也有必要观察的部分，如课堂教学技能是可以由教师绩效评价与传统文化的冲突和圆融——基于文化维度理论的分析部分检视的，但其高级的、本质的、核心的部分即德性和感情是不可外视也无须外视的。绩效评价为了追求量化，有可能放弃那些无法量化的内容，或者选择一些非关键但便于定量的要素来提炼关键绩效指标。如师德就用反向思维法，把其量化成"无违反什么什么"之类，没有这些行为就被认为师德好。但是，师德就仅是没有违反某些行为规则那么简单吗？这种非真实的量化结果极有可能掩盖该教师的拙劣表现，同时埋没了真正优秀的教师，也不可避免地产生众多教师以牺牲非量化的质的目标为代价而争取达标的现象，教师工作也就被人为地矮化和窄化。

4. 阴性主义文化：薪酬激励并非万能

中国社会被认为是阴性主义文化占主导的社会。自古以来就推崇"安贫乐道""君子忧道不忧贫""修身养性"，追求内心精神世界的丰富和满足，金钱和物质被认为是"身外之物"，尤其是作为"士"阶层的知识分子更是如此。随着市场经济的发展，阴性主义文化有向刚性主义文化发展的趋势，但阴性主义文化仍然在中国社会中占据重要地位。阴性主义文化在学校中表现为，教师把教育教学工作作为一种"良心活"，教师的最大乐趣就是"得天下英才而育之"，把育人成才作为自己的价值追求，教师的成功就是来自学生的成功。教师渴望的是有一个能安身立命、实现自身价值的学校环境；同时，也期待自己的工作和付出能够得到承认和认可。正是在这样的一种文化背景下，绝大部分中国教师尽管物质条件并不优裕、工作报酬并不丰厚，仍然能无愧于教师的称号，尤其是农村地区和不发达地区的教师们。目前教师绩效评价与绩效工资挂钩，评价结果是绩效工资发放的依据，高绩高奖、低绩低奖。不可否认，薪酬激励对教师的发展有一定作用，问题在于，目前是把薪酬作为全部的激励手段，是"以货币为标尺度量教师工作绩效的工资分配方式"，[14] 绩效评价成为发工资的工具。难道一个优秀（绩效高）教师与一个普通教师或者说不合格（绩效低）教师间的差距就在于一定货币的差别？物质有限而精神无限，在阴性主义文化中，教师作为知识型人才，在满足了基本的物质需要以后，会更多地关注精神需求的满足，如工作价值、责任成就、专业发展、社会声誉以及和谐环境等。"货币挖空了事物的内核，消除了事物的特性、价值和特点，毫无挽回的余地"。[15] 在绩效评价中只把薪酬作为激励手段，与普遍的阴性主义文化相矛盾，显然不能满足教师的多层次需要，曲解了大部分教师的工作动机并贬低了教师工作的价值。而且，通过奖金的区分来识别"获胜者"和"失败者"，这种方式会导致教师放弃组织归属、自我成长和职业乐趣等内在需求转而追求外部刺激。

5. 长期取向文化：与即时评价相颉颃

在霍夫斯泰德的研究中，中国社会的长期性取向指数为全球最高。中国人推崇节俭和持久力，倾向于做长期规划和投入，强调长期性的承诺，关注未来的最终成果；人们坚持不懈、有毅力耐心，深思熟虑后才做决定；"好戏在后头""来日方长""路遥知马力，日久见人心""人无远虑，必有近忧""铁杵磨成针"等都是中国长期取向文化的写照。长期取向文化在学校中主要表现为强调教育过程、教师工作成效、个体成长的长期性。教师工作被当作"水磨的功夫"，"十年树木，百年树人"的口号就是教育领域长期取向文化的典型体现。绩效评价是即时评价，教师工作的结果（绩效），在一学期或一年之中须对照绩效目标做出评价并给予相应的奖惩。在这一时段，如果教师不能达到绩效目标就被认为低绩效甚至遭末位淘汰。这样，矛盾就产生了：教师的成效是长期努力而非一朝一夕的结果，而评价又必须立竿见影。此时，教师除了对绩效评价心生不满外，就是通过"技术"手段来迎合它，把评价中的短期目标作为长期追求，"为评而工作"。比如，评价中要看学生的考试成绩，那么教师就可能全力以赴"应试教学"，所以有研究者就发现，实施绩效评价后，"为考试而教"之风非但未降甚至还愈演愈烈。[16]又如，评价要教学论文，教师就可能放弃坐冷板凳而急躁地去制造一些学术垃圾。即时性的绩效评价对从业时间较短、专业资本积累较少的新教师打击尤甚。[17]

这样，长期性取向文化和绩效评价的即时性就陷入了"囚徒困境"。学校及教师本人追求眼前利益的结果不能确保他们的利益达到最优，因而导致学校长期利益及教师自身的长期利益受损。教师要么接受对自己不利的评价结果，要么去迎合评价的即时性，但后者将使教师无法根据自己的专业兴趣与理想来实现自身的价值，从而被动地沦为制度的奴隶，滋生浮躁的学风、教风，进而束缚创造性，使教师丧失自我发展的动力。

四、教师绩效评价与传统文化的圆融

只有最适合，没有最完美的管理模式或制度。"在教育管理研究中，文化因素不仅是必要因素，更是关键因素。"[18]面对教师绩效评价与传统文化的冲突，解决之道是，应在吸收、借鉴国内外教师绩效评价理论与实践中有益成分的基础上，结合我国固有文化进行有机整合和实践的再创造，实现二者的有效圆融，以便在真正吸收和理解的基础上加以创造性地应用。

1. 在学校培育绩效文化，树立正确的绩效观

从狭义上讲，文化是一个习得的、有约束力的、内部互通和共享的符号体系，这一符号体系为一个社会的成员提供解决问题的方法和意义导向。[19]这说明文化并非生而有之，而是人们在社会中习得的结果。教师绩效评价之所以与传统文化产生冲突，一个重要原因在于它作为一种新的外来文化出现，很难从中国社会中习得并被认同。因此，在学校中培育绩效文化，应该是教师绩效评价与传统文化圆融的重要途径之一。绩效文化是指学校基于长远发展方向和愿景，通过绩效考核体系的建立和完善，使成员逐步确立起组织所倡导的共同价值理念。绩效文化建设能保证学校绩效管理的有效运作，提高学校的凝聚力、驱动力和创造力。因此，教育行政部门和学校需对教师积极开展宣传教育与培训活动，宣讲绩效评价和绩效工资政策，使教师理解和明白绩效的本质内涵、绩效评价的意义目的，帮助教师树立正确的绩效观，提升教师的绩效评价技能，引导教师对绩效文化的重视与认同，为教师绩效评价的实施营造良好的文化氛围。

2. 走行政与专业结合的绩效评价之路

在高权力距离背景下，一方面应充分利用行政力量推进教师绩效评价的全面展开，

另一方面应通过走专业化路径克服行政化教师绩效评价中"人治"的倾向。首先，各级各地教育行政部门应该出台全国和地方性的关于教师绩效评价的相关制度和方案，使各校的绩效评价在制度的框架内运行。英瓦森就认为评价教师的绩效、开发专业可信的标准和可靠的方法不是件容易的事。很多计划失败了，是因为他们在建立、实施一个专业可靠的评价系统时研究和开发工作做得不够充分。[20]目前各校绩效评价的方案、指标差异很大、争论很多，一个学校内，同一方案在不同学科、不同发展层次的教师中分歧严重。因此，教育行政部门应组织专业机构和专业人员开发不同层次、不同学科具有指导性的教师绩效评价方案供学校参考。其次，教育行政部门要加强对各校教师绩效评价工作的指导和监督。审核各级学校的教师绩效评价规则，对规则制定、执行过程以及预期结果等方面进行有效指导；加强对从事绩效评价工作人员的业务培训，使之成为评价"专业人员"，既能实施科学的教师绩效评价，又能对教师的专业发展进行咨询、指导和训练，将教师管理与促进教师专业发展有机地统一起来；改革校长的考核制度，不由上级直接考核而由学校教代会考核，校长不再主要为上级负责，而是主要对学校教师负责；建立由不同群体的代表组成的评价领导小组，强化过程考核；落实责任追查制，凡是在教师绩效评价中造成重大失误的，要追究校长及相关人员的责任；健全考核预告、评价结果公示、教师申诉复核制度；充分发挥教代会作用，实现公正、公开考核。另外，可以考虑引进"法团式"的第三方专业机构，由教育行政部门或学校购买服务，委托其制定绩效评价方案、开展教师绩效评价工作；还可建立教师委员会，聘请法律顾问，维护教师的正当权益。行政和专业相结合的教师绩效评价路径可以增强教师绩效评价主体的权威性、评价方式的合理性、评价结果的客观性和评价工作的连续性，克服高权力距离文化带来的弊端。

3. 发挥集体性评价和选择性激励的作用

在集体主义组织中，成员间互相关心与倾听有利于增强团队的凝聚力，可以顺势而为考虑在教师绩效评价中适当引入集体性评价和选择性激励。集体性评价就是在绩效考核中融入部分团体绩效标准，从只关注教师个人的教学实践能力变为关注教师集体的教学实践能力，从只评价教师个人绩效到对教师的团体（年级组、学科组、教研组、备课组等）绩效进行深入评价。集体性评价的理念就在于，教师个体要发挥高质量的教学领导力，需同侪团结协作和集体力量的支撑，且这种以集体为对象的评价不会造成教师之间的竞争状态，还可保证评价最大的真实性。[21]而以集体绩效来反馈，既可维护教师个人情面又可引起集体性反思，与集体主义文化传统吻合。

另外，与集体评价相应，对教师团队可给予集体教师绩效评价与传统文化的冲突和圆融——基于文化维度理论的分析激励。梅奥在霍桑实验的基础上提出的"社会人"理论证实，人的工作动力不仅取决于正式组织的激励措施，同时也取决于非正式组织与正式组织目标的吻合程度以及由此基础上对成员所施加的团体压力。不重视集体激励容易造成教师的非合作博弈以及因服从于非正式组织压力而采取的人力资本"自闭"现象。[22]当然，集体评价和激励会带来某些教师"搭便车"的现象，这时，选择性激励就很有必要。选择性激励是指如果成员不参与某一集体行动就不能得到或将失去某些东西。奥尔森选择性激励中的"小组织原理"表明，当教师团体成员不多时，个体的行动影响集体行动的成败，又因为成员不多，每一个教师的行为都被其他成员所了解，如某一教师不能参与集体行动或者行动影响了集体的利益，那么该教师就不能获得属于集体奖励中的那一份，甚至还可能被团体边缘化。集体性评价和选择性激励可以充分利用集体主义文化有利于教师绩效评价的因素，在教师中形成一种"竞合"的良性关系，保证教师绩效评价的准确和公正，打破"大锅饭"的现状。

4. 绩效评价必须促进学校和教师的发展

为解决教师绩效评价指标过于量化和精确，以及即时性评价与传统文化中低不确定性规避观和长期取向观的矛盾，应该完善评价内容和标准，将教师绩效评价与学校发展、教师发展紧密联系起来。学校不应仅把绩效评价当作工资发放的工具，而要将其看作学校发展的契机，使之与学校的发展规划、整体改革、队伍建设等相关联。评价标准上联学校发展，下系教师专业发展。学校与教师共同制定阶梯式的专业发展目标，把能否实现目标作为考核内容并及时给予建设性批判性的绩效反馈，促进其清楚自己取得的成绩或存在的问题，认识到自己的努力与绩效之间的关系，从而提高工作效能。教师工作繁杂不定，绩效评价的内容应尽量细致、全面，使教师的业绩有相应的体现。同时，在坚持严格师德考核的前提下，在实际工作与评价标准对接量化过程中，不需要过分计算和较真，纠缠于细枝末节，指标不宜过细，须留有余地。不能只通过纸面上的数字和在办公室来评价教师，而应走进教室、课堂，走近教师、学生和家长，真实地对教师全面观察和认识。在对那些难以量化的指标考核时，可利用质性评价的典范形式——档案袋评价法，对教师的日常工作进行记录归档，考核时通过对档案袋资料的整理，从中提炼出有价值的"隐性道德"信息，从而保证对无法外视的品质和过程的有效考评，促进教师工作回归教育本质。

5.激励形式多样化，重视精神激励

针对阴性主义文化与教师绩效评价中唯薪酬激励的矛盾，在教师绩效评价中应该实现激励形式和手段的多样化。激励应与教师专业化发展相结合，评价结果不仅作为绩效工资的依据，也要作为教师资格认定、岗位聘任、职务晋升、教师培训等工作的重要依据。人的需要是多层次的，不同教师的需要、教师不同时期的需要也是不一样的，因此，绩效激励要考虑不同发展阶段教师对不同激励的需要。比如年轻教师尤其是新教师，可能看重薪酬和个人成长；具有专业资本积累的高级教师可能更关注声誉；即将退出职业生涯的老教师可能更强调福利和各种服务。与我国阴性文化相适应，教师激励中应重视精神激励。从长远来看，真正激励教师做出最优业绩的是教师体验到工作的成就感、趣味性、挑战性以及责任感。丹·C·落蒂在其经典著作《学校教师》中大量的研究证实，教师在教学中的成功感和效率感对其是个极大的推动力。重视教学、重视教学能手、重视庆祝教师和教学成功仪式，能向教师展现一种更加美好、更加令人向往、更加迫切、更具人格成就感的未来愿景。[23]因此，在给予教师物质利益的同时，还应给予教师精神上需要的"符号利益"，如感情、权利、信任、尊重、荣誉等。相对于物质利益来说，超功利的象征性的"符号利益"代表人类更加高级、更有价值的形式。[24]因此，激励形式的多样化特别是精神激励的凸显，有助于满足教师的多样化需求，也适应中国传统文化的土壤，有利于绩效评价功能的发挥。

参考文献：

[1]刘茜.教师对绩效工资政策态度的调查研究［J］.当代教育科学,2010（20）.

杨春芳，王志辉.义务教育学校绩效工资实施现状的调查研究［J］.教学与管理,2013（8）.

叶怀凡.中小学教师对绩效工资政策满意度的调查研究［J］.教育探索,2013（7）.

王星霞.义务教育学校绩效工资的现象学反思——基于网络民意的研究［J］.西北师范大学学报（社会科学版）,2013（4）.

蒲大勇，张诚.绩效工资方案须由教代会通过［N］.中国教育报,2013-08-19.

［2］［美］彼得·德鲁克.许是祥译.卓有成效的管理者［M］.北京：机械工业出版社,2005:81.

［3］C·迪默克.教育领导和管理的跨文化比较模式研究［J］.华东师范大学学报（教育科学版),2005（4）.

［4］Middlewood&Cardno.The significance of teacher performance and its appraisal. Middlewood.D.&Cardno.C·Managing teacher appraise and performance:a comparative approach［M］.New York:Routledge / Falmer, 2001.

［5］［荷］吉尔特·霍夫斯泰德，格特·扬·霍夫斯泰德.李原，孙健敏译.文化与组织：心理软件的力量［M］.北京：中国人民大学出版社,2010.

［6］郭莲.霍夫斯泰德及其"文化维度"［N］.学习时报,2013-04-09.

［7］张志峰."教师绩效工资考核方案"该何去何从［J］.中国教育学刊,2010（5）.

付卫东，曾新.义务教育教师绩效工资政策实施与分析［J］.教育发展研究,2010（21）.

范先佐，付卫东.义务教育教师绩效工资改革：背景、成效、问题与对策.华中师范大学学报（人文社会科学版),2011（6）.

冯应国，刘德敏，王金玉.对中小学教师绩效工资分配"公平感"调查的启示［J］.教学与管理,2011（8）.

吕银芳，何兆华.陕西省义务教育教师绩效考核的调查与思考［J］.教育探索,2011（3）.

李孔珍.义务教育不同类型学校绩效工资政策执行分析［J］.教育研究,2013（5）.

蒲大勇，张诚.绩效工资方案须由教代会通过［N］.中国教育报,2013-08-19.

［8］刘建中.单位中国［M］.天津：天津人民出版社,2000:204.

［9］Leung, K.&Bond, and M.The impact of cultural collectivism on:reward allocation［J］.Journal of Personality and Social Psychology, 1984, 47（4）:793-804.

［10］米锦平，代建军.当前我国中小学教师绩效评价的问题及反思［J］.教育科学

研究, 2011（8）.

[11] 梁漱溟. 中国文化要义 [M]. 上海：上海人民出版社, 2005.

[12] 吴康宁. 中国教育改革为什么会这么难 [J]. 华东师范大学学报（教育科学版）, 2010（4）.

[13] 赵凤霞. 绩效考核与绩效评估：内涵、价值及衔接转化 [J]. 北京行政学院学报, 2011（2）.

[14] 吴全华. 教师绩效工资制的潜在影响 [J]. 教育发展研究, 2010（12）.

[15] [德] 齐美尔. 桥与门——齐美尔随笔录 [M]. 涯鸿, 宇声等译. 上海：三联书店, 1991：265~266.

[16] 杨东平. 中国教育发展报告（2012）[M]. 北京：社会科学文献出版社, 2012.

[17] 操太圣, 李斐. 绩效工资制度下新任教师专业发展的困境与突破. 教育发展研究, 2011（10）.

[18] K.M.Cheng, The neglected dimension：cultural comparison in educational administration in Wong KC&Cheng.KM., Educational leadership and change：An international perspective [M]. Hong Kong：Hong Kong University Press, 1995, 87~102.

[19] Terpstra V, David K.The cultural environment of international business（3rded.）[M]. Ohio：South-Western Pub., 1991.

[20] Middlewood, D.&Cardno, C.Managing teacher appraisal and performance：a comparative approach [M]. New York：Roufledge / Falmer.pp160~177.2001.

[21] 高靓. 日本集体评价 [N]. 中国教育报, 2010-09-30.

[22] 杨挺. 教师绩效工资制度审视：人力资本的视角 [J]. 中国教育学刊, 2010（7）.

[23] [美] 罗伯特·G·欧文斯. 教育组织行为学 [M]. 窦卫霖等译. 上海：华东师范大学出版社, 2001：323.

[24] [美] 戴维·斯沃茨. 文化与权力——布尔迪厄的社会学 [M]. 陶东风译. 上海：上海译文出版社, 2006：79.

专题十五

教育管理学概论

第一章 教育管理理论的发展状况

第一节 西方教育管理理论的发展状况

20世纪以来，伴随着社会学和管理学的发展，西方教育管理理论取得了长足的进步，有力地推动了教育管理实践的改进。

一、概述

如何认识和分析西方教育管理理论的发展及其模式，西方学者做了不少努力。著名学者坎贝尔以及霍伊和米斯克尔等以管理理论的发展为线索讨论教育管理理论的发展。坎贝尔等把教育管理思想的发展分为以泰罗科学管理理论为基础的教育中的"科学管理"、以杜威的民主思想和梅奥的人际关系理论等为基础的"民主管理与人际关系"、以韦伯的官僚制理论和以效率为目标的管理研究为基础的"理性主义"以及20世纪60年代以后兴起的"开放系统管理"等四种。坎贝尔等的讨论虽然是以管理理论发展为线索的，但对管理理论在教育管理中运用的动因以及教育管理理论发展的特殊性也进行了深入的分析。最后，作者把这四种理论分为两种类型：科学管理和官僚制理论属于强调组织的理论，而人际关系理论和开放理论属于关注个体的理论，并讨论了组织和个体如何保持平衡的问题。霍伊和米斯克尔也基本上是按照管理发展的历史线索来讨论教育管理理论发展的。他们认为，教育管理理论的发展，"在过去的90多年中可以分为四个阶段：古典组织思想、人际关系、社会科学方法和新出现的反传统方法"。古典组织思想包括泰罗的"科学管理"理论和法约尔、古利克等的"行政管理理论"。"人际关系理论"则是"在反对古典管理模式的正规组织传统中发展起来的"。"社会科学的方法"在重视社会关系和正式组织结构的作用的同时，从心理学、社会学、政治学和经济学中吸收一些主张，如巴纳德、西蒙、帕森斯等的理论观点。当前的"反传统方法"主要有三种：后现代主义、批判主义和女权主义。人们运用这些理论向主流组织理论进行挑战。

尽管教育管理理论来源于一般的管理理论，但教育管理理论有自身的特性。卡尔伯森运用历史的方法，以教育管理理论自身发展的逻辑为线索进行讨论，说明了教育管理理论的来源及其基本概念，并讨论了各阶段理论发展的优点和缺陷。他把 1875 年到 1985 年教育管理理论的发展分为五个阶段：第一阶段是实践者正视教育和管理科学（1875~1900 年）：本阶段阐明教育和管理科学的范围、主要组成部分和其他学科的关系及其一般的研究模式。第二阶段是学校管理科学的确立和新观点的发现（1901~1925 年）：在这一阶段，教育管理理论主要受孔德和斯宾塞的影响。第三阶段是教育和管理科学源流的拓宽和加深（1926~1950 年）：这一阶段深受杜威的实用主义思想的影响。杜威的思想和孔德的科学概念被用于教育管理理论之中。第四阶段是提升为一种管理科学（1951~l966 年）：格里菲斯、哈尔平（A. W. Halpin）等以逻辑实证主义和行为主义为基础发起了旨在建立一种教育管理科学的"理论运动"。第五阶段是作为一个防卫概念的管理科学（1967~1985 年）：这一时期许多新理论开始向逻辑实证主义挑战，其中最有影响并具挑战性的概念是库恩（T. Kuhn）提出的"范式"以及批判理论。对"理论运动"进行全面批判的是格林菲尔德、福斯特和贝茨等。

著名学者塞基万理采用历史分析和模式分析相结合的方法分析 100 年来教育管理思想的发展形态。他把教育管理思想分为四种模式：第一种模式是从 1900 年早期到 1930 年左右的"关注效率模式"阶段。这种模式又具体分为"科学管理与效率模式"和"官僚制理论与效率模式"。前者是以泰罗的科学管理和法约尔的行政管理理论为基础的；后者则是以韦值的行政官僚制理论为基础的。第二种模式是 1930 年到 1965 年左右的"关注人的阶段"，着重分析了"人际关系理论"和"人力资源理论"（human resources）。第三种模式是从第二次世界大战后到现在的"关心政治与决策制定"。这种模式重视外部环境对组织的动力作用以及政策的发展，认为组织中的冲突是自然的和必要的，还认为决策的制定不一定总是依据理性的模式进行。第四种模式是"关心文化"模式。文化模式关注"集体性和意义与价值分享"。

维鲁尔对 20 世纪 50 年代以来教育管理理论的发展也进行了批判性分析。他认为教育管理科学"理论运动"从 20 世纪 50 年代中期到 70 年代一直努力把教育管理学建立在社会科学基础之上，这一时期可以称之为"社会科学的多样化、机械化和专门化"阶段。70 年代后，在教育管理学中占主导地位的社会科学受到了批判和非难，这一阶段可以称之为"社会科学受到责难的时期"。在这一阶段抨击社会科学的主要是新马克思主义和主体主义。"批判理论也许一直是新马克思主义反映在研究文献中的主要形式，而格林菲尔德及其支持者的观点属于主体主义"。

还要提到的是尔沃斯和拉戈姆斯姬对教育管理理论新进展的讨论。他们认为 20 世纪 50 年代到 70 年代早期是作为一个学科的教育管理学建立的阶段，这一阶段是以理论运动著称的，代表人物有哈尔平和格里菲斯。教育管理科学排除了价值，主要受到两种理论的批判，一是受到霍金森的批判，他认为管理学不是科学，而是一种人本主义；二是受到批判理论的批判，主要人物有贝茨和福斯特。前者主要的贡献是界定管理中的批判方法，后者系统地表述了教育管理中的批判理论。

运用历史分析与模式分析相结合的方法，可以把以上各种研究归纳为四种：把科学管理理论、行政管理理论、官僚制理论、实证主义与关注效率的模式等结合在一起表述为"古典组织管理理论"；把人际关系和人力资源、实用主义与民主管理和关注人的模式结合起来表述为"人本主义教育管理理论"；把社会科学、行为科学和逻辑实证主义以及关注政治与决策模式结合起来表述为"教育管理科学理论"；把开放系统与反传统观点、后实证主义、现象学、主体主义、批判理论、关注文化价值等结合起来，表述为"后现代教育管理思潮"。

二、古典组织管理理论

管理作为一种独立的研究领域始于 20 世纪初兴起的泰罗的科学管理理论，法约尔、古利克、厄威克等的行政管理理论和韦伯的官僚制理论。这些理论有着共同的理性精神和效率理念，共同构成了一种管理文化和传统，被统称为古典组织管理理论。古典组织管理理论一经产生就迅速运用于社会生产和生活的管理中，并在管理的实践中不断地发展和完善。这在过去最常用的管理理论，现在依然是最有效的管理理论。现代教育管理也深受古典管理理论的影响，把古典管理理论作为其重要的理论基础，尤其是在中国社会由传统向现代转型时期，古典管理理论对推进中国教育管理的现代化具有重要意义。所以，任何管理学者和教育管理研究者都不能忽视对古典组织管理理论的研究。

（一）古典组织管理理论的起源与基础

14 世纪爆发于意大利的文艺复兴运动拉开了西方国家现代社会进程的序幕。西方社会经过文艺复兴运动的孕育，在启蒙运动的推动下，以科学技术革命为导火素，经过英国政治革命和工业革命的洗礼，于 18 世纪中叶开始进入现代社会。现代社会的主要标志是，在经济上由农业社会向工业社会转型，在政治上由封建君主政治向民主政治过渡，在文化方面由宗教神学对人的精神禁锢向"自由、平等、博爱"发展。古典管理理论正是在这种恢宏的背景下产生的。

各国由古代社会向现代社会转型在时间、特征上不尽一致。从时间来看，西方国家在 15 世纪就开始其现代化历程，而其他国家的现代化进程在 19 世纪末和 20 世纪初以后才开始；从特征来看，西方国家的现代化是西方国家积极主动的行为，沿着文化的启蒙、科技的进步、政治的革命和工业化的路线展开；而其他国家包括中国的现代化进程是在西方国家的影响下，乃至在西方国家的侵略和压迫下才得以启动，不少发展中国家在进行现代化建设时是沿着经济改革、科技进步、政治改革和文化建设的路线展开的。但无论是"原发"的现代社会还是"后发"的现代社会，其基本特点是一致的：它是以民主和法治为保障、以教育为基础、以科学和技术为动力、以大机器工业生产为标志、以物质财富的高度丰富化为根本特点的新型社会。

从政治层面上讲，现代社会是民主和法治社会。民主的基本含义为："de"意思是"人民"，"kmtos"意思是"统治"。民主是指一种既区别于君主制又区别于贵族制的政府形式，在这种政府形式中，人民实行统治。现代社会的人民是公民，而不再是奴隶社会的奴隶、封建社会的臣民。奴隶主和奴隶的关系是所有和被所有的关系，封建主和农奴的关系是半所有和半被所有的关系，并且无论是在奴隶社会还是在封建社会，国家为君主或皇帝所有，实行的是"家天下"，国家或封建主是世袭的。而在现代社会，人民是公民，公民有法定的权利和义务，国家是属于人民的，国家的领导人是公民依法选举产生或通过公民的代表选举产生，公民和国家的关系是一种契约的平等关系，个人与其他组织的关系也是根据契约的平等关系。比如一个人受雇于一家公司，双方签订合同，履行各自的责任，并享有各自的权利。为保证这种公民社会得以正常运行，建立了现代法律制度，国家和社会是依法管理的。所以，民主社会是公民社会和法治社会。

从经济层面上讲，现代社会是工业社会。工业社会和农业社会是相对而言的。工业社会的发展是商业市场的需要和科学技术发明互动的结果。工业社会的发源地是英国等欧洲国家。英国等欧洲国家在 15 世纪以后不断地向外扩张，有大片的殖民地，这就需要向这些殖民地提供各种产品，以便从中获得利润，同时欧洲各国不断地向全球各地扩大其商品市场。但传统的农业生产很难满足这种急剧扩张的商业市场的需求，这就需要改进生产的组织和技术，把科技发明用于生产和生活。其实，在古代社会就有了许多发明创造，比如中国古代的火药、指南针、印刷术，等等，但并没有发挥其生产效能。中国的火药主要被用来做烟花爆竹，供婚嫁、丧事、祭祀、节日使用；指南针被用于看风水，等等。这主要是因为农业社会的自然性和封闭性使得这些技术没有派上用场。而中国的这些发明传到欧洲就成为其发展和扩张的重要工具，火药被用于开矿和侵略，指南针被用于航海和探险。所以，如果说科学技术是工业革命的火种的话，商业市场的需要则是工业革命的燃料。正是在市场的需要和科学技术发明的互动中，蒸汽机一经发明很快就作为动力运用于各种行业，使用蒸汽机作为动力的轮船、汽车、火车、纺织机等发明了出来，促进了矿业、冶铁、交通、运输、纺织的大发展，从而引发了英国第一次工业革命。接着麦克斯韦电磁理论的建立使得欧洲在 19 世纪 60 年代至 70 年代开始开发和利用电力，电力的使用克服了蒸汽机笨重、低速、启动不便、效率不高等弱点，解决了动力的集中生产和分散使用以及远距离传送等困难。电力技术的发明和使用引发了第二次工业革命。进入 20 世纪，电力不仅迅速发展成为整个工业部门普遍使用的强大而廉价的动力，而且开辟了电化学工业、电冶金工业、电加工工业、电气铁路运输等一系列新的工业领域，从根本上改变了整个工业生产的面貌。在工业社会，大机器工厂代替了手工作坊，蒸汽力、电力代替了人力和兽力，汽车、火车、飞机代替了马车……人类的物质文明在工业社会得到空前的发展，"人类的物质文化在过去 200 年中发生的变化远甚于前 5 000 年"。随着工矿企业的大量涌现和工业经济的效益远远超过农业经济，工业社会的职业人口的分布也发生了根本性的变化，这就是大量农村人口涌向城市，城市人口迅速增长，城市化成为工业社会的重要特点。

从文化的层面看，传统社会由宗教神学统治整个社会，个人生活于神学的阴影中，其精神是不自由的。14 世纪初期爆发于意大利的文艺复兴运动向封建主义和宗教神学进行了猛烈的进攻。该运动持续了 300 多年，对西方传统文化进行了一场彻底的革命。恩格斯说："这是一次人类从来没有经历过的最伟大的、进步的变革，是一个需要巨人而且产生了巨人——在思维能力、热情和性格方面，在多才多艺和学识渊博方面的巨人的时代。""该运动借助复兴古希腊文明，打开了中世纪宗教神学给人的精神锁链，发现了人和世界。"人的发现确立了个人的主体地位，人的主体性得到了弘扬，把人的自由作为更高的价值追求；人的发现同时激发了人对自然世界探索的兴趣，这就导致了自然科学的进步。经过 18 世纪启蒙运动的第二次启蒙，个人的主体地位得到进一步加强，西方人明确提出了理性是人的本质，是一切事物的"审判台"，在理性主义推动下，科学、民主、自由、博爱、法制等成为现代文明的标志。

西方古典组织理论正是在西方资本主义经济迅速发展、民主政治制度基本建立、工业化进程不断加速的背景下产生的。经济发展和工业化进程的加剧使各种厂矿、企业以及商业组织等规模扩大，传统的经验管理已经远远不能适应现代生产管理的要求；民主政治制度是自由和法制相统一的制度，传统的人治管理方式不适应民主政治制度下的政府和其他公共事业部门管理要求。经济发展和政治进步促进了教育的大规模发展，传统的、经验的、人治的管理方式不适应新的教育发展的需要。这样，以理性为基础的古典组织理论就应运而生了。

（二）泰罗的科学管理理论

古典组织管理理论最有影响的人物是泰罗。泰罗的科学管理理论是最早对20世纪教育管理思想的形成产生影响的观念之一。在他看来，管理是一个组织的物质资源或技术力量同人力资源结合起来一起实现组织目标的过程。在19世纪末20世纪初之前，西方资本主义社会处于蓬勃发展时期，但由于管理不善，生产中普遍存在着人力和物力资源的浪费现象，生产效率低下。人们"可以看到和感受到对物质资源的浪费，而对人的活动的不熟练、低效率或错误的指挥所造成的浪费却看不到、摸不着"。为改变这种状况，就需要对管理问题进行科学研究，建立科学的标准和方法，寻找更称职的人并加以培训，使其从事适当的工作。"我们所寻找的是造就的、称职的人，也是经过训练的人……过去有一种流行的观点是'企业领导是生就的，不是造就的'，这种理论似乎是说你找到了恰当的人就可以放心地把方法也交给他了。在未来，人们将明白领导人除了他具有天赋外也需要培训。"他进一步指出："过去，人是第一位的，而在未来，制度是第一位的。"这一简洁的表述抓住了工业社会管理变革的本质。

传统的工厂管理是没有效率的。其一，缺乏激励制度，工人在态度和行为上对生产是冷漠的、不关心的。泰罗认为工人普遍在磨洋工。其二，阻碍工厂效率的主要问题是缺乏有效的生产标准和监督程序，缺乏人和生产技术的融合。他认为管理人员管理的失败是因为没有建立一套必要的、明确的指令和纪律以及把这些指令和纪律带到车间的控制结构。

为解决这些问题，泰罗提出了自己的观点："对每一项工作的每一项要素提出一种最佳的操作方法，并代替旧的经验和方法。一旦工作经过科学分析后，就需要科学地挑选人员，并对其进行培训教育，并使其得到发展。而在过去，工人自己挑选自己的工作，尽自己所能自我训练。管理人员应与工人热诚地合作，以保证所有的工作按照已经建立的科学原则进行。管理方和工人在工作和责任方面要有平等的分工。管理方把自己比工人更胜任的那部分工作承担下来，而在过去所有的工作和大部分的职责都推给了工人。"这就要通过对从事一项工作所需的时间和动作进行研究，订出合理的工作质量标准，并让工人认识到采用新的方法对他们是有利的，可以获得更高的工资。另外，他还提出了建立监督控制制度。按照他的观点，监督控制制度可以保证对生产和雇员的行为有更大的控制，同时保证了生产工人和高层管理人员之间的沟通。最后，在泰罗看来，科学管理实质上需要双方都来一次"精神革命"——资方和工人都要理解运用科学的、标准化的方法提高生产率，这给双方都会带来利益。

泰罗的科学管理理论提出后不仅迅速运用于工矿企业的管理实践中，同时"很快在教育管理理论和实践中也找到了自己的位置"。原因有内外两方面。从外部来说，为适应迅速发展的工业的需要和民主进程的需要，学校规模日益扩大，各类课程在不断改革，教育投入不断增加。但学校经营效率不高，浪费现象严重。"在公众一片要求效率的声音或按现在的说法要求教育进行责任说明时，学校管理者从自己职业生存的利益出发，开始诉诸泰罗的方法。"从教育内部来看，20世纪早期人们对教育研究和教育学术的兴趣日益浓厚。首先，19世纪后期和20世纪早期公立学校的迅速发展使教育成为公众讨论的话题并导致了对教育理论的探究和对教育实践的关注。杜威等倡导的进步主义教育运动就是在这一时期兴起的。其次，19世纪80年代以后许多公立和私立大学及其他高级研究组织机构的建立，为教育研究提供了阵地。再次，对教育问题和教育管理问题的探索是美国人的科学探索精神在教育领域中的体现。教育研究中的一个重要标志就是"教育科学运动"的开展。这场运动可以追溯到19世纪80年代，宾夕法尼亚大学的一位心理学家卡特尔对学习的本质所进行的研究。到20世纪早期，"教育科学运动"开始形成，其代表人物是桑代克，他的工作使教育科学运动具有心理学和统计学基础。他认为人的行为是可以进行客观研究的，人的本质的客观性使得对人的心理和行为的研究可以成为数量化科学。这为泰罗的科学管理在教育中的运用奠定了基础。

以上原因使得泰罗的科学管理理论很自然地被引入到教育管理中，美国新泽西州牛顿学区视导员斯鲍尔丁于1913年在美国教育联合会视导分会年会上，报告了他自己是如何把泰罗的管理概念运用到牛顿学区制度中的，并分析了泰罗制的优点。他特别强调测量评估方法的重要性，运用数据记录、分析和比较教育的产出和消耗。他把泰罗的科学管理方法运用到财政、经济计划和对教育消耗的控制方面，认为对教学消耗的控制是提高教育效率的关键因素——每个教师教多少节课，每一节课有多少学生。

综上所述，泰罗科学管理理论的核心是运用科学的或理性的管理方法以实现资源的有效配置，提高生产的效率，可以称之为理性方法管理模式。其对教育管理理论和实践的影响和作用，主要不在于泰罗所提出的具体的方法有多少可用于教育中，而在于其方法中所蕴含的理性精神和效率意识。泰罗的思想强调管理方法是建立在观察和实验的基础上，强调方法的有效性、最优化、可操作性和标准化。教育活动的管理也要建立严格的、标准化的、合理的学校教育质量标准、教师教学质量标准、学生发展质量标准，建立完善的教育管理机制和教育财政预算与决算的控制方法。用这些标准和方法管理各项教育活动，提高教育的效率。

（三）法约尔等的一般管理理论

法约尔长期担任企业高级管理人员，"他是从上向下看管理的。这就使得他比泰罗——作为一个工程师采用了更宽的视角。这一视角可以从对管理本质的理解和管理原则的分析中体现出来"。也如厄威克所指出的："泰罗和法约尔的工作当然都是现代的。他们俩都认识到人事及其管理问题是各级管理成功与否的关键。两人运用科学的方法来解决这一问题。但泰罗的工作基本上是在操作层面上，是从工厂等级制的底层向上的；而法约尔集中关注的是管理人员，是从上向下的，这反映了两人不同的阅历。"如果说科学管理理论重视的是个体工人的工作的话，行政管理理论关注的则是整个组织管理的基本原理问题。正是从这个意义上，法约尔认为"管理就是预测和计划、组织、命令、协调和控制"。"计划的意思是研究未来并安排好操作性计划。组织的意思是建立企业的物质的和人的组织，把人和物质组织起来。命令的意思是推动成员做好他们的工作。协调的意思是把所有的活动联系和协调起来。控制的意思是搞清楚所有事情的完成都要根据已经确定下来的规则和已经发出的指令进行。"同泰罗把管理看作是管理人员的职责不同，他认为管理不是少数人的特权或责任，而是贯穿于整个组织中。每个人在一定程度上参与管理，其责任和参与程度是随着个人在等级制中的升迁而增加的。法约尔对管理本质的理解为后来的许多管理学家所接受，成为管理过程学派或管理职能学派的理论起点。

法约尔另一重要的理论贡献是他对管理原则的界定。他认为管理有 14 条基本原则，这 14 条原则是：

（1）劳动分工。劳动分工是依据自然秩序，在一定的程度上重视专业化和权力的分散，以充分开发和利用人的能力，提高工作效率。

（2）权力与责任。重视权力和责任的统一。

（3）纪律。在管理人员和下属之间制定公平合理的协定并按照这些协定开展工作。

（4）统一命令。无论任何行动，一个雇员应该只接受一个上级的命令。

（5）统一指挥。这一原则表达实现相同目标的所有活动都只能有一个领导人和一种计划。

（6）个人利益服从总体利益。一个企业中雇员个人或一些雇员的利益不能超越整个企业的利益。

（7）人员的报酬。人员的报酬是其提供服务的价格，应该合理，使劳资双方都满意。

（8）集中。同劳动分工一样，集中也是自然决定的。任何生命机体都要接受大脑的指挥，集中的程度要根据具体的情况而定。

（9）等级链。等级链或指挥链是从最高权力到最低管理人员的权力分布系列，权力线路必须是清晰的并要遵守等级链。

（10）秩序。人和物质资源结合得恰到好处。

（11）公平。公正是根据已有的规则来做，但公平既要考虑公正又需要善意和理智。

（12）人员的稳定。成功的组织一定要有稳定的队伍，所以要鼓励雇员对企业的长期忠诚。

（13）首创精神。鼓励所有成员提出和改进执行的计划。

（14）人员的团结。"团结就是力量"，企业领导人一定要认真对待这一格言，在雇员中培育和保持集体精神、团结和集体感。

这14条原则对管理和教育管理依然有指导意义。

概括起来说，法约尔等的管理理论的重心是通过科学的或理性的管理过程和管理原则的运用以达到提高组织效率的目的。我们可以将其概括为一般管理模式。一般管理包括基本管理原则、管理的基本过程和管理教育。管理原则指导着管理过程，管理职能的发挥提高着管理的效能，管理教育则让所有人都理性地遵守管理原理和原则，在管理过程中各司其职，各尽所能。法约尔的理论也适用于教育管理。"法约尔等提出的管理原则作为学校经营管理的有效文献的范例，今天在不同程度上都依然在使用着"。教育管理要建立系统化的、理性的或科学的教育管理原则，通过教育让所有的教育组织成员掌握、运用这些原则，以提高教育效率和质量。

（四）韦伯的科层管理理论

如果说泰罗的着眼点在管理方法的科学化、法约尔的重心在管理原理和原则的理性化的话，那么韦伯的重心是组织制度的科学化和体系化。

他提出的官僚制理论就是要在组织中排除人为因素的影响，建立系统的组织制度，运用制度来管理。韦伯的理论具有泰罗的科学管理理论的特征，有些论述与法约尔的观点类似，但对泰罗的科学管理理论和法约尔的行政管理理论是有发展的。不过他的理论在他去世数年后才被其他国家所承认。在美国直到1947年才有英译本问世，但很快就广为传播。当然官僚制并不是韦伯的新发明，自产业革命以来就一直在使用，而韦伯将其完善化成为一种系统的理论。这种理论可概括为理性制度管理模式。

韦伯认为过去的组织是以两种权力类型为特点的：传统权力和魅力权力。传统权力是从过去继承而来的，是"建立在对古老传统的神圣性以及行使权力的职位的合法性的信念上"；而魅力权力则来自于个体超凡的个性品质，"建立在人们对其神圣性、英雄主义或模范品格的忠诚之上"。但在现代社会，这两种权力已经失去了其存在的基础，被一种新的权力所取代，这种新的权力就是"法制权力"，它是以理性为基础的。以法制权力为特征的组织就是他所说的官僚组织，"它是对现代组织所面临的问题的自然的和革命性的反应"，这种组织的各个方面——从目标、技术条件、工作流程和组织结构的细节都是可以界定的并可以组织成为永久的设计。根据韦伯的观点，"发展完善的官僚机制同其他组织机制比较起来犹如生产的机械化和非机械化的差别……精确、高速、清晰、连续、谨慎、统一性……在严格的官僚制管理中这些标准提高到最高程度……个体官员在这种机制的管理下是不能任意妄为的……在大多数情况下，他只是被固定在整个运行机器中特定地方的一颗不可缺少的螺丝"。对纯粹的官僚管理来说，行政人员队伍是由在最高行政领导下被任命的和行使职能的官员们构成的，对官员有下列方面的要求："（1）他们应根据非个人行为的官方规定行事，他们虽然有个人的自由，但必须服从上级权力。（2）他们被安排到明确界定的各级职位上。（3）每一个职位都从法律的意义上明确界定其职权范围。（4）职务是自由的合同关系。他们可以自由挑选职位。（5）挑选候选人是依据技术条件。在多数理性的情况下，候选人需要持考试或经过技术训练获得的证书。他们是被任命的，而不是自由选择的。（6）他们获得的报酬是固定的薪金。只有在特殊情况下特别是私营组织中雇佣权力部门才有权最后决定任命，但官员通常可以自由辞职。薪金是按照级别规定的……（7）获得职位就要承担相应的责任。（8）行政管理是一种职业。有一套根据资历或贡献或两者兼备的晋升制度。晋升是经由上级监督人员的评判而定。（9）官员的工作完全和他的行政手段分开，不得滥用职位权力。（10）官员执行公务的时候服从严格的、系统的纪律和控制。"研究教育管理和教育组织问题的学者们在20世纪40年代就开始注意到了韦伯的理论，特别是在60年代前后的20年里，"对韦伯思想的讨论成为当时文献中的主要的部分，把学校作为一种官僚组织进行研究成为当时教育管理研究的重要课题"。比如在美国，从1929年到1969年"教育文献索引"中仅有10种相关的文献，而在1969年到1979年就有133篇讨论韦伯的理论及其在学校教育中的运用。在70年代以前各种教育管理教科书几乎没有提到韦伯的官僚制概念，但从70年代以后，在各种教育管理教科书中都开始专门讨论韦伯的思想及其在教育管理中的运用。一般说来，他们讨论的议题主要集中在三个方面：一是学校组织与韦伯的官僚组织概念是不是一致的，如果是，达到了什么程度；二是教育官僚组织具有什么特征，是不是能够检测；三是按照官僚制来组织教育管理机构会有什么效果。

在对这些问题的讨论中，阿波特认为："第一，学校组织确实受到专业化和任务要素分解的影响。学校分成了各种年级，学科；第二，学校组织发展成为 3 种界定清晰和严格的权力等级化的组织；第三，学校组织严重地依赖运用一般规则控制组织成员的行为，提出标准来确保完成任务的一致性。第四，除了经常关注学校的整体性和民主外，学校组织已经广泛地采用了韦伯的非个体性的原则，这种原则是建立于理性的考虑而不是魅力品质或传统的强制性之上的。第五，教育组织中的人员使用是基于技术能力和成员的职业生涯。"这一分析说明，在一般意义上韦伯的概念是适合于教育组织的。但教育组织也有其特殊性。有人认为学校组织不是纯粹的官僚组织，而是"官僚组织与结构松散性的结合"。学校组织形式是多样的，学校并不是严格按照规定来运作的，学校领导者对教师的管理并不总是能够严格按照规定办事，教师和学生的关系也不是韦伯的等级式。学校组织在教育教学工作的控制方面还经常存在着行政管理人员和教师之间的冲突。

尽管韦伯的官僚制理论有这样和那样的缺点，受到了后现代理论的大力批评，但它迄今还是有效的。这是因为组织要完成两种使命：一是协调组织成员的活动和维持内部系统的运转；二是适应外部环境。前者是让组织成员适应组织的目标，是"内适应"；后者是组织与外部环境的适应，是"外适应"。只有这两种适应统一并都得到了完成，组织才可以生存和发展。而完成这两项任务的则是官僚体系。韦伯的官僚组织理论的核心就是建立系统的、理性的或科学的制度，建立完整的直线制和职能制相结合而以直线制为主的组织系统。在这一系统中，制度是整个组织的血脉，是第一位的，根据制度来选择适当的人担任适当的职务。任何人进入这一组织体系都必须按照制度、规则行使组织的职能。上至总统下至一般的管理人员概不例外。教育组织尽管有其特点，但它作为一种组织也同样要完成这两项任务，同样需要建立系统的、科学的、理性的、制度化的组织系统，运用这一系统合理利用教育资源，促进教育的有效发展。所以，韦伯的官僚制是教育管理中的一种主要的组织制度模式——因为可以保证教育组织的"秩序、理性、可行和稳定"。

三、古典组织管理理论的得失

根据以上分析，古典组织管理理论作为一种完整的理论模式，可以概括为理性—效率模式，它包括"两种要素，三项内容"。"两种要素"是理性精神和效率目标；"三项内容"是理性的管理方法、理性的管理原则和理性的组织制度。古典组织管理理论的理性精神主要重视以观察和实验为依据，在此基础上提出标准化的管理方法和操作程序，提出系统的管理原则，建立系统的组织制度。理性和非理性、经验、感觉等是相对应的。在传统社会或农业社会中，因为生产和社会活动包括教育活动是简单的、个体性的，政治制度是专制的，所以，管理是经验的、个体性的、非理性的或非逻辑的。如"君权神授"是典型的非理性的表现。现代的社会活动和生产是复杂的、程序化的、组织化的，管理必须是符合逻辑的、是合理的、有效的。在管理理论和实践中强化理性精神就是建立系统的、科学的和规范的方法、原则和组织制度，运用这些方法、原则和制度开展管理活动。同时古典组织管理理论以效率为根本目标。如果说理性是手段的话，而效率则是目的。手段和目的是统一的。效率和无效或浪费、低效率是相对的。传统的管理方式在处理现代管理问题中自然是低效的、无效或负效的、浪费的，所以效率目标或效率为本是现代管理理论和实践的本质特点之一。古典组织管理理论模式的三项内容指的是，科学管理的理性方法管理、行政管理的理性原则管理、官僚制理论的理性制度管理。这三项内容在理性精神和效率目标的连接下一起构成了完整的、系统的、精致的理论模式——理性—效率模式。这一完整的模式不仅对企业、政府管理和对教育发展起到过重大的推动作用，还将继续推动教育的发展。比如学校管理、教师教学和学生学习的评估和评价的标准化、学校管理原则的科学化、学校组织制度的系统化和法制化，等等。这些在教育管理中依然是亟须的。

但古典组织理论一开始就遭到了人们的批评。这些批评主要集中在两方面：一是忽视了人，二是忽视了组织的多样性和开放性。泰罗的科学管理理论，很早就遇到了实践和理论的挑战。从实践上来看，泰罗制引起了不少工矿企业的罢工；从理论上来看，梅奥和罗斯利斯伯格等主持的著名的霍桑实验以及后来发表的人际关系理论对泰罗的科学管理进行了批判。科学管理模式确实可以促进生产率的提高，但改善人际关系和社会环境更能够促进生产率的提高。后来的勒温的场理论（集体动力论）、马斯洛提出的人的需要层次论、罗杰斯的"顾客中心"理论、利克特的参与管理理论、麦格雷戈的"X理论"和"Y理论"以及赫兹伯格的"双因素理论"等人本主义理论在一定意义上也都是针对古典组织理论的缺陷而提出的。组织是人的组织，应该是为人服务的，而不能成为人的异己物。教育组织更是如此。教育组织本身是人组成的，同时教育的对象也是人，以完成任务和提高效率为目的就会使得培养的学生在校长和教师们的眼中是"数"字符号，而不是"人"的概念。本来是以人为中心的学校变成了产品世界。标准化测试或评估就会忽略价值的存在，过分强调学校的官僚等级秩序就会使学校管理人员和学校教师之间产割生冲突或敌意。强调教育组织或学校的利益而忽视个人的利益，最后反而会使教师和职工失去凝聚力。

古典组织理论的另一缺陷是只重视正式组织的功能，而忽略了非正式组织的作用。巴纳德对此做过深入的研究，认为组织是两个以上的人的合作系统。（1）组织有三个要素：交流、服务于组织的意愿和完成共同的目标。（2）同时他还提出了非正式组织的概念，认为非正式组织对正式组织是一种必要的补充，能够确保正式组织的完整性，保持个人的整体性、自尊和独立选择。（3）另外后现代理论认为组织不是唯一的，管理没有唯一的模式，而是多元的。哥华特在分析现代管理向后现代管理转换的历史进程后认为，在后现代，"第一，管理有可能结合于组织系统本身……第二，管理的职能可能结合于社会中一个新的职位和阶层，如企业家……或结合于一种非技能的、非技术官僚阶层……最后，作为一种历史现象和组织的需要，管理可能会消失"。但管理还依然存在，它不再是唯一的，而是多元的、新质的管理。因此，教育组织更需要开放，管理模式更需要多元化。

四、古典组织管理理论在中国教育管理中的运用

古典组织管理理论尽管是西方文化的产物，但作为人类管理文化的一部分

则是人类共有的财富，为人类所共享。各国可以根据本国的国情各取所需或加以改造为我所用。所以，古典组织管理理论对中国的一般管理和教育管理的理论和实践都有重要的借鉴意义。

长期以来，我国各级各类管理均纳入到"一元化"管理体制中——以党委为核心的集体领导制度，以组织任免为核心的人事制度，以下级服从上级为核心的管理原则。这种管理体制的弊病简略来说有以下几个方面：一是党政不分造成职责不明，有权的不负责，负责的却无权。这就违背了责权统一原理，资源浪费、管理效率低下成为普遍现象。二是一元化领导把监督系统置于其领导之下，监督机制不能发挥作用。这就违背了权力制衡原理，从而使以权谋私、腐败堕落、贪赃枉法等不可避免。三是在这种领导体制下，组织任免制因缺乏客观用人标准和透明度而导致任人唯亲、结党营私。四是实际上的个人领导使得"下级服从上级"成了只对上级个人负责而不必对群众和工作负责，以上级主要领导的评价为最高评价标准而不是以工作的成绩或效率为标准。这种非理性的管理文化和管理制度不需要以理性为核心的管理制度，只按照上级的文件办事即可；有些领导者只按照本人的利益或部门的利益理解上级指示，形成了"上有政策下有对策"的局面。这种非理性的管理制度也不需要管理人员学习管理理论和运用管理理论，因为在非理性的管理环境中运用理性的管理理论和方法是行不通的。这种具有浓厚封建管理色彩的管理方式或管理文化可以概括为非理性或非逻辑管理文化。大学管理由于采用了这种制度，不少不学无术的人往往成为学校、院系领导人，这不是在倡导学者追求学术研究的价值，而是在引导人们追逐权力，使学术丧失了它的尊严而沦为权力的附庸。具体到中小学，虽然实行了校长负责制，但由于没有监督校长负责制的配套制度，实际教育管理不需要理论也无科学的理论可言。

为迎接教育内外的挑战——适应市场经济的要求和教育内部改革的需要，学习和借鉴西方古典组织管理理论是有必要的。最根本的是学习古典组织管理理论中所蕴含的理性精神和效率意识，以促进我国管理文化由非理性的、经验的管理模式向理性的、效率为本的管理模式转型。

总之，世纪之交，我国已经全面融入世界现代化建设的主潮流中。现代化建设是经济现代化、科技现代化、文化现代化、政治现代化、教育现代化和管理现代化的整体现代化过程。其中管理现代化则是其他现代化的重要保障。如果说人类发展是有阶段性的话，管理理论和实践的发展也是有阶段性的。管理目前已经经历了非理性管理的传统阶段、理性管理的现代阶段和多元化管理的后现代阶段。几个阶段是螺旋式发展的。前一阶段的理论和实践是后一阶段的基础，而后一阶段是对前一阶段的继承、发展和创新。如果西方管理理论和实践开始由以理性为特征的现代阶段向以多元化为特征的后现代阶段过渡的话，我国的教育管理和一般管理则处于从经验的、人治的、非理性的传统管理阶段向科学的、法治的、制度化的理性的现代管理阶段过渡。正因为如此，我们才有必要学习、借鉴西方的古典管理理论，以促进我国教育管理文化由传统的非理性、低效率管理模式向理性—效率管理模式迅速转型。

第二节　人本主义教育管理理论

如果说古典组织管理理论属于科学主义的话，那么人际关系理论和人力资源理论则属于人本主义。人本主义的思想源远流长，起源于古希腊文化，形成于文艺复兴，发展于启蒙运动，在现代社会得到不断完善，同科学主义一道相互竞争、相互补充，共同构成了西方文化的基本精神，影响着人们的思想和行为。但人本主义与管理学联姻的历史则不长，这是因为管理学本身也是一门年轻的学科。人本主义教育管理理论、"人际关系理论"的形式始于20世纪30年代，运用并发展于40年代至50年代，60年代以后得到了进一步发展，以"人力资源理论"的形式广泛运用于各种管理活动中。人际关系理论和人力资源理论都重视组织中个体成员的合理需要的满足，以提高人的工作积极性和工作效率。

一、人际关系理论

20世纪20年代至30年代，泰罗的科学管理方法被广泛地运用于各种管理实践中，促进了生产效率的极大提高，但却遭到了许多工人的反抗。为找出问题的症结，在1922年至1932年间哈佛大学商学院的教授梅奥和罗斯利斯伯格等领导了在美国西方电器公司霍桑工厂（the Hawthorne Plant of Western Electric Company）进行的管理实验研究。人际关系理论就是在这一著名的实验的基础上创立的。

霍桑实验分早期实验、实验室研究、面谈计划和观察室研究等多项研究。早期实验（1924~1927）是由美国全国科学协会组织研究人员进行的。第一项实验是照明实验，其目的是想搞清楚车间物质条件之一的照明度和工作效率的关系。结果发现，照明度和工作效率之间没有单纯的直接的关系。接着他们开始系统地改变工资支付方法、工间休息时间、工作日长度和工作周长度等因素对提高工人工作效果的影响的实验。他们发现，同照明度的实验一样，不论工间休息时间、每天工作时间或工作周时间的长短是否改变，产量一直都在增长。研究认为，不是实验本身促进了工人行为的改变以及工作效率的提高，而是研究人员闯入职工的正常工作环境并对他们的工作表示关注才引起了职工行为的改变和工作效率的提高。这种现象被称之为"霍桑效应"：当人意识到自己被关注的时候，他有意或无意地改变自己的行为。这实际上是心理学的皮格马利翁效应在管理过程中的体现。

实验室研究（1927~1932）始于1927年，哈佛商学院梅奥教授和一批与哈佛商学院有关的社会学专家开始了实验室的研究。在一间专用实验室中安排一个由五名女工组成的工作小组，不受工厂工作环境的影响。实验研究主要关心的是影响生产率的两大因素。一是增加工资。女工在标准的集体计价工资制下工作，每一个工人领到同样的工资：工资额度是根据小组平均生产率计算的。女工清楚地了解奖励方案与工资的关系。运用这种方式，女工的劳动生产率提高了12%。二是在实验室中实行体贴人的监督方式，允许职工按照自己的方式自己做出决定。研究人员认为，体贴人的监督可以减少职工的恐惧，增加工作的满意度，从而提高工作效率。用这种方式管理，女工的劳动生产率提高了16%。这说明，采用新的工资制度和民主的管理方式都能够增加职工的满意度和提高劳动生产率，而后者的效果更好。

面谈计划（1928～1930）主要是研究人员与职工进行面谈。由于管理方式、职工的情绪和生产率之间存在着重要的关系，如果工作情况发生变化，就同职工商谈，听取他们的意见，这种方式对提高工作效率有重要意义。梅奥和他的同事与霍桑的职工进行了两千多次的访谈。最初，他们采取了"指示性"的谈话，即先准备一些问题，让职工回答，每次谈话30分钟。但职工要谈的问题很多，超出了规定的范围，且指示性的谈话不能了解职工的真实想法。后来改为"非指示性"谈话。访谈者只提一些一般性问题，让职工谈自认为是重要的问题，时间和地点可以由被访问者指定，访谈时间增加到90分钟。这样，研究人员发现职工的牢骚或意见有两种类型：一种是有事实内容的不满；一种是具有潜在的或心理内容的不满。根据这种情况，研究人员认为，通过谈话了解职工不满的具体内容，针对问题提出解决问题的办法，这就需要管理人员必须掌握谈话的技巧和艺术。

观察室研究（1930～1932）是霍桑实验的最后阶段。在这一阶段，研究人员把重点放到工作小组的社会结构方面。通过周密的观察和分析，研究者发现车间的工人们存在着某种不同于工厂正式组织的非正式群体，这一非正式群体对工人有很强的控制力，对劳动生产率产生着重要的影响：（1）对工作不得太用力，否则你就是"工资率破坏者"；（2）不得过分降低工作效率，否则，你就是"诈骗犯"；（3）任何对同事不利的事都不得向监督者报告，否则你就是"告密者"；（4）不得疏远同事。这些发现说明，正式组织中的非正式组织对组织的工作效率产生重要的影响作用。

梅奥等根据霍桑实验的结果提出了"社会人"假设。这一假设和泰罗的"经济人"假设是相对立的。泰罗把人看作是"经济人"，企业主追求利润的最大化，工人谋求工资的不断增长，解决二者的矛盾的唯一途径是提高每一个人单位时间内的生产量。泰罗创造的以时间和动作研究以及计件工资制度和奖励工资制度为核心的科学管理就是为了解决这一矛盾。但霍桑实验的结果证实，人在根本上是社会人，工资、工作条件和生产率之间没有必然的直接联系。一个职工不是孤立存在的，而是作为某一个集体成员而存在的，是社会存在。作为社会人，一个人在一个组织中不仅需要工资的增加，还需要得到友谊、情感、安全、归属感，需要受到尊重。所以，组织必须满足个人的社会需要。

工人的动机和满意度等的提高可以促进工人提高劳动生产率。实验证明，改善管理人员对工人的管理和监督方式——采用民主的、富有人情味的监督和泰罗制所采用的物质刺激、严格的控制等方式都是有效果的，但前者效果更佳。经过进一步的研究，梅奥认为以效率为本的管理模式让人异化并丧失自我，所以他提出了不同于效率为本的管理模式，即以满足个人的社会需要为本的人际关系管理模式。在他看来，人受社会需要的激励并在与其他人的关系中获得满足感、意义和价值。同来自外部的刺激和管理控制比较，个人更容易对来自所在集体的社会压力做出反应。梅奥还认为，个人对管理和组织的认同感和忠诚度主要取决于组织和管理是不是满足了他的社会需要，因此管理的根本任务就是创造良好的人际关系气氛，满足组织成员的社会需要。

人际关系理论中的另一个重要概念是非正式组织概念。正式组织是指为实现组织目标而形成的各种人际关系，它是以正式制度、规章、等级秩序等来维系的。但这种正式的组织结构没有说明组织成员因相互接触而建立的社会关系。这种非正式的关系可能是因为彼此之间的兴趣、爱好、习惯等或因为同学、老乡等关系而建立起来的。如果说正式组织的建立遵循的是成本逻辑和效率逻辑的话，那么非正式组织遵循的是感情逻辑。在非正式组织中，人们各自有自己的地位，遵守着默认的规则和价值体系，非正式组织可以满足正式组织所不能满足的人际交往的需要。所以，同古典组织理论排斥情感和非正式组织的做法不同，人际关系理论则重视发挥非正式组织的积极作用。

人际关系理论在教育管理中得以采用是多种因素作用的结果。实际上，在人际关系理论之前，民主管理的观念已经在学校广为流行。同人际关系理论不同，教育的民主管理思想不是建立在实验的基础上，而是以杜威的民主主义教育哲学为基础的。杜威的民主主义教育思想是 20 世纪初期到 50 年代初期流行的教育思想。杜威主要强调教育要尊重儿童的个性，把学生作为主体对待，"现在我们的教育中正发生的一种变革是重心的转移。这是一种变革，一场革命，一场像哥白尼把天体的中心从地球转到太阳那样的革命。在这种情况下，儿童变成了太阳，教育的各种措施围绕着这种中心旋转，儿童是中心，教育的各种措施围绕着他们而组织起来"。既然教师和学生的关系是民主的关系，那么教育管理人员和教师的关系也必须是民主的，"民主的原则要求每一个教师都能够通过某种有规则的和有机的方式，直接地或通过民主选举出来的代表们，参与到形成他所在的学校的管理目的、方法和内容的过程中去"。民主管理的倡导者提出了几条民主参与管理的理由：首先，如果校长和学监对待教师的态度是专制的和权威的，教师也会这样对待学生；其次，由于学校规模的扩大和专业化程度的提高使得教育管理人员必须依赖于教师和其他成员的专业化，仅仅依靠自上而下的领导再也没有多少优势可言；再次，民主领导可以促进教育组织成员团队精神的形成。所以，在这种情况下人际关系理论为教育管理所接受并不奇怪。

综上所述，人际关系理论是针对科学管理理论的弊病提出来的。但人际关系理论过分强调个人的社会需要，忽略对工作的责任感，并且把完成工作任务和满足个人的需要割裂开来，也因此一直受到人们的批评。"只要工人是愉快的和满意的，他就可能对影响其工作的决策没有什么兴趣"。在教育管理中也会出现这种情况，教育组织中人际关系是良好的，但教育的效率和质量不一定高。另外，虽然人际关系理论以及民主管理思想很有价值，但其可行性和操作性不强，它主要是作为一种管理思想或观念而广泛流行，作为一种管理实践却有很大的局限性。

二、人力资源管理理论

社会需要的满足与组织任务的完成以及工作效率之间一定是有矛盾的吗？满足个人的社会需要就一定以降低组织的效率为代价吗？20 世纪 40 年代从勒温和巴纳德等的社会系统理论把人的行为和环境因素结合起来开始，不少学者试图把个人需要的满足和组织目标的实现有机地统一起来。这就使人际关系理论的个人需要与组织需要的二元对立论开始走向人力资源理论的二元整合。其中的许多研究成为管理学的经典。如巴纳德认为组织是人的协助系统，其要素是共同的组织目标、合作的意愿以及信息流通。这就运用目标、意愿和交流等要素把组织与个人统一起来了。巴克则把组织看作是一个"融合过程"，在这一过程中，个体试图运用组织来实现其目标，而组织则运用个人来实现组织的目标；个体在一定程度上在改造组织，而组织也在改造个体；通过组织契约实现了个人的个体化过程和组织的社会化过程的双向融合。阿基里斯的观点与巴克的看法比较接近，认为人的个性是从不成熟到成熟的发展过程，但正式组织往往阻碍人的成长。所以，管理人员要帮助组织成员减少对组织工作的依赖性，扩大工作内容并实行民主管理。

马斯洛的"需要层次论"把人的需要分成从低向高发展的五个等级——生理需要、安全需要、归属需要、自尊需要和自我实现的需要。管理人员的工作就是为组织成员提供条件满足其需要，而需要的满足自然有助于组织目标的实现。麦格雷戈在马斯洛的需要论的基础上提出了"X理论"和"Y理论"。麦格雷戈认为古典组织理论观点是建立在X理论关于人的假设上的，即认为人是经济动物，需要严格的管理。虽然人际关系理论对这种看法有所改变，但对人的需要及其实现的方法论述得不够。而Y理论更适合于作为管理思想的基础，强调人的主动性、人的社会性、人的创造性方面。赫兹伯格在马斯洛和麦格雷戈理论的基础上提出了"双因素动机理论"，把防止人的不满意产生的因素称为"保健因素"，把引起人的满意的因素称之为"激励因素"。保健因素与人的生理需要、物质需要的满足有关，来自于工作之外；而激励因素主要是与人的精神需要的满足有关，来自于工作本身。保健因素是不能缺少的，但真正能够产生激励作用的则是激励因素。管理者就是要把这两种因素有效地结合起来，引导组织成员在工作中获得满足。利克特在实验研究的基础上提出了四种系统：第一种系统是专权领导模型；第二种系统是"温和的命令式"；第三种系统是"协商式"；第四种系统是"参与式管理"。他的结论是第四种系统是最有效的模式，它主要是建立在三个关键的主张上：支持性的关系、在交叉的集体中的集体决策、领导有很强的操作性目标。所有这些研究都试图解决组织与个人之间的冲突、矛盾，也就是在满足个人需要的同时高效率地实现组织的目标。在教育管理中，人们十分重视组织与个人的互动，重视教职工对决策的参与、合作计划、共同目标、自主性、个人在教育或学习中自我发展、自我实现，等等。

人际关系理论把人与组织对立起来的做法简单化了。在人力资源理论中，学者们试图把组织与个人统一整合起来。这样做更符合组织管理的实际。在管理过程中，组织的目标与组织成员的目标在根本上是一致的。组织和个人之间不存在主要的矛盾，但存在着各种次要矛盾。因为组织成员是怀着共同的愿望加入到该组织的，所以，组织的目标和组织成员在根本的利益上是一致的。除了共同的需要外，还有不同的需要，这些不同的方面是永远存的。所以，完全避免组织和个人的冲突是不可能的。学校教育组织和其他组织一样都是由人所组成的，不同的是它的工作对象也是人。所以，人本主义管理思想更切合于教育实践。和一般管理不同的是，学校管理不仅要寻求实现学校组织目标与教职工利益的一致性，而且要把学校的目标与学生发展的目标统一起来。但应注意的是，由于人本主义管理理论过分重视组织中的个人而忽略了社会政治、经济、文化对学校组织和个人的影响而受到人们的批评。

第三节　教育管理科学理论

一、教育管理科学理论的兴盛与发展

教育管理科学理论兴盛并流行于 20 世纪 50 年代初到 70 年代初，至今仍然是教育管理领域的主流理论之一，它是以教育管理科学的"理论运动"著称的。教育管理科学作为一门学科也是在这一阶段建立起来的，居于支配地位的观点是把教育管理学作为一种科学理论。"理论运动"的代表人物有哈尔平、格里菲斯、哥泽尔等。哈尔平运用范式的方法把科学研究的规范引进到教育管理中；哥泽尔以行为科学理论为背景，把教育管理作为一个社会过程来研究；格里菲斯直接把一般科学的观点和管理行为理论运用到教育管理理论中，认为教育管理行为理论是一般的人的行为理论的亚系统。从他们开始，对教育管理问题的研究从"应然性"概括转变到解释性和说明性的"必然性"概括，教育管理和社会科学学者关系的改变带来了新的科学探究方法，更多概念性的内容为教育管理理论的教育和培训提供了基础，创办了多种教育管理理论杂志以传播"理论运动"的研究成果。

教育管理科学"理论运动"的兴起有其现实背景和理论基础。从当时的背景来看，第二次世界大战结束，世界进入冷战阶段——美国和当时的苏联各自代表自己的阵营在科学技术和其他领域进行着激烈的竞争。苏联人造卫星首先上天引起了美国朝野的震动，也引起了美国人对教育的广泛批评，认为杜威等发起的进步主义教育运动是导致教育落后和科学技术落后的罪魁祸首，认为人本主义管理思想脱离了社会政治发展的实际，不少人开始对人本主义教育管理理论进行批判，认为学校教育要关注社会、政治和文化的发展，一味地强调个人只能导致教育质量和效率低下。"科学管理"重新得到了重视，不过不同的是20世纪50年代以后所重视的是"管理科学"和"教育管理科学"的建设，其理论基础则是逻辑实证主义和行为科学，强调以理性为本。

逻辑实证主义是维也纳学派（Viemla Circle）倡导和发展的，是孔德的实证主义和罗素和怀特海等的符号逻辑学的结合。维也纳学派认为孔德把人类思想发展分为神学、形而上学和实证阶段是有意义的，孔德关于神学和形而上学在科学中没有地位，物理学已经处于实证阶段，社会科学却还处于前科学思维水平，必须用科学探究的方法促进本学科的发展等观点也是有价值的。逻辑实证主义的第二个基础是符号逻辑。尽管孔德是实证主义之父，对逻辑实证主义产生重大影响，但逻辑实证主义采用更多的是演绎法，重视量化分析，在概念上更加重视结构化和标准化。逻辑实证主义是集体建立的，不是个人所为。这一新的哲学对社会科学和行为科学产生了重大的影响。莫顿在把维也纳学派引入到社会学中起到了重大的作用。逻辑实证主义首先引发了心理学的变革。勒温在运用逻辑的和数学的术语表述心理学时指出："今天的心理学中的重要的变化是发展了一种'理论心理学'，它与'实验心理学'的关系像'理论物理学'与

'实验物理学'的关系是一样的。"

　　逻辑实证主义是通过社会学理论对管理学和教育管理理论产生作用的。西蒙把逻辑实证主义运用到管理理论中，他的《管理行为》成为教育管理科学"理论运动"的奠基之作。西蒙在该书第 4 版的前言中说："《管理行为》也许属于当代组织理论研究的第二代，第一代就是所谓以泰罗、法约尔、古利克和厄威克为代表的'古典理论'。"这就是说他在批判古典组织理论的同时发扬了古典组织理论的科学精神。该书把逻辑实证主义的原则作为决策理论的起点，发展了巴纳德的组织理论，把组织平衡作为正规组织中工作动机理论的关键性观点。组织被看作是一个交换系统，在这一系统中用诱因来交换工作，只要认为诱因大于他的贡献，雇员就会留在组织内。把经济学、心理学和社会学整合在一起，用诱因—贡献公式说明管理理论的学科交叉性。西蒙认为传统的古典组织理论是建立在不能测量的简单的格言上。他把管理看作是影响组织成员的一种理性决策过程。"他的著作在 40 年代为'管理科学'引入教育管理中提供了直接的渠道"。这样，逻辑实证主义也就成为教育管理理论的基础。

　　根据逻辑实证主义和行为科学的基本理论和社会发展的要求，教育管理科学或理论运动的核心是把教育管理理论建设成为像工程学或医学那样的科学理论。理论运动早期的倡导者接受了费格尔的定义："理论是一系列的假设，通过逻辑—数学过程从中推断出更大系列的经验法则。"这一概念在教育管理科学理论的发展中有所改进，比如威罗尔认为费格尔的定义太过严格，把教育管理中的大部分理论都排斥在外。根据费格尔的定义，霍伊和米斯克尔认为："理论是一系列相互联系的解释和说明教育组织行为规则的概念、假设和概括。"作为科学理论，有三个要点：一是理论逻辑是由概念、假设和一般概括所组成；二是它的主要功能是解释、说明和预测行为规则；三是理论是启发式的，即它激励和指导知识的进一步发展。理论运动的核心观点可以概括为六个方面：其一，关于组织或管理人员应该做什么的陈述不能包含在理论或科学中；其二，科学理论把现象作为一种存在对待，对现象进行理论解释、说明和预测，但不规定；其三，有效的研究源于理论也受理论的指导；其四，演绎的前提系统是理论最好的范例；其五，对理论发展和训练来说，社会科学是最基本的；其六，为了理论发展的目的，最好把管理看作是所有组织中可以发现的一般现象。根据这些基本观点，教育管理学者编写了不少的教育管理学教材。

二、教育管理科学理论评价

显然，以逻辑实证主义为基础的教育管理理论是关于"是什么"或"如何做"的理论，而不包括"应该是或应该如何做"，它把教育管理作为一种事实存在进行研究，解释、说明和预测这些教育管理事实，但不规定这些现象应该如何。教育管理理论的建构依赖于人的理性思维并受到逻辑实证主义和行为科学的指导。这实际上把教育管理理论作为一种科学对待，"在多方面的转换中，具有特别重要意义的是对科学的概念从松散的界定到严谨的界定，从定性研究到定量研究，从事实到理论，明确地拒绝对'价值自由'探究的倡导和倾向是知识探索的标志性转折"。"理论运动"的主要目的是试图为教育管理实践提供两方面的成果：一是为改善教育管理专业基础知识提供严谨的程序；二是提供的知识应该是可以运用的形式。这就推动了教育管理科学理论的发展，使得教育管理理论成为一种独立的科学研究领域，有了自己的概念和体系；提高了教育管理理论的理论化、系统化和操作性，为使教育管理理论成为教育管理专业提供了理论基础；指出了教育管理理论的形式和方法。但教育管理科学或理论运动是有局限性的。从其方法论来看，同人际关系理论一样，它着重解释和说明的是学校组织内部的运作情况，而忽略了外部环境对学校的影响。学校等教育组织是社会的组成部分，这也导致了 20 世纪 70 年代教育管理相关的理论发展缓慢。其次，"理论运动"所追求的是教育管理理论的科学化和理性化，着重对事实问题的研究，把价值排除于教育管理科学之外。把价值排除于教育管理过程之外显然把教育管理问题简单化了。

第四节　后现代教育管理思潮

　　"后现代"是继"现代"之后的一个社会发展阶段。西方发达国家大致上在20世纪50年代末之后陆续向后现代社会迈进。对现代社会可以用很多概念来描述，如机械化、工业化、城市化、法制化、民主化等。这些特点把现代社会与前现代社会或传统社会区别开来。哈贝马斯认为，现代是指"一系列的累积和互动的过程：资本形成和资源流动；生产力发展和劳动率提高；集中化政治权力的建立和国家认同感的形成；政治权力参与、城市生活和正规教育的多样化；价值和原则的世俗化"。"后现代"社会主要依赖于高新科学技术，特别是信息技术，其特点如知识信息化、政治格局多元化、经济全球化、文化多元化等。这些变化从根本上影响着社会关系和社会生活的本质。以理性为基本信念和手段的传统理论对后现代的许多社会文化现象已不能进行有效的解释，这就需要人们拓宽新思路，建立新理论，以便理解、解释和解决所面临的新问题。在这种背景下，各种新理论就应运而生，形成了蔚为大观的后现代理论思潮，其中有代表性的有后现代主义、批判理论和女权主义。这些理论不仅对哲学和人文社会科学、文学艺术产生了深远的影响，也对现行的教育管理理论和实践提出了挑战。70年代末以来，受社会大环境的影响，青少年道德意识薄弱、少年行为失范现象严重、少年犯罪率增长、家长对子女教育冷淡、民族矛盾和性别冲突等不断发生成为学校教育的难题，"用传统理性和技术方法解决这些问题的努力已告无效"。不少教育管理学者开始把目光投向后现代理论，运用后现代理论的一些基本观点和方法研究和解决教育管理的理论和实践问题。这样，后现代教育管理理论思潮也开始涌动。

一、后现代主义与后现代主义教育管理思想

后现代主义是后现代理论思潮中的一种文化反思理论，"一种对我们这个时代的主流理智和文化信条进行质疑的方式"。其主要特点是拒绝传统的历史分析法和理性主义，采用综合整体批判方式，质疑科学的有效性和知识或真理的客观性等。其代表人物有法国的福科、德国的德理达和咖达默尔等。福科对教育管理产生影响的是他的权力、对话和知识等概念。他认为权力是到处存在的，是非集权化的、多元的、复杂的和网状的，是生产性的。在现代社会，权力的行使是通过组织关系规范我们的思维方式和调整我们的行为来实现的。而对话是权力和实践的桥梁。对话可以形成实践，而实践可以产生对话。他运用系谱学分析我们今天所面对的情景，认为情景包括的知识和真理不是必然的，而是特殊历史条件下创造的结果。换句话说"知识永远是某种角度的知识"，知识的情景性甚于其普遍性。德理达则在批判西方哲学理念中心主义的同时提出他的解构主义理论。他认为传统的形而上学探究的是理念，但这种探究导致矛盾和谬论，因为理念不是深藏于事物内部，而是属于所运用的语言或文本，我们所要做的是"解构"文本，而不是寻找文本之外的什么东西。咖达默尔的批判更进一步。他认为人类靠一门年轻的实证"科学"来达到对真理概念的认识是荒谬的。解释学是一门古老的学科，虽然它不能生产出真理，但可以提供"理解"。解释学不只是从历史的角度解决文本的真实性和可信性，而且关注日常生活、哲学探究和科学考察所需要的理解或解释。解释学既反对康德的理性先验论，也反对黑格尔的理性目的论，其任务就是赋予历史以意义。这种理解的历史文化的意义成为过去和现在的桥梁。所以对历史的理解既需要适当的解释，也需要表达和创造。

把后现代主义运用到教育管理理论和实践中的学者众多，著名的有格林菲尔德、霍金森、英格里西、麦克西等。格林菲尔德率先把后现代主义的观点运用到教育管理理论中，并对教育管理科学的"理论运动"进行了一场"格林菲尔德革命"。他试图建立一种把组织作为人的创造物的理论——一种主体主义或解释主义教育管理理论。他认为，组织不是自然实体，是人们创造的社会性

存在物，没有统一的标准化组织，既然组织是人创造的存在，也就没有统一的标准化的组织理论，如此也就不能用数学的和定量的方法来研究和分析教育管理问题。他说："一个人越是仔细看社会现实，越会认为它更少有物质性。组织是人们在行动中创造的，是非物质性的。它们建立在观念、价值和个体的行动上。"霍金森持类似的观点并对教育管理理论产生了重要的影响，实际上格林菲尔德在价值论方面接受了霍金森的看法。对霍金森来说，科学处理的是与价值陈述截然不同的事实性陈述。既然管理实践无法避免地根植于价值，那么就不存在一种适当的和完整的管理科学。"管理是行动的哲学"，这种哲学是动态的——不是唯一的，不是永恒的，更多的是偶然的、是对话的，处于解释过程。"尼采最敏锐的观察之一，也是后现代主义的原则之一，'没有事实，只有解释'。管理是对组织现实进行解释的艺术"。他还说："所有的人类组织，不论它们是简单的还是复杂的，其存在都是为了实现一定的目标。这些目标根源于人类的愿望或价值。"和其他的组织一样，教育组织实现"审美的、经济的和理想的"目标，其最基本的价值则是"圆满发展"。所以，教育管理和领导主要是价值的而非事实的。

英格里西对后现代主义教育管理思想进行了概述。他认为教育管理开始由现代教育管理进入到了后现代主义阶段。一是后现代主义向教育管理的知识基础挑战——科学主义或实证主义，现代主义认为知识和真理是唯一的，但后现代主义则认为知识和真理不是普遍的，而是情景性的。二是向"最好的"和"最有效的"管理实践挑战。现代管理理论和教育管理理论一直在寻求"最好的""最有效的"科学的管理方式和方法。而在后现代主义看来不存在"最好的"，只是存在理想的或比较好的教育管理实践。三是向教育管理系统的合法性提出挑战。教育管理系统的建立是把教育管理作为一个科学领域来对待的，探索科学的知识和方法，然后运用这些知识和方法来培训教育管理者。但后现代主义把权力和知识看作是关系科学，这种科学把关系看作是为获得大量的主导地位和控制的竞争。四是后现代主义向领导研究提出挑战。管理科学还是用实证的方式研究领导与实际的领导状况是不符合现实的。

综上所述，第一，后现代主义教育管理理论在本体论方面认为教育组织是人创造的存在，既然是人创造的，不同的人就有不同的创造，也就没有统一的形式和本质，不同的教育组织其性质也是不同的，比如幼儿园、小学、中学、大学等各自是不同的，同一类的学校的特点也是不同的。所以，教育组织形式和教育组织的性质不是唯一的。第二，从认识论看，既然管理和组织不是唯一的，关于组织和管理的知识或认识当然也不是绝对的。不存在唯一的教育管理科学理论。用唯一的科学理论无法解释和解决复杂多样的教育管理实践问题。第三，教育管理是事实和价值统一的过程。把教育管理的价值问题排除于教育管理过程之外而只重视教育管理的事实，实际上是把复杂的教育管理问题简单化，这种教育管理是注定要失败的。第四，从方法论来看，教育管理的方法也不是唯一的，而是多样化的。泰罗主义和教育管理理论运动所倡导的方法虽然是有效的，也同样不是唯一的。后现代更重视用民主对话、合理授权、文本解构、意义重建、非线性变革等方式解决所面临的教育管理问题。

二、批判理论与批判教育管理理论

批判理论"根源于康德、黑格尔和马克思，系统化于法兰克福社会研究所的霍克海默及其同事，发展于他们的继承者，特别是以哈贝马斯为首的一批学者对其进行重新定义并坚持到了今天"。批判理论"既是一种'思想流派'也是一种批判过程"。

作为一种思想流派，它是以新马克思主义为特征的，提倡人本主义，反对实证主义。这一流派的主要代表人物有霍克海默、阿多诺、马尔库塞和哈贝马斯等。作为一种批判过程，是指自我意识批判的本质以及促进一种社会变革和解放。其基本方法是透过客观化的表面世界把掩藏的社会关系呈现出来，即"通过批评达到非神秘化的目的。这种方式是一种反组织理论"，也就是探究客观事物所表达的意义。"运用这种方法，法兰克福学派不仅冲破了把科学和技术结合为新的支配方式的理性形式，而且也拒绝了所有的把人类意识和行动服从于普遍规律的理性形式"。法兰克福学派强调批判理论的基本特点是为自我解放和社会变革而奋斗。另外，该学派认为正是在社会矛盾中人们才能开始提出分析"是什么"和"应该是什么"等问题的社会探究方法。最后，他们强烈地支持这样的一个假设：思想和行动的基础应扎根于"同情和对其他人痛苦的感受上"。像后现代主义者一样，批判理论运用解构的方法批判现代组织思想，但他们不满足于简单地解构当前知识和实践的不一致性和矛盾性，更主要的是努力改变社会和组织结构所导致的异化、压抑和不平等，以获得自由和解放。

把批判理论引入教育管理领域并试图建立批判教育管理理论的学者很多，主要有福斯特、贝茨和赛塔尼克与奥克斯。福斯特首先把自己的观点建立在"对话"概念的前提上。他说："人的事务并不是全部都能够预测的；对话和分析是不可避免的，也是需要的；不存在一种最好的制度；我们处于革新和变动中。"教育管理理论和实践不止一种，管理人员要"去不断寻找更合适的解决问题的方法"。所以，"我们从根本上建议教育管理者成为批判的人文主义者。他们是人文主义者，是因为他们领略我们人生中正常的和非正常的事件并着手努力发展，挑战和解放人的内心世界。他们是批判的，因为他们是教育者，也因此不能满足现状，而是希望把个人变得更好，并为所有的人改进社会条件。"所以，他提出一种建立在批判的人文主义传统的基础上的新的教育管理理论模式。这种管理要解决的重要问题是"应该做"和"怎样做"的问题。教育管理科学的理论运动试图把教育管理抽象化和客观化，但这种理论不适合既是社会事实的也是道德秩序的教育组织及其管理活动，"……学校不只是简单的听课、获得学位，而是活生生的文化和道德陈述——正是它形成每个社会成员的良知。教育管理也许是社会中的每个成员最关心的问题，当教育管理专业忽视社会分析，实际上他们是忽视了选择一个更加诱人的未来"。"管理科学，和一般的社会科学一样，其对象不只是解释，而是理解和改进"。管理活动更多的是一种批判性的价值反思过程，其管理的情景要求管理科学重建为一种道德科学。管理科学可以是经验的，也一定可以和解释学（解释和理解的科学）和批判理论结合起来。这种批判的理论可以把学校作为文本，把社会看作上下文。可以把对学校的理解作为一部分文学作品来理解：它是多面的，复杂的，有自己的故事。这个故事如何写，应根据故事所涉及的主人公。管理者不是作者，因为文本是合作构造出来的，但他或她可以是批评者。作为一个文学批评者，管理者对文本的一致性、重要性、情节和所涉及的人物的命运和发展等进行反思，根据自己的观念提出系统的"评论"。一个反思和理解的过程包括对话，以实现集体所有成员的真正的民主参与。这种教育管理理论的目的在于实现人的自由和解放。"我们所需要的不单纯是个体主义的学校理论而是文化的和文学的理论；不是一种工具理性和官僚理性，而是交际理性；不单纯是对制度进行情景解构，而是建立一种新的情景；不仅是实证主义的和行为主义的词汇，还是把我们生活的方方面面都包含进去。"这种以交互、批判和交流或对话为基础的教育管理意味着民主、自由和解放。

贝茨一直被认为是教育管理批判理论领域中最有影响的学者之一，他的理论被用于各种与教育管理相关的领域，如评价、文化管理、课程、公共管理、性别、多元文化主义和领导等。贝茨运用哈贝马斯的理论阐述了自己的教育管理批判理论。首先，哈贝马斯对发达的资本主义进行了批判性分析，认为当代国家有三个主要的子系统：经济系统、社会文化系统和政治管理系统。三种系统中存在着四种可能发生的危机。贝茨总结："如果一个系统不能完成整体系统要求它完成的职能，危机就会发生。所以，经济系统不能提供足够的物品和服务，经济危机就会发生；如果政治系统不能完成在资本利益和大众利益之间的决策的理性平衡，理性危机就会发生；政治系统不能提供足够的社会福利就失去了人民对其的支持和忠诚，法制危机就会发生；共同的价值观、传统和期望模式在一般大众中不能保持，动机危机就会发生。"贝茨认为教育系统既可以促进国家的发展，也可以引起以上这些危机。为克服资本主义和教育的固有危机，贝茨认为，我们需要采取一种更关注人的解放并创造一个更好的世界，这就需要"有一种选择的理论模式，这种模式吸收两种理论传统：现象学分析和批判理论"。其次，贝茨采用了哈贝马斯的"交往"的概念。交往理论与理想的语境是联系在一起的。理想的语境指具有自由、真理和正义等观念的一种交际化过程。贝茨认为，旨在推进参与性民主和人的解放过程的组织重建工作主要通过对扭曲的交往的纠正来实现。主要原因是"学校中运用语言（如同在更广泛的社会一样）不仅作为一种交际的工具，也作为控制机制"。一种批判的教育管理就是要用于对理想语境中管理对话的澄清、考察和再指导。再次，根据哈贝马斯的观点，贝茨重视对知识起源和科学本质探讨的认识论。"有三种探究过程分类可以使逻辑方法规则与知识建构之间建立特别的联系。建立这种联系是一种避开实证主义陷阱的批判的科学哲学的任务。经验分析科学方法与技术认知兴趣是结合在一起的；历史解释方法与实践兴趣是联系在一起的；批判取向的科学与解放的认知兴趣是结合在一起的……"贝茨声称："批判理论不否认前两种知识的有效性，但解决困难和矛盾的唯一方法只有诉诸解放的兴趣。"对此他进一步做了说明，由于学习是通过语言发生的，教育管理要重视教育组织中语言使用的形式。例如，确保有意识地鼓励人们展现技术实践的或解放的兴趣是学校语言对话的一部分。总之，"在建立一种教育管理理论以及适当的管理知识结构时要考虑四方面的问题，它们是社会关系民主化、知识民主化、交流的民主化和文化关注的民主化"。

赛塔尼克与奥克斯认为研究有三种方法论：一是经验分析的方法——鼓励通过数量化的建构对可预测的关系进行解释；二是自然现象学方法——鼓励对社会状况定性解释的理解；三是批判或对话的方法——鼓励通过广泛的对话和行动澄清价值和人的兴趣。批判探究的观点要求对探究的"三种面孔"整合起来加以合理运用。批判理论既是对经验分析的批判和革命，也是对自然解释学方法的继承和发展。

作为一种哲学，它是对解释探究的发展，即批判理论把对话理性运用到解释和理解中。对话理性的核心就是通过对话获得真理。运用到社会探究中，其政治意义可以总结为"解放"。学校教育与社会历史的、政治的、经济的和社会的背景是联系在一起的。这就需要使学校组织成员通过批判的理性思考获得权力，对情景进行批判性分析并把道德与教育者的行为联系起来。这样就可以运用批判理论的观点判断教育实践活动是不是具有社会公正性，是不是给予受压迫的人权力。赛塔里克和奥克斯还讨论了批判理论在决策制定、重视交流能力和对真理达成一致性等方面的运用等问题。他们认为批判过程的基本要素是"不限制讨论的机会，对任何资源的自由使用"。他们建议教育者"用这样的观点批判问题：学校发生了什么、谁从当前的情况下获得利益等，进行自由的研究、诚实的交换和非操纵性讨论……"。运用批判理论的教育者需要运用个人的经验，通过一系列的实践对话参与受教育者的实践活动来确定问题、找出问题的原因和解决的办法。这种参与可以帮助没有权力的人认识、理解和反对对其的压抑。

从批判理论的角度看，社会充满着不平等和压迫，需要进行社会变革，以便使被压迫和被剥夺公民权的人得到解放。但在他们看来这与马克思的"斗争"或"革命"不同，社会变革是通过运用理性的、理智的实践对话，对权力关系采用一种批判的观点来完成。从批判理论来看，权力什么都是又什么都不是。过去权力被看作是组织中高层人物控制的不可分割的实体，而边际人物无法接触到权力。这种权力是通过自上而下的方式行使的。显然这种权力是以压迫的形式存在的。教育组织的目的是实现正义和平等，以便教育组织中每个人获得自由和解放并发挥主体性。所以，根据批判理论的观点，就需要授权，与管理人员、学生和社区分权，打破传统的机械化、僵硬的管理范式，促进教育组织改进，实现教育的正义和平等；课程和教学应以学生为中心并指向于社会平等和正义。从这一观点出发，通过校本管理或协助和合作学习等实践来消除等级是不够的。教育者要问这些问题：合作学习达到什么目的？校本管理达到什么目的？所以，教育管理的批判理论虽然把重心放在分权和授权、合作与对话、个体的差异与平等、男女平等、种族的文化差异与平等方面，但目标是实现社会正义与平等、人的自由和解放。

三、女权主义与女权主义教育管理思想

女权主义也是后现代的一种重要的思潮。有人认为："'女权主义者'或'女权主义'是政治标签，指对发生于 20 世纪 60 年代末的一场新妇女运动。'女权主义批判'也是一种特殊的致力于与家长制和性别主义做斗争的一种特别的政治话语。"也有人认为女权主义的前提是建立在这样认识的基础上的：性别是形成我们社会的一种现象。男性长期以来在社会组织、政治和经济中占主导地位，女性往往是作为次要或配角对待，这就形成了男女在各方面的不平等。由于它反映的是后现代主义的多元性，女权主义是各种类型的女权主义的集合，比如生态女权主义者、无政府主义女权主义者、马克思主义女权主义者、社会主义女权主义者、女同性恋女权主义者、女同性隔离主义者、女同性恋先

锋者还有心理分析女权主义者等。可见，女权主义不限于性别之间的平等与否的思考，也不只是局限于妇女的自由和解放，现在推广到对整个社会的不平等和受压迫状况的反思。可以说，女权主义可以泛指追求平等、自由和解放的实践的和理论的努力。所以，女权主义不单纯是一种理论，也是一种实践。作为理论，它是一种基于性别不平等和受压迫的反思；作为实践，它是争取男女平等、争取妇女自由和解放的运动，作为"一种社会运动，就像环保或公民权运动一样，依赖于不同人的共识"。

从组织理论看，女权主义被看作是与现代组织不相容的。女权主义者认为，现代组织一直受男性文化所主导，这种文化强调服从、对权力的依附、忠诚、竞争、进攻性和效率。个人被看作是商品，其价值仅仅在于按对组织的成功所做出的贡献来计算。女性在官僚组织中的价值没有受到与男性同等的重视。女性支持的、非武断的、感情的、依赖的、关心他人的、善于表达的等特点无疑是一个组织所需要的，但在现代社会中却从属于男性分析的、进攻的、理性的、独立的、不受感情影响的、工具性等特点。因此，一些女权主义者指责组织研究和理论是男性倾向的，即以男性认识方式为定向的。女权主义对组织的研究和理论的本质进行质疑。如芙格森指出主流社会科学研究通过说明当代组织社会的公平性、保护现代社会组织为借口为其辩解，或者满怀同情地说明现代组织就应该是这样。在批判和改造现代组织的过程中，女权主义采取了两种截然不同的方式：自由女权主义者把现存的组织社会看作是既定的并试图把女性整合到该组织社会中，激进的女权主义期望通过替换官僚结构改变组织社会。这两种观点都认为女性被组织所压迫，但自由女权主义者倡导采取与官僚组织合作的策略，而激进的女权主义者主张废除这种结构而不是对现存组织的改良。激进的女权主义者想创造出一种女性的语境以抵制现代组织，并创造出一种新的组织形式来抵制官僚制。在这种新的组织中，组织成员实行分权；成员依赖于人与人的面对面的关系，而不是正式的组织技巧；他们是平等的，而不是等级森严的；资源是分享的，而不是私人物品。显然激进的女权主义"革命"是不符合后现代社会发展现状的。

在教育和教育管理方面，女性主义认为在教育和社会的形成过程中，妇女的定位不公正，男女是不平等的，女性被贬低、被剥削、受压迫；在教育制度、向受教育者提供的知识和教育活动中可以发现女性不平等和受压抑的现象。"一些女性明显的机会掩盖了许多女性私下和公开受到的不公正的待遇，也掩盖了不少妇女曲折的生活。另外，甚至在教育中的不平等至今还存在"。在教育中，妇女受到不公平的待遇有几种情况：一是在中小学还存在着传统的类似于"家长制"的控制形式，而妇女更是"从属"于男性的"管理监督"。男性思维和知识结构主导着教育和教育管理。尽管开展了多种促进男女平等的活动，但学校主要还属于男性的堡垒，比如学校领导大多数是男性，即便不是男性，学校也是按照男性的方式在运作。二是在高等教育中也存在着不公平现象。高等院校有女研究人员、女教师、女本科生和女研究主等，但还没有获得与男性平等的地位。因为高等学校中女性教师是少数，成为女教授的更少，更重要的是把这些女性作为另类看待。三是不平等表现在如何看待作为理论的女权主义和作为实践的女权主义本身。比如纯学者提出的女权主义观念就比从实践中产生的女权主义思想得到了更大的尊重。许多人阅读、学习和崇敬一般的学术型的女权主义，但几乎没有采取相应的实践。可以说，女权主义还主要停留在理论层面。根据这些情况，女权主义共同的一个信念是形成一种旨在结束这些导致妇女受到不公正待遇的社会安排。如何实现男女平等、公正待遇、个人的自由和解放？同批判理论相似的是强调对话和理解；同批判理论不一样的是，许多女权主义者不依赖于理性和理智，而对直觉、感情、感觉以及对抽象的道德推理的联系等赋予了很高的价值。另外，接受女权主义观点的人重视实践和情景及其相互关系，而不是在理论抽象方面做过多地阐述。

以上分析表明，女权主义是对社会文化多元化和民主化的一种探索，它揭示了在社会结构和组织中女性受到的不公正待遇、歧视和压迫等现象，并试图在理论上和实践上改变这种现状。这种思潮对教育管理理论和教育管理实践的发展是有意义的。因为在教育组织和教育活动中确实存在女性不平等和受压迫的现象，而在过去的教育管理理论中并没有给予这些问题足够的重视。教育世界包括整个人类世界都是由男女组成的，在教育管理理论和实践中忽视了女性，实际上就是忽视了世界的另一半。这不仅阻碍了女性群体发挥其创造力，更重要的是这样的管理是不健全的，妨碍了教育管理的效率和质量。

四、后现代教育管理理论的启示

第一，后现代理论的产生有其深刻的背景。随着科学技术的不断发展和社会物质文明的日益进步，信息化和全球化成为人类发展的基本趋势，但人类所面临的问题依然没有得到很好地解决，如冷战时期的敌对、冷战后国际的竞争、核武器威胁、区域战争、政治丑闻、集团犯罪、吸毒贩毒、性别冲突、种族矛盾、民主矛盾、道德沦丧，等等。从启蒙时期以来所构建的以理性为基本信念、以科学和技术为主轴的现代社会开始向以多元文化融通的后现代社会转换。时代呼唤新理论的出现，而新理论代表着新的时代精神。后现代主义、批判理论和女权主义正是时代精神的表现。

第二，后现代理论对传统哲学、社会学、政治学、文学进行了批判和重建，有力地促进了哲学、人文社会科学的创新和发展。在哲学上冲破了形而上学对内在真理的探讨，打破了实证主义和逻辑实证主义以事实为唯一依据的研究方法的神话，提出了真理和知识的情景性、暂时性、流动性等看法；在社会学方面则对功能主义和建构主义进行了批判，提出了解构主义观点；在文学上提出了文本的解构，主体的消解，重视读者对文本本身的理解和解释等见解；在政治学和管理学方面，提出了权力的普遍性和分权化的必然性和必要性，强调通过对话和理解达到解放和自由等目的。

第三，后现代各种理论是相互联系的，既有共同性也有差异性。从共性来说，它们都是对现在的社会和文化及其结构的反思，锋芒所向是传统的科学理论和传统理性；都强调个人在与社会的互动中人的主体性的发挥和主体的自由和解放等；都对传统的文化与自然、主客、身心、社会与个人等二元论进行了批判，都试图建立多元化互动观点。同时后现代理论之间也是有差异的。一是理论的来源和起因是不同的。后现代主义是对现代社会问题的直接反思，而批判理论来源于康德、黑格尔和马克思等。女权主义主要是男女之间的不平等引发的。二是概念和语境不同。每一种理论都有自己的概念体系，比如后现代主义的权力、对话、知识、文本、解构、理解等概念；批判理论的交往、批判、自由、解放等概念；女权主义的正义、平等等概念。三是对现代社会认识的角度不同，由此对一些问题的看法也不尽一致，比如对"后现代"这一概念就有诸多争议。哈贝马斯认为，现代的工程还是不完善的，强调后现代性是一种不适当的批判态度。另一位批判理论者诺利斯拒绝后现代主义理论，指出后现代主义是空洞的，现代性既没有完成，也没有结束。而女权主义既与后现代主义有联系，也与批判理论有联系，在一定意义上女权主义是以后现代主义和批判理论的观点为基础的，但它是从性别或女性的角度探讨问题的。

第四，后现代理论对教育管理理论的发展产生了深刻的影响。后现代教育管理理论对现代教育管理科学理论运动的全面批判宣告了以实证主义和逻辑实证主义为哲学基础的教育管理科学神话的破灭。教育组织不是自然的而是人造的；教育组织的主要目标不是效率而是保证教育的正义和平等，促进人的自由和解放；教育管理知识不是实证的而是情景和价值的；组织中的权力不是固定的，而是生产的，其生产性主要表现为权力的参与和分解；教育管理方法不是唯一的而是多元的，不是对抗的而是对话的。

第五，后现代理论及其教育管理理论对西方教育和教育管理改革产生了推动作用，比如英语国家推行"宪章学校"就是典型的例证。宪章学校是对公立学校进行改进的一种新的学校形式，这种学校是一种混合组织，是一种带有私营机构特点的公共机构。首先它们是公立学校，因为受公共教育部门资助和控制；它需要向管理权力中心提供课程，这种课程是对所有学生开放；它具有私营机构的特点。每一所学校是自主的，有一个特别的宪章说明学校的目的、任务、管理权。除了对公共权负责外，还对学生家长负责。家长是学校管理委员会的有影响力的成员，有权设置目标，控制经费，解聘和更换雇员。截止到1999 年秋天，美国的 31 个州加上哥伦比亚学区有将近 1 700 所宪章学校，大约有 35 万名学生在宪章学校受教育。还有 20 世纪 80 年代以来推行的"校本管理"、90 年代以来进行的"新美国学校设计"，等等。这些改革基本上是以改革传统的教育管理理论和模式为突破口的，强调分权和决策参与、学生多元选择、学校中体现正义与平等、学校组织多种形式，等等。这些改革体现了后现代教育管理思想。

第六，后现代理论和教育管理理论虽然有其进步性，但也有局限性。首先，逃脱不了相对主义或虚无主义之嫌。如果真理和知识都是特定情景的产物，世界还有真实吗？教育管理理论有存在的必要吗？所有的学科体系都成为多余的了。所以，我们运用后现代教育管理理论旨在改进现代的教育管理理论，而不是替代现代教育管理理论，解构是必要的，在解构的基础上重建更为重要。以现代教育管理理论为基础重建现代教育管理知识体系应该是后现代教育管理理论发展的未来。其次，尽管后现代教育管理理论成为当前重要的思潮是不争的事实，但也必须承认后现代教育管理理论尚处于发展阶段，还不能提供系统的理论来指导教育管理实践。比如格林菲尔德等只是在理论层面上进行讨论，对教育管理实践并没有产生大的影响。也就是说，后现代教育管理理论在西方还处于建设和发展时期。

第七，西方后现代教育管理理论对中国教育管理理论和实践是有启发的。按发达国家、中等发达国家和发展中国家划分，我国还属于发展中国家，还在致力于现代化建设。但这种划分仅仅是从经济层面进行的，在信息化和全球化时代，我国的文化发展也是多元化的，西方出现的一系列后现代问题也同样出现在中国。所以，借鉴西方后现代理论及其教育管理理论可以帮助我们理解和解决我国的教育和教育管理问题。首先，在致力于教育管理理论建设的时候就会为其提供多元化理论基础，避免仅仅依赖科学理论或实证主义、逻辑实证主义；我们在理解教育组织的时候就不会认为只有一种模式，因为教育管理组织模式是多样的。比如中小学管理体制就不只是"校长负责制"，它可以有多种形式，而且对校长负责制也需要反思——校长负责制如何体现教职工、学生家长、学生和社会对学校事务的参与等；在理解权力的时候，就不会仅仅强调集权，不会仅仅把权力看作是属于校长一人的，而是考虑分权，教师、学生家长和学生如何参与管理；在管理和教育中会积极地运用合理的对话，让所有的教师得到公正的待遇，让所有的学生得到合理公平的对待，让男女学生得到公正和平等的对待，这样教师可以自由教学，学生可以自由地学习，以达到解放其主体性和创造力的目的，推动学校等教育组织的全面发展。总之，西方后现代理论有许多思想、内容和方法值得我们学习和借鉴。但正如后现代理论所揭示的原理——世界没有绝对和唯一，后现代理论只是提供几种理解和解决当前所面临的教育管理问题的思路和方法，我们需要做的是在后现代理论及后现代教育管理理论的启发下建立适合我国国情的新的多元化教育管理理论体系。

综上所述，古典教育组织理论—效率为本模式、人本主义教育管理理论—以人为本模式、教育管理科学理论—理性为本模式和后现代教育管理理论—多元整合模式四种教育管理理论及其模式代表了西方教育管理百年来不同时期的主流理论，具有很强的针对性。古典组织理论发展和完善于20世纪初至30年代，主要针对的是传统管理的弊端。传统管理重视两种权力：一是"世袭或恩赐权力"。职位和权力是继承的或上级部门或领导人给予的。二是"魅力权力"。这种权力的行使依赖于领导者个人特有的品质。这两种权力的行使实质是一样的：任意性、专断性、经验性，主要适用于前现代社会、农业社会或封建社会。当时的社会和生产组织、教育组织结构简单，功能单一、封闭。但现代社会组织和教育组织日益复杂，仅靠传统管理远远不够。古典组织理论及其模式正是为改变传统管理的人治方式、任意性、经验性、低效率而提出来的，它重视的是制度的法制化、组织的科学设计和管理方法的标准化等，追求的是效率。人本主义管理理论及其模式分前期和后期两个时期。前期为人际关系理论，形成和发展于20世纪30年代至40年代，后期为人力资源理论，形成和发展于50年代至60年代。主要是针对古典组织理论对组织中人的忽视而提出的，组织是重要的，但组织中的个人更为重要，组织是为人而存在的，所以管理应以人为本，重视人的各种需要的满足，提高人的积极性和管理的效率。教育管理科学理论及其模式主要形成和发展于50年代至70年代，虽然和古典组织理论有类似之处，但它着力于管理理论的科学化和客观性，试图把管理理论和教育管理理论建成为像社会学、物理学、工程学或医学一样的科学。后现代的三种教育管理理论在80年代以后开始流行，主要是针对教育管理科学"理论运动"忽视价值、忽视人的主体性、忽视管理知识的变化性等提出来的，重视管理理论的多样性和价值性，权力的生产性以及对话、交流、理解在人的解放和自由方面的重要作用等。可以说，后现代理论及其教育管理思潮方兴未艾。

教育管理理论没有"对"和"错"之分，没有"最好"的教育管理理论和模式，但有"片面"与"全面"、进步与落后、有效与无效之分。古典组织理论和经验管理方法比较，我们不能说"经验管理"是错误的、坏的，也不能说古典组织理论是"正确的"或"好的"，但古典组织理论是更有效的、更进步的理论；人本主义教育管理理论与古典组织理论比较，更人道一些；教育管理科学理论比人本主义管理理论更客观一些；后现代教育管理理论比其他管理理论更全面一些；等等。这提示我们，每一种教育理论及其模式都有其优势和缺点，我们在运用教育管理理论及其模式时一定要因事、因时、因地、因势制宜。

第二章　教育组织管理

第一节　教育组织理论

管理学者历来都重视对组织问题的研究，形成了一系列对管理实践具有重要指导意义的组织理论，这些组织理论也同样适用于指导教育组织的建设和发展。

一、古典组织理论：理性组织

古典组织理论最基本的哲学观是"经济人"假设。"经济人"假设把人看作是经济动物，其行为动机是以获得经济利益为取向的。这种基本假设导致了管理目标的效率价值取向。古典组织理论的思想家分别从不同的角度提出了自己的组织观点和组织模式。泰罗提出了职能分工的观点，法约尔则试图把统一指挥和职能分化结合在一起，韦伯则提出了他的严谨的科层制理论。这些观点至今还是指导人们进行组织设计的重要理论。

1. 泰罗的职能制

泰罗认为组织要把管理职能和执行职能分开，管理人员和职工各自承担自己的任务。他指出："工长为了减轻工作负担把工作任务分给不同的副手。找一个能够胜任全部工作任务的人是困难的。一个全才需要具备九种素质：一是脑力；二是教养；三是专门的或技术性的知识，敏捷而又有力量；四是机智；五是充沛的精力；六是毅力；七是诚实；八是判断力或常识；九是健康的身体。工人具备上述三种素质的居多，只要用普通工人的工资随时可以雇用他们。四项加在一起的人就得用较高的工资来雇用他。而具备五种品质的人就比较难找了。具备六种、七种和八种品质的人几乎就找不到。"一个普通的班组长完成班组的各项工作需要具备以上大部分的品质。管理一个工厂或企业就需要全才。但全才不可能找到。"显然，管理工作应该通过分工，把不同的工作分给具有不同才能的人来负责"。所有的班组长、工段长尽可能摆脱全部计划工作以及办公室性质的工作，专门做执行工作的事情。设置计划室集中处理计划工作以及一切用脑的工作，这就把职能部门和执行部门分开了。职能部门主要是对专业工作进行安排，而执行部门负责执行职能部门的指令。

设置计划部或管理部门完成职能工作。计划部是在组织领导人的领导下，专门对工作目标、任务以及完成这些任务的技术进行研究和设计，然后交由执行人员去做。"在整个管理领域，应废除军队式的组织方式，取而代之的是可以称之为'职能式'的组织。'职能式管理'是把管理工作进行细分，让副手以下的人尽可能地少担负职能工作。如果办得到的话，管理部门的每一个人只限于执行一项主要的职能"。他认为在经验管理中，所有的计划工作和执行工作都是工人做出的，但工人是很难做好计划工作的，所以有必要把计划工作分离出来，由专门的管理人员来做。"在计划部工作的人的专业工作就是在科学管理的指导下提前做好计划工作，找到更好的、更有效率的工作方法，每个技术动作都要在采用之前准备好。这就是我们所说的'在管理方和工人之间有一个几乎是平等的责任和工作分工'"，计划或管理部门内部需要分出若干部门对执行工作进行管理。

泰罗还提出管理的例外原理。例外原理指的是，上级管理者把权限集中在自己手中，但为了不被例行管理工作缠身，就尽可能地把权限下放给自己的下级或其他助理人员，自己主要保留例外事项的决定权或控制权。例如学校的日常管理事务由各职能部门处理，而校长主要处理副手以及职能部门处理不了的问题。

泰罗的计划部和职能分化的组织理论的贡献主要在于把对组织的管理方和

职工进行了分工，同时设计划部协助组织的领导人做好相关的管理计划工作。但其缺陷是，具体的执行部门或员工需要接受不同的管理人员的命令，容易导致指挥混乱。

2. 法约尔的直线—职能论

法约尔把组织看作是管理的一个职能。"组织的意思是建立人和物质的双重执行结构"，"组织一个企业就是为企业的经营提供所有必要的原料、工具、资本、人员。这些可以分为两大部分，即物质的组织和人的组织。当具备了基本的物质资源，人或社会组织就能完成其六项基本职能，也就是说，进行企业所关心的所有的活动"。根据这种理解，法约尔的组织论认为组织是由组织的一般形态、内在要素和参谋机构三方面的内容组成的。组织的一般形态是指按照层级原则或组织的跨度原则构建组织，管理规模扩大就要增加管理的层次。这样就可以管理任何规模的人群。组织的内在要素是管理组织的动力。他不同意把组织看作是"管理机器"或"管理工程"。管理机器是被动的、服从于领导的，这种服从是组织完成目标所需要的，但组织不完全是被动的，还有内在的力量，即组织的中层以及其他成员的首创精神是组织力量的源泉。组织的参谋机构是用来帮助领导完成任务的。

如果领导自己能够完成全部任务，就不需要设置参谋部。参谋部是一批有精力、知识、时间的人组成的，这可以弥补领导在这些方面的不足，而不是取代领导者的领导作用。

（1）建立层级指挥系统。法约尔在肯定泰罗的职能制的同时，批评泰罗没有注意到单纯的职能分工会导致组织系统的混乱。为了对各个职能部门进行有效协调，需要建立统一的等级指挥系统。这一系统和科层管理是相同的。他说："让忽视统一指挥的原则和可以不受惩罚地违犯这一原则的思想任意传播是很危险的。更确切地讲，我们要把深受欢迎的统一指挥机制这种旧的组织形式保留下来，直到情况发生变化为止。这一原则实质上和泰罗建议的用参谋制给予领导者和工长帮助的做法是容易调和的。"职能分工能够提高工作效率，但如果没有统一指挥就有可能造成工作的混乱和无序。所以，"无论是对哪一项活动，一个雇员只应该接受一个上级的命令。这就是统一指挥的准则，这一准则产生于普遍的和永久的需要，在我看来，其对事务管理的影响与其他任何原则的影响至少是一样的。如果这条原则受到了破坏，那么职权就受到损害，纪律受到破坏，秩序受到扰乱，稳定受到威胁"。

（2）"跳板"原则。法约尔对组织的层级以及"跳板"原则给予了重视。层级是指组织中从最高的领导者到最基层的管理人员的序列。"跳板"原则是指上级允许下级有与同级的有关职能部门进行协商解决问题的权力。实际上，层级制就是军队的直线制。法约尔认为在企业组织以及其他社会组织中要保留这种层级制，层级制可以保证上级的命令和下级的报告沿着层级传递。这是指挥统一和信息反馈所必需的。但事事都向上级报告并获得上级的指示后再采取行动，就有可能延误处理问题的时机。这就需要采取"跳板"原则，即下级在获得上级的授权或同意的情况下可以与同级的有关部门商量解决问题的办法。比如学校的人事处与财务处直接共商提高教师的福利待遇问题，并分别得到主管校长的承认。

（3）形成合适的管理跨度。管理跨度就是指一个管理者所能够管理的人员的数目。法约尔对管理跨度问题也进行过研究。他认为，一个人的企业不存在跨度问题，只有几个人的小企业也不存在跨度问题，但当人员上升到10人、20人、30人或更多的时候，组织管理就要分层次，管理跨度问题就出现了，每一个10个、20个、30个工人的新组就需要产生1个工长，2个、3个、4个或5个工长就决定要任命1个车间主任，2个、3个、4个或5个车间主任就要产生1个部门经理，直至最高领导，最高领导一般只有四五个直接下属。世界各国军队组织的跨度一般都在4个人左右，管理人数最多的是班长，共管理12个人左右。到底什么样的跨度比较合适，要根据具体的管理者和具体的组织而定。一般来说，严密的组织，其跨度就比较小；松散的组织，其跨度就比较大；领导能力强、精力充沛的领导者，管理的下属可以多些；能力较弱、身体一般的管理人员，管理的跨度就小些。一般说来，在机构的高层领导中，通常是4～8人，在机构低层领导中，为8～15人。著名学者林德尔·厄威克发现，理想的下级人数是4人，而在组织的最低层次，赋予他们的责任就是完成具体的任务而不是管理他人，这个人数可以在12人左右。另外还有人认为一个主管人员可以管理二三十个下属。由美国管理协会对 100 家大公司的调查中，向总裁汇报工作的高级管理人员的人数从 1 人到 24 人不等，只有 26 个总裁拥有 6 人或不到 6 人的下属。中间数字是 9 人。在被调查的 41 家小公司中，25 个总裁有 7 个以上的下属，一般的人数为 8 人。这些研究说明，每一个组织都存在着管理的跨度问题。如果管理跨度过宽，领导人就可能陷于事务堆中，无暇对组织的重大问题进行处理。所以，每一个领导者都要考虑什么样的管理跨度才合适。

3. 韦伯的科层制

韦伯把组织看作是一个经过理性设计的科层结构。在这一结构中每一个职位的权力和责任都是预先设定好的，每一个人在这一结构中都具体担负一定的职务，拥有该职务所具有的权力，同时必须履行该职务所具有的责任。各种职务之间是自下而上的服从关系和自上而下的命令关系。科层组织理论并不是韦伯的发明，历史上早已经存在，比如中国传统的封建政体也属于科层组织，有一个至高无上的皇帝，下面有各级官员，这些官员实行的是层级负责。但把这一组织模式体系化和理论化则是韦伯的贡献。

首先，韦伯的科层制强调专业分工。与泰罗和法约尔一样，韦伯重视专业分工。现代组织任务的复杂性使得一个组织成员只能做他的专业能力能够胜任的工作。这就要求组织进行专业分工，只有通过专业分工才能提高效率。现代社会中有通才，但没有全才，任何人只能胜任某一项或某一方面的工作。一所学校就需要把学校的管理工作和教学工作进行分类，然后招聘有相应专业能力的人从事有关管理和教学工作。其次，等级权力系统是科层制的典型特点。韦伯认为："组织部门遵循等级原则，即每一个低层级部门都受到一个高一层级的部门的控制与监督。"这种权力等级可以保持组织按照指挥统一的原则有序运转，否则组织将会出现混乱。再次，韦伯强调制度化管理，认为制度化或法制化管理是现代理性组织基础。传统的组织管理依赖于人治或习俗，而现代组织管理则依靠法律和制度。按照韦伯的观点，组织的工作环境是非人格化的，一个人服从一个人的职权只是因为他在该公司工作，他服从的是法律和规章制度，是非人格的命令，而不是某一个人。组织管理必须有一系列的规章制度。这些规章制度把每一个部门、每一个职务的权利和责任都进行了明确的规定，使每一个人在其位置上清楚地知道自己该干什么和不该干什么，要排除情感因素对工作的干扰。最后，韦伯强调组织成员的聘用和晋升的组织成员的专业、业绩和资历，以专业能力为取向。科层组织的工作强调的是专业化，聘用人员的原则是根据其专业技术资格，职工升迁主要是依据资历和业绩，而不是凭私人关系。

科层制是组织结构的最基本模式。其优势是：专业分工能够发挥组织成员的专长，非个人化或理性化可以克服人为因素对组织的干扰，规章制度可以保证组织运作的有序化和连续性，权力等级可以保证指挥统一、命令畅通，专业化和能力本位可以激励组织成员安心努力工作。政府、企业、医院、学校以及其他各种类型的社会组织都或多或少地采用了这种模式。军队、政府采用的结构是严格意义上的科层制。科层制在教育组织中是普遍存在的。国家教育部就是由部长、各业务司局长、各业务处长以及科员构成的层级组织。以此类推，省、市、县等教育行政部门都是由上层领导部门、中层管理部门和基层执行部门等构成的科层组织。科层制也是各级各类学校组织的基本构架。发达国家的大学的典型组织体制就是校、院、系三级管理体制。我国的大学也由校、系二级体制向校、院、系三级体制转变。中小学实行的是校、各处室等二级组织制度。所以，教育组织管理需要科层制作为最基本的组织模式。

但这种模式受到了广泛的批评。首先，这种模式在重视科层组织的功能时没有注意到其功能失调现象。这种失调主要表现为：劳动分工使一个人长期做一项工作，会对该工作产生厌倦。如一个小学教师长期教语文，会对工作感到厌倦；过于理性化或非人格化会使人们缺乏对工作的热情。如果不重视教师的合理的心理需要的满足，教师就不会积极地投入到工作中去；权力等级会使上下级人员交流成为困难。如果校长和教师等级森严，他们之间就不能很好地沟通；过多的规章制度可能会使组织拘泥于繁文缛节；专业化或职业化可以促进成员对某项工作更为精通，但使人们只看到局部而忽视整体。其次，韦伯的科层组织忽视了非正式组织的存在及其功能。任何一个组织都有非正式组织，非正式组织是组织中人与人的自然的关系，是自发形成的，所以组织建设不仅要考虑正式组织的建设，同时也要注意非正式组织的作用。再次，直线组织没有充分考虑到组织的复杂性和多样性。如果组织规模大、专业化程度高、管理事务繁重，领导者因为体力或专业知识不足，难以应付所面临的管理问题，这种模式就会捉襟见肘、顾此失彼，不能保证组织的有效运行。另外，女性主义者对韦伯的科层制也进行了强烈的批评，认为科层制体现的是男性特点，如竞争、理性、制度，等等，忽视了女性的柔性、感性等特点。马丁认为，尽管韦伯对科层制的特点的解释是中性的，但在这种组织中女性处于不利的地位，科层制特别强调成员对组织的忠诚和献身精神，没有注意到工作和家庭的依赖关系。这主要适合男性，而女性则既要搞好工作还要照顾好家庭。斯科特认为，科层制的性别偏见不仅存在于聘用标准上，还存在于选择的标准上。

二、人际关系理论：自然组织

根据古典组织理论建立的组织结构给西方国家的生产和管理带来了高效率和严明的组织秩序，有力地推动了西方国家资本主义社会的发展，但这一组织理论只重视组织目标和效率，忽视了组织中个体的需要和发展，导致了人们对这一组织意义性的怀疑。人际关系理论根据"社会人假设"对理性组织理论进行了深刻反思和批判，认为组织的结构可以分为技术组织和人的组织，前者是指为了实现生产目的而使用工具、机械设备等物质手段的物质组织，后者是指由组织成员所构成的社会系统，在这一系统中，组织成员是相互作用的关系，除了正式组织之外，还存在着非正式组织。正式组织是按照要完成的任务或目的而建立的有序组织，它是在组织系统的结构图中显示出来的，也表现为物质形态，如一所学校有其所在地，有办公大楼、教学用房以及其他的服务设施，大楼中有各个部门的标识。这些有形的正式组织结构使组织成员建立了正式的关系，也正是在这种关系基础之上形成了非正式组织。非正式组织是按照感情的逻辑建立的团体关系，而这一团体能够满足个体成员的情感需要。这一非正式组织不仅仅存在于一般的组织成员中，也存在于高层管理人员中。所以，人际关系理论把组织看作是正式组织和非正式组织的统一体。这两者存在着冲突。因为正式组织是管理者和组织的逻辑，而非正式组织是组织成员的逻辑。如果仅仅按照组织的逻辑或管理者的逻辑，就会忽视职工的利益和社会性需要的满足，就会和职工发生冲突。所以，组织管理者要对自然形成的非正式组织给予重视，了解组织个体成员的需要，对其合理的社会需要予以满足，这是人际关系理论对组织的基本看法。

三、巴纳德：系统理论

把组织和个人看作是相互对立的观点显然是不妥的。不少学者从不同的角度来解决这一问题。比如心理学家勒温从社会学的角度对这一问题进行了探讨，提出了"社会学的场理论"，试图运用"场"来整合个人和社会之间的冲突。阿基里斯也尝试对个人和组织二者之间的融合进行探讨，但特别需要提到的则是巴纳德的观点。巴纳德运用社会系统的概念把组织和个人联系起来，把组织看作是"两个以上的人自觉协调的活动或力量的系统"。他把这种定义适用于所有的社会组织，包括政府、企业、学校、教会、军队，等等。组织是由人组成的，而人的活动是相互协调的，所以就构成了一个系统。该系统是"一个整体，因为每一部分是以有意义的方式相互联系在一起的"，各部分有不同的层次和不同的类型，例如一所大学就是由不同层次、不同类型的院系所构成的系统。因此，每一个大型的组织系统都是由若干个子组织系统或分部门构成的复杂的系统。

所有的系统存在三个普遍的要素：合作的意愿、共同的目标和沟通。没有人就没有组织，但有了人不一定就能够成为组织，如果没有合作的愿望和行为，就不能构成有意义的组织，所以一个人是依靠其观念、行动、行为模式等加入到组织中的，因而个人的协助意愿是组织系统不可缺少的。当一个人加入到一个组织中，他必须有意愿与别人合作，必须对组织有忠诚感，有团队精神，为了组织的利益，他必须克制一些个人的愿望或放弃一些与组织相冲突的事情。只有具有把个人的行为贡献于非个人的组织的意愿，组织才能够协调起来。为了使个人有愿望加入到组织中并有愿望协助，组织就需要考虑如何满足个人的一些合理的需要，以激发其更好地协助和工作的动机。同时，除了要同其他组织成员有合作的意愿外，还必须有一个协助的目的或目标。这样，组织成员的合作才能够从协助的愿望转变为协助的行为。为了了解愿望和目标的达成情况，就需要通过书面的和口头的信息沟通。信息沟通使组织成员彼此相互了解，对组织的发展情况有一个明确的把握，以增强其合作的愿望，努力实现组织的目标。

同古典组织理论只重视正式组织、人际关系理论只重视非正式组织不同，巴纳德认为正式组织和非正式组织是普遍存在的，二者是可以统一在一起的，正式组织的管理常常会产生非正式组织，非正式组织随着时间的推移可以转变为正式组织。非正式组织的特点是没有正式结构，人们只是因为有共同的爱好或兴趣、态度、行为而走到了一起。非正式组织可以为正式组织做重要的补充，但也要注意防范非正式组织与正式组织发生冲突。通过提拔非正式组织的骨干成员、参加非正式组织的活动，了解非正式组织的动向，对非正式组织进行渗透和引导，则可以使非正式组织成为正式组织的有益的补充。

巴纳德对组织的有效运行问题进行了探讨，提出了权力接受理论。他认为："权限是正式组织中信息沟通（命令）的一种性质，通过它的被接受，组织的贡献者或成员支配自己所贡献的行为，即支配或决定什么是要对组织做的事，什么是不对组织做的事。"按照权限接受论，组织中管理人员的权限决定于支配部下行动的命令是否为部下所接受。当命令被部下接受时，管理者的权限就得到了肯定，或者说就有了权限。如果命令没有被服从，管理者的权限就不存在。按照巴纳德的定义，管理者是否有权限，不在于管理者自己，而在于管理者的命令是否为部下所接受。这一观点后来为西蒙所发展。

四、开放的系统理论

尽管巴纳德运用社会系统这一概念整合古典组织理论的正式组织和人际关系论的非正式组织，把组织看作是一个开放的社会协助系统，但真正把组织看作是一个开放系统进行研究和管理，则是在 20 世纪 60 年代贝塔兰菲的系统论对组织理论产生影响之后。他是一个生物学家，在研究中注意到所有的领域都有一些相似的特征：一是有机体是一个整体；二是有机体的部分趋势是试图保持稳定或平衡；三是所有的系统是开放的，即有机体既受到环境的影响，也影响着环境。"有机体"和"组织"在希腊和拉丁语中的词源有相同的含义，需要处理功能与结构和部分与整体的关系。所以，组织可以看作是从外部环境中吸收资源、通过内部转化然后成功地向外部输出的系统。作为开放系统的组织必须面对不断变化的外部环境，适应环境的变化。系统理论一经提出，就被用在组织管理的分析上。有不少学者也坚持运用系统理论来分析教育组织的问题。

五、学习型组织理论

当系统理论被广泛地用来分析和指导组织建设的时候，组织学习理论在20世纪80年代开始兴起，经过十多年的研究，在90年代已经被广泛认可，并运用这一理论解释各种类型的组织管理。格桑恩和古瓦多做的文献研究显示，仅1993年一年在组织学习方面的研究成果就相当于整个80年代的研究成果。之后，关于组织学习的成果更是层出不穷，组织学习和学习型组织成为当代最为流行的概念之一。学习能力强的组织比学习能力弱的组织更快地适应外部变化并更好地进行内部改革，这已成为人们的共识。

组织学习理论进展有两个主要表现。首先，许多不同学科和领域的人们参与到组织学习过程的研究和实践中。一些企业战略家们认识到，一个组织比其对手学习得快一些或好一些的能力可能是企业长期发展成功的关键。一些经济学家也持同样的观点，认为企业的行动或经验学习和正规学习一样重要。著名经济学家斯蒂格里茨指出："正如生产经验可以提高生产过程的效率一样，学习中的经验也可以提高学习过程的效率。一个人学会学习至少部分地是学习过程本身。"社会学家们也认识到学习和组织的知识在组织生活的内在动力和政治方面发挥着核心作用。在教育管理领域，也有不少的学者关注组织学习问题。由于不同领域的人们的研究参与，组织学习理论研究在概念上不断分化，各个不同学科领域的研究者都竞相寻求正确的学习型组织模式。其次，许多公司和企业咨询人员已经注意到组织学习的重要性并开始把组织学习理论运用于设计和改进组织的实践中。他们的工作已经得到了一批理论研究者的支持，如美国的圣吉、英国的培德勒和澳大利亚的菲尔德和福特等关注的焦点就是如何通过对组织学习的设计和具体干预，把组织改造成为一个学习型组织。组织学习理论在教育管理领域也有广泛的运用。如圣吉专门撰写了《学习型学校》，把他所提出的五项修炼用于指导学校组织的建设和发展方面。雷斯伍德主编的《学校中的组织学习》一书运用组织学习理论对学校组织学习的问题进行了探讨。

1. 组织学习

组织学习和学习型组织是相互联系但又有差别的概念。组织学习关注的是组织的学习过程是什么，是如何学习的；而学习型组织关注的是建构一个什么样的组织才能够有效地学习。具体来说，组织学习理论关注的是组织中个人和集体学习的问题，而学习型组织理论关注的是运用诊断和评价工具对组织学习过程的质量进行评析，构建特定的学习型组织模式，促进组织的改进。组织学习的主要观点可以概括为两种：技术过程论和社会过程论。

组织学习的社会过程论强调人们在工作中对自己经验的感知。这些经验来源于显性的信息，如财政报告等，也可以来源于缄默的资源，如一个高水平的画家的感悟或一个战略家对企业未来发展的洞察等。从这一点来看，组织学习发生在社会互动过程中。就显性的信息来看，学习涉及从文献中获得意义，比如当我们看到学校招生数的上升或下降的时候，就会从这些数字中发现"好"或"坏"的含义以及需要采取什么样的行动。缄默型的组织学习主要涉及把一些特定的实践、观察、对熟练实践者的模仿以及社会化过程转变为一种团队的实践，而不是个人的行动。

组织学习的社会过程论有三个重要观点：一是把组织学习看作是组织的社会建构过程；二是把组织学习看作是一个政治化过程；三是把组织学习看作是一个组织文化发展过程。把组织学习看作是社会建构的观点可以说是对组织学习技术论局限性的直接修补，掌握和了解各种文献资料或数据本身是没有意义的，其意义是由使用它的人决定的。布朗和杜圭德是社会建构观点的坚定的倡导者，他们认为正式的工作指示总是不适合具体的工作，所以要重视组织成员之间的非正式的交流，比如新成员与有经验的成员的交流，经验少的成员与经验丰富的成员进行交流和沟通，从而学习到如何有效地开展工作的知识。这一论点的核心观念是：关于组织的重要知识不是写在纸上的，也不在个人的头脑中，而是存在于把组织作为一个整体的团队中，因此，组织的学习发生在组织扩大吸收新成员的时候，或发生在组织采取新的方式和非常规的实践活动的时候。

从社会观点出发把组织学习看作是一件"文化作品"。在大部分情况下，组织学习被看作是组织文化的一部分，具有重要意义的学习发生在人们互动的过程中，而不是发生在个体成员的头脑中。这主要表现在一些人与他人一道工作的行为方式上以及组织的新成员社会化过程的行为模式上。大多数研究都接受这种观点，即倾向于把文化作为组织的一个属性。

关于组织学习的技术论和社会论之间的区别可以归纳为"一个争论"和"一个趋势"。该争论是，是因为组织学习领域分化太严重，需要把理论和实践整合起来，还是把组织学习的各种观点看作是相互补充的并将其作为一个整体来发展；从其趋势看是加强了组织学习的社会学观点以及方法论的改革，即在对组织学习的研究过程中，一方面依然还重视传统的质的研究和人种学方法，另一方面开始运用语言学和解释学的方法。其逻辑是，如果通过对话建构意义并通过讲述故事交流理念，那么对所使用的实际词语和交流活动做更进一步的分析则是有价值的。

2. 学习型组织

学习型组织与组织学习是有区别的，这些差别主要表现为，学习型组织关注的是为改进组织学习和对组织进行创造性改革提出规范的模式和方法，而组织学习关注的是对组织学习的本质和过程的理解。就研究队伍来看，学习型组织研究者大多是组织咨询人员或作为咨询人员的专家，组织学习的研究者主要是专业研究者，但这两支队伍是相互配合的。学习型组织从组织学习理论中吸收了大量有益的观点，但这种吸收是有选择的，是以实用为标准的。所以，学习型组织理论同组织学习理论一样分为技术论和社会论。同时，组织学习又从学习型组织中得到理论的和实践的启示，深化组织学习的理论研究。

学习型组织的技术变量强调基于测量的干预。一种传统的测量表现为"学习曲线"，主要涉及产出和投入的比例情况，表示的是成本的降低和产出的增加。如果因为组织学习减少了消耗、增加了产出，这就会激励组织学习的进一步发生。这里的重心是组织的结果，而不重视组织机制和组织学习过程。学习型组织的社会论则强调组织中个体从经验中学习以及在工作中相互学习的能力。一些学习型组织研究者把"深度对话"作为改进人与人之间交流质量的一种手段。这种对话是一种影响工作团队的结构性方法，它要求有相互交谈的空间和机会，避免彼此的相互评价，促进人们愿意把自己的看法表达出来。

圣吉提出的"五项修炼"是学习型组织的代表性理论。他认为，当前企业组织越来越复杂，任何企业组织要想在竞争的社会中立足和发展，就要运用组织中每一个人的学习能力。这是可能的，因为人人都是学习者，而且有热爱学习的天性。他把学习型组织的特点归结为五个方面，这就是他的著名的五项修炼：一是系统思考。他认为，我们必须理解组织是一个系统，不能从某一点上来看一个组织，而要从整体上来看一个组织。二是自我超越。有能力不断地搞清楚有关个人的情况，搞清楚自己的长处和不足，使我们客观地看问题，不断地克服自己的缺点，不断地超越自我，这是学习型组织的核心。三是改善心智模式。心智模式是所拥有的信念，这些信念帮助我们理解环境并帮助我们决定如何行动。四是建立共同的愿景。任何一个组织必须有一个共同的理念，理念能够激励人努力工作、拼搏进取。每一个人都有自己的愿望，我们需要把每一个人的愿望整合为共同的愿景，以激励组织成员为此奋斗。五是团队学习。一个组织是由若干个体组成的。这就需要团队成员之间通过"对话"，相互协调，相互学习，从而达到组织学习和创新的目的。

第二节 教育组织概念

教育组织是一种社会组织，具有其他社会组织的共同的特点，又有其特殊性，有不同的分类和不同的结构体系。

一、教育组织的内涵

任何一个开放的社会系统都是有目的地建立起来的，都是由若干相互关联的要素构成的统一体，它以相对稳定的形式存在，具有特定的功能，实现特定的目标，在与环境相互作用和相互竞争中不断地发展。不同的系统，其要素在内容上有所不同，但在形式上有类似之处。一个企业组织的要素包括企业机构（部门的划分）、企业人员（管理人员和一般职工）、资本（固定资产、流动资产）、客户、技术。企业组织是以机构的形式来体现的，是根据企业的目的和任务设计组织的结构体系的，如设置哪些部门、这些部门的职能是什么、部门有哪些权力和责任、部门之间的关系是什么、上下级关系如何，但就企业组织的要素来看，所有企业的中心任务就是赢利。围绕这一目标建立组织机构，选用合适的组织成员，筹集资本，根据客户的要求，运用一定的技术，向社会提供产品，通过产品获得利润。企业的建立、存在和发展都是在与外界互动的过程中完成的。政府组织的目的是保证社会的秩序、公平和公正，向人民提供公共服务。虽然政府与企业的目的和任务不同，但从组织的要素来说，首先要有政府机构，政府机构要有公务员担负各个工作岗位上的工作，运用职权向人民提供公共服务。军队的任务是保卫国家的安全，也要有军队机构，要有官兵，官兵有攻击敌人的权力，有保护国家的义务，其工具是武器。

教育组织则是人们为实现特定的教育目标建立的由机构、人员、职权、制度和文化等要素组成的相互协作的开放系统。教育组织是实现特定目标的组织，这一目标因具体的教育组织的不同而有所不同，但其基本目标是一致的，即都是为了把人培养成为全面发展的人。为实现这一目标，它须拥有经过设计的组织机构，组织机构把组织的职能部门化和结构化；组织机构的各部门需要根据部门的要求，选用合适的人来履行岗位职责；为了完成岗位职责需要组织成员拥有特定的职权并对其加以有效地运用；为了保证整个教育组织及其内部各部门和成员有效地行使职权和履行职责，就需要制定一系列的制度；为把组织和成员、个人和集体融为一体，使组织有血有肉、丰富多彩，就需要营造一种健康向上的组织文化。

总之，正式的教育组织是开放的系统，与环境进行着信息的、能量的和物质的交换，使教育组织处于积极的平衡状态；它是人的组织，人们根据其需要以及承担的职责和所处的地位开展活动；它是由相互依赖的各种要素构成的整体，任何部分的变动都会对整体产生影响；它是以多元目标为导向的系统；它是结构化的系统，为了有效地发挥组织的作用，需要建立层级结构，进行劳动分工和专业分工；它是规范性系统，正式的规章制度和非正式的规则规定着组织及其成员的行为；它是约束性系统，依靠奖励和惩罚对约束性制度进行强化，比如开除、停职、解雇、聘用、提升等等；它也是政治性的，受外界政治的影响，其内部也存在着微观的政治学问题。教育组织多种多样，我们只讨论一般意义上的教育组织。

二、教育组织的特征

教育组织作为一个开放的社会系统，既是稳定的也是发展的；既是严密的也是松散的；既是适应的也是创造的。这种积极的平衡状态的保持的主要原因是教育组织作为一个开放的系统，不断地与外界进行着教育信息、教育物质和教育能量的输入和输出的多重互动。

1. 教育组织的一般特征

（1）教育组织的输入、转换和输出过程。教育组织需要从环境中吸收人力、物力、信息、知识、能量等资源。比如学校必须从周边地区吸收生源、师资、资金、教材、知识信息等并得到政府的支持、社会的支持，然后经过学校教育过程的转换，把所培养的学生以及其他教育服务输出到社会。社会对学生的评价作为反馈信息提供给学校，学校根据这些反馈信息改进教育过程，向社会输出质量更高的学生。

（2）教育组织系统的边界。即使是一个开放的系统，其开放也不是无限的。如果一个系统无限开放，它就会与社会系统融为一体，也就丧失了自我。一个国家作为一个系统，它要有其疆界，如果没有疆界，这个国家就不存在了。教育组织也是有边界的。教育组织的边界就是教育组织的目标范围和任务范围，也可以说是自己的服务范围。这一范围也就决定了教育组织系统的边界。教育组织有不同的组织，这些不同的组织都有其边界，即便是同类的教育组织也有其边界。教育行政组织的边界决定于教育行政的职能，这些职能把教育行政组织和其他行政组织区别开来；学校的功能和任务把学校与教育行政部门区别开来；不同的教育行政部门由于其服务的范围和隶属层级的不同决定了各自的边界范围，不同类型的学校也由于其服务的对象和层次的不同而有所区别。

（3）教育组织系统的环境。环境是指系统边界之外所有能够影响系统特性的事物。根据环境的性质，教育组织环境因素可以分为政治环境、经济环境、文化环境、科技环境等几个方面。政治因素主要包括国家政治制度、政治理念、法规政策，这些政治因素一方面决定了教育组织的目的和体制；另一方面可以使教育组织获得政治保障。任何国家的教育组织都具有政治功能，教育过程实际上也是一种政治教化过程。经济因素主要是指可以供教育组织发展利用的经济基础。办教育离不开经济条件，教育组织的存在和发展离不开经费投入。在经济发达地区，教育经费充足，教育发展就快；相反，在经济落后的地区，教育经费短缺，教育发展就慢。文化因素是指教育程度、道德民风、传统习惯等等。教育组织深受周边文化因素的影响，例如一所小学地处大学区，因为学生家长的受教育程度普遍比较高，学生基本素质就比较好，这对学校教育就会产生比较好的影响。如果一个学校地处偏远的农村，其生源质量不高，学校的教育质量就会受到影响。科技因素在现代社会越来越重要，学校深受科学技术发展的影响。另外，我国还可以根据范围的大小把环境分为周边环境、地区环境、国家环境和国际环境。在全球化和信息化时代，这些环境都对教育组织产生直接或间接的影响。

（4）教育组织系统的耗散结构。根据热力学第二定律，孤立系统或封闭系统是不受或很少受环境影响的系统，该系统由初始状态朝均匀、简单、消除差别的方向发展，亦即系统的熵达到极大值，就进入到了平衡态，比如给一支金属棒一端加热，然后终止加热，初始的热能就会朝另一端传递，最后整支金属棒达到均匀的热度，从而达到了平衡状态。这一过程是不可逆的。这一平衡状态实际上是无序的、静止的状态。而开放系统则通过对环境所输入的物质、能量和信息的消耗和转化，并向外部环境输出自己所产生的另类型的物质、能力和信息，使系统远离静止的平衡状态，达到了一种动态的自主平衡。"对于开放系统来说，系统通过自发的对称性残缺从无序走向有序的耗散结构状态。"所以，开放系统具有自组织机制。教育组织系统具有耗散结构，有自组织特性，但其前提是教育组织必须是开放的，其内部系统和外部关系是非线性的。如果是线性的，就排除了耗散结构的可能性，比如学生的输入和输出没有变化，学生入校和毕业没有变化，该学校也是处于静止的平衡，迟早要消亡。所以，教育组织必须建立完善的组织体系，通过与外界进行物质、能力和信息的交换，使教育组织远离平衡态，这样才能保证教育组织系统的发展和壮大。

（5）教育组织系统的复杂性。教育组织作为开放的社会系统，属于复杂系统的范畴。对复杂性系统，迄今没有统一的定义。但社会系统的复杂性是不言而喻的。首先，教育组织系统的复杂性表现在其结构的复杂性方面。一个教育组织一般都不是单个系统，而是多个系统或复合系统，这些系统之间存在着相互关联性和非线性。我国学校内部管理组织就有多个，如中国共产党基层党委或党支部、校行政系统、教代会、工会、学生会等等，这些组织都存在于学校组织系统内部，共同构成了学校组织系统。其次，教育组织系统的复杂性还表现为其动态性。这是因为开放的系统都处于远离静止的平衡状态，与环境之间保持着动态的关系。再次，教育组织的复杂性还体现在教育组织环境的不确定性。教育组织受外部环境多种因素的影响，这些因素有些是不确定的，很难进行准确的预测。认识到组织的复杂性，有助于人们在建设教育组织的时候仔细分析教育组织受哪些复杂因素的影响，以便给予系统以适当的调控。

2. 教育组织的特殊性

考察教育组织系统的特殊性，我们可以从它与其他系统的比较中并根据教育的本质特性来分析。

（1）教育组织目标的多样性。教育组织的目标相比其他组织的目标而言具有多样性。企业的目标比较单一，非常明确，生产什么或销售什么由管理者根据市场的需要来决定。这主要是因为产品是物质的，产品本身是无法表达意见的。政府组织的目标虽然也很复杂，但相对而言也是明确的，主要是按照法律和政策保障社会公平和正义，公平和正义的标准是法律、政策和规章已经规定了的。而教育组织的目标则更具有多样性和复杂性。国家有国家的教育目标，地方有地方的教育目标，学校又有自己的教育理念，每一个教师也都有自己的教学理念，每一个学生都有自己的目标，学生家长也有对学生的期待。但哪种目标对学生的发展起决定作用呢？实际上，所有的目标都在起作用，但都不起决定作用。这都表明教育组织目标是多样的。

（2）教育组织结构的复合性。教育组织结构的复合性指教育组织在结构上是多样的，而不是单一的，主要存在着行政系统和专业系统的双重复合。教育组织的行政系统保证教育组织按照规章制度运行，所有的组织成员都要按照教育组织的基本规章开展工作。教育组织的专业系统为教育组织的业务开展和质量改进提供保证。没有行政系统，教育组织就不能有序运行；没有专业系统，教育组织工作就不能保证质量。所以，教育组织建设必须加强行政系统和专业系统两方面的建设，并注意这两个系统的相互协作和配合，任何一方面不能很好地发挥作用，教育组织就会处于不健康的状态。

（3）教育组织过程的协作性。任何一个社会组织都是协作组织，没有组织成员的协作，组织工作就不能开展。教育组织也是协作组织，并且是一种特殊的协作组织。就一所学校来说，教育组织的协作表现为校长和教师的协作、教师之间的协作、教师与学生的协作、学生之间的协作、学校与家长以及社会的协作、学校与教育行政部门的协作。所以，学校教育如果离开教师、学生家长、学生本人的参与，学校的教育工作就不能有效地开展；教育行政部门离开了财政部门、学校等组织也不能开展工作。其他组织也需要协作，但在合作的广度和强度方面都明显弱于教育组织。例如企业组织的合作主要是指管理层和员工之间的协作。但学校的合作不仅仅是校长和教师的合作，更为特殊的是教育过程必须得到学生的合作和学生家长的合作。没有学生及其家长的合作，教育组织的目标就很难得以实现。所以，教育组织需要建立和完善参与管理的组织机制，使得教师、家长、学生、社会等对教育组织工作的参与制度化和机制化。还要注意的是，学生和学生家长的参与都是流动性的，学生从入学到毕业阶段可以参与，在此期间，学生家长也可以参与到学校的组织管理中来。

（4）教育组织结果的价值性。教育组织的结果就是教育组织向社会提供的教育服务。不同的教育组织，其教育服务是不同的。教育行政部门主要是向学校提供教育监督、检查、评估和指导服务，而学校则是向社会提供毕业生和其他教育服务。无论何种教育组织所提供的教育服务都包含着两方面的价值：一是个人的全面发展；二是教育的社会公益性。这两方面的价值是统一的。个人的全面发展是从个体的角度来说明教育的价值性，而教育的社会公益性则是从社会的角度来认识教育的价值性。学校培养的毕业生不仅是健全发展的人，而且是社会进步所需要的人。无论是公立学校还是私立学校都必须保证教育的公益性。

（5）教育组织的学习性。其他组织也可以是学习型的，但教育组织的学习性是教育组织的主要特性之一。教育组织之所以较其他组织更具有学习性，是因为教育组织是传播、发展文化的地方，在信息化时代，每一个成员都必须更多、更快、更好地熟悉和掌握有关学科的科学知识和技能，这就要求个人不断地学习，同时要求组织更好地学习。只有学习，才能够保证教育组织的发展。

三、教育组织的功能

教育组织的功能是指教育组织所具有的对教育管理产生的功效以及实现这种功效所具有的能力。教育组织的功能和教育组织系统结构是联系在一起的。教育组织系统的结构主要是由目标结构、职能结构、任务结构、反馈结构以及耗散结构等构成的，所以，这些结构决定了教育组织具有目标整合功能、职能分化功能、任务分解功能、沟通协调功能、聚合扩张功能。

1. 目标整合功能

目标整合功能是由组织系统的目标结构所决定的。教育组织内外成员的教育目标是复杂多样的，这些目标对每一个成员的行为都起到重要的导向作用，但教育组织不可能去分别实现这些不同的目标，不能因为家长希望自己的孩子成为医生，就专门为这个孩子进行一些医学教育，不能因为孩子不想上数学课，就同意其不修数学课，如果每一个人都要去实现自己的目标，要求学校满足每个人的教育需求，学校就无法办下去了。实际上，学校从来也没有这样做。这是因为教育组织具有整合各种教育目标的功能，教育组织可以为持不同教育理念、目标期待的人提供一个可以接受的共同的目标，使每一个人的理想都能够在教育组织的目标中找到全部或部分生存的空间，但教育组织的目标又不是具体的教育目标的集合，而是基于社会发展和个人成长需要把各种不同的目标进行的整合或综合。

2. 职能分化功能

为有效地实现组织的目标，就需要根据目标的要求，在保证统一指挥的前提下，对组织中的职能工作进行分类，然后设置不同部门来负责不同类别的工作。教育行政部门和学校教育机构都要对其工作的职能进行分化。教育行政部门要分基础教育、职业教育、高等教育、财务、人事等若干职能部门，分别处理相关事务。学校也同样需要进行职能分化。现代的学校都是复杂系统，根据学校的目标和任务分出若干部门分别处理相关事务，比如分出教学、科研和后勤等部门分别协助校长管理这三方面的工作。组织越大，职能越需要分化。职能分化的目的是提高组织的效率。

3. 任务分解功能

任务分解主要是针对每一个组织成员的，实际上就是把所有的组织成员分别安排在合适的岗位上，这是组织的重要功能之一。任务分解主要解决的问题是：谁做什么？对谁负责？效果如何？教育行政部门的工作是行政工作，但具有业务或专业性质，例如，负责基础教育工作的要懂得基础教育的业务工作，负责督导工作的要精通督导业务，等等。学校组织对其成员也同样需要明确的分工，使每一个人都能在学校找到自己的位置，知道做什么、负什么责任。

4. 沟通协调功能

组织是职能结构和职务结构体系，虽然每一个职能部门、每一个人都承担着不同的任务，但所有的职能和任务都是相互关联的，都是整体目标的分解，所以组织中的各部门、各个工作人员需要相互沟通，通过沟通以及交谈，达到思想上和行为上的统一，以便更好地合作。沟通是协作的前提，协作是沟通的目的。教育组织更需要沟通和协作。就沟通方面来说，校长和教师、教师与教师、教师与学生等都需要坦诚地交流，通过这种人际互动，使教育组织成员更好地相互配合。

5. 聚合扩张功能

教育组织还有一个重要功能就是其聚合扩张功能。聚合是指通过对环境要素的吸收并聚集一定的物质、能量和信息，为组织的扩张奠定基础；扩张就是组织的扩大和发展。聚合和扩张是联系在一起的，聚合是扩张的基础，扩张是聚合的趋势。教育组织系统具有耗散结构，其自组织机制通过整合教育资源，保证了教育组织具有聚合功能和扩张功能。

第三节　教育组织结构

教育组织结构是组织各部分排列顺序、空间位置、聚集状态、沟通方式以及各要素之间相互关系的模式。教育组织结构在整个教育组织系统中起着一种框架作用，有了组织结构，组织中的其他要素才能够各就其位，可以吸收外部环境的物质、能量和信息，经过内部的转化向社会提供优质教育服务，但组织结构需要精心设计和不断建设，组织能否顺利达到组织目标取决于组织结构的完善程度。所以，不同的管理者或领导者可以根据不同情况设计出不同的组织结构模式。以下我们介绍几种典型的组织结构模式，并对其进行分析和评论。

一、直线型教育组织结构

直线型组织结构是最早的一种组织结构形式。其基本形式是：组织职位按照直线系统垂直排列，各级职务有严格的等级指挥关系，上级部门对下属机构采取直接管理，下级部门对上级部门全面负责，组织中的每一个人只向一个上级报告并对一个上级负责。这一模式的典型特征是：统一指挥，等级管理。其优点是结构简单，权力集中，等级严格，责任明确，指挥统一，联系方便。这种结构普遍运用于军队、警察、消防等组织中。但其缺点是，当组织规模较大的时候，管理工作非常复杂，个人不可能胜任所有的管理工作，这就会使组织管理陷入混乱和无序状态。军队等组织虽然把直线结构作为基本的组织形式，但同时设有参谋机构以及后勤部门作为直线军队的辅助和保障机构。所以，纯粹的直线型组织结构形式只适用于那些没有必要设职能部门进行专业管理的小型组织或现场作业管理。但直线型组织结构的统一指挥、分层管理等原则是任何组织所必需的，所以，任何一个组织或多或少地都有直线型组织结构的特征。

教育组织结构不同程度地采用了这一组织结构形式。教育行政组织是按照等级秩序建立的权力结构系统。教育部部长直接领导下面各司局长，各司局长分别领导本司局各处的处长。教育厅长领导本厅各处的处长，各处的处长领导本处的各科科长。市县教育局也是按照这种等级秩序建立其组织结构的。学校教育组织也具有直线型特征。大学中的校长、各院系主任、教师构成了基本的组织结构；中小学中的校长、处（室）主任、教师构成了其基本组织体系。所以，教育组织具有直线型组织结构的一些基本特征。当然，教育组织除了直线型组织特征，还有其他组织结构形式的特点，纯粹的直线型教育组织只适用于一些很小规模的学校，校长可以直接管理学校中的教学、总务等事务，不必设置教务、总务等部门协助校长工作。

二、职能型教育组织结构

职能型组织结构是指根据组织的内部分工设置不同的职能部门，分别负责和处理有关的职能工作的一种组织模式。职能型组织结构的核心问题是合理地进行组织职能和任务的分工，职能部门有权在自己的业务范围内，向下级部门下达命令和指示。泰罗对这一模式做了较为详细的分析，但他提出废除直线组织结构的观点是不正确的。实际上，职能型组织结构模式只有在保持直线型组织结构的基本形式的条件下，才能发挥作用。所以，在职能型组织结构模式中，下级部门在接受上级职能部门领导的同时，还须接受上级直线主管的领导。这一结构的优点是能够适应复杂的、分工较细的组织，能够发挥职能部门专业管理的作用，职能部门可以协作主管领导者处理相关的业务工作，减轻直线主管领导的工作负担。但这种组织结构的缺陷是，容易造成多头领导，妨碍指挥的统一性，易使下级部门无所适从，工作容易出现混乱。

职能型组织结构模式适用范围比较广泛，政府、教育组织、企业、群众团体等都不同程度地存在着职能组织管理情况。过去我国政府实行的"条块管理"模式，就是一种典型的职能型组织结构模式。"条"就是职能管理部门。国务院设置的各个部、委、办、局就等属于"条"的范围，各级地方政府设有相应的厅或局，逐级接受"条"的领导。例如教育部对各省、市的教育工作进行管理，各省市政府接受教育部的教育指示后直接由省市教育厅、局负责处理、执行，而教育厅、局又向下级政府及其教育行政部门做进一步落实。这就是"条"的职能管理。"块"的管理是指从国务院、省（市、自治区）、地（市、自治州、盟）、县（市、区、自治县、旗）到乡（镇）各级人民政府自上而下的管理和自下而上的逐级负责。教育行政机关的各个职能部门对教育工作实行的是职能化管理，例如县教育局的各个职能科室分别对本县各乡镇的教育工作以及学校进行职能化管理。学校设有教务处、政教处、总务处等职能部门分别管理教学、纪律、后勤等工作。这些说明职能型结构模式适用于教育组织。当然，我们不能说教育组织就是职能型组织结构，因为职能性组织结构只是教育组织结构的一部分内容，它只有与直线型结构模式结合在一起的时候才有效果。

三、直线—职能型教育组织结构

直线—职能型组织结构是由直线系统和职能系统结合而成的组织结构，这是现代组织的基本结构模式。直线系统是按照指挥统一原则设置的组织结构体系，在自己的职责范围内有决定权、指挥权和监控权。而职能系统则是按照专业化原理设置的职能部门系统，协助直线部门和直线领导人员工作，主要任务是对下级部门提供建议和指导，没有直接指挥这些部门的权力。这种结构的优点是权力集中，指挥统一，职责明确，工作效率高。该种组织结构可以分出三种类型：一是以直线型为主的直线—职能型结构；二是以职能型为主的直线—职能型结构；三是两种结构模式处于均衡状态。第一种结构模式是以直线型为主的结构模式广泛运用于各种组织中，特别是政府、军队等组织基本上都采用这种结构模式。该结构在保证统一指挥的条件下发挥职能部门的专业指导作用。第二种结构模式是属于我们讨论过的职能型结构模式。第三种结构模式常用于专业性比较强的组织中。例如大学、科研部门、专业化程度高的企业等。但直线—职能型模式的缺陷有两大方面：一是可能会走向直线制，导致权力过于集中，下级部门主动权较少，部门间沟通较少，直线部门和参谋部门产生矛盾，组织的适应性较差，不易适应变革的要求；二是职能部门和直线部门都发挥作用，都向下级部门发布指示和命令，产生多头领导，下属任务繁重，无所适从。

四、事业部制教育组织结构

事业部制组织结构首创于 20 世纪 20 年代的美国通用汽车公司，是指在总部的领导下设置多个事业部门，各事业部门有各自独立的产品和市场，实行独立核算。各事业部内部有自主经营管理权。总公司主要是对整个公司的大政方针进行决策，对整个公司的运行进行监控，而各个事业部在公司总的目标指导下自主经营。这是一种大政方针的集权和具体经营的分权相结合的组织结构模式。这种组织结构模式的优点是能够调动各事业部的积极性和创造性，有利于提高组织的灵活性和适应性。其缺点是：各事业部都有一套人马，机构重叠，造成人力和物力资源的浪费；各部门相对独立经营，容易出现部门分割、各自为政的情况。目前大学的组织结构基本上采用的就是这种模式。以党委书记和校长为首的学校上层领导主要是对学校的整个发展进行决策，各个学院或系则有相对独立处理本学科领域的业务问题的权力。

五、委员会制教育组织结构

委员会制是由若干人员或代表组成的处理某一问题或某一领域事务的集体。委员会有正式的或非正式的，严密的或松散的，临时的或永久的。我们这里所讲的委员会是一种正式的组织结构形式。委员会被广泛地运用于各种组织中。国内外的立法机构都设有多种委员会。比如我国的全国人民代表大会设有民族委员会、司法委员会、文化教育委员会、经济委员会等分别处理有关领域的立法问题。委员会在企业中也普遍存在，例如企业设有董事会，董事会中还可设若干委员会处理相关事务。

委员会的存在有多种原因：一是委员会可以集思广益，形成对问题解决的更为合理的决策。对一些重大问题的决策，仅仅凭领导者一个人或极少数人很难做到正确处理，而委员会可以吸收多方面的意见，形成更为合理的方案。二是委员会可以调动组织成员的积极性。一般来说，委员会是由各方面的代表组成的，这些代表都代表着一部分人或一组人的利益，其参与可以保证有关方面人员的意见得到表达、利益得到维护，更为重要的是参与本身可以提高其对组织的责任感和忠诚度。三是委员会采取的是集体决策和集体负责制，可以限制少数人专权问题，避免少数人专权现象的出现。四是委员会可以促进组织中各单位的沟通和协调。委员会大多是由组织中各方面或各单位的代表或主管组成，这些单位的代表熟悉本单位的情况，可以向委员会通报情况，使各部门相互了解，以协调各部门的行为。另外，大型的组织大多设有委员会。根据对《哈佛商业评论》的订户调查可以发现，雇员超过 1 万人的组织中，94% 设有正式或常务委员会。与其相比雇员在 250 人以下的企业，有 64% 报告说采用了这样的委员会。中国共产党各级组织采取的都是委员会组织形式，任何重大决策都由党委常委会讨论做出。中国共产党是执政党，所以我国各级政府的重大决策都是由当地党委常委会讨论做出的。

　　但委员会也有缺陷，不少管理学家对此有论述。艾伯斯认为，委员会的缺点有：成本高、对问题的讨论妥协与犹豫不决、一个人或少数人占支配地位、职责不明确等。孔茨等也认为，委员会存在着既费时又费钱、在最小共同基础上的妥协、议而不决、责任的分裂、少数人专制等缺陷。概括来说，委员会的缺陷主要表现为：一是成本高。委员会在讨论问题时委员们都要发表意见，对一些问题还有争论，为了达到比较一致的意见，会花费很长的时间，时间的消耗实际上也是金钱的消耗。二是不能及时决策。议而不决的情况常会发生。委员会讨论的是委员会的议程，但有些代表为了本部门的利益都试图把自己不能放到台面上的问题提到会议上，这就很难就正式的问题达成一致意见。三是责任不明确。当把处理某项事务的权力赋予一个委员会的时候，责任也同时赋予了该委员会，但实际上委员会"没有一个人能实际上或逻辑上感到个人对集体的行动要负责，所以任何一个人不会感到个人对该集体范围内的任何行动应该负责"。四是个别人或少数人专断。为了达成某一项决议，委员会的少数人或个别人可能强硬地要求其他人服从其意见，如果这些少数人或个别人的威望或地位较高，这就导致了以委员会的名义行少数人的专权。

　　在教育领域，委员会制组织形式主要适用于学校组织。例如，大学设置的董事会、各级教学委员会、学术委员会、学位委员会、教职工代表大会等。这些委员会在不同领域发挥着管理的职能。董事会主要就学校的办学等重大的问题进行咨询和决策，避免校长因个人的知识和能力的局限性而决策失当，同时也可以协调校内外各方面的关系；其他各领域的委员会可就本领域的问题提出解决方案或形成咨询意见，以保障学校在有关学术和专业领域的决策民主化和科学化。例如学校教学委员会可以就全校的教学重大问题提供决策咨询；学校的学术委员会就学术发展问题提出解决方案；学校的学位委员会可以对学校的学位质量进行把关；学校的财政委员会可以监督学校财务的运行。中小学校也存在着委员会制度。例如，不少私立学校的董事会实际上就是学校的所有者，决定学校办学的大政方针和学校主要领导人的任免，监督学校行政、人事、财务、教学的具体运行等。公办学校中的党支部起着保证和监督党和国家的教育方针政策得以有效执行的作用，教职工代表会议保证教职工民主参与管理，教学委员会可以起到对教学等工作的咨询作用。

六、矩阵型教育组织结构

矩阵型组织结构是按照项目或服务等划分的部门和按照职能划分的部门结合起来组成的一个矩阵。组织为了完成某项工作，设项目组。项目组设负责人，受组织的最高负责人领导，而项目组的成员由各个不同的专业职能部门抽调的成员组成，这些成员既对项目组负责，又接受原来部门的领导。矩阵组织既可以是临时的，也可以是永久的。

矩阵组织也可以是长久的组织结构。一般说来，中学的各个年级组和教研组就属于矩阵组织结构。教研组是同一学科教师的组织，分为语文组、数学组、理化组、外语组、体育组等，是学校教师教学研究和管理的基层组织；而年级组则是由担任同一年级课程的教师所组成的。每一个教师既受所属的教研组的业务管理，也受到年级组的协调。目前我国中小学校基本上采取这种组织结构模式。矩阵组织结构模式的优点是：它是以任务为中心建立的组织结构，可以通过横向职能部门之间的合作以及各职能部门作用的发挥，有效地完成所提出的任务，更具有灵活性和适应性。但其缺陷是组织关系复杂，容易造成多头领导。

通过对以上六种常用的组织结构模式的介绍和分析，我们发现各种组织结构模式各有其优点和缺陷。直线型在保证指挥的统一性和命令的有效性方面有显著优势，但在完成复杂任务的时候则会使领导人顾此失彼、难以应付。职能型在发挥其专业性和灵活性以及适应性等方面有显著优势，但由于存在着多重指挥系统可能使下级无所适从。直线—职能型可以弥补单独使用直线型和单独使用职能型所带来的缺陷，发挥直线型和职能型各自的优点，但也可能引发直线部门和职能部门之间的矛盾。委员会制可以广泛地吸收组织内外代表的意见，实施民主决策，但委员会可能提高组织的成本，还容易造成议而不决、决而不行、无人负责现象的出现。事业部制可以发挥部门的自主性和积极性，但由于各个部门相对独立，可能会使各部门有重叠和浪费现象。矩阵型虽然可以就一些重大问题进行专门处理，但作为一个永久性组织结构则因其过于复杂，操作困难，也由于其牵涉的部门过多，运作效率受到影响。所以，教育组织在运用这些组织模式的时候既要注意到各自的优点，又要注意到各自的缺陷，要根据教育组织的具体情况灵活运用。

第四节　教育组织权力

权力和政治谋略是任何正式组织中不可缺少的要素，无论教育行政部门还是学校等教育机构都需要运用权力和政治谋略使其有效地运转起来。所以，组织运行的核心是权力及权力的使用。

一、权力的定义

权力的经典定义是："使其他人做你想让他做的能力。"或者按照韦伯的说法是："权力是在社会关系中行动者在其位置上不受阻碍地实现自己的意志的可能性。"这是一种广义的理解。我国对权力的一般理解是："政治上的强制力量；职责范围内的支配力量。"这是狭义的理解。狭义的权力主要是指职权，在英语中为广义的权力，包括正式的权力、非正式的权力。非正式的权力是指运用非职权的力量影响别人的行为和思想的能力；而正式的权力则是运用正式职权支配别人的思想和行为的力量。本章提到的"权力"，有时是广义的权力，有时是指狭义的职权，这要视具体的语境而定。

非正式的权力是指一种依靠个人的威望或威信来促使别人按照自己的意愿行事。这种权力来源于人的知识、技能、品德、阅历、威信以及其他综合素质。学术造诣深的学者所提出的观点容易受到其他人的重视，并可能转化为实践；一个品德高尚的人的言行可能成为其他人效仿的榜样。特别是在教育组织中，学术权威和德高望重的人拥有着无形的非正式的学术影响力。任何一个睿智的教育管理者都会尊重并发挥这种权力的作用。

正式权力也称之为职位权力，简称为职权。职权是组织中特定的职位所具有的合法的权限。管理者运用这些合法的权限制定组织的目标、设计组织的结构、聘用合适的人员、监督组织成员的行为，以实现组织的目标。因此，组织的职权规定着管理人员和被管理人员的行为，任何人员都必须在规定的职权范围内行事，否则就被称之为越权、侵权或渎职。所以，现代社会中任何正式的组织都十分重视组织职权的确定和行使。

二、权力来源及其类型

权力的来源，也称之为权力的合法性来源。教育行政部门对学校行使的管理权，需要有法律的规定；学校对教师和学生的管理要有政策的保障；教师对学生的管理也有要制度的约束。比如中小学校不能向学生收取法定之外的费用，否则就被斥之为乱收费。教育组织的职权有些属于法律规定的，有些属于政策规定的，也有些属于教育组织本身所固有的。

1. 韦伯的权力论

韦伯把组织的权力分为三类：魅力权力、传统权力和法定权力。一是魅力权力。魅力是个人超凡的品质、人格的魅力、智慧的魅力、身体的魅力等等，在历史和现实中，有不少的成功的领导人都是凭借其超人的智慧、良好的道德或强有力的体力而赢得其权力和地位的。二是传统权力。宗教、风俗、习惯等都可以成为权力的来源，比如中国古代君权神授、长子继承权等等都属于此例。我国有尊师重教的习惯，这种习惯使得学校、教师拥有特殊的教育权力。三是法定权力。法定的权力是现代组织的主要权力，如果说魅力和传统权力是非理性的权力来源的话，法律则是权力的理性来源。现代组织都是依法成立的组织，都必须依法行事，所以现代组织的权力大多来源于法律规定，例如《教育法》对学校、教师、学生的权力和义务都做了规定。这三种权力实际上是交织在一起的。就一个组织而言，法定的职权是最基本的权力，同时组织可以凭借组织成员的魅力和组织的文化传统促使组织有效地开展活动。

2. 皮博德、布劳和斯科特的观点

皮博德（R. L. Peabody）对正式权力的法定性和职位基础与功能性权力的能力和人际关系技能基础进行了区分，而布劳和斯科特把职权分为正式的和非正式的两种。

正式的职权是指组织所拥有的法定的职权。这种职权是自从组织设立之日起就存在于组织之中的，一个组织成员进入组织就必须接受这种职权关系，下级有责任服从上级的指示。功能性职权的来源有多种，包括能力职权和个人职权。尽管能力是正式职权的基础，但能力的范围比较宽，所以功能职权来源于个人的能力。非正式职权是从合法职权中衍生出的，主要根源于个人的行为和个体的特征。组织中的个别成员虽然没有正式的头衔，但他却有相当的影响力，其言行能够获得其他成员的支持。

3. 弗兰奇和雷文的权力论

弗兰奇和雷文根据对管理者和被管理者关系的分析，提出了著名的"五种权力来源说"。一是奖赏权力。这一权力是管理者通过对他们希望看到的行为进行奖赏以影响下属的能力。奖赏权力的使用既要考虑奖赏对受奖人的吸引力，也要考虑管理者对奖赏的控制。把这两方面结合起来才能有效地发挥奖赏的作用。例如校长奖励教师，必须搞清楚教师对奖励的期待程度，同时要控制好奖励的频率和强度。二是强制权。该权力是管理者对所不愿看到的行为进行惩罚而影响组织成员的能力。惩罚可以采用多种形式，私下批评、公开批评、警告、记过、降级、解聘等。通过这些惩罚可以使组织成员明白哪些事情不能做。三是法定权。该权力是指管理者通过正式职位来影响下属的能力。法律对教育行政部门和各级各类学校的法定权利进行了详细规定，学校成员必须按照法定的程序行使权力。四是感召力。该权力是指管理者运用个人影响力来影响下属的能力。这一权力相当于韦伯所说的魅力。管理者不仅仅要靠法定的权力推动工作，还要靠个人的良好品质来影响下属积极工作。这一品质有多种表现形式，如幽默、正派、公正、勇敢等等。五是专长权。这一权力是指管理者的专业知识和专业技术对下属的影响作用。教育管理者需要掌握一般的科学文化知识和管理专业知识，同时还要掌握专业知识和技能。

4. 厄兹奥尼的三权论

厄兹奥尼把权力的概念及其下属的权力服从作为组织的基础，其重点是强调组织如何指导其成员的行为的权力。他把组织权力分为三种类型：一是强制权。学校的强制权基于对体罚的实际运用或威胁要使用体罚。留校、开除等等都是强制权的表现形式，对其的使用就是使学生服从学校的纪律。二是报酬权。这一权力的使用主要体现为对教职工的工资、奖金以及其他福利等的控制。通过对这些要素的控制，以达到控制教职工的行为的目的。三是规范的权力。该权力是采取象征的奖赏和惩罚措施的使用，主要是通过颁发荣誉称号、分等级和推荐等方式，对组织成员的自尊、地位和威望等施加影响。

厄兹奥尼根据下属在每一种权力关系中的参与强度，对组织的职权的运用进行了分析。下属积极参与的权力关系可以称之为"责任感"（commitment），而下属消极参与的权力关系可以称为"疏远"（alienation），介于二者之间的为"算计"。

如果把三种参与度和三种权力组合起来，可以分出九种组织权力服从类型。但把权力类型和参与强度统一起来主要有三种类型。强制权力组织是以强力手段使其组织成员服从组织的规定，组织成员对组织的权力关系是消极的参与，对组织职权的反应是疏远的。这种组织类型主要适用于监狱和精神病院等。在规范组织中，主要使用象征的奖励或惩罚等手段来管理下属，下属积极地参与到组织活动中，对组织工作有高度的责任感。这种组织主要适用于教堂、高等院校、一般的医院、社会团体等。这些组织不能靠强制权力来管理，只能用规范的权力来调动组织成员的积极性和责任感。介于两种组织之间的一种组织类型是功利主义组织。功利主义组织主要是运用报酬权力来促使下属开展组织工作，这就使得组织成员把工作和报酬挂钩，要算计干多少活，得到多少报酬，使人们精于算计。这种组织类型可以适用于各种企业组织。

5. 明兹伯格权力论

明兹伯格认为权力源于对资源、技术能力和知识体的控制。这些要素是组织存在的基础，谁控制了这些要素，谁就有权力。一个领导者可以给其员工加薪，这就说明他控制着财政权力；一个领导者可以提升自己的下属，这说明他有人事权力，等等。权力还来源于法定的特权，例如我国法律规定教育行政部门拥有解聘教师的权力，校长有自主办学的权力等。权力还会流向接近领导者的人，比如领导者的秘书或亲朋好友等，这些人可以影响控制这些权力的人。根据对权力来源的分析，他认为组织内存在职权系统、观念系统、专家系统和政治系统四个权力系统。职权系统是通过合法渠道流通的权力。对这一系统的控制主要有两个子系统：一是领导者个人控制，主要依赖于发布命令、确定决策的依据、检查决策的执行和资源分配等完成对权力的控制；二是通过组织体制来控制。观念系统是组织成员之间的非正式的约定，如组织文化和组织气氛对组织中的个体和群体的行为产生着重大影响，也改变着组织的权力结构。专家系统是专家或专业人员解决组织面临的重大问题时的相互影响。专家系统需要决策自主权力，它与职权系统会发生矛盾。教育组织经常出现专业系统和官僚系统之间的冲突，例如大学普遍存在着学术权力和行政权力之争；中小学校也存在着教师的专业自主权和行政的控制权之争。政治系统是组织的派别活动网络。它没有合法性，但却存在着，往往以非正式组织的面目出现。它可以与合法系统共存，也可以反对合法系统，甚至取代合法系统，所以任何一个组织都必须重视政治系统的存在及对其的控制。

三、权力的使用

组织工作的开展需要依靠权力推动。权力的有效性取决于员工对组织和管理者行使权力的接受程度。实际上，人们对上述五种权力的态度是不一样的。加里·尤克对此做过研究，运用"赞成"、"简单服从"和"抵制"三种态度和"最有可能""较少可能"和"极少可能"三种程度来分析人们对待五种权力的态度情况。

权利类型	自愿接受	简单服从	抵制
感召权	×××	××	×
专长权	×××	××	×
法定权	××	×××	×
奖赏权	××	×××	×
强制权	××	××	×××

其中：×××最有可能 ××较少可能 ×极少可能

运用感召力可以极大地提升人们对工作的自觉接受程度。一个有感召力的管理者在行使职权的时候，人们一般都乐意服从，较少简单地服从，更不会抗拒。感召力实际上依赖于个人的魅力，历史上凡是有成就的人都具有感召力。感召力的基础是管理者的人品、作风、才能等。管理者只有通过加强个人修养、树立良好的个人形象、关心和信任下属等方式才能提升自己在师生中的威望和被接受的程度。这样，管理者在行使职权的时候，被管理者就会自觉服从和主动接受。

专长权也具有同样的效果。专长权是指管理者业务娴熟，管理者专业水平越高，其威望就越高，提出的要求或发布的指示就容易被组织成员所接受，较少被动服从，拒不执行的情况极少发生。在知识社会中，组织的专业化程度都得到了极大的提高，管理者只有具备丰富的专业知识和技能才能做好本部门的管理工作。如果你是一位政府税务员，你就需要通晓税务方面的知识；如果你是一位政府卫生部门的管理者，你必须拥有医学学位并具有卫生事业管理知识；如果你是一位教育行政管理人员，你就必须具备丰富的教育学、心理学和教育管理学知识；如果你是校长，你首先应是一位优秀教师，同时精通教育管理的理论并具有实践经验。所以，专长是管理者应具备的基本素质，也是提高职权效能的最重要的基础。

法定权是组织的基本职权，管理者必须拥有法定的权力才能合法地开展工作。无论政府、企业还是学校都有合法的权力。学校的法定权力在教育法规上有明确的限定，比如招生权、办学权、财产权等等。这些权限是学校开展工作的法制基础。权力是组织的关键资源，学校只有充分合理地使用法律所赋予的权力资源，才能够更好地推动学校的发展。对法定的权力，教育组织成员尽管不一定乐意服从，但不会拒绝。为了有效地使用法定权，管理者要熟悉教育法规和教育政策，在法律的范围内行事。

奖赏权是促进组织成员服从组织规定和领导人的指令的常用的重要策略。它通过对组织成员的良好言行的奖赏达到对整个组织成员的言行的正面导向。奖赏可以分为物质的和精神的。物质的奖励主要表现为奖金和奖品；精神的奖励主要有口头表扬、书面表扬、颁发荣誉证书等。奖赏权运用得当可以促进组织成员有效地、积极地履行职责。如果运用不当，会造成一些负面效应。一是仅仅用物质奖励可能导致领导和被领导的关系成为物质的或金钱的关系，也使得人们变得斤斤计较，造成成员之间的矛盾；二是经常用精神奖励而不辅之以物质的奖励，效果会日渐减退；三是频繁使用奖励会降低奖励的效果；四是奖励不公正会导致组织成员之间的矛盾。所以，使用奖赏权的时候要做到公平合理、频率适当、轻重适度。

强制权是组织强制人们做什么或不做什么的权力，也是组织的基本职权之一，其运用可以保证组织成员严格按照组织的规章和领导人的指令行事。现代组织必须按照规章制度统一规范组织成员的工作行为，做到令行禁止，使人们习惯于按照组织的规定办事；对违反组织制度的行为分轻重程度进行惩罚。如果这种权力使用不当会产生一些负面效应，例如疏远领导者与下属之间的关系，增加组织的紧张气氛，造成人们之间的怨恨，容易导致人们产生对组织规章的抵制情绪，等等。所以，对强制权要慎用、少用，一旦使用就要公正、合理，将其负面效应降低到最低程度。实际上，强制权的存在就构成了一种无形的威慑作用，对这一权力采取备而少用或不用的策略可能会更有利于发挥其最大的作用。正如《孙子兵法》所言："上兵伐谋，其次伐交，其次伐兵，其下攻城。攻城之法，为不得已"，"百战百胜，非善之善者也"，"不战而屈人之兵，善之善者也"。强制权是在迫不得已的情况下才使用的，理想的状态是不使用强制权就可以促进人们努力为组织工作，所以领导人要慎用、善用这一权力。

四、教育组织的权力

以上五种权力的分类是从不同的角度来分析权力的类别及其来源的。韦伯是从历史的角度对权力进行了分类。在古代社会，权力主要来源于魅力和传统，而现代社会主要来源于法律。皮博特则认为权力的基础不同，权力的性质就不同，由职务获得的权力是正式的职权，而由专业能力和技术获得的权力为功能性权力。弗兰奇和雷文则根据权力关系把权力分为奖赏权、法定权、感召权、专长权和强制权等。厄兹奥尼则把权力分为报酬权、规范权和强制权。明兹伯格则根据控制组织的要素情况，把组织中的权力分为四个系统：职权系统、观念系统、专家系统和政治系统。这些权力分类有其共性的方面，也有其差异方面，对我们分析教育组织的职权的类型和性质有很大的帮助。总的来看，根据权力来源的合法性，可以把教育组织的权力分为正式权力和非正式权力。正式的权力可以分出奖赏权、职务权、强制权等；非正式的权力可以分为感召权、专长权等。教育组织作为一个整体虽然重视每一种职权的使用，但需要从总体上把握各种权力的相互协调的关系。

1. 教育组织的正式权力

教育组织必须拥有正式的职权，正式的职权有其合法的来源并受到法律的保护，教育组织的领导人必须依靠职权推动教育工作的开展。教育组织的职权归纳起来有奖赏权、强制权、人事权、财产权、组织权、管理权、发展权七大权力。一是奖赏权。奖赏权是从正面激励组织成员努力工作的力量。奖赏主要包括物质奖励和精神奖励。这是组织管理常用的和必需的权力。二是强制权。强制权是从负向方面禁止组织成员做某一项事情的威慑力量。例如不允许教师上课迟到和提早下课，否则将会受到批评。三是人事权。人事权是指组织有权通过招聘、任用、提拔和辞退等人事管理方式达到对教育组织的人力资源的合理配置和开发的目的。四是财产权。教育组织是独立法人，有权对组织的资金、场地、设备、用房等等进行支配和使用。财产权使用的目的是对教育组织的财力、物力和空间进行有效配置和使用。五是组织权。组织权是指对组织内部结构等有调整、增减等权力。教育组织是一定社会条件下的产物，必须根据社会发展的需要，及时地进行组织机构改革，撤掉无效、无用、添乱的机构，改进基本的机构，设置新的机构，不断地促进组织结构的发展。六是管理权。教育组织拥有内部管理权，根据法律法规和教育规章制度对组织的各部门和各个岗位上的成员进行考核、检查、评定。七是业务权。业务权是指组织依法开展本组织的业务工作，这是组织职权的关键。对教育行政部门来说就是依法进行行政管理；对学校来说，就是依法办学。如果业务权力不明确或受到非法干扰，组织工作就很难有效开展。如果教育行政部门不能依法行政，其存在就没有价值；如果学校不能依法独立办学，就谈不上学校的办学效益和质量。以上七种职权分别发挥着不同的作用，是教育组织必须拥有的，任何一项权力的缺失都会导致教育组织某些功能的丧失，致使教育组织不能正常运行。

2. 教育组织的非正式权力

教育组织有正式职权，就有非正式权力。非正式权力大多与组织的领导人联系在一起，所以，这里所说的组织的非正式权力是既包括组织的非正式权力也包括领导人的非正式权力。非正式权力在组织中发挥着不可替代的作用，是对正式权力的必要的和必需的补充。组织的非正式权力主要表现为组织文化的影响力。教育组织文化是教育组织在长期的工作中形成的共同的价值观、传统、思维方式和行为方式的综合体现，它对每一个组织成员会产生重要的潜移默化的影响。例如学校尊师爱生的传统、遵纪守法的习惯、好学多思的学风、严谨治学的教风、民主管理的作风等等对每一个成员产生积极的效用。除了组织的非正式影响力外，组织的领导者的非正式权力的大小直接制约着正式职权的效用。教育组织的领导人的非正式权力主要表现为专长权、感召力等。专长是指专业化，教育组织领导人应该是专业化的人才，这样才能够胜任工作，才能够对其下属产生影响力。对一个教育行政部门的领导者来说，他必须熟悉和精通分管的业务，这样才有专业发言权。一所学校的校长或部门领导也必须是精通学科业务和管理技能的人。另外，教育组织是育人的机构，作为教育组织的领导人必须具有感召力，感召力的基础是须有良好的思想品德和行为操守，拥有感召力才会赢得组织成员的尊重。

第五节　教育组织建设

教育组织的设计和建设需要对以上组织结构模式进行综合运用。无论教育行政组织还是学校组织都没有一种固定的模式，要根据教育组织的特殊性来设计本身的组织结构。

一、教育组织设计依据

教育组织具有复杂性、多样性和发展性，所以，教育组织模式的选择和设计要考虑到教育组织以下方面的特点：

1. 教育组织的类别

教育组织有不同的类别，不同类别的教育组织，其结构模式有很大的不同。根据组织功能的划分，一般把教育组织分为教育行政机关和学校。教育行政机关是国家根据宪法和行政组织法的规定设置的行使国家的教育行政管理权力的国家行政机关，分为中央教育行政机关和地方各级教育行政机关。各级教育行政机关分别是本级政府的重要组成部分。不同层级的教育行政机关行使着对本区域教育事业发展的行政管理权。我国中央一级设教育部，省（市、直辖市、自治区）设有教育厅或教育局，地（市、自治州、盟）设教育局，县（区、自治县、旗）设有教育局。教育部在国务院领导下管理全国的教育事业，地方各级教育行政机关在本地人民政府的领导下管理本行政区域内的教育事业，同时各级教育行政机关有业务的上下领导和被领导的关系。就具体的某一级教育行政机关来说，它本身是独立的行政主体，享有国家教育行政权力，能以自己的名义从事行政管理活动，并能够独立地承担由此产生的法律责任。在设计和建设教育行政组织的时候，必须考虑教育行政机关的行政性、强制性、独立性。

学校组织和教育行政机关有本质的不同，它是按照一定的社会需要，有目的、有计划、有组织地对年轻一代进行培养和教育的场所。学校组织有不同的类型。根据其教育经费投入主体的不同，可以把学校分为完全公立学校、完全私立学校、公办民助学校、民办公助学校以及公立学校办"民校"等等；从层次来划分，有重点大学、一般大学、本科院校、专科院校、中等学校、初等学校、幼儿园等。还有大量的各种教育培训机构。根据教育法律，不同类型的学校有不同的权利和责任。一般说来，学校的权力主要有：按照章程自主管理；组织实施教育教学活动；招收学生或者其他受教育者；对受教育者进行学籍管理、实施奖励或处分；对受教育者颁发相应的学业证书；聘用教师及其他职工、实施奖励或处分；管理、使用本单位的设施和经费；拒绝任何组织和个人对教育教学活动的非法干涉。另一方面学校要承担相应的责任和义务。总的来看，学校是实施教育教学的组织，教育教学是专业性的工作，教师是教育教学的主体，所以学校教育的效率和质量的高低依赖于教师的专业化程度的提高，同时教师教育教学的效率和质量是以启发和调动学生的自主性和积极性及与他们的合作获得的。所以，学校的组织结构模式的设计和建设必须考虑到学校组织的自主性、教育目标的复杂性、教育对象的主体性、教育过程的合作性、教育方法的多样性、教育结果的价值性。

2. 教育组织领导者的特点

一个教育组织到底选择和使用什么样的教育组织结构形式，还要看该组织的领导者的情况，主要考虑领导者的观念、知识、能力、体力等。领导者的教育管理观念对其采用什么模式的组织结构形式以及如何改进现存的组织结构是十分重要的。领导者的观念民主、知识丰富、管理能力强、身体健康，可能会选择跨度较大的扁平式组织结构，同时会辅之以委员会结构模式或其他有利于教育组织发展的结构模式。反之，可能会选择跨度较窄的直线—职能制结构模式。

3. 教育组织的环境

教育组织所处的经济环境、文化环境、政治环境和法规政策对教育组织模式的选择和建设有很大的影响。按照马克思主义的观点，经济基础决定上层建筑。教育组织机构属于上层建筑的范畴，所以在建立教育组织的时候，首先，要考虑到经济基础。在过去我国经济十分落后的条件下，中小学学校教育组织规模普遍偏小，条件较差，特别是在广大的农村地区，学校规模更小，条件更差，学校组织结构比较简单。改革开放后经过二十多年的发展，我国的教育投资有了巨额增长，学校规模普遍扩大，特别是城市中小学校，大多数都在千名学生以上。学校规模大，其组织结构就变得复杂。其次，法规制度也对教育组织的模式有重大影响。

二、教育组织的基本模式

不同类型的教育组织，其结构模式是不一样的。尽管教育行政机关和学校是不可分割的统一体，一个国家或一个地区必须有行政机关对本地区所有的教育进行监督和管理，而学校则是具体的办学主体，二者是教育组织系统的两个部分，有根本的区别。所以，教育行政机关的组织结构模式和学校的组织结构模式是不一样的。

1. 教育行政组织的基本结构

教育行政机关的主要任务是运用行政权力，依法对学校教育进行行政管理。其基本职能有规划、监督、检查、评估、指导等。因为教育行政机关的行政相对人是学校等专业性的组织机构，所以教育行政机关的业务工作基本上是专业性的。教育部管理高等教育、师范教育、职业教育、基础教育等等。负责高等教育管理事务的高等教育司必须熟悉高等教育法规和政策，了解高等教育运行的基本规律，对高等院校的内部管理也要熟悉；负责教师教育管理事务的师范司要了解师范教育的历史、现状和趋势，了解师范院校体制和管理问题；负责基础教育管理事务的基础教育司同样要对基础教育的发展要有所了解，等等。如果教育行政管理人员和教育行政机关的职能部门不懂教育的基本规律，对具体的教育业务不熟悉，教育行政机关就很难做好行政管理工作。所以，教育行政机关在保持统一指挥的行政直线结构外，需要设置不同的职能部门协助教育行政首脑管理业务工作，同时还设置有若干委员会对一些重大的教育问题进行研讨，提出决策方案。根据这种分析，教育行政机关主要采取的是以韦伯的科层制或直线制为主的直线制和职能相结合的组织结构模式，同时设置有若干委员会处理一些重大的决策问题。

2.学校组织的基本结构

学校组织不是简单地依靠命令推动工作的军队，也不是生产无生命的商品的企业，而是有目的、有组织、有计划地培养人的专门场所。现代学校在形式上和企业有类似之处：各种资源投入到学校，经过学校的内部转换，学校向社会提供所需要的人才。但其本质差别就是进入到学校的主要资源是学生，学校教育活动的对象也是学生，向社会提供的产品还是学生。学生不是物品，而是有思想、感情、知识、能力的主体。所以，为极大地提高教育效果，教师需要尊重学生，了解其兴趣、爱好，通过启发诱导等方式使学生自主地、积极地、创造性地投入到教育教学过程中，成为教育过程的参与者和合作者。为此，学校就需要充分尊重教师，发挥教师主体性，对教师的管理采取民主协商式的管理，特别要尊重教师的专业性。这样，学校组织建设需要采取多种综合的组织结构系统。对学校行政事务的管理主要采取科层模式，建立以校长为首的层级结构系统，对学校的各项行政事务进行统一的制度化管理。对学校的学术和教学专业领域的事务则采取专业职能管理，把教师作为专业人员对待，鼓励教师根据所从事的专业的特点，进行科学研究和教学研究。对具体的教学任务可以采取矩阵式的组织模式，例如设年级组负责协调同一个年级的教学工作的。大学则主要采用事业部制，赋予学院较大的权力。根据这些分析，学校组织结构属于复杂的、综合的组织结构系统。

三、教育组织建设要注意的问题

无论是教育行政组织建设还是学校教育组织发展，在建设的过程中必须考虑以下几个方面的问题：

1.直线与职能

教育组织的设计和建设必须把直线制和职能制结合起来。直线制主要解决的问题是指挥统一、层级管理等。在不同的教育组织中，直线制都是存在的，只是直线关系的性质有所不同。就一个国家的教育行政系统而言，教育行政组织是自上而下构成的层级结构系统。不同的国家，这一层级关系的性质有所不同。有的国家的教育行政系统的上下关系是合作的关系，如日本；有的则是行政领导和被领导的关系，如法国；还有的是业务上的领导和被领导的关系，如中国。中国教育行政系统中的各级教育行政机关在业务方面是上下级的领导和被领导的关系，而在人事的任免、经费的投入等方面则是不同层级政府的责任。教育部部长的任免属于国务院提名，全国人民代表大会常务委员会通过，国家主席签署公布生效。而地方的教育行政机关的领导人的任免属于当地政府提名，当地人大常委会通过。所以，我国教育行政组织系统的直线层级关系是业务的关系，同时每一个层级的教育行政机关分设有不同的职能部门协助主管领导管理有关的业务工作。例如各级教育行政机关都设有职能部门进行业务工作的管理。学校也存在着直线制和职能制双重结构的统一。大学设有校长、院、系三级直线管理系统，同时校级层面设有若干职能处室协助校长管理业务工作。中小学实行的是校长、年级组和教研组、教师三级直线管理，而在学校层面则设教务处、总务处、政教处协助校长管理业务工作。

2.集权与分权

集权和分权应该看作是相对的而不是绝对的。完全的集权制是所有的决策都集中在组织的最高层，下级部门承担着执行的角色。例如教育行政部门首长掌握所有的教育行政决策权，下级部门只是执行；学校校长把所有的权力都集中在自己手里，下属只是执行校长的决定。但绝对的集权制是不存在的，现代教育组织任务的复杂性和艰难性使得教育组织必须分权。但分权也是有限度的，不能把所有的权力都分散下去，如果都分散下去，领导人的身份就没有了，局长就不成为局长，校长也就不成为校长了。所以，绝对的集权和绝对的分权都是不存在的。因此，把集权和分权有效地结合起来是任何组织必须解决的问题。

教育组织中把哪些权力集中起来，把哪些权力分散下去，需要根据组织建设的需要决定。一般说来，组织的高层领导人掌握对全局性、战略性的、长期性的问题的决策权。各级教育行政主管部门需要把本行政区域内教育规划和政策的制定、教育经费投入、教育发展状况的监督和检查等权限集中起来，定期或不定期对下级教育行政部门或学校进行督导、检查、评估和通报。学校则需要把涉及全校的办学、人事、财政、招生等权力集中起来。对教育组织的局部问题和专业问题的决策权则由组织内的部门负责人或专业负责人掌控。特别在信息化时代，上级部门和下级部门在信息的掌握上几乎是同步的，上级部门和下级部门关注的问题是不同的，上级部门是对全局问题进行决策，而下级部门在上级部门的宏观和整体决策的规定下自行决策，上级部门不可能代替下级部门做决策。所以，把宏观集权制和微观分权制有效结合起来，是教育组织建设不可忽视的重要内容。

分权或授权要讲究艺术。合理的授权则有助于组织的发展，而不合理的授权可能会给组织带来损失。孔茨认为，授权时除了要明确授权的内容外，还需要有良好的个人态度，同时要坚持授权的基本原则。

3. 层级与跨度

任何一个大型的教育组织都需要设置合理的层级和跨度，这样才能保证组织更有效率。组织的层级决定于组织的规模和主管人员的能力，管理层级过多或过少，管理跨度过宽或过窄都是不合适的。窄跨度的组织的优点是便于监督和控制，上下级之间的沟通比较方便，但其缺点可能有：上级有时间和机会较多地干预下级部门的工作；管理的层次过多造成组织成本费用增加；部门层级增加使组织沟通复杂化，使得高层和基层直接联系减少；上级的指令传递到基层和基层的信息传递到上层都会遇到组织机构内的过滤，这种过滤使得指令或信息遗漏、曲解或失真。而宽跨度的组织也同样有优点和缺点。其优点是：上级必须授权给下级或职能部门，不然他很难处理大量的问题；组织的规章制度明确而具体；对下级人员的任用必须谨慎小心；上下级直接见面接触的机会比较多。其缺点是：主管领导负担过重，许多问题等待领导人决策，但他没有精力和时间及时决策，成为决策的"瓶颈"；由于领导人难以有效地控制，存在着上级对下级失控的危险，管理人员不容易适应繁重的工作。可见，窄跨度组织的优点在宽跨度组织中则是缺点，而其缺点则在宽跨度组织中成了优点。保持合理的跨度和层级的主要标准则是看教育组织管理工作是否得以顺利开展。

为了使管理的层级和跨度处于合理的范围，保证组织有序高效运转，领导人要具备良好的领导素质，如决策果断、个性坚强、理解人、善于与人相处、身体健康等，需要考虑以下几个方面的因素：

（1）加强对组织成员的培训。

（2）明确而合理的授权。

（3）切实可行的计划和目标。

（4）良好的信息沟通。

（5）必要的现场管理。

仅仅凭在办公室发布命令还不够，需要走出办公室，到现场直接与基层接触，有选择地直接处理一些具体的问题，还需要参加一些研讨性的会议，直接了解人们的真实想法，这些既是对下属的鼓励，也是领导人积累管理经验所必需的。

4. 正式组织与非正式组织

以上讨论的非正式组织属于健康的类型，非正式组织还有不健康的类型，不健康的非正式组织就是人们常说的"小团体"或"帮派"。小团体或帮派的主要特征是为了小团体的利益去牺牲正式组织或大多数人的利益。小团体或帮派的"头头"在正式组织中往往有较高的地位，为了加强自己的地位，他往往会优先考虑小团体成员的利益，在用人方面和经济利益分配方面有亲疏之分。这种小团体或帮派的存在对正式组织的建设和发展是不利的，是一种破坏力量。一是因为利益上的分配不公就会造成组织成员利益上的冲突；二是因为组织中亲疏之别导致了组织成员之间的矛盾或对立；三是正式组织中任何损害小团体的利益的决策都会引发小团体在明里或暗中阻碍正式组织的管理程序。所以，任何一位明智的领导者都必须阻止不符合正式组织利益的帮派体系或小团体的产生，如果存在了就需要将其分化和瓦解掉，绝不能姑息养奸。古往今来的杰出领袖和优秀的管理者都采取不同的手段来遏制组织中的拉帮结派、结党营私的现象。

为了妥善处理好正式组织和非正式组织之间的关系，使两者处于和谐统一的关系状态，要做的主要工作就是加强正式组织的建设。第一，要制订切实可行的教育组织的计划和目标，这些计划和目标是组织通向未来的桥梁，是引导组织成员前进的火把和灯塔，使人们看到希望，看到光明。第二，建立明确的指挥线路和职位结构系统，保证指挥的统一性，确定每一个人在组织中的位置、权力和责任，让每一个人，无论是高层领导、中层干部，还是一般的组织成员，都认识到自己在组织中的重要地位和价值，绝不能使其感到可有可无。第三，建立健全组织的规章制度。教育组织是复杂的巨大系统，如果没有健全的规章制度作保障，就无法有序运行，更谈不上组织的效率和质量。第四，建立组织参与管理机制，使得各方面的人员都能够为组织的发展贡献其力量。例如学校建立教师、家长、学生、社区代表等组成的办学委员会或咨询委员会有助于学校校长听取不同的意见、改善学校的管理工作、提高教育的质量。第五，注意组织系统的开放性，使教育组织和外部环境处于良性的互动状态，不断地从外部环境中获得新的资源，促进组织不断地改革。第六，要形成健康的积极向上的组织文化。教育组织文化建设是组织建设的一项长期的工作，也是必须要做的一项工作。健康的教育组织文化可以使生活和工作于其中的组织成员身心愉快，积极向上。同时，要认识到非正式组织存在的必然性、客观性和必要性，善待非正式组织，使非正式组织成为正式组织的重要补充。

四、构建学习型教育组织

有时会出现这样的现象，教育行政机关在行使教育行政权时对教育发展不是起促进作用而是在起阻碍作用，学校作为教育组织开展的教育活动不是在提高而是在扼杀学生的想象力、创造力，并在降低孩子的自信、尊严。为什么教育组织会出现这种与其本质相反的现象呢？其根本原因可以归结为这类组织没有学习的能力，不能适应时代发展的要求。为了使教育组织"苟日新，日日新，又日新"，需要运用组织学习理论把教育组织建设成为一个学习型组织，促使其不断地学习，以适应社会变革的要求。学习型组织是不断地提高创造能力的人群的集体。学习型的教育组织就是个体和组织集体不断学习并提高创造力的组织。按照圣吉的观点，学习型组织有五个要素：系统思考、自我超越、改善心智模式、建立共同的愿景、团队学习。把教育组织建设成为一个学习型的组织，也需要从这几个方面着手：

第一，要促进教育组织的系统思考。教育组织是许多部分组成的，各部分又组成相互影响和作用的子系统。组织中任何一部分的变化都会影响到组织的其他部分，任何决策都会影响到其他方面，所以教育组织的领导者和组织成员都要从整体的角度来考虑问题。领导者需要考虑整体，而每一个组织成员在决策或执行决策的时候也要考虑到组织的整体目标和整体情况。一个教育局的局长做决策的时候需要考虑到整个地区教育发展的情况；每一个职能部门在做决策或安排工作的时候需要考虑到自己的决策在整体中的位置以及对其他部门和整体产生的影响；一所学校的校长要考虑整个学校的情况，学校的每一个部门则要考虑本部门的工作对整个学校的影响；每一个教师也需要考虑自己的工作对整个学校的重要意义；每一个学生需要考虑自己的行为对其他同学的影响。所以，教育组织必须形成系统的思维习惯，使每一个人，无论是领导者还是一般成员，无论是学校还是学校的分支部门，都要把自己的行为放在整个组织的背景上考虑问题并采取行动。为了达到这种系统思维效果，需要建立畅通的沟通渠道，使部门之间、人与人之间、领导和下属之间能够自由地相互交流，通过交流使人们的思想和行为达到系统整合。

第二，要使组织集体和个人能够自我超越。圣吉认为"自我超越"是学习型组织的精神基础。教育组织创造条件促进每一个组织成员不断地自我超越，不断地攀登自己人生的新的高峰。教育组织是由 30 岁左右的青年人、40 岁左右的中年人、50 岁左右的老人组成的。一般来说，年轻人都有雄心壮志，希望做出一番事业、不断地超越自己；在中年人中，少数有所成就的人开始停滞不前，大部分人自认为没有太大的作为，也不思进取；年纪大的人日益感到是"明日黄花"，更是维持现状。但学习型组织则需要在组织设计和激励措施等方面激励每一个人都积极进取，不断地超越自己，让每一个人都看到前途和希望。组织成员的晋升不能有年龄和性别歧视，不能厚此薄彼，给每一个人提供自我实现和自我超越的舞台和空间。同时，对自我超越、追求进步和终身学习的组织成员进行奖励，对一些不思进取、维持现状的人给以警告和鞭策。

第三，促进组织成员不断地改变心智模式。心智模式是个人认识人和世界的思维方式。一个人可能容易改变其思想和行为，但不容易改变其思维方式。建立学习型组织就要促进每一个组织成员和集体成员不断地反思自己内心的思维图像，在自我剖析以及和其他人进行交谈发现自己思维定式的缺陷，通过学习改变自己的思维模式，以便在管理过程中不断地创新思维。例如校长要不断地检讨自己决策中一些漏洞和缺陷，为什么这样决策，而不那样决策，发现决策思维中存在的问题；教师要反思自己的教育教学方式，以改进自己的教学思维状况。

第四，建立教育组织成员的共同的愿景。教育组织的目标必须是组织成员所赞成的，也是出自他们自愿的，这样的目标才能起到凝聚作用和导向作用，所以教育组织的领导者需要通过集体讨论等方式建立具有吸引组织成员的目标。有了共同愿景，人们才能够积极地投入到工作中去。有成就的领导人都是善于提出能够吸引人的目标的人。在教育组织中，为了调动组织成员的积极性，就需要提出具体的、可行的、大家都乐意接受的目标，不切实际的目标或不为大多数成员接受的目标只能对组织工作起干扰作用。

第五，促进教育组织的团队学习。团队学习是指组织成员相互学习，每一个人向其他人提供自己的知识和经验，也在分享其他人的知识和经验，在分享各自的知识和经验的时候，可以获得新的知识并受到启迪。大学就是一个学习型组织，因为大学教师通过参加学术会议，与国内外同行交流不断地提高自己的学术水平，在会议上每一个人都发表自己的见解，同时也在学习和理解其他人的见解，学者们常常会因为彼此的意见不同进行讨论，正是这种学术交流使得学者的思想不断更新，学术思想不断发展。教育组织要保证组织集体和个体不断地获得新的知识和见解，就需要建立宽松的环境，使人们进行"深度对话"，通过深度对话，相互认识到自己的不足和缺陷，从对方学习到自己所不具备的东西。深度对话的目的就是要超越个人的见解。

总之，为了避免教育组织的僵化，需要把教育组织建设成为学习型组织。学习型组织的建设除了上面的五个策略外，还需要从以下几个策略着手：一是把教育组织建设成为一个开放的社会系统。开放的系统可以与外部环境保持能量、物质和信息的交换；健全和更新各种制度。这些制度包括岗位制度、人事制度和分配制度，不断地吸收新的优秀人才到组织中工作，通过解聘或提前退休等方式，坚决地把那些在其位不谋其政的人员，从其现有的职位上拿下来；

不断地采取新的教育教学方法，同时鼓励教师积极地开展教学研究，以教学改革促进教学质量的提高；不断扩大获取教育资源的渠道，使组织生存和发展有良好的物质基础。二是加强组织成员的培训和教育。通过离职进修、在职学习、工作研究等方式更新组织成员的思想观念、知识结构、技能方法等，使组织成员与时俱进。三是对组织体制进行不断改革。教育组织是人造的系统，人可以造就它，也就可以改造它。所以，根据时代发展的要求改革组织体制以及结构是保证组织发展的重要途径。这就需要不断地学习和掌握新的理论并采用新的理论，促进教育组织的改革。

第三章 学校人事管理

第一节 学校人事规划及人员资格

一、学校人员组成

从行政法律关系来看，学校是教育行政机关的行政相对人，但学校属于事业单位法人，在民事法律关系中，学校和教育行政机关是平等的关系。传统上，我国各级各类学校的成员都是按照国家干部的身份进行管理的。但随着现代公务员制度的建立，学校组织成员的身份与教育行政机关工作人员的身份已经大不相同了。我国学校组织成员主要有教师、管理人员以及教学辅助人员和其他专业技术人员。教师实行教师资格制度，管理人员实行教育职员制度，其他人员实行专业技术职务聘任制度。我国《教育法》第三十四条规定："国家实行教师资格、职务、聘任制度，通过考核、奖励、培养和培训，提高教师素质，加强教师队伍建设。"该法第三十五条规定："学校及其他教育机构中的管理人员，实行教育职员制度。学校及其他教育机构中的教学辅助人员和其他专业技术人员，实行专业技术职务聘任制度。"目前我国对教师的法律地位有了较为明确的规定，但对其他人员的法律身份没有确切地说明。实际上，我国公立学校正式组织成员的管理参照了国家公务员的管理模式。

我们这里所说的学校组织成员主要是学校管理人员和教师。管理人员是指校长、副校长、各部处的负责人以及具体的办事人员；教师则是专业人员。如果具体来分的话，大学组织成员和中小学校组织成员有所不同。大学组织成员主要有管理人员、教师和工人等。对管理人员的管理是根据国家公务员制度进行的，学校管理人员的级别和层次为：校级领导（校长、书记等为厅级）、处长（各院系院长、主任、书记）、科长、科员等。学校的教师按照教授、副教授、讲师、助教的专业技术职称序列定级；工人则按照工人的管理序列管理。学校的其他人员是按照专业人员进行管理的。所以，对学校行政管理人员的选拔和任用可以适用《国家公务员暂行条例》和《党政领导干部选拔任用工作条例》。而教师实行的则是聘任制度，学校中的其他人员实行的也是聘任制度。中小学校的组织成员相对比较简单一些。学校的管理人员包括校长、书记、各处室主任以及其他教学辅助人员，这些人员的身份有些属于干部，有些属于教师，有些属于工人，根据不同的身份进行不同的人事管理。学校的教师则是按照聘任制度对其进行管理。学校中无论何种身份的人员都要经过一定的选拔和聘用程序才能进入到学校，并由学校对其进行管理。

二、学校人事规划

学校人事规划是学校组织成员选拔、任用和发展的依据，可分为长期、中期和短期等几种。长期规划一般来说十年左右，中期规划五年左右，短期规划或年度规划即当年的规划。学校人事规划的主要内容有岗位职务规划、人员供给规划、教育培训规划、人员配置规划等。岗位职务规划主要解决的是学校定编、定岗、定员问题。学校根据学校的长期、中期和年度发展规划、目标和任务、发展的规模、专业设置、课程调整等确定学校需要增减的机构、岗位、人员数量，并根据各岗位的任职标准，规划学校的编制、岗位、人员等。前文已经述及，学校是一个复杂的结构系统，其组织成员的类别较多，需要根据学校中不同部门、不同岗位、不同任务，确定不同的岗位目标、岗位标准和所需要人员的条件。岗位职务规划的内容主要有：学校岗位和职务分类；各岗位职务年度、中期、长期预测与规划；各岗位职务目标、任务、标准、任职的条件、权利与义务的说明；人员需求总量和各岗位职务需要人员数量等。

学校人员供给规划主要是解决中期、长期、年度内岗位职务空缺时如何得到及时补充的问题。需要详细规划人员补充的数量、质量、规格、途径等。这就需要对学校人员供给情况进行预测，然后提出学校人员供给的具体规划。学校人员供给预测的主要内容有：一是了解学校目前的人员状况，如人员在各部门的分布、职称、学历、专业和年龄构成情况，搞清人员分布、职称、学历、专业和年龄结构是否合理等；二是分析学校人员流动的情况，对流动的态势进行预测，采取措施促进学校人员的积极流动，例如不合格的人员流出，优秀的人员流进；三是掌握学校内部的职称晋升、教师进修学历的提升等情况；四是分析学校的工资待遇、福利待遇、聘任制度等对教职员工流动的影响；五是在上述情况基础上，找到内部挖潜和外部引进的渠道。比如通过在职进修等方式可以提高教师的学历层次，可以解决学历结构不合理的问题；教师教学水平和研究能力低，通过制度规范和激励等方式促进教师改进教学、积极研究等。教育培训规划是解决现有人员的进修和提高的途径。当代社会是信息化社会，学校组织成员只有通过不断学习和进修才能够适应社会发展的要求。学校有必要采取积极的措施促进其成员积极地学习和进修。这是学习型教育组织的根本要求。学校根据工作需要和许可，对员工进行有计划的培养和培训。人员配备规划是对学校的人员按照学校的岗位职务和专业分工进行配置的计划。

三、学校人员资格

学校不同类别的人员必须具备相应的资格或条件。校长有校长的任职资格，教师有教师的任职资格。这里仅就教师的任职资格做出说明。我国《教师法》第十条规定："国家实行教师资格制度。中国公民凡遵守宪法和法律，热爱教师事业，具有良好的思想品德，具备本法规定的学历或者经国家教师资格考试合格，有教育教学能力，经认定合格的，可以取得教师资格。"《教师资格条例》第四条将我国教师资格分为七类：一是幼儿园教师资格；二是小学教师资格；三是初级中学教师资格；四是高级中学教师资格；五是中等职业学校教师资格；六是中等职业学校实习指导教师资格；七是高等学校教师资格。

对不同类型教师任职的基本条件，我国《教师法》第十一条作了原则的规定。一是取得幼儿园教师资格，应当具备幼儿师范学校毕业及其以上学历；二是取得小学教师资格，应当具备中等师范学校毕业及其以上学历；三是取得初级中学教师、初级职业学校文化、专业课教师资格，应当具备高等师范专科学校毕业或者其他大学专科毕业及其以上学历；四是取得高级中学教师资格和中等专业学校、技工学校、职业高中文化课、专业课教师资格，应当具备高等师范院校本科或者其他大学本科毕业及其以上学历；取得中等专业学校、技工学校和职业高中学生实习指导教师资格应当具备的学历，由国务院教育行政部门规定；五是取得高等学校教师资格，应当具备研究生或者大学本科毕业学历；六是取得成人教育教师资格，应当按照成人教育的层次、类别，分别具备高等、中等学校毕业及其以上学历。有一些不具备相应学历要求而又愿意从事教育工作的，要执行《教师资格条例》第八条的规定："不具备教师法规定的教师资格学历的公民，申请获得教师资格，应当通过国家举办的或者认可的教师资格考试。"我国目前中小学教师学历未达标的现象仍然存在，对这部分人的教师资格，主要采取中小学教师考核合格证书制度，包括《教材教法考试合格证书》和《专业合格证书》两种，用这种过渡的办法来解决。学校其他人员的任职条件由学校根据具体的岗位要求来确定，没有统一规定。

我国教师资格认定的权限属于教育行政部门。中小学教师资格由县级以上地方人民政府教育行政部门认定；中等专业学校、技工学校的教师资格由县级以上地方人民政府教育行政部门或其他有关主管部门认定；普通高等学校的教师资格由国务院或者省、自治区、直辖市教育行政部门或者由其委托的学校认定。取得教师资格的人员首次担任教师时，应当有试用期。

第二节　学校人员招聘

学校人员的招聘是学校与外部人力资源的一种有计划的连接方式。招聘是学校吸引一些符合条件的候选人应聘学校空缺职位的用人方式。

一、招聘准备

为了做好招聘工作需要做好招聘前的准备工作。这些工作主要包括岗位分析、岗位说明、岗位规范、关键要求以及准备好申请表格等。

1. 岗位分析。岗位分析着重的是岗位本身而不是岗位占有者。"岗位直接由组织控制，并具有特有的固定的特点，所以岗位分析的目的是指导人们了解岗位的任务是什么、如何完成任务以及为什么要完成这些任务。"岗位分析通过观察和研究把学校组织成员担任的每一项工作进行分析，搞清楚各项工作的本质特征以及与学校其他工作的关系，为岗位职责、任职条件提供依据。学校的岗位有管理岗位、教学岗位、工勤岗位三种。管理岗位分为学校领导人员岗位和一般管理人员岗位两种。教学岗位是按照教学的层次和科目来分的。比如高中数学教师、初中数学教师。工勤岗位是指学校的勤杂工作岗位，类别较多，例如校园维修工人等。当进行岗位分析时，对每一个工作岗位的特点都要予以说明。

2. 岗位说明。在岗位分析的基础上，以文本的形式对岗位工作的任务、职责、要求、任职标准等进行详细说明。岗位说明书主要载明：工作名称、编号、所属部门；工作的范围与具体内容；工作的特殊事项。学校岗位说明都要把每一个岗位的工作任务、范围、内容、要求作具体说明白。各方面人员的岗位任务、工作范围、工作要求以及需要特别注意的问题应在岗位说明书中详细载明。

3. 岗位规范。岗位规范是对该岗位需要的人的素质和要求。根据不同的岗位提出不同的规范。有人用七项内容评测岗位与应聘者合适的程度：身体（健康、外貌）、学识才能（教育背景、资历、经历）、一般智力（智力水平）、特殊才能（动手能力、数字能力和交际能力）、兴趣点（文化、体育）、性情（可爱程度、可靠性、主见性）和特殊条件等。学校岗位规范就是各岗位人员应具备的条件。虽然国家对中小学校校长和教师等人员的任职条件有明确的规定，但这些规定还是原则性的，学校可以根据这些任职标准作具体的调整。例如《教师法》规定小学教师任职资格基本条件是中等师范学校毕业及其以上学历，有些小学招聘人员的条件就是中等师范学校毕业及其以上学历，而有些小学的进人标准可能提高到大专毕业及其以上学历，甚至有些小学的进人的标准为本科毕业生。所以，只要在法律许可的范围内，学校可以根据本校的条件和岗位职责提出具体的聘任标准或任职资格。

4. 关键要求。学校是分层次的，学校内部工作是分类别的，为了招聘到合适的人员，需要对各种岗位的关键部分提出要求。如大学教师工作的关键要求是研究能力、研究成果和研究生学历；中小学教师需要特别强调教师专业化程度、教学能力、与学生的沟通能力等。还有一些特殊岗位有特殊的要求，例如心理咨询教师要特别具备心理学知识和心理咨询能力，电脑教师要求精通电脑业务。

5. 申请表格。为了让学校能够招聘到合适的人员，需要为申请人设计出规范的表格，以便申请人根据要求填写有关内容。一般来说，申请表格主要项目有：姓名、年龄、性别、学习经历、工作经历、工作成果（例如研究成果、教学成果等）、获得奖励、行为表现、兴趣爱好、单位证明等项内容。申请人根据表格的要求如实填写。

二、招聘过程

做好了准备工作后就进入到招聘过程。招聘过程是多渠道吸引应聘者、筛选和确定候选人的过程。

1. 吸引应聘者。做好了招聘的准备工作后，就需要通过各种途径吸引应聘者。岗位规范和关键要求对学校所需要的理想的人员规格作了简要的说明。岗位说明书中对空缺岗位的责任、目标和工作范围做了说明。这些材料可以用于招聘广告，同时要求应聘者提供相应的资料。一所学校能否吸引较多的应聘者，取决于多种因素，主要有：学校的目标与发展前景、学校的形象和声誉、学校的工资福利待遇、在学校中发展的机会、学校的地点与工作条件等。

2. 广开招聘渠道。在信息化社会中，学校招聘有多种渠道。首先，重视在学校内部寻求合适的人选，开展学校内部招聘活动。例如大学的各部处的处长、主任要先考虑到在大学内部招聘，中小学的副校长、各处的主任可以从教师中招聘等。其次，在学校外部开展招聘活动。通过电视、广播、报纸、互联网做人才招聘广告吸引应聘者。与大学、人才交流中心、人才市场建立联系，直接获得有关人才信息。再次，通过推荐和自荐等形式吸收应聘者。通过学校现职人员的各种关系，请他们推荐各种人选。学校不同类别人员的招聘渠道有所不同。

3. 确定候选人。根据学校用人要求，对应聘者进行资格审查，筛选出那些背景和条件符合岗位规范需要的候选人。候选人一般来说都会提供简历和申请表格。这两份材料都是有用的。简历可以使应聘者通过说明自己的资历和经历展示其书面交流能力。同申请表格相比，简历写什么和不写什么是由应聘者自己把握的，有时可以请专业人员帮忙，所以，简历不一定完全可信。所以，学校人事部门对简历提供的信息要认真分析，提取简历或申请书中有用的信息，不要受无用信息的误导。学校用人部门为应聘者设计的专门的申请表简洁、可靠，因为表格中的各个项目都是经过精心选择的，能够提供所需要的信息。但申请表格可能过于简单，不能使应聘者的素质全面表现出来。对应聘者筛选的时候把简历和申请表综合起来考虑比较合适。无论采用何种手段，学校都要掌握应聘者的年龄、婚姻状况、国籍、教育背景、资历、培训、经历、目前的工资、特殊才能、健康状况、业余爱好以及求职的原因和去职的原因等。

三、选拔程序

对应聘者进行筛选后需要对候选人进行选拔。选拔的方式和程序类型比较多。一般来说有笔试、面试、心理测试、工作模拟测试、征询意见、证明人、录用等。

1. 笔试

笔试是当前我国各类人员选拔常用的手段，例如我国领导干部公开选拔要求应聘者参加笔试。我国学校人员选拔的第一步往往是从笔试开始的。笔试内容是岗位规范所需要的专业知识和技能、一般的知识和技能。选拔教师，需要考查三方面的内容：学科专业知识和能力、教育专业知识和技能、综合知识和能力。选拔校长或学校内的中层干部，考试的主要内容有：一是教育管理方面的知识和能力；二是学校教育综合知识和能力；三是一般的文化知识和能力。但在短短的一两个小时里很难测试出应聘者是否具有招聘岗位所需要的能力，所以考试固然重要，还需要其他测试的配合。

2. 面试

经过选拔笔试后，一部分人员进入到面试阶段。面试提供了一个真实的双向交流的机会，通过直接的交流可以发现候选人是否符合岗位规范要求。岗位面试可以有多种形式，既可以是非结构化的，也可以是结构化的。非结构化面试是一种无拘无束的交谈，面试的问题随着面试的进程展开，但这种面试对岗位任职需要的信息的提供十分有限，提供的信息和其他人的信息没有可比性。结构化的面试是通过一系列的预先设计好的问题进行面试，所有的候选人都做出相应的评价。预设的问题主要是针对应试者对岗位规范的知识和技能的掌握情况。结构性的面试可以消除非结构化面试的缺陷。面试还可以分为单个面试、小组面试和群组面试。单个面试即一个面试者对应试者一个一个地面试；小组面试是由一组面试者对应试者一个一个地面试；群组面试是面试者小组对一个以上的应试者进行面试。

但面试存在着缺陷，如凭主观印象给予评价、先入为主、爱屋及乌、面试小组无法统一意见等。为了减少面试中存在的偏差，采取以下策略可能有帮助：一是对参加面试的领导和专家进行适当的培训；二是提前向面试小组提供所需要的资料，例如岗位规范、岗位说明书、应聘者的简历和申请书等；三是选择合适的地点作为面试的场所；四是对面试的时间进行合理的安排；五是除了要求应试者回答一些简单的问题外，还可以让其回答一些开放性的问题；六是在面试专家或领导提问之前，可以让应试者提出些问题；七是把心理测试、证明人的书面说明与面试结果结合起来考虑；八是小组面试可能比一对一的面试更为客观一些。还有其他一些方法，如情景面试，即根据岗位要求，设计一些问题，让应试者提出解决问题的办法；模式化行为描述面试，即了解应试者过去的行为模式，预测其对新工作岗位的可能的行为。

3. 心理测试

心理测试是国内外人事选拔的一种重要手段。在人才选拔中，心理测试是根据应聘岗位的要求对应聘者进行认知和个性的测试。认知主要就数字、语言、反映等能力进行测试，这些方面测试得高分的人往往是智商比较高的，尤其对教育工作是有帮助的。个性的测试主要包括对情绪、情感、兴趣、意志、志向等方面进行测试。情绪稳定、感情丰富、兴趣较广、意志坚定、志向较高对一个人做好工作是十分重要的。此外还有才能测试和成绩测试。才能测试主要是对特定能力的测试，根据不同岗位对能力的要求设计测试工具，不同的教育组织和教育组织中不同的工作岗位对才能的要求是不一样的。教育管理人员的才能主要集中在管理才能方面，而教师的才能主要体现在教育教学能力方面。成绩测试则主要是对已经拥有的能力和技能的测试，例如聘用一位小学教师，可以请他上一节课，了解他的教学能力。

4. 工作模拟测试

工作模拟测试是通过模拟岗位的实际情景，让应聘者在这一情景中处理面对的问题，然后评估应聘者的表现。通过这种测试可以发现应聘者是否具有聘任岗位所需要的能力。学校招聘教师时常常会让应聘者试讲，根据对多位试讲者情况的评估和比较，就可以发现更合适的人选。管理人员的选拔的模拟测试稍微困难一些，但也是可以施行的，例如通过录像或文字描述一所学校所面对的某一个问题，然后请应聘者提出解决问题的方案或措施。

5. 推荐和证明

推荐人、证明人的推荐或证明是了解应聘者的思想、品德、学业和能力的重要方面。一般来说，岗位招聘需要一至两位熟悉应聘者的人推荐或证明。

推荐或证明的内容主要有：被推荐者的思想品德、学业情况、能力表现，是否胜任岗位规范的要求，推荐人或证明人与被推荐人或被证明人的关系、熟悉程度。发达国家的大学聘用专业教师的时候，需要有两位以上的推荐人。推荐人或证明人的作用是证明应聘者的情况是否属实或是否有隐瞒等。但这种证明或推荐还是存在着缺陷的，一般来说推荐人或证明人都是由应聘者挑选的，既然由应聘者挑选，他就不可能选择一位不赞成自己的人做推荐人或证明人，因此证明人的证明和推荐人的推荐的可靠性引起不少人的质疑。尽管如此，这种方法仍广泛地被运用于人才选拔中。

6. 征询意见

征询意见是在各种选拔考试、测评之后正式录用之前，为了对应聘者有更为深刻的了解，学校公开征询校内外人士对拟录用的人员的意见。目前我国称这种方式为公示制度。公示制度是把准备录用的人员的名单公布出来，广泛征询有关人员在规定的时间内对拟录用的人员的意见。如果逾期无人提出意见，就正式录用。如果有人提出意见，就需要对这些意见认真研究，然后做出录用或不录用的决定。

7. 正式录用

在征询意见后，对有异议的应聘者再进行审核，决定是否录用，而对没有异议的人员正式录用。正式录用要以书面的形式正式通知被录用者，在被录用者认可后，学校和录用者签订录用合同。录用合同必须符合国家的有关法律法规，不得与其冲突。录用合同必须明确学校与教职工双方在工作方面的权利与义务的关系。学校对被录用者有哪些权利和义务，受聘者有哪些权利和义务。学校录用合同的主要内容有：工作名称、地点；录用日期、录用期限；工作职责、规章制度；工作时间；报酬情况；变更、终止合同的条款；双方认定的其他必要的条款。

第三节　学校人员聘任

学校人员一经录用就要考虑到对其聘任的问题。任职就是在学校中担任一定的职务。学校不同类别工作人员的职务是不同的。学校领导有校长职务以及其他管理人员职务，学校财会人员的职务有会计、会计师和高级会计师；学校图书管理人员的职务也有图书管理系列的职务。根据不同的职务来任命不同的人员。学校的主体是教师。许多国家对教师的任职做出了规定。美国的教师资格证书没有全国统一的标准，但各州则有具体的规定，州教育行政部门和学区行政当局是颁发教师证书的主要权力机构。其教师证书主要有三种：基础证书（包括临时或新任教师）、标准证书（表明专业领域）和终身证书。英国教师的资格由教育与科学部决定，但实际的任用则是地方教育当局。中小学教师职称有主任教师、副主任教师、高级教师、四级教师、三级教师、二级教师和一级教师。法国的教师任用是很严格的，一是要成为教师必须通过教师资格考试并取得教师资格证书；二是参加考试是在大学三年课程结束以后；三是教师资格考试合格者作为试补教师被任用，在教师教育大学中心接受一年的进修并经审查合格后才能任用为正式教师。我国教师的任用制度主要采用教师职务制度。我国《教育法》和《教师法》都规定："国家实行教师职务制度。"职务是指一定工作岗位的名称和应该担负的任务。"教师职务是根据学校教育教学、科研等实际工作需要设置的有明确职责、任职条件和任期，并需要具备专门的业务知识和相应的学术水平才能担负的专业技术工作岗位。"因此，所谓教师职务制度是指国家有关部门对学校教师的岗位设置、各岗位任职的条件和获得该岗位职务的程序等方面规定的总称。

一、职务类别

教师职务类别包括高等学校教师职务、中等专业学校教师职务、中学教师职务系列、小学教师职务系列、幼儿园教师职务五个方面。每个系列又分若干职务。如根据 1986 年中央职称改革工作领导小组转发的《中学教师职务试行条例》规定：中学教师职务设中学高级教师、中学一级教师、中学二级教师、中学三级教师。《小学教师职务试行条例》规定：小学教师职务设小学高级教师、小学一级教师、小学二级教师、小学三级教师。在中小学教师职务中，三级教师、二级教师、小学一级教师为初级职务；中学一级教师和小学高级教师为中级职务；中学高级教师为高级职务。中等专业学校、职业学校文化、技术理论课教师职务设高级讲师、讲师、助理讲师和教员；生产实习课教师职务设高级实习指导教师、一级实习指导教师、二级实习指导教师和三级实习指导教师。幼儿园教师的职务序列与小学教师的职务序列相同。大学教师职务设教授、副教授、讲师、助教等职务。

二、职务职责

各级教师职务都分别有不同的职责。例如小学三级教师的主要职责是：在高级教师或一级教师的指导下，承担学校安排的教学任务、备课、上课、讲课、辅导、作业批改、学生成绩考核等；在课内外对学生进行思想品德教育，担任班主任、少先队辅导员；参加教学研究活动。小学二级教师的职责有：承担学校安排的教学任务，搞好备课、讲课、辅导、批改作业、考核学生成绩；在课内外对学生进行思想品德教育，担任班主任、少先队辅导员，或组织、辅导学生课外活动；参加教学研究工作。小学一级教师的职责：承担学校安排的教学任务，备课、讲课、辅导、批改作业、考核学生成绩；在课内外对学生进行思想品德教育，担任班主任、少先队辅导员，或组织、辅导学生课外活动；承担和组织年级的教育教学研究工作。小学高级教师职责是：承担学校安排的教学任务，备课、讲课、辅导、批改作业、考核学生成绩；在课内外对学生进行思想品德教育，担任班主任、少先队辅导员，或组织、辅导学生课外活动；指导教育教学研究工作，或承担培养教师的任务。而中学不同职务的教师，其职责有所不同，基本职责包括三个方面：一是承担学校安排的一门学科的教学任务，搞好备课、上课、讲课、辅导、批改作业、考核学生成绩等；二是做好课内外学生的思想品德教育工作，担任班主任等；三是参加教学研究活动。不同级别的中学教师，其职责的大小稍有不同，职务低的职责小一点，而职务高的则职责大一些。大学不同职务的教师也承担相应职责。

三、职务条件

各级各类教师由于其承担的职务的不同，其任职的条件也有所不同。例如我国中学教师任职的基本条件是，拥护中国共产党的领导，热爱社会主义祖国，努力学习马克思主义和党的路线、方针、政策，有良好的师德，遵守法纪，品德言行堪为学生的表率，关心爱护学生，教书育人，使学生在德育、智育、体育等方面得到全面发展，努力做好本职工作，并在完成本职工作前提下，结合工作需要，努力进修，提高教育和学术水平。《中学教师职务试行条例》还对承担不同职务的教师的任职条件进行了较为详细的说明，主要包括大专（初中教师）本科以上学历，见习期满一年，经考核具有教育学、心理学和教学法的基础知识，掌握所教学科的教材教法，能够完成一门学科的教学任务，能够履行相应教师职务的职责。小学教师在一般的要求方面和中学教师是一样的，但在具体的条件上则有不同。大学的任职条件则不同于中小学教师，特别强调教师的学术水平和科研能力。

四、职务评审

我国建立了教师职务评审制度，教师职务的获得经过评审的程序。我国中小学教师职务的评审工作由省、地、县三级教育行政部门分级领导，小学教师职务评审委员会分地、县两级，中学的教师职务评审委员会则分省、地、县三级。各级教师职务评审委员会都由同级教育主管部门批准。学校设评审小组由县级教育行政部门批准。大学的教师职务评审的组织工作分不同的类型。有教师职务评审资格权的学校设立教师职务评审委员会，没有评审资格的学校则由省设高等院校教师职务或职称评审委员会。教师职务的评审严格按照教师职务的标准进行。

五、续聘与解聘

学校实行的是聘任制度，各类人员每年要经过考核。考核就是根据岗位职责对任职人员履行职责情况进行考核。我国《教师法》第二十二条规定："学校或者其他教育机构应当对教师的政治思想、业务水平、工作态度和工作成绩进行考核。"该法第二十四条规定："教师考核结果是受聘任教、晋升工资、实施奖惩的依据。"人事部 1995 年颁发的《事业单位工作人员考核暂行规定》对专业人员、职员、工人做了详细的规定。考核的结果作为晋升职务和工资、奖惩等依据。聘任合同期满，考核合格和优秀档次的受聘任人如果愿意，可以续聘，学校与教师继续签订聘任合同。续聘一般是聘任双方在合同期内由于合作愉快、各自相互满意并都有需要的情况下，双方再签合同的一种聘任方式。续聘合同双方有关的规定和协议既可以与上一合同相同，也可以根据实际情况作相应的调整。这种调整是在双方平等、自愿、协商的基础上进行的。合同期满，学校因某种原因对不适宜继续聘任的教师，可以解聘。解聘的原因多种多样，有些是学校在聘任后发现受聘者不符合原定的聘用条件，有些是工作中不称职或违反法律法规等等。由于聘任合同具有法律效力，学校在解除教师的聘任合同时，应有正当理由，否则应承担相应的法律责任。

六、辞聘

辞聘主要是教师主动请求学校解除其与学校聘任合同关系的一种法定行为。由于聘任合同对双方的法律效力和约束力，教师在聘期间不能随意撕毁聘任合同，如确实有特殊原因无法履行合同，应通过协商的方式，双方平等自愿地解除聘任合同，否则应承担相应的法律责任。

第四节　学校人员的培训

学校人员的培训与发展是学校人力资源管理的重要内容。培训是指对学校人员进行的观念、知识和技能的培训；发展则是在培训基础之上个人的思想、知识、生活等多方面的进步。无论学校校长还是教师都有权利和责任参加培训。例如《教师法》第十九条规定："各级人民政府教育行政部门、学校主管部门和学校应当制订培训计划，对教师进行多种形式的思想政治、业务培训。"对中小学校长也要求进行培训。教育部 1999 年 12 月 30 日发布的《中小学校长培训规定》，对中小学校长培训要求、内容与形式、组织与管理、培训的责任都做了详细规定。

一、培训的内容

培训的内容根据不同的对象有所不同，但大致上包括知识培训、技能培训和态度培训。知识培训是促使学校成员更新专业知识、专业技能和教育观念；技能培训主要目的是改进教育技术和教育方法；态度培训主要是通过培训在学校中建立互信关系，培养教职工对学校的忠诚感，使学校组织成员爱护学校、关心学校，形成积极进取的精神状态。

二、培训的类型

根据培训对象，可以把培训分为新教职工上岗前的培训和教职工的继续教育。新教职工的岗前培训，主要是对新招聘的人员进行的培训，让其了解学校的历史、现状和未来发展趋势，目的是使新成员对学校有一个总体认识，建立其对学校的初步感情；同时对其进行岗位职责、知识和技能要求的培训。对一位新教师来说，需要让其明确做教师的工作职责、职业规范、伦理道德、教育知识和教育技能等。对教职工的继续教育主要是更新业务知识和技能、更新教育观念、学习新的教育技术和方法等。

三、培训的组织

为了搞好学校教职工的培训工作，学校要设立专门的机构负责培训工作。我国高等院校有人事处，不少中小学校则没有专门的机构，更没有专门的人员负责，所以必须建立和健全专门的培训部门，责成专门人员负责学校内的培训工作。培训组织的主要责任是协助校长制订培训计划、政策和战略，做好培训的管理工作。培训计划主要是根据学校发展的需要制订的，在计划中要确定培训目的、培训的对象、培训的任务、培训的形式、培训的内容、培训的进度、培训的时间、培训的费用等。培训政策则是对培训工作的基本规定，激励职工参与培训；培训战略则是对学校中、长期培训工作的重点的安排。同时要确定好培训的项目，通过调查预测当前教育改革的现状和趋势，确定合适的培训项目。

四、培训方式

培训方式多种多样，大致有以下几种：一是系统的培训，包括在职培训和脱产培训。在职培训就是在不影响正常工作的情况下，根据所从事的工作的实际需要，有计划地对教职工进行的培训。脱产培训则是离开岗位一段时间，专门进修，比如到大学进修或到国外进修学习等。二是传授式培训。主要是举办讲座，专门请相关专家做学术报告或学术讲座。另外还可以采取个别指导的方法，例如学校可以选择若干老教师对青年教师进行指导。三是参与式培训。参与式培训的方法比较多。主要有会议、小组培训、角色扮演、模拟训练、头脑风暴法、参观访问、工作轮换、事务处理训练、影视等。会议主要采取研讨式。小组培训主要是促进参加者提高参与集体活动的自觉性和协作精神。角色扮演主要是参加者在模拟的环境中扮演特定的角色。模拟训练和角色扮演有类似之处，但更侧重于实际的技能的操作培训。头脑风暴法是通过问题的讨论，相互启迪，激发创造性思维，促进新思想、新观点的建立。参观访问是组织教职工到一些学校去参观访问，从中学习到新的经验和知识。工作轮换则是指教师或管理人员先后承担不同的工作，以积累经验、提高工作水平。事务处理则是培养和提高教职工有效地处理日常工作的能力。影视方法则是利用现代信息技术对教职工进行培训。

五、培训评价

学校花费人力、物力和财力对教职工进行培训，就要了解培训的效果。常用的方法是在培训结束时请受训者填写一张调查表，请他们对培训的方式、内容、方法、组织提出意见，说明培训中哪些部分对受训者最有价值。通过对问卷的整理和分析，可以搞清楚培训中哪些方面做得好，哪些方面需要改进等。这种方法简单易行，效果比较好。但也存在一些问题，例如受训者可能因为与培训教师、其他同事相处愉快而忽略了培训内容本身的价值。所以，最好是在培训结束后过一段时间再发一个问卷，了解培训是否有助于提高其工作效果。另一种评估方法是根据"岗位行为标准"进行评价。受训人的上级或培训专家对学习的迁移做出评价。具体做法，一是活动抽查和观察。对受训者进行观察，了解他们在多大程度上把培训中学习到的知识、技能和态度用到实践工作中。二是对受训者工作中的关键事件进行分析，了解其中有多少是培训后的新的行为模式的表现。三是受训者对实施的每项教育教学活动过程进行记录，根据这些记录了解受训者的工作行为是否有所改进。

第五节　学校人员评价

教育组织成员的绩效评价是教育人事管理的重要内容。评价有过程评价和发展评价之分。我国教育组织中的评价往往注重的是结果或终结评价，比如每年进行的年终总结。终结性评价是需要的，但发展性评价也是需要的。学校成员绩效评价的目的是改进工作、提高绩效、促进发展，这就需要明确评估的目标、内容、方法等。

一、评价目标

学校人员评价首先要确定评价的目标。评价目标的制定要根据学校的类型、特点和学校组织成员的不同类别来确定。不同类型的学校对其成员总的要求不一样，评价目标的制定也不一样。例如大学教师工作绩效的评价和中小学校教师的工作绩效的评价目标是不一样的，对大学教师的评价着力点是评价其科研和教学两个方面，而中小学教师的评价着力于评价其教学情况。学校内部人员工作岗位的性质则决定了评价目标的差异性。对学校领导者的评价主要是评价其决策和用人以及实施管理的绩效等，据此来确定评价的目标；对学校的中层管理人员主要是评估其承上启下的协调能力和执行能力；而对教师的评价则是评价其教学和科研情况。应根据不同类型的学校、学校内部不同岗位规范来评价。

二、评价内容

对学校组织人员进行考评需要考虑考评哪些方面。我国通行的考评内容有德、能、勤、绩。德主要是思想品德、职业道德等；能主要是指能力素养；勤主要是指工作态度和勤奋程度；绩主要是指工作成绩。也有人把企业人员的评价内容分为工作成绩、工作能力、工作态度和工作适应性。根据教育组织的情况，我们把考评的内容定为：品德评价、素质评价、态度评价和成绩评价。

三、评价标准

根据评价的内容确定评价标准。评价标准是对评价内容的具体化，根据评价对象对每一项内容做出具体要求。不同人员的评价标准有所不同。制定校长评价的标准要考虑校长的工作性质，如校长的品德既包括个人的品德、社会品德还包括其作为校长的职业道德；校长的素质既包括其一般的素质，还包括其作为校长应具备的管理知识和能力等；校长的态度是其作为校长所持有的爱岗敬业、认真负责、勤政廉政、进取向上的态度；校长的成绩主要看其工作效果。中层管理人员和教师又分别有其特别的评价标准。评价标准可以编制为评估指标体系。

四、评价方式

评价方式多种多样。根据评价主体的不同，可以分为上级评估、群众评估、自我评估。上级评估是上级部门或领导根据下属的平时表现和业绩进行评估。校长对中层干部、教师的鉴定就属于此类评估。群众评估也是常用的一种形式。学校干部表现如何，一般都要进行民主评议；干部的任命也要进行民主测评。对校长、中层干部和教师可以采取民主评议的方法来评估其素质、能力、品德和成绩情况。群众评价，需要让群众了解被评议者的情况并对照承担的工作的要求进行评议。自我评价是工作人员自己根据评价标准对自己的工作进行的评价和总结。我国人事评价方式主要有这几种，但因为这些评价缺乏有效的分类标准和分类指标体系，没有达到预期的效果。所以，有必要根据不同类型的学校、不同类别的人员分别制定系统的指标体系，用这些指标体系来进行评估。

五、评价方法

评价方法有多种，这里介绍常用的几种：一是书面评价。评估人员或领导对被评估者的优点、缺点、成绩和潜能做出说明，对其进一步的提高提出有关建议。二是事件评估。对一个人的评价，有时需要看其处理特殊事件的表现，急难之时最能够表现出一个人的道德品质和情操。一个领导人的能力往往就是在处理危机事件的时候表现出来的，但这种评估方法只有在重大事件出现后才能使用。三是定量评分。这是最常用的评估手段，使用定量分析和数据对比法，把评价标准转化为评估指标体系并赋予各指标以权重，对被评价者打分，然后对这些分数进行统计处理，得出评价分数。四是比较排队。这是一种筛选性或等级评估方式，把被评价者所得出的评价结果进行排名。可以分为个体排名、小组排名和两两排名。个体排名是从最好到最差的排名。小组排名是把整个学校成员分为优、中、差三组，根据其业绩把不同业绩的人员放在不同的组内。两两比较则是把每一个人与其他人分别比较，然后根据累积的评价分数来判断一个人的情况。五是联系行为考评。把工作要求和被评者的工作表现联系起来评价。六是目标定向考评。目标管理是管理常用的一种管理策略，根据目标的完成情况进行评价。还有其他一些考评方法，这里就不一一介绍了。

六、评价应注意的问题

一是发展性考评与结果考评相结合。对各类教育人员不仅要做好年终评定，也要做好发展性评估。发展性评估的着眼点是促进组织成员的改进工作和提高素质。二是综合考评与单项考评相结合。不仅要看到一个人的整体情况，也要看到其个别方面。一个人不可能十全十美，所以，在考评时要注意对一个人进行完整的评价，也对其个别方面进行单项考评，这样就可以对一人做出更全面、更准确的评定。三是领导与群众相结合。考评不能单凭领导人的印象，也不能仅仅听群众的反映。要通过教育工作的实际来考察组织成员的表现和工作实绩，把群众的意见和领导的看法结合起来。四是考评结果与奖惩、发展挂钩。奖励与惩罚是管理工作中常用的手段，在人事管理中是最常用的手段。奖励与惩罚对人有很强的激励作用。奖励与惩罚可以分精神方面的和物质方面的，一般都是把两者结合在一起使用。奖励是正向的，是积极的，可经常使用。惩罚是负向的，具有消极作用，经常使用往往达不到期望的效果，应慎用。但总的来说，考评的结果应与奖励和惩罚挂钩，以引起学校成员对考评的重视。五是建立学校员工的人事档案，把每一个人的考评情况保存起来，为将来的考评提供方便。

第六节　学校人员的报酬

报酬是一个人为某一个组织或某一个人提供知识、技术或体力等方面的服务而获得的金钱的、物质或精神上的回报。当一个人在一个组织中获得的报酬是合理的，他就会继续在该组织中工作；如果获得的报酬不合理，他的工作积极性就会降低，还可能会消极怠工，最终可能离开该组织。所以，学校不仅要把合适的人吸引来，还需要建立合理的报酬体系将其留住。

一、学校人员报酬的来源

学校人员的报酬和企业人员的报酬来源不同。社会组织可以分为企业组织和非企业组织。企业的生存和发展依靠其经营活动的赢利。企业员工的报酬或工资的高低直接决定于企业的经济效益。如果企业经营不善就可能导致企业倒闭。非企业组织不一样，它们不直接创造利润，主要是从国家的税收中取得。学校属于非企业组织，所以本身并不创造利润，也没有直接的经济效益，所以学校的经费主要来源于国家财政拨款以及学费收入、社会捐赠等。当然不同类型的学校，国家投资的额度有所不同。大学经费来源是多渠道的，除了国家和地方的投入外，还有学生的学费、社会的捐赠、学校的创收等，但国家的拨款则是重要来源。中小学校的经费基本上来源于国家财政和地方财政。这里我们所讨论的是公办学校，私立学校或民办学校的报酬则来源于学校学生所交的学费及社会捐赠等。

二、学校人员报酬的构成

学校人员的报酬主要包括工资、奖金、保险、福利等。工资是教育工作者以其知识、能力、技术、学识和时间为学校工作，学校按照一定的标准发给的报酬。福利是指教育组织为其工作人员提供的各项福利设施和各种福利补贴。工资和福利为学校工作人员提供了稳定的生活费用来源，为其生活的安全提供了保障，使其能够安心工作。国家建立了公费医疗制度、社会养老保险制度等以保障教师的生活。另外，学校还发放奖金以激励学校成员勤奋而富有成效地工作。目前，我国各类公办学校实行的是结构工资制度。北京市对中小学校实行的是经费总额包干制。包干的经费总额包括：国拨工资和部分福利性补贴；学校创收用于分配的经费；市、区、县和乡财政支持校内结构工资制的补贴经费。校内实行的结构工资主要包括：基本工资、课时和职务津贴、工龄教龄津贴、奖励工资等，还发放副食品补贴、肉价补贴、少数民族补贴、独生子女费、交通费、山区工作补贴等。上海市中小学实行工资总额包干制度。工资总额主要由以下几部分构成：一是基本工资（基础工资、职务工资和工龄津贴三项之和）；二是国家和市政府规定的各类工资性津贴、补贴（包括教龄津贴、工龄津贴、临时职务补贴）、技术工人的技术工资补贴、物价补贴等；三是经市人事局审核批准的加班加点工资；四是按照市政府批准的额度以月平均工资计发的奖金。学校内部工资分配，采用基本工资、课时（岗位）工资和奖金三部分组成。基本工资是由国家和地方统一规定的工资，包括基础工资、职务工资、工龄津贴、教龄津贴等部分。这部分工资原则上不变动，有条件的学校经批准，可以提取包括基础工资、职务工资在内的一部分资金作为内部分配使用。

三、学校人员报酬的依据

学校人员的报酬是按照多劳多得的原则进行的。这也是世界各国所坚持的原则。我国公立学校人员的工资是由国家发放的。其主要依据有下列几个方面。

（1）学历学位。学历是学校工作人员刚参加工作时工资发放的依据之一。我国的学历序列是中等专业毕业、大学专科毕业、本科毕业、硕士研究生毕业和博士研究生毕业。初任教师的工资是按照毕业的学历层次发放的。

（2）职务职称。我国中小学实行教师职务制度。小学教师实行的是小学高级教师、小学一级教师、小学二级教师、小学三级教师职务制度。中学实行中学高级教师、中学一级教师、中学二级教师、中学三级教师职务制度。大学实行的是教授、副教授、讲师、助教等职务制度。幼儿园教师职务和小学教师职务类似。学校教师的工资主要是按照教师的职务发放的。学校中其他人员的工资是按照所属类别人员职务工资级别发放的。例如有些人员属于工人编制，就按照工人职务级别发放其工资。其他临时工的工资待遇则比较灵活。

（3）时间和效果。十多年来，我国大部分地区的学校实行了结构工资制度，除了国家规定的基本工资不能动之外，其余的工资则是根据工作时间和工作的质量发放的。根据工作的量发放就是计时工资，根据工作的质量发放就是绩效工资。计时工资是根据工作时间的多少发放的，绩效工资则是根据工作的质量评估结果以奖金的形式发放。教师的计时工资是按照其课时计算的，而其他人员的计时工资则是按照其加班时间的长短发放的。但计时工资的缺陷是不能衡量其工作的质量，为了保证工作的质量，需要对学校人员工作的质量进行评估，根据评估的结果发放奖金或绩效工资。要注意的是，仅仅计时不能保障工作质量，而仅仅计效则不能保证一定的量，把计时和绩效结合起来是比较可行的方法。

第七节 学校人事制度改革

一、学校人事制度存在的问题

我国人事制度改革伴随着市场经济的发展不断深入。市场经济体制的建立首先要求废除计划经济条件下建立起来的企业人事制度，真正确立企业法人主体地位，赋予企业用人自主权，实行全员劳动合同聘任制，真正实行按劳取酬的分配制度。接着国家机关人事制度也进行了全面改革，实行国家公务员制度，明确国家机关的职能，特别是转变政府职能，精简政府机构，国家机关工作人员有了大幅度削减。我国企业人事制度改革和国家机关人事制度改革取得了巨大成绩，开始与世界发达国家接轨。我国事业单位的人事制度改革尽管取得了一定的成效，但比较而言，远远地落后于国家机关人事制度改革和企业人事制度改革，不适应我国社会主义市场经济体制和各项事业发展的要求。学校是事业单位的主要组成部分。从1985年《中共中央关于教育体制改革的决定》发布后，我国各级各类学校人事制度开始改革，特别是20世纪90年代以后，中小学校开始实行聘任制和经费总额包干条件下的结构工资制。20世纪90年代末大学也开始推行聘任制、岗位责任制和多样化的分配制度。

这些改革虽然取得了一定的成效，但还没有从根本上改变学校人事制度落后于企业人事制度和政府公务员制度的局面，依然存在如下问题：一是政校不分现象普遍存在。许多地方的学校的法人地位没有落实，不具备法人的权利能力和责任能力，依旧是政府的附属部门，特别是中小学校的人事权基本上仍由教育行政主管部门掌握。二是管理模式单一，继续沿用党政管理模式管理学校，学校是按照行政级别划分的。例如大学是厅局级单位，一般高等院校的书记和校长是厅局级待遇，少数国家重点大学的党委书记和校长则按照副部长级待遇执行；中小学校的行政级别是按照学校的隶属关系确定的，一所学校如果隶属的行政部门的级别高，其行政级别也高，如果隶属的行政部门的级别低，其行政级别也低，有些校长是科级待遇，有些是处级待遇。三是学校内部机构臃肿，人浮于事。不少学校的内部管理也是按照政府管理模式进行管理的。学校内部机构类似于党政机构，其管理也是按照政府管理模式实行管理，例如大学有庞大的党政系统。党委系统有学校党委及其常委会，下设有党办、组织部、宣传部、统战部、党校等，各院系设有分党委或党总支，有一支专门的党务干部队伍及在其领导下的专职辅导员队伍。行政系统则设置有校长、各职能处处长、各院院长和系主任等。除此之外，还有庞大的不属于教师系列的专业人员以及其他各类办事人员。除了必要的管理人员外，有不少人实际上是无所事事，在理论上属于"闲杂人员"。四是终身制还没有打破。学校管理干部终身制没有打破，一旦当上了管理干部，就一劳永逸。另外学校中的专业技术职务终身制也没有打破。重视职务评审，轻视职务聘任和考核，一旦评上职称，就成了一种身份，所有的待遇都和职称挂钩，但不和实际的工作挂钩，这种现象在大学尤其明显。五是分配中平均主义、大锅饭依然盛行。虽然近些年实行了结构工资制，但津贴部分还是采用了平均发放的办法，特别是一些大学的管理人员和办事人员，甚至是工勤人员都拿的是平均奖金。不少一线的教师还拿不到平均数。体脑倒挂现象在大学普遍存在。

二、改革的基本思路

我国学校人事制度不适应我国社会主义教育事业发展的需要已成为人们的共识。中共中央组织部和人事部于 2000 年联合发布了《关于加快推进事业单位人事制度改革的意见》，对事业单位人事制度改革的指导思想、原则和方法提出了具体规定。根据这一文件，结合学校人事制度的实际情况，我们对我国学校人事制度改革提出如下的思路：

1. 政校分开，学校自主办学

在计划经济体制下形成的政府与学校的主从关系至今没有太大的改变，学校法律主体地位一直没有确立起来。这主要有两方面的原因。一是公办学校主要经费来源于国家拨款，所以政府就理所当然地对学校的人事权进行直接干预。其实，这是一种误解。公立学校的主要经费，特别是中小学校的所有的经费确实是来源于国家，但根据法律，这些经费一旦拨入学校，则属于学校的财产，政府只能行使监督职权。所以，就不能把是否投入经费作为直接管理学校人事的理由。二是政府和学校的观念习惯上还没有转变过来。不少地方政府或教育行政部门依然把学校作为"儿子"，是观念和习惯使然。学校长期受政府的管制，在观念和习惯上也还是把自己作为政府或教育行政部门的附属，没有把自己作为独立的法人。所以，必须在观念和习惯上、法律和制度上真正实现政校分开。首先，要改变观念和习惯，认识到政府和学校是不同性质的组织。学校是依法办学的主体，政府是依法行政的主体，监督学校依法履行其职责，保障学校的合法权益。其次，要在法律上和制度上把学校用人权下放给学校。学校的生存和发展决定于是否有一支良好素质的管理队伍、教师队伍和工勤人员队伍。学校真正有了用人权，才有可能聘用到合适的人员，并合理地使用这些人员。

2. 取消行政级别，学校自主管理

政府或教育行政部门把学校作为附属部门，必然按照行政级别对学校进行分级分等管理，各级各类学校的管理人员也自然获得了行政级别的身份。这就出现了副部级学校、正厅和副厅级学校、正处级和副处级学校、科级和副科级学校等等，学校属于什么行政级别，其领导人也相应地属于什么级别。就行政管理而言，这种做法是无可厚非的，这样便于统一管理和控制，因为学校领导人员是由上级教育行政部门任命的，他必须对上级教育行政部门负责。但把学校纳入到党政系统进行管理在世界上是罕见的。这种做法的结果是，学校处处依赖于政府，丧失了主体地位，学校无权对其人员进行调整和激励，需要的人留不住，也进不来，不需要的人也没有办法辞退。这种情况不仅仅发生在学校，我国其他事业单位的情况也是如此。过去我国国有企业也是如此。企业的人事管理权在政府，企业的领导人不是企业家，而是政府官员，他对党政机关负责，而不对企业和市场负责。所以，我国国有企业在市场经济竞争中根本不是西方发达国家企业的对手。企业是经营主体，而不是政府，企业的领导人必须对企业的经营负责，必须面对市场。企业改革就是确立企业自主经营的主体地位，放手让企业到市场的海洋中求生存和发展。企业改革的实践为我国学校管理体制改革树立了典范。取消学校及其领导人的行政级别，不再按照行政级别确定学校人员的待遇，在合理划分行政和学校权限的基础上扩大学校人事管理自主权，建立健全学校用人上的自我约束机制，学校坚持公开、公平、竞争、择优的原则自主进行人事管理，包括对学校管理人员、专业人员和工勤人员的自主管理。如果学校校长是由学校按照程序推选或聘任的，他就会对学校的各项工作负责；如果学校能够自主聘用合适的专业人员和工勤人员，解聘或辞退不合适的人员，学校就会建立一支优质、高效的员工队伍。

3. 实施岗位管理，推行全员聘任

学校人事制度改革必须以岗位管理为基础，实行全员聘任制。岗位管理是指按需设岗，确定岗位工作任务、岗位职责和岗位任职标准，学校根据建设和发展的需要可以调整岗位职责、设置新的岗位或撤销不需要的岗位。学校的岗位大的方面分为管理人员岗位、教师人员岗位、工勤人员岗位，对每一类岗位和同一类不同级别的岗位的任务和职责做出详细的规定。对管理岗位，要建立体现管理人员管理水平、业务能力、工作业绩、资格经历、岗位需求的等级序列，推行职员制度。对专业技术岗位，改革当前的职称评审制度，建立个人申请、用人单位自主评审和聘任的制度。对工勤岗位，建立岗位等级规范。这些工作岗位既要保持其稳定性，也要随着时代发展和学校教育发展的需要而不断调整。

聘任制和传统的工作职务制度是不同的。传统的工作制度是按照不同的专业或行业要求确定不同级别的职务或职称，职务和职称往往是终身的。如果升为处长，就终身享受处级待遇；如果升为教授，就终身是教授。一个人拥有某一级职务或职称，就享有相应的工资、住房以及其他待遇，他或她是不是履行相应的职责就无关紧要了。因为职务并没有和工作挂钩。有不少大学的教师一旦升了高级职称，就不再担任本科生的教学任务，甚至心思不再放在学校的教学和科研工作上，他可能会从事其他工作，或到学校管理部门任职或到党政机关任职，但他却依然享有高级职称的头衔和待遇。这种制度或做法只能导致职务或职称和工作任务的分离，工作职责得不到有效的履行，导致平均主义、人浮于事。

聘任制是根据工作岗位的要求聘用相应的人员，如果该岗位需要教授职称的人员，就招聘教授水平的人员，如果仅仅需要讲师水平的教师，就招聘讲师水平的教师，一个萝卜一个坑，被聘为教授职位的人员就享受教授待遇，聘任为讲师的人员就按照讲师待遇付给其报酬。如果合同到期，经双方协商可以续聘，也可以辞职、解聘或辞退。离职之后，就不再享受聘任时的职务或职称等头衔，其他一切待遇就随之终止。实行岗位管理和聘任制度就是把传统的身份管理转变为岗位管理，由传统的行政管理转变为法制管理。岗位管理除了搞好岗位设置和聘任之外，还要注意建立健全考核制度，把考核的结果作为晋级、升职、奖惩、降级、解聘或辞退的依据。聘任制的实行需要建立竞争上岗制度。要引入竞争机制，实行双向选择，公平竞争，择优上岗。在平等自愿原则的基础上，通过签订聘用合同，确定学校与个人之间的人事关系，明确学校和个人各自的权利、义务，同时规定双方要承担的责任。岗位管理和聘任制度的实施还需要建立工作人员长期聘任和短期聘任、固定职位和流动职位、专职和兼职等制度。

4. 建立自主灵活的收入分配激励制度

岗位管理不仅仅要实行聘任制度，而且要求根据岗位职责和按劳取酬的原则制定合理的收入分配制度，打破平均主义，实行多劳多得、优质优酬。首先，工资收入分配要坚持按劳分配为主体，同时采取多种分配形式并存的个人收入分配制度。工资收入体现效率优先、兼顾公平的原则。工资分配重绩效和贡献，向优秀人才和关键岗位倾斜。这样，就可以激励学校教职员工发奋图强，做出贡献。其次，积极探索学校组织要素参与分配的改革尝试。学校教育要素参与分配是指由于管理岗位或专业技术岗位的原因极大地提高了学校的效益和质量，可以建立特殊岗位津贴，专门奖励在管理岗位和专业技术岗位上做出杰出贡献的人员，可以高薪聘请优秀管理人才和专业人才。中小学校以优厚的工资待遇特聘高级教育管理人才做校长，以优厚的工资待遇特聘优秀的教师；大学以优厚的待遇聘请大学校长和著名专家学者。

5. 建立健全人事监督管理制度

政府把人事管理权放回学校，并不是放任不管，而是政府转变了管理的职能，由原来的直接管理转变为依法监管。首先，要监督和保障学校和教职工的权益得以实现，义务和责任得以履行。对学校而言，就是保证学校在法定的范围内行使用人自主权。对学校中的个体成员而言，发挥学校教职工代表大会的作用，依法保障教职工参与学校的民主管理和监督。其次，建立健全学校人员规模编制标准，按照这些标准调控学校人员的职务级别和数量。再次，做好学校人事争议的处理工作，建立仲裁机构，及时受理和仲裁人事争议案件，切实维护学校和教职工双方的合法权益。最后，学校人事管理工作公开透明，让媒体和社会监督学校人事工作的公正性和合理性。

综上所述，学校人事制度改革必须坚持政校分离，实现学校的自主管理，把身份管理转变为岗位管理，把职务聘任转变为岗位聘任，引入竞争机制，实行双向选择，明确双方的权利和责任，在平等自愿、协商一致的基础上，签订聘用合同，根据考核结果确定续聘、解聘、辞职、辞退、奖惩、晋级等，确保学校人员能上能下，能进能出，多劳多得，优质优酬，使整个员工队伍处于积极向上的状态。为此，政府必须依法监管，保证学校和教职工双方的权益得以实现、义务得以履行。同时，政府要建立健全未聘人员安置制度和多方位的社会保险制度。

第四章　教育管理过程

第一节　教育领导

一、领导的内涵

领导是管理的核心部分，是指"影响人们甘心情愿地和满怀热情地为实现群体的目标而努力的艺术或过程"。理想的状况是，领导者应当鼓励人们不仅要提高工作的自愿程度，而且要满腔热情地和满怀信心地工作。对领导者，一种常见的定义是：领导者是把别人吸引到自己周围的人。从这种意义上讲，领导者就是别人想要跟随的人，是能够得到别人的信任和忠诚的人。所以，"一个组织的领导者是通过计划、组织、监督、控制、沟通信息、委派任务和承担责任来实现组织目标的人。换句话说，领导人就是一个委派到某一职位上具有职权、责任和义务完成组织目标与目的的人"。领导者的行动在于帮助一个群体尽其所能地实现目标。领导者并不是站在群体的后面推动和激励，而是要置身于群体之前，带动、促进群体前进，鼓舞群体为实现组织目标而努力。

传统的理论认为成功的领导主要源于领导者个人的品质，但是近年来强调领导的成功在于群体组织的业绩。成功的领导需要团结、促进群众趋向于特定情况下的目标。领导、群众、状态是三个决定适当领导行为的彼此相互影响、相互作用的可变因素。可以说，领导是影响群体的活动使之实现目标的过程。其含义是：

一是领导是两个人或者更多人之间的关系，在这种关系中，影响力和权力不是均等分配的。无论何时，只要有两个人或更多的人，为了同一目标而聚集在一起就会产生某种群体结构。这种结构的一部分涉及成员们在试图实现群体的目标进行相互影响的方式。由于所有群体成员都会不时地影响其他成员，所以，每个成员会不时地发挥领导作用。按照这种理解，作为一个群体的指定的领导人也就是负责管理群体并被授权对该群体施加影响的人。这与仅仅参与领导行为的普通成员之间是有所区别的。教育行政领导者，无论是委派的，还是选举的，和一般的参与领导过程中的成员不一样，他处于领导过程中的主导地位，承担着不同于一般工作人员的职责。

二是领导人不是孤立存在的。仅仅靠职位权力或法定的权力是不够的，有效的领导者必须能够鼓舞人、吸引人，激励自己的下级去工作。"如果你要知道你是不是在实行领导，你看一看身后就行了。有没有人跟随着你？在大多数情况下，你是无法强迫别人这样做的。因此，领导意味着跟随者必须统一接受影响。在接受某人为领导人时，跟随者自愿放弃某些决策自由，以求实现某一目标。"所以，一位领导人只有在向其部下证明自己作为领导人的价值之后，才能为部下所认同，并成为组成群体或小组所不可缺少的关键人物。所以，领导者要具有特有的影响力。

领导者的影响力有些来源于在教育组织中担任的职务，比如县教育局局长、省教委主任等，这些职务本身就具有法定的权限，这些权限是行政领导者影响力的重要来源，但有些影响力并不是来源于正式的职务。人们已经找出了领导者权力的五种截然不同的来源，这就是合法性、强制力、授奖权、表率力和专长。第一，领导者的影响力的合法性来源于组织中正式的权力。合法的权力和教育领导体制有密切的关系，比如行政首长负责制赋予了行政首长一定的合法的教育决策权、人权、财权、机构设置权等。任何一个正式领导者都必须有一定的合法权力。第二，领导者的影响力来源于其授奖权。授奖权的影响力来自领导人能决定其部下所重视的奖励能力。领导的正式权力中就含有这种权力。下级服从教育领导者的领导，是因为希望得到精神或经济上的奖励。这是一种正向的影响力。这种奖励的方式多种多样，有正式的奖励，有非正式的奖励。

但要注意的是，奖励要及时、适度，否则其影响力就会下降。第三，领导者的影响力来源于其强制力。强制力是以畏惧为基础的。下级可明确地认识到，要是不服从领导者的指示，就要受到处分或得到他不想得到的后果，如得不到晋升等。但这种影响力不是肯定的，消极强化可能引起排斥心理的产生。第四，影响力来源于表率力。表率力是建立在领导者和被领导者相互一致的基础上。这种一致性主要表现为领导者具有被领导者所尊敬和爱戴的品质。所以，那些具有令人倾慕的个性特征、超凡的魅力或有良好信誉的人，往往具有这种表率力。比如公正无私、真诚和蔼、思维敏捷、多谋善断、宽容大度、坚毅果敢、刚柔相济。正如《孙子兵法》说的"将者，智、信、仁、勇、严也"，如果领导者具备了这些品质，他就有了表率力。第五，影响力来源于领导者的专长。领导者的专长的影响力来源于下级所感受到的和领导者表现出来的决策、指挥、实施、分析、评价和控制指派给下属来完成任务的能力。一个领导者只要具备了以上五种影响力，其影响力自然就会产生。

二、对人性的理解

领导的实质是一种追随关系，换言之，正是人们愿意追随某人从而使他成为一名领导者。成功的领导者需要团结、促进群众趋向于特定情况下的目标。同时，领导者要为群众提供工作支持和心理支持。教育领导也同样如此。有效的教育领导者能够把组织成员吸引到自己周围，影响他们的活动使之实现教育目标。显然，教育领导者要做好领导工作，首先要了解人、人的特性和他们的品格。每一个领导者都要依据于一种对人性的看法才对组织成员进行领导的，对人性理解的不同，采取的领导方式也就不同。

1. 经济人假设和 X 理论

经济人假设或机械人假设是古典组织理论的基本依据。科学管理的创始人泰罗认为，工人要求的是高工资，而企业主追求的是高利润和降低劳务费。企业中的一切都受经济利益的驱动。企业是通过科学方法使工人发挥其最大的潜力以提高生产率的。一方面使工人得到高工资；另一方面使企业主获得高利润。人是经济动物，工作就是为了获得经济利益。在这种假设中，人是不重要的，重要的是物质激励制度，运用这种制度刺激在组织中工作的人去追求经济利益。

美国管理学家麦格雷戈在《论企业的人事》一书中提出两种相对立的理论即 X 理论和 Y 理论，其中 X 理论就是对传统管理理论人性假设的概括：一般的人，天性就是好逸恶劳，而且只要他们能够做到，就设法逃避工作，因为人的这种厌恶工作的特性，所以绝大多数的人，都必须用强迫、控制、指挥并用惩罚相威胁的手段，使他们做出适当的努力去实现预知目标；一般的人，情愿受人指导，希望避免担负责任，相对地缺乏进取心，而把个人的安全看得更重要。

以经济人假设为指导思想的领导，必然导致严密控制和监督式的管理方式，其主要特点可以概括为：管理和领导的重点是实现组织的目标，完成教育教学任务，在我国的许多学校中，主要是提高升学率，而不考虑教师和学生的内在需要。教师被作为教学机器或动物来使用，学生被作为知识的容器对待。领导者主要采取专制型领导方式，管理与一般成员无关。被管理者就是在领导者的指挥、控制和监督下努力工作，处于被动的地位。在领导过程中主要运用强制的经济手段奖励或惩罚教职工，主要侧重于惩罚。在教育管理中实行了许多量化标准，以衡量成员的工作成绩。

这种领导思想在我国也有其历史背景。自秦汉以来，我国社会一直处于封建专制之中，社会和个人之间的关系是主和次的对立的关系，个人对社会来说是微不足道的，为了保护群体的利益，可以牺牲个人的利益；统治者与被统治者之间的关系是主人与奴仆的关系，对于统治者来说，被统治者只是处于服从的地位。教育的目的和目标就是为统治阶级培养驯服工具。在教育管理中所采用的科举制度强化了这一领导思想。中华人民共和国自成立以来，这种封建思想仍然没有得到完全清除，无论是"反右"运动，还是"文化大革命"都对教育工作者采取强制管理政策，教师处于"臭老九"的地位。概括地说，教育工作者，特别是教师，是被作为被动的客体、机械人对待的。20 世纪 80 年代初以来，我国实行了改革开放政策，中国真正开始走上了社会主义现代化建设道路，特别是市场经济体制的确立，使我国经济得到了蓬勃发展，人民生活水平得到了大幅度提高，沿海地区尤其如此。我国教育的目的从传统的单纯为政治服务走向既为政治服务也为经济服务。在这种背景下，为了有效管理学校，许多教育领导者有意或无意地运用"经济人或机械人"假设理论进行管理。

运用经济人假设理论的效果如何呢？首先，重视人的经济需要的满足是一种进步。过去一直讲奉献，而不计报酬，忽视个人劳动贡献，压抑了个体劳动的积极性。对绝大多数中国人来说，经济需要无疑是最基本的需要。在20世纪80年代，中国经济发展主要是解决温饱问题；20世纪90年代经济发展的目标才是"小康"水平；进入21世纪，经济发展的目标是全面实现"小康"社会。这不仅是个人生活的目标，也是经济改革的目标。所以，运用经济手段来激励人们工作具有重要的意义，对提高生产率有一定的作用。在学校中，有许多教职工为了物质奖励或免除经济处罚，就得勤奋工作。但这种理论把人的本性看作是受经济利益驱动的，把人看作是经济动物，看作是天生懒惰的，这种看法很肤浅。人不仅仅需要金钱，还需要精神。许多企业、学校、政府部门也发了奖金，也运用了经济奖励或惩罚手段，但并没有取得预期的效果。特别是在学校，学校教师的工作有其自身的特点，根据经济人假设理论来实施领导是有局限性的。其次，运用这一理论，对被领导者进行严格的监督和控制，实行了明确的分工、明确的责任和奖惩，改变了过去管理的无序状态，提高了工作效率，但把这种方式作为唯一的方式，把职工看作是经济动物或工作机器，这就是完全忽视了人的因素。教职工的积极性也就很难从根本上调动起来。再次，把领导者和被领导者看作是截然不同的两种人，把被领导者看作是被动的经济动物，靠领导者运用经济手段进行刺激，这就没有把人当人看，不尊重被领导者的人格，不重视人的价值。这就会导致人们对这一制度的厌恶或反抗。

2. 社会假设与人际关系理论

这一理论是作为与经济人假设的对立面提出来的，经过了一系列的霍桑实验的验证。霍桑实验表明，人不是经济人，而是社会人。工人并非是孤立存在的个体，而是生活在一定社会关系的群体中。梅奥认为，工业革命带来的机械化，使劳动失去了原有的内涵，使工人变成了机器的附庸，工人需要在工作上的社会关系中寻求意义。工人的工作动机主要受社会需要驱动，希望在工作中得到社会承认和归属感，重视人际关系的和谐和意义。社会人或人际关系理论在 20 世纪 20 年代到 50 年代得到了大力提倡。该理论在管理方面要求管理者不应只重视生产、完成生产任务，而应把注意的重点放在关心人、满足人的社会需要上，不应只重视计划、组织和控制，更要重视职工间的人际交往关系，培养职工的整体感和归属感，领导者还要注意倾听职工的意见，了解职工的需要并满足其需要。社会人假设理论使许多领导者认识到，职工工作积极性的发挥和工作绩效的提高，不仅受经济利益或物质方面的影响，更重要的是受社会和心理因素的影响。领导应从过去的把被领导者看作是"被动的物"的观念，转向把人看作是有血有肉、有各种社会需要的"主动的人"的观念上来。在领导方式上，从原来的专制型逐步向参与式转变。"参与管理"就是在社会人假设和人际关系理论的指导下形成的新型的管理和领导模式。在学校领导中，让教职工参与学校管理，是我国教育管理改革的重要方面，对我国教育发展产生了一定的积极影响。

但社会人假设和人际关系理论也有一定的局限性。重视组织成员的社会需要、重视人际关系的和谐是非常重要的，但这只是领导工作或管理工作的一部分，而不是全部。如果仅仅重视这些方面，而忽视管理的其他方面，比如计划、组织和必要的控制等，就会降低人的工作绩效。如果领导者把注意力都放在满足人的心理需要方面，他就不是一位领导者，而是一位心理医生了。也就是说，这种理论和经济人假设一样，它只是一种假设，并不能解决所有的管理问题。

3. 自我实现的人和 Y 理论

"自我实现的人"这一概念最初是由人本主义心理学家马斯洛提出来的。马斯洛在他的需要层次理论中认为，自我实现是人的需要的最高层次，每一个人在本质上都是趋向于自我实现的。自我实现指每一个人都有一种趋向于更健康、更聪明、更有德性、更幸福的愿望并有实现这些愿望的冲动，趋向于人性完满。罗杰斯认为个体内部存在着大量的自我认识、改变自我概念、基本态度、自我指导的行为资源。如果提供适宜的条件，这些资源都是可以利用的。美国耶鲁大学的组织心理学家阿基里斯教授在《个性和组织》等著作中提出了"不成熟—成熟理论"。他认为，人所追求的目标，往往取决于他的思想境界，即决定于他的成熟程度。一个健康的人是从不成熟发展到成熟的。一个人从婴儿到成人、从不成熟到成熟，主要经历了七个方面的变化：

（1）从被动到主动；

（2）从依赖到自主；

（3）从少量动作到复杂动作；

（4）从兴趣浅到兴趣深刻；

（5）从目光短浅到目光远大；

（6）从从属地位到平等地位或优越地位；

（7）从缺乏自我意识到有自我意识和自我控制。

这一理论对领导是有启发意义的。在管理过程中，领导者不能把被领导者看作是不成熟的被动的人，要根据人的不同成熟度采取不同的管理方式，并创造条件使人得到良好的发展。

麦格雷戈发展了马斯洛的理论和阿基里斯的理论，提出了与 X 理论相对立的 Y 理论。Y 理论的基本假设是：工作中消耗体力和脑力，正如游戏或休息一样是自然的；外力的控制和处罚的威胁都不是促使人们为组织目标作出努力的唯一的手段，人们为实现承诺的目标，将会实行自我指导和自我控制；承担目标的程度是与他们的成绩相联系的报酬大小成正比例的；在适当的条件下，一般的人不仅学会接受任务，而且也学会寻求承担任务；在解决种种组织问题时，大多数人具有运用相对而言的高度想象力、机智和创造的能力；在现代工业生活的条件下，一般的人只是部分地发挥了他们的智慧潜力。

X 理论和 Y 理论有所不同。X 理论是悲观的、静态的和僵化的，控制主要来自外部，也就是上级强制下级工作。相反，Y 理论是乐观的、动态的和灵活的，它强调自我指导并把个人需要与组织要求结合好。无疑，这两组假设都会影响到主管人员履行他们的管理职能和管理活动时的做法。麦格雷戈担心人们误解 X 理论和 Y 理论，对这两种理论进行了澄清：第一，X 理论和 Y 理论仅仅是假设而已。他们不是管理策略方面的规定或建议。这些假设必须经受实际的检验。还有，这些假设只是直觉演绎出来的，并不是根据研究得出来的结论。第二，X 理论和 Y 理论不含有"硬"或"软"的管理方法。硬的管理方法可能引起反抗和敌对；软的方法则可能引起在管理上的放任自流，因此，不符合 Y 理论。相反，有效的主管人员，不仅承认人的局限性，而且承认人的尊严和才能，并且根据情况所要求的那样，来调整他们的行为。第三，X 理论和 Y 理论并不是把 X 和 Y 看成是一个连续阶梯上的两个相反的极端。他们不是程度的问题，而是对人的看法完全不同。第四，Y 理论的讨论不是一个协商一致管理的实例，更不是反对权力的辩论。相反，根据 Y 理论，权力只是被看成为主管人员行使领导的许多方法之一。第五，不同的任务和情况，要求采取不同的管理方法。

Y 理论在领导中得到广泛运用，导致了任务管理不同的管理方式即民主管理方式。这种管理方式有这些特点：首先，管理的重点的变化。从对任务的管理发展到对组织中人的重视和组织的环境的管理。经济人假设强调任务管理，重视经济刺激，忽视了人的存在。社会人假设，反其道而行之，把管理变为以人为中心，重视人的社会需要。自我实现的人假设则一方面把人看作是自我实现的主体，另一方面在管理和领导中为人的自我实现创造良好的环境，比如适宜的工作环境和工作条件。罗杰斯的非指导性教学就提倡为学生创设一种良好的、健康的环境，使学生形成良好的自我概念。这种气氛：一是坦率、真实或一致性；二是创设一种非条件积极关怀的气氛；三是移情理解。这其实也可以运用到领导过程中。其次，领导者的职能的变化：从控制者、调节者到支持者。传统的理论主要重视的是领导者的指挥、控制、调节和监督。但根据自我实现和 Y 理论，领导者的角色主要是对教职工工作的支持，是帮助教职工解决问题，消除教师在教育教学中所遇到的障碍。再次，激励方式从外部奖励向内部奖励转变。经济人假设强调靠物质刺激来调动教职工的积极性，社会人假设依靠搞好人际关系来调动教职工的积极性。这些都是从外部对职工进行激励的。而麦格雷戈则认为，对人的激励可分为两大类：一类是外部激励，如工资、晋升、良好的人际关系；另一类的奖励则是内在激励，包括人在组织中得到良好的发展和成长，发挥自己的能力和创造力，实现自身的价值，这些满足了人的自我实现的需要，因而人的工作积极性得到了最大的调动。最有效的激励就是内部激励。最后，领导制度的变化：领导与被领导者之间是平等的关系，职工参与领导和管理过程，领导者要保证职工在组织中得到自我实现。

4. 复杂人假设与领导

沙因在对各种人性假设模式分析的基础上，提出了复杂人假设理论。他的假设是：

（1）人的需要是多种多样的。人是怀着不同的需要参加一个组织的，并且需要的层次也因人而异。

（2）人在同一时期内会有各种需要和动机，它们相互作用，构成统一体，形成复杂的动机模式。

（3）随着工作和生活条件的不断变化，人会产生新的需要和动机。

（4）一个人在不同的组织、同一组织的不同部门工作，其需要和动机也不同。

（5）由于人的需要不同，能力各异，人们对管理方式会做出不同的反应。

根据这些假设，所要完成的工作的性质和做此工作的人的需要之间要相适合。人们有各种需要，当工作设计和组织设计适合于这些需要类型时，他们就能最好地进行工作。没有哪一种管理理论适合所有的时间、所有的组织和所有的人，所以在工作中，要根据不同的人的不同的情况，灵活采取不同的领导方式，要随机制宜，绝不能千篇一律。其实他所提倡的是一种权变理论。这种理论在西方管理实践中得到了广泛推行。企业组织的性质不同，职工的工作性质也不同。有的企业采取比较固定的组织形式，而有的企业则采取较为灵活的形式。企业领导人的领导作风也根据企业的不同而有所不同。虽然这种理论有重要的理论意义和实践意义，但它主要强调的是人性的差异性、组织的差异性，而忽视了同类组织的共性和人的共性的一面。

5. 主体人假设与领导

以上我们介绍了在管理中广为流行的几种人性假设理论。这些假设从不同的角度解释了人的特性，说明了人的不同的需要和激励方式。显然，这些人性假设以及相应的管理理论对各种组织的管理活动都有重要的指导意义，因此对教育管理活动也有指导意义。自从 1986 年以来，我国学校内部管理体制改革一直在进行着，其中心问题，一是领导制度改革，二是岗位责任制度改革，三是分配制度改革。领导制度实行校长负责制，岗位责任制度力图实行岗位管理，分配制度主要是实行按劳取酬。北京市人民政府 1990 年在《关于进一步巩固、完善和深化中小学内部管理体制改革意见》中提出："改革学校内部的劳动人事和分配制度，形成内部竞争机制，打破平均主义的'大锅饭'，充分调动人的积极性，增强办学活力，提高办学效益。"上海市人民政府教育卫生办公室1992 年批转的《上海市中小学内部管理体制综合改革的实施意见》中写道，针对"中小学内部管理体制由于权力过于集中，学校缺乏人事权、财权和办学自主权，校长难以从学校的实际出发，实施全面管理；对教职工缺乏科学的管理机制，人员难以正常流动和合理组合；在分配上存在平均主义'大锅饭'，难以调动教职工的积极性；教育经费投入与办学效益不挂钩，各项投入难以发挥更大的效益等等"问题，改革的主要内容是"试行校长负责制进行定编定员，实行岗位责任制、教职工岗位聘任制、工资总额包干制（或教育经费包干）和学校内部结构工资制等"。各地大致采取了类似的改革。这些改革对调动教职工的积极性、提高教育质量具有重要意义。但我国当前学校管理的主要问题：一是认为教师主要受经济利益驱动，要调动教师的积极性就要采取经济刺激措施，但实际上，这种方法一开始是有效的，后来效果就降低了，因为人不单纯是经济动物。二是明确地把校长看作是学校领导和管理的主体，而把教师看作管理的客体，教师只是被聘任者和被规定完成任务者，处于被动的地位。三是校长负责制既可以是民主型的，也可以是独裁专制型的，现实中的校长负责制度往往会走向专制型。

针对教育管理中存在的问题，我们提出了主体人假设的观点。在教育领导和管理过程中，无论是领导工作还是管理工作，我们都应把被管理者看作是主体。

（1）组织行为的哲理和民主政治的哲理一样，都首先着眼于个人，只能由个人来承担责任和作出决策，只能每一个人作出努力。把被管理者看作是主体就是把人看作是有积极性、自主性、创造性的人，而不是消极的、被动的、机械的人。如果这样来认识，在领导和管理过程中就会给组织成员创造良好的、自由宽松的环境，使被管理者有机会发挥他们的主体性，让所有的被管理者能够对教育工作做出贡献。反之，就会压抑被管理者的主体性。积极性，指被管理者在教育工作中自觉、主动、热情地做好自己的管理、教育、教学工作；自主性，指被管理者是独立地做自己的工作，而不是依靠领导，在自己的工作范围内能够自主决策和工作；创造性，指在工作中不是恪守陈规，而总是想方设法去提高管理、教育教学质量，使自己的聪明才智得到发挥。积极性、自主性和创造性是每一个人都具备的，不仅是其特点，也是其生活方式。

（2）人不同于其他动物，他不仅要生存，而且要生存得有价值，希望得到尊重和尊严，所以把被管理者看作是主体就必须把他们看作是事实存在和价值存在的双重统一的主体看待。人不仅要生存，还要有价值地生存。人之所以在生活中有积极性、自主性和创造性，是因为他认为生活是有意义的、有价值的。如果他认为生活没有价值，他对生活就会失去兴趣，就不会积极地、自主地和创造地生活。所以，把人看作是主体，一方面把人看作是客观存在，他需要物质上的满足，同时应把人看作是价值主体，他需要追求生活的意义，追求生命的价值。所以，仅仅运用经济人假设来理解人性是不够的，人确实需要有一定的经济收入，以保证人的生存，但人的生存的目的不在生存本身，而在生存之外，在于实现自身的价值，从终极的意义上来说是为了追求真、善、美和自由，所以人们追求金钱或经济收入是为了生存，但金钱不是人追求的目的，更不能把对金钱的追求看作是人的本质。人也不仅仅是追求人际关系的和谐，人也追求成为价值的主体。从人类来说是这样，从个人的生活来说也应该是这样。在领导过程中，就要尊重被管理者的人格，把他们看作是和领导者平等的人，把他们看作是有情感、意志、思想和追求的人，认识到他们有自己的专业和自己的工作方式。

（3）领导是以领导者为主导的领导者和被领导者共同参与的过程，把被管理者主体行为看作是领导行为的重要组成部分，而不像传统领导理论把被领导者排斥于领导过程之外，把领导工作看作是和被领导者无关的事情。这样，被管理者或被领导者成为参与领导过程中的主体，而不是被动的客体。当然，这一过程是以领导者为主导的，这是领导者的地位、职责和能力所决定的。

第二节　教育领导方式的选择

　　通过以上介绍和分析可以发现，各种领导模式有相似之处，但任何一种模式都不能够解释清楚组织和个人的行为的各个方面。人在不同的情况下有不同的行为，甚至在不同时期的同类情况下其行为也是不同的。在一些情形下人是理性的，在另一些情形下人是感性的。主管人员的责任就是创造一种环境，诱导在那里工作的人们去为组织的目标做出贡献。但假如这一过程是上级来控制的，这就忽视了人们的个性并且低估了他们的才智。一般情况下，任何个人都想发挥其才干、能力和潜力。有效的主管人员将从阐述人性的不同的模式中吸取其精华而采用一种折中的办法。任何人都必须承认：人是不同的，不能生搬硬套某一种模式。他们必须得到新生和享有尊严，必须把人作为一个整体来考虑，而且必须在他们的整个环境的范围内，把他们看成是能够在那里起不同作用的。以上我们论述的各种激励模式和领导方式都有优缺点，有些适合企业组织，有些适合军队组织，有些适合学校或政府组织。教育领导者如果要想卓有成效地做好领导和管理工作，就要选择一种比较适合教育特点的领导方式。当然，就教育领导工作来说也可以说没有一种绝对正确或最好的领导模式，但教育组织虽然和其他组织有同质性，也有异质性，从根本上来说，教育活动和经济活动、政治活动、军事活动、其他文化活动有本质的不同，因此对教育工作的领导和管理也就有不同于其他社会实践活动的领导和管理的特点，所以教育领导工作有其特定的领导方式。

一、制约教育领导的因素

　　教育领导者应形成和发展或创造一种什么样的领导方式更好呢？根据权变

理论，我们认为教育领导方式的选择主要受这些因素变量的影响：教育的本质特征、领导者自身特点、教师职业特点、群体的特点、教育组织结构特点。

1.学校教育的公共性

教育领导者必须对教育活动的本质有深刻的认识。教育不是经济活动，不是政治活动，也不是文化活动，更不是军事活动。教育的对象是人，教育的目的是使人的身心得到和谐发展，教育方法或手段是启发式。所以学校教育在本质上是教育者有计划地、有组织地引导和激发受教育者运用科学文化知识进行自我发展的过程。这就是说受教育者的发展一方面靠教育者的教育和引导；另一方面靠受教育者在教育过程中的积极性、自主性和创造性的发挥。苏联教育家苏霍姆林斯基说，真正的教育是自我教育。学校教育的绩效的取得是靠教育者主导下的教育者与受教育者的相互合作，是人与人的关系，人是主体，是主体与主体之间的关系；而生产部门的效益的取得是靠人对物的设计和对物质的充分利用取得的，是人与物的关系，是主动与被动的关系；学校教育以人的身心发展为目的，是非营利事业，是一项人权，不能用学校教育来牟取某些个人的利益，而企业部门的活动是以营利为目的的，任何企业如果不营利，它在市场上就无法生存；学校教育不仅要使人更有智慧、更聪明、更有能力，拥有渊博的知识，同时也要使人学会做人，做一个追求真、善、美和自由的人。所以，教育活动和经济活动是不同的，不能完全用经济发展的机制来发展教育，不能完全运用管理市场经济的方式来管理学校教育。特别是中小学教育是公民教育，是不能市场化的。就是市场经济发展得非常完善的欧美等发达国家的基础教育也没有市场化，他们的大学教育也不能说是完全市场化的，因此我们在选择教育领导方式的时候，必须考虑到学校教育的根本特点。

2.教师工作的特征

教师工作的特征比较多，概括来说有下列几个方面：

一是教师具有不可替代性。教育领导主要是对教师的领导，这就有必要对教师的人格特征有所了解。社会发展需要教育，人的发展也需要教育，而教育是由教师引导学生开展的活动。荀子说："天地者，生之本也；先祖者，类之本也；君师者，治之本也。"中国古代一直把教师的地位摆在了和天、地、君、父母同等的地位。在现代社会，学校教育或组织化的教育必须有专门的教育者。社会离不开教育者，它依赖教育者培养适应和促进社会发展的人；每一位家长也离不开教育者，他们把自己的孩子交给教育者，希望教育者把他们教育成人。从根本意义上说，每一个人良好的发展都离不开教育者。只有教育者才能提供系统的、良好的教育服务，以促进人的良好发展。教育者是学生、家长和社会都需要的人物，是社会的主角，而不是配角。所以，教育者和其他社会成员一样有其主体地位，家长、政治家和社会都不能取代教育者的地位和功能。

二是教师职业具有专业性。现代社会一般都承认教育工作的职业性，并试图使教育者的工作也像律师的工作、会计师的工作一样成为规范化的职业活动。美国中小学教师基本上全部由全国师范教育鉴定委员会认可的普通高校的教育学院或教育系培养，招收二年级结束时确定的以教育专业为主修或副修的学生或本科毕业愿意从事教育工作的学生，强调对教育专业知识和技能的学习。对教师实行资格证书制度。在英国，无论什么人，要想成为中小学教师，包括已经获得高级学位者，要想在中小学任教，原则上都必须接受师范教育。日本也有严格的教师资格认可制度，其他国家也都做出了相应的规定。我国对教师资格也做了政策和法律上的规定，虽然还停留在对教师所教的专业知识与技能方面和思想道德方面的要求，对教育者的教育专业方面要求比较低，但毕竟在法律上明确了教师职业的专业性质。总的来说，教育者的活动在理论上和法律上已被作为一种职业活动来对待了。

教师职业的专业性要求教师对教育内容的选择、教育方法的运用、对教学大纲和教学计划的灵活处置等方面有决策权。只要我们承认教育者的工作是专业工作，就不能任意干涉教育者的活动，就不能让家长、上级领导或社会的其他人士告诉教育者如何做。教育者能够根据所掌握的教育专业知识和技能决定自己如何做。也就是说教育者是教育的主体，必须还给他进行教育工作的自主权力，赋予其主体地位和相应的发挥其主体性的条件，承认教育者的职业地位和在教育中的权威，不能限制他在教育中的积极性、创造性和自主性。律师根据法律对委托人进行辩护，这是任何人或部门不能干预的；医生在行医中有自己的专业权威。教育者在教育过程中也应树立这种权威，但这种权威是与自己所拥有的两种专业知识和技能——所教的学科和如何教所教的学科即教育科学密切相关。学校领导者要想成功地做好自己的领导工作就必须把教师职业作为专业性工作对待，同时严格要求教师按照教育规律办事。

三是教师职业有自主性。教育教学工作在教师与学生之间进行，在这一过程中有许多不可控制因素，都必须靠教师来掌握，这是局长、校长不能代替也无法代替的，所以教师工作有自治性。教师在备课、上课和对学生辅导等方面有独立自主性，这在大学教育中更为明显。对科学与技术人员的研究表明，科学家和专业人员都需要高度自治与工作自由，需要对工作项目的责任和探索问题的途径进行某种选择，不喜欢受别人指挥。人们期望的情景是，既有相当程度的自治，又能与管理人员以及其他能为工作提供帮助的人经常保持联系。一项用各国本国语言、调查了包括 16 个国家、2500 名科学专业人员的庞大的研究表明，这些专家提出的七项最重要的指标，全都关心成就驱动和自治。七项指标中，工资待遇名列第七位。可见，专家们追求的是挑战，是有助于进步、成长和能以自治的方式开展的认真负责的劳动。教师工作的自治性要求学校领导者尊重他们的独立性和自主性，对他们的领导，应以商量的而不是命令的方式进行。

四是教师工作的流动性。教师是专业工作者，其专长决定了他不属于某一个学校所有，不依赖于某一领导者而生存。他们在教育与专业训练方面不惜大量投资，他们期望的是与成果相应的报酬。如果不能如愿以偿，常常毅然另谋高就。他们更倾向于高度灵活与流动，为了新机遇和新的挑战情愿远走他乡。对离开各种组织的 437 名科学家和工程师的调查研究表明，这些科学家与专业技术人员离开组织的重要的原因涉及各种激励因素占 36%，其中包括对工作性质不感兴趣，专业技术得不到很好的发挥，很少得到提升的机会。想移居到理想地区的占 12%，对工作有影响的重大变革占 16%，改善工资待遇等占 11%。可见，影响科学及专业人员流动的主要因素是高层次需要，工资待遇只是次要目标。这就要求教育领导者不是以强制的方式把那些优秀教师留下来，而应设法去满足他们的高层次需要，使其有自我实现感。

五是教师工作具有世界性。科学技术人员一般属于世界性从业人员。根据职业取向，可以将职业分为世界性和局部性。世界性从业人员超越组织范围之外来决定职业取向，并由世界给予承认。判断世界性从业人员个人进步的参照系更多的不在组织行列之中（虽然也很重要），而在专业团体的同行之内。他们重视主管人员对自己工作成果的关心，也同样重视专业同行对自己工作成果的关心。他们视野开阔，远远超出所属部门领导的眼界，他们有自己的专业标准。教师也是属于世界性的。所以，在对教师工作成绩的评价和他们工作能力的评价方面应以民主的方式进行，绝不能主观武断，凭自己的偶尔的听课印象或道听途说作为评价教师工作的标准。

3. 教育组织特性

教育组织和企业组织、政府组织和军队组织相比有不同的特性。如果说企业、政府和军队是"刚性"组织，那么教育组织大多数可以说是"软性"组织。我们在前文中已经说明了教育组织是有组织的松散结构系统。美国管理学家科恩、马奇和奥尔森提出的"垃圾罐模式"认为，"有组织的无序状态"有三个特点：一是不明确目标；二是模糊的技术；三是流动性参与。把教育组织看作是有组织的松散结构，是建立在上述有组织无序状态的三个特点和开放的系统观点之上的。首先，教育组织的目的和目标往往不够明确，对领导者清晰的决策提供不了具体的指导作用。教育以人为对象，无法把教育目标和教育管理目标具体化或量化，所以很难确定精确的教育质量目标。国家有国家的教育目标，校长有校长的教育目标，教师有教师的教育目标，家长有家长的教育目标，学生有学生的学习目标，这些目标并不总是一致的。其次，教育技术和方法是随机制宜的，是模糊的。教育过程很少达到理性化程度。不论在哪一层次，大多数教师都是在试验—错误的基础上展开教育过程的：行得通，就干下去；如果不行，再换别的方法。这和企业生产是完全不同的。企业生产的方法和技术是固定的，对产品不合格的鉴别是容易的，但对教育进行分解和鉴别是十分困难的，有时几乎不可能，比如某一个学生思想品德不良到底是谁造成的，很难确定。再次，在学校组织决策过程中，成员的参与程度和参与范围是变化的、流动的，没有固定的模式。

教育组织的这些特点说明，按照一般的管理理论来管理教育组织有局限性。一般组织理论认为，有两种结合机制使组织维系在一起并得以有效运转，这两种机制是：组织的技术核心，指的是把技术、任务、角色和人明确而有效地结合在一起；职务的权威性，其成分包括地位、职务、责任和奖惩。但教育组织的各种成分是松散地结合在一起的，这就意味着各种成分虽然是有机地结合在一起的，但各种成分又保持其本体性和可分离性，比如，校长、教师和学生联系在一起，但彼此又相互独立；教育目标、教育内容、教育方法之间并不协调一致。教学活动是学校组织的中心，但对其管理却缺乏一套有效的特定的方法系统。实际上，教学活动总是企图脱离学校组织结构，因为组织结构往往会限制教师的创造性和学生学习的创造性，比如我国科举制度后来实际上成为阻碍中国人的发展和社会发展的主要因素之一。五四运动是学生运动，但它超越了学校组织结构的范围，所以，教育组织结构和教育活动的联系不是线性的，教育目的、教育过程和教育结果之间的关系也不是线性的，也不一定是正的关系，甚至是负的关系。在美国各个层次的教育上，教育组织完成的任务的结果极少被用来评价学校或教师的工作业绩。在我国，往往学生的考试成绩作为评价教师工作和学校管理业绩的标准。这种标准也不一定客观，因为学生成绩是在多种因素影响下形成的：学生出生背景、学校所处的社会环境、学校管理方式、教师教学方式、学校办学条件，等等。

虽然对教学活动等方面的控制是微弱的，但在教师的聘用、学生分派、教学计划方面的控制是严格的。教师要取得教师资格证书，不同的层次有不同的要求，获得证书的过程复杂而严格。教育组织根据有关规定来聘用有资格证书的人担任教学工作，有学历的要求，也有教育专业技能的要求，在许多国家还有道德方面的明确要求，比如没有犯罪记录、没有反社会思想表现等。这和其他职业要求有是一致性，但不同的是，对教师教学的具体过程却缺乏有效的控制，因为学生根本就不需要严格的控制。校长无法要求一位教师必须使用某种教学方法。同样，学生是按所完成的学习计划、规定的学习层次、学科领域或专业、学习年限或能力进行细致分类的，比如可以把学生分为小学、初中、高中、大学、研究生。在同一层次分为一年级、二年级等；还把同一年级的学生编成不同的班组，如此等等。尽管对学生进行如此严格的分类，但并没有一种管理机制使所有的学生都按某一种方式完成学习任务，也不能保证所有同一级别或同一班级的学生达到统一学力标准。教学大纲或教学计划是明确的，课程也是经过精心组织编制的，不同的教师教同一层次的学生使用同一的教材，仍不能保证在同一水准上进行教学。即便是同一教师在不同的时间使用同一教材、教同一年级学生，也不能保证教学效果一样。在中小学教育中还有一些控制，而大学则就"成了一个取得适当文凭的教职人员，在一个鉴定过的机构中教授由法律确定为课程一部分的学科"的过程。

因此，教育组织特别是学校作为一种社会组织已经有几千年的历史了，但其有组织的松散结构特性并没有改变。如果把学校变成兵营或行政机构或企业组织，就不可能取得好的教育效果，学校就不成为学校了。这样势必压抑教师教育教学的积极性，也会压抑受教育者学习的积极性，教育就失去了它应有的丰富的内涵，所以学校的有组织的松散结构特性是学校组织的应有之意。任何学校领导者必须尊重学校组织的特性，并根据这种特性领导教职工开展工作。

4.领导者特性

教育的特点、教育组织的特性和教师的特点决定了教育领导者除了应具有一般领导者应具备的综合能力外，还应具有深厚的专业知识、民主意识、献身精神。领导者应具有一般综合能力，主要表现为三个方面的能力：一是有效地并以负责的态度运用权力的能力。教育领导者被授予了正式的权力，所以，他必须以负责的态度来行使职权，而不能滥用职权，或不进行管理。二是对人在不同的时间和不同情景下需要不同的激励有足够了解的能力。领导者主要倾向于高层次需要的满足，但在不同情形下，每个教育者的需要不同。比如在学校教师温饱问题还没有解决的条件下，就应以提高教师的工资待遇为重要的激励手段，而在教师的温饱问题解决之后其需要就趋向于高层次，趋向于自我实现。在很多情形下，教师的需要是多方面的，但其主导需要还是希望得到尊重，能够实现自身的价值，希望得到成长和发展。三是鼓舞人的能力。领导者要会鼓舞人、善于鼓舞人。在不同的情况下以不同的方式形成一种有利的气氛，以此引起激励并使人们积极响应。鼓舞人的能力有下列要素：第一是权力；第二是对人要有基本的了解；第三是要有杰出的鼓舞能力，能激发追随者的忠诚、奉献精神和强烈的希望来推动实现领导者所需要的目标；第四是同领导者的作风和领导者所营造的组织气氛有关。孔茨和韦里克认为主管人员的首要任务就是设计和保持一个实现业绩的工作环境。

领导者应有深厚的专业知识，这包括两个方面，一是教育领导者首先是一位教育专家，有扎实的所教学科的专业知识，要熟悉其他科学的知识，还要掌握教育科学知识，有娴熟的教育技能技巧。也就是说，领导者是教育家，对教育教学有发言权，是内行，而不是外行。这种内行是确立其权威的基础。二是他熟悉教育管理科学知识，精通教育管理理论、方法和技术，并能够运用这些管理知识进行管理。

领导者应有良好的价值观念和民主意识，对人性有深刻的了解，相信人是倾向于自我实现的，人是主体而不是客体，相信每个人都有追求真、善、美和自由的愿望，而不是把人看作追求经济利益的动物。领导者应把自己和被领导者放在平等的地位上，尊重人，信任人。同时，领导者还要具有献身精神，因为教育组织是非营利性机构，这就要求教育领导者勤奋工作而不计较个人的得失。无论私立教育组织还是公立教育组织都是这样。

二、教育领导方式的选择

教育本身的社会公益性、教师的主体性和教育组织结构的松散性要求教育领导者在领导中主要采取支持帮助型和协同合作型。上面已经对几种领导方式进行了分析：以运用权力为基础的领导方式有专断独裁模式、民主参与模式和自由放任模式；利克特的专断权威、开明权威、协商、群体参与四种模式；布莱克和穆顿的管理方格理论；菲德勒的权变模型；坦南鲍姆和施密特连续体理论；豪斯的目标途径理论。这些理论有些是相似的，有的则不同。一方面研究者们认为领导方式的运用是随机制宜的；另一方面都认为民主的领导方式最受欢迎。根据以上理论所提到的领导方式，我们可以把它们分为四种：独裁专制型、经济保健型、支持帮助型、协同合作型。前两种不适合教育组织的领导工作，而后两种才适合教育领导工作。

独裁专制型的基本假设是被领导者处于服从的地位，领导者运用其权力使下属对其绝对服从，在这种领导情形下，组织成员主要是满足生存的需要；而经济保健型领导以经济人假设为依据，主要运用金钱来激励下属。显然这两种方式都不适合教育组织。把被领导者看作是被动者或经济人都是不正确的。

后两种方式才比较适合教育组织工作。就支持帮助型领导方式来说，领导者对下属持信任的态度，支持其工作，而不是命令其工作，帮助其达到满意的工作效果。由于领导者的信任和支持，所以被管理者是积极地参与领导，而不是被动接受领导。这样，被领导者的高级需要就得到了满足，从而使其积极主动地开展教学工作。而协同合作型领导方式也是一种民主的领导方式，适合教育领导工作。第一，领导者和被领导者是民主合作的关系，因此领导过程是领导者和被领导者共同参与的过程，是领导者和被领导者主体与主体之间的双向互动的过程；第二，对下级的管理、教育、教学是协作的方式，和下属共同商讨解决工作中存在的问题的办法；第三，创造良好的环境，使下属认识到有效的工作是自己的义务和责任，是自我实现的过程；第四，领导者不干涉下属的工作，强调教师自我激励、自我管理；第五，创造良好的条件和环境，使每一位成员都有机会展现自己的才华、得到适当的评价和奖励，能在组织中得到良好的发展。

关联拓展阅读之一

学校管理的民主追求

李镇西

民主治校的核心是尊重学校的每一个人，让人人都有一种主人翁责任感，核心是通过一定程序让所有人参与学校的建设，推动学校的发展，目的是充分激发所有人的责任感和创造力，培养或增强全体教职员工的公民意识，以实现个人成长与学校发展、个人幸福与学校繁荣的和谐统一。

民主也意味着遵守，在尊重的同时，对经由大多数人认同的制度、规则、纪律的遵守，对公共秩序和公共规则的遵守。尊重，是对精神而言的，尊重人格尊严、思想自由、精神个性、参与欲望、创造能力等；遵守，是对行为而言的，大到社会，小到团队，规则是和谐有序的保证。某些时候，克服个人欲望而服从集体必须遵守的规则，正体现了民主社会的特征。随心所欲，自我中心，不但不是民主，反而会妨碍民主。其实，"遵守"也是一种"尊重"，因为遵守符合大多数人认同的制度，正是对民意的尊重。

一、以人为本：满足人的需要，维护人的尊严

"以人为本"，就是把教师放在首位，尊重和满足人的合理需要，维护人的尊严，尽可能让每个人看到自己精神发展的空间与前途。

作为校长，要尽可能按知识分子的特点管理知识分子。简单地说就是"己所不欲，勿施于人"。我以前没有当过校长，长期做老师，于是就尽量站在教师的角度思考问题。比如，我不喜欢校长伤害我的自尊心，哪怕我做错了，也希望校长能和颜悦色地和我谈心，我做了校长，就尽量不伤老师的自尊心。比如，我不仅满足于物质利益的增长，还要看在工作和事业上是否有发展空间。我做了校长，就尽量为老师们提供或创造发展的机会。我总是提醒自己，一个优秀的校长不应该忘记，自己也曾经是教师。

校长要让每个人都觉得自己很重要，首要的是，面对学校的发展，人人都要有同等关注和参与的权利，哪怕是具体到一个小小的建议，权利是平等的。我在网上论坛里长期设立"征集金点子"的主题帖，让老师们提建议。实际上，我无法保证每个老师的建议都能被采纳，但只要合理、可操作，我都会采纳。比如，有位数学老师说学校开会太多，能否减少一些，减轻老师们的负担。这一建议随即被采纳。老师们的建议不同程度地改进了学校的管理。对学校来说，他们很重要。

帮助教师成长，满足其成功的愿望，是最大的人文关怀。我先后请来国内一流的教育专家来校做报告，和老师们面对面地交流。全校班主任每月都免费获赠《班主任》杂志、《班主任之友》杂志。学校联系出版社，为教师出版专著，教师写的《给新教师的建议》《把心灵献给孩子》和《每个孩子都是故事》已出版，教师的成功感得到了满足，作为校长，我很欣慰。

以人为本，就是要关心人。我长期当班主任有一个好传统，就是每到孩子们生日那天，我都要送上祝福。当了校长，我也尽量在老师们生日那天送上一份祝福。后来我想，这份关心不应仅仅是我个人的，还应来自学生。因此，我把老师的生日告诉学生，让老师获得孩子们更多的祝福。再后来，我又把这份祝福变成整个学校的温暖。所以，从本学期开始，学校在每个老师生日那天，都在校门口写上几句祝福，送上生日蛋糕。凡是老师请病假的，我都要求校领导去看望。重要的不是形式，而是能否把每一位老师放在心上。

二、以人为善：相信每个老师都很善良

"以人为善"就是把每个人都视为善良的人，就是要最大限度地相信老师，以宽广的胸襟对待老师，包括对自己有意见的老师。

做校长要去发现老师们的善良。我常在网上发帖子，写偶然发现的普通老师日常工作中让我感动的细节。两年过去了，这样的细节在我心中积蓄得越来越多，让我感动的事也越来越多。

当校长要有一种雅量，允许别人发牢骚。回想我当老师的时候，不也发牢骚甚至埋怨校长吗？这样一想，心里就豁然了。只要管理，就会涉及人的行为或触及人的利益，不同的人站在不同的角度，理解也就不同，产生分歧很自然。校长不但要善待理解自己的老师，更要善待不理解甚至和自己唱反调的老师。

对于正确的意见，我没理由不接受，因为人家是在帮助我当校长。对于因误解而产生的不满情绪，我的态度是，尽可能公开真相。因为我认为，消除误解的最好办法，是把真相置于阳光之下。我相信多数老师是通情达理的，何况自己没有见不得人的勾当，没有理由不磊落。曾有抱怨学校干部奖金多的短信在私下传播，我就通知管理员把相关数据公开，形成人人可随时查看学校每人每月津贴收入情况的制度。至于个别人在网上发表一些不满的帖子，如果有必要我就公开解释，如果没有必要，我就泰然处之。因为我相信，个别老师是一时激愤所为，未必有多大恶意。作为校长，应该具备这种宽广的胸襟，应该拥有一种君子风范。

三、以身作则：最好的管理莫过于示范

"以身作则"，就是以自己的行动做出表率。我时常提醒自己：不要当了校长，就忘了教师的本色。我也不止一次地提醒教师：如果把对学生的要求拿来要求自己，你就非常高尚和优秀了。

当校长 3 年来，我最深切的体会是，最好的教育是感染力，最好的管理是示范力。这就是说"身教胜过言教"。

我常对干部说："当干部就意味着多干活。老师们看着我们，不能懈怠。如果不能做出表率，怎么能说服老师们敬业奉献呢？"因此，我校所有副校长都担任班主任并上课，我也一样，上课、开班会、找学生谈心、处理突发事件、家访……虽然辛苦，但是心里很踏实、很快乐。

要求老师做到的，干部首先做到。我希望老师们尽可能走进学生的心灵，和他们交朋友。我也经常把学生请到我办公室里聊天。每天早晨上班时，推开办公室就会看到门缝下塞着孩子们的信件，每当此时，我总觉得很幸福，因为我希望成为孩子们不怕的校长。

有了率先垂范的行为，就更能够理直气壮地引导老师们了。我曾在学校大门口发现，有少数老师面对学生的热情问好却没有回应。于是，我在全校大会上严肃地说："我请这少数老师们想想，如果你热情地给人打招呼，而人家毫无表情，你有何感想？我希望从明天起，我们也能给学生一个微笑、一声真诚的问候。"每一个教师的一言一行都是教育资源，都是课程。我刚来这个学校时，升旗仪式上站得最端正的是学生，而一些老师却散漫随便。如今，学校里最讲文明礼貌的是老师，队列中站得最端正的也是老师。

四、以规治校：权力的有效分解

"以规治校"，就是用制度和规章治理学校，是在微观层面上体现与民主精神息息相通的法治精神。

学校通过老师们的参与制定出一整套规范和制度，形成大家都能遵守的公共规则。校长管理学校，必须依据这些规则，同时面对这些规则，每个人都是平等的。邓小平同志 20 多年前指出："制度好可以使坏人无法任意横行，制度不好可以使好人无法充分做好事，甚至走向反面。"在一所学校，校长可以带领学校所有人参与制度的建设。我认为每个人都有善良与丑恶，好的制度可以抑制人灵魂深处的恶，让随心所欲变成不可能。同时，好的制度也让管理者轻松，因为制度和规则凝聚的是大多数老师的智慧。这是现代管理的有效形式。这里的规则，实际上就是科学的规章制度。首先，规则应让被管理者参与制定，这体现了对人权利的尊重；其次，好的制度应该让优秀的教师感觉不到制度的存在，而让不自觉的教师处处感到规则的约束。

我来当校长前，学校已经有比较成熟的规章制度，我的基本想法，就是尽量不增加新的规定，而是让这些已有的规定落到实处。如果说我对学校的民主管理做了一些有意义的事，那就是我在制度的安排上有所创新。具体说，就是创建了校务委员会、教代会、学术委员会，这三个机构互相协调又互相制约，形成一种民主制度的格局。

"校务委员会"，其成员包括学校所有行政干部。我做校长尽量避免独自决策，而是充分尊重党支部书记、尊重其他行政干部、尊重老师们的想法。当然，这三个尊重不是出于我的自觉性，而是受制于另外两个机构：教代会和学术委员会。也就是说，这三个尊重是制度的规定，而非道德的驱使。是"必须"而非"自觉"。

"教代会"，是指每个学校成立的教工代表大会，但我校教代会不是虚设，而是能发挥实质作用的权力机构。3 年来，我们的教代会显示了学校的硬度，认真通过或否决了校务委员会提出的一些方案。说实话，我个人并不满意每一次教代会的结果，但我却满意这种权力方式和制约机制。

"学术委员会"，是指我们学校"本土专家"所组成的学术评定机构。这个机构负责学校所有教职工评优选先、职称晋升等的事宜，是学校学术评定的最高权力机构。

就制度而言，民主决策需要投票，但民主远远不仅仅是投票那么简单，有时简单投票的结果往往不那么公正，比如诺贝尔奖从来就不会由"全民公决"产生，因为决定诺贝尔奖获得者的人，必须具有相当高的专业素养。我想到每当学校要评选先进或晋升职称的时候，按传统的做法，要么是校长或领导班子说了算，要么由全校教职工投票决定。前者是缺乏民主，后者未必是民主，因为专业的隔阂，选举往往并不是选学术水平和专业能力，而成了选人缘。我主张，学校的一切学术评定，既不能由领导说了算，也不能由教师的选票说了算，而由学校学术委员会说了算。学术委员会具有学术评定的最高权威，学术委员会做出的学术评定，校长也应该尊重。

在我的建议下，学校成立了学术委员会。具体做法是，由全体教师推荐学术委员会成员，每个教研组、每个部门只能推荐一名。学术委员会成员资格：人品端正，为人善良正直，教育艺术精湛，教学能力一流，学术水平上乘，有突出的教育科研成果，在一定范围内有学术影响。经过网上推荐和教研组开会讨论酝酿，确定了由15位同志组成学术委员会。委员会主任由一位德高望重的老师担任。我虽然也是学术委员会委员，但我只拥有和其他委员平等的一票。学术委员会产生后，着手制定相应的章程，以规范学术委员会的工作，并在制度上防止可能出现的学术腐败，接受全体教师的监督，比如每次学术评定，都必须在老师中进行客观的调研，对被评定对象进行全面了解和考察，然后以协商或无记名投票方式产生学术评定结果。学术委员会成立后，已经进行过两次有关中级职称和高级职称的评定，还制定了有关考核方案。这些工作均受到绝大多数老师的认可。

三个机构互相协调又互相制约。校务委员会凡是遇到重大决策，都提交教代会讨论并表决，结果得到尊重。学校所有学术评定，均由学术委员会独立完成，事后要向全校教职工做工作汇报。就行政管理而言，校务委员会是学校决策最高机构，但这些决策都要尊重教代会和学术委员会的研究表决结果。

在我们学校，还有一个制度安排，就是凡遇到和每一个教职工利益密切相关的决策，均要让所有老师参与讨论，并通过投票表达民意。不止一次，学校班子的提案被教代会或全民公决否定，而在我看来，被否定的提案中，有的是符合老师们的利益的，但由于种种原因大多数老师还是否决了。尽管老师们可能没有意识到，他们否定的是他们自己的利益，但我把这理解为老师们为民主付出的代价。

作为校长，从某种意义上说，我基本上"放弃"了自己的权力。准确地说，其实不是"放弃"，而是"分解"——通过制度把权力分解到不同的部门和机构，并通过一定的程序，分解到每一个教职工的手里，让全校教职工和校长一起管理学校，并作出科学决策。

选自《人民教育》2010 年第 2 期

关联拓展阅读之二

普通中学学校转型：路径选择与实施策略的研究

李希贵　郭学军

21 世纪，面对经济全球化和信息化的挑战，我国进入社会转型期，"中国社会真正进入到了社会繁荣发展且需要以更多个体富有时代性的充分发展作为条件的时代——社会发展和个体发展从来没有像今天这样具有直接的联系"。[1] 社会转型对学校教育提出变革要求。学校也在积极应对，许多学校的改革是围绕课堂教与学方式的变革展开的；有的学校从改革管理机制入手；有的学校以学校文化建设为抓手，尝试构建支持改革的文化环境，在方法、技术、策略等方面下功夫；有的学校把改革的着眼点放在教师队伍的建设方面。"但时至今日，以往这些改良抑或改革，仍然是在传统教育模式的框架内进行的，并没有在教育理念、教学内容、教育途径等方面取得内源性、结构性、系统性的突破与进展。"[2]

而"具体个人"意识的凸显，对每个人的幸福人生和生命价值的关爱，使传统的学校面临着从教育理念到课程结构，从教学内容、实施方法手段到管理机制等转型性的变革要求。在原框架内的修修补补已经无法应对，学校必须实现全面的转型。本文从教育实践的视角，试图从学校转型的路径选择和实施策略方面进行分析，对学校转型这一紧迫命题的研究，提供一些思路。

一、学校转型的路径选择

正如叶澜教授指出的，当前中国学校正在经历着"转型性变革"，这种"转型性"是指学校教育的整体形态、内在基质和日常的教育实践要完成由"近代型"向"现代型"的转换。转型是对变革性质和深度的描述，并非是对变化速率的要求。[3]这是整个学校教育整体形态的根本性变革，是要通过教育价值观念、理念思想和教育组织机构、运行体制、活动内容与模式的重建，实现教育活动形态和教育主体生存方式的变革，其根本目的就在于构建一种更为先进与合理的现代学校教育形态，为人的自我解放与发展提供新的环境与机制保障。[4]这样的转型性变革，从哪里下手？经过几年的实践摸索，我们归纳出学校转型的基本路径。

（一）目中有人：学校转型的价值选择

对整个教育问题的反思，必然追溯到教育的目标上去。"人的回归才是教育改革的真正条件。"[5]"从传递知识为本转向以培养人的健康、主动发展的意识和能力为本，是现代型学校价值的核心成分。"[6]在对传统教育的反思过程中，我们逐渐认识到学生作为人的地位的存在。当把对人的关注和尊重作为一切工作的出发点和归宿时，学校教育的目的不应该只追求分数，而应该关注分数以外的与学生的终身发展奠定坚实基础有关的综合素养。我们提出"创造适合学生发展的教育"，这里的学生，其一，不是笼统意义上的全体学生，而是每位学生；其二，不是观念层面中的学生，而是一个个鲜活的学生个体。

当我们目中有人的时候，在具体的教育实践过程中，学生个体便进入了我们的视野。杜威曾说："儿童是教育的起点"，学生是存在差异的，他们的差异不仅表现在学习基础水平、学习方式、兴趣特长、发展的潜质以及未来发展方向等方面，也表现在智力上。美国教育心理学家霍华德·加德纳在探索人类潜能的本质与实现中，提出了多元智力理论，他认为人的智力是多元的，除了有语言智力和逻辑数理智力这两种基本智力以外，还有空间关系智力、音乐节奏智力、身体运动智力、人际交往智力、内省智力、自然探索智力以及生存智力，它们分别代表个体身上九种不同类型的潜能。正是这九种智力间的不同组合方式和结构形式构成了个体间的智力差异和潜能差异，使每个个体表现出自己的独特性。

面对学生的个体发展差异和需求，我们认为，学校的变革不是为了学校的发展，只有每位学生的成功才是学校真正的成功；学校的变革也不是为了追求学校的特色，只有每位学生的特色才是学校的真正特色。于是，发现和尊重每位学生的不同、唤醒他们的潜能、启动每位学生自主发展的内动力，便成为现代学校的责任和价值追求。这种价值选择为学校转型奠定了思想基础。

（二）提供可供学生选择的课程：学校转型的起点

学校是一个组织，组织内部各个方面相互联系，形成一个统一的整体。面对转型性变革要应对的诸多挑战，首先需要一个系统的层次设计，确定变革的切入点，带动学校的全面转型。裴娣娜教授指出，课程是教育制度和教育思想的具体表现，是实现教育目标的基本途径，所以教育现代化，核心问题是课程改革问题。[7]对于普通中学而言，课程是学校育人目标、办学理念的载体。从某种意义上说，课程决定着学校的形态，只有改变课程，才能从根本上改变学校。这是由于以下三个原因：（1）课程是学校育人目标、办学理念的载体。学校顶层设计的思想只有通过课程才能与教师和学生发生关联，否则再先进的教育理念也只能是校长一个人的理想，跟学校里面的每位师生及每个课堂并没有发生真正的联系；通过课程，学校的顶层设计有了落地的平台。（2）只有通过课程的设计与实施，才能形成包括目标、内容、实施方式、评价等在内的教育链条，也才能整合学校所有的教育资源，为学生提供充分的服务。（3）通过课程带来的教学组织形式的变革，迫使管理制度作出应对性变革，才能确保这套课程思想通过教育实践实施出来，并由此带动学校教育实践和教育行为发生相应的变革。这场在教育价值观指导下的由课程变革带动下的管理制度、教与学方式以及教育行为的随之变革，实现了学校的转型性变化。

课程一词是从拉丁语"currere"一词延伸出来的，它的名词形式意为"跑道"。由此，课程就是为不同的学生设计的不同跑道，而它的动词形式则是指"奔跑"，这样一来，课程的着眼点就会放在个体认识的独特性和经验的自我建构上。如此理解，课程的更深层次价值在于，尊重某个特定学生的需求和不一样的成长方式。如果我们能够在可能的情况下更多地开辟一些适合每位学生"奔跑"的道路，就能够帮助每位学生找到自我。

在满足每位学生发展的教育价值观下，2004年，我国实施新一轮的高中课程改革，从课程规划方面设计了较好的统一性与选择性相结合的课程体系，但由于相关配套机制滞后，在地方实施过程中出现了严重的异化现象。大部分地区变相地将一部分选择性课程统一划定为必修课程，而将另一些选修课程完全离弃。因而，当所有学生学习同样的课程的时候，课程改革又回到了"千人一面""万人一书"的状况。

以满足每位学生的需求为主旨，我们通过国家课程的校本化，在融合国家课程必修要素的基础上，构建了一套可供学生选择的分层、分类、综合、特需课程体系。这里既有理科的分层次课程，也有文科的分类型课程；既有综合的艺术和综合实践，也有专项的技术和艺术；既有理性思辨的，也有实践体验的；既有补弱的，也有提升的。如果这些课程不能满足学生的需要，我们还设置了一对一的特需课程，例如小学段的援助课程、书院课程等。这些课程的设置，有的立足学生不同的发展方向需求，有的立足学生的兴趣爱好特长，有的立足未来专业或职业倾向的引导等。我们的想法是：首先，让每位学生都能从这些课程中找到自己的兴奋点，学生通过选课，每位学生与这套课程体系发生了密切的关系，形成自己的课程系统。其次，通过走班上课实施教学组织形式变革。提供有选择性的课程只是课程改革的起点，使每位学生选择的课程落实到每节课上，落实到每个学习过程和每个时间点上，这时，学生的课程选择权才真正由可能变为现实。而随着课程的深入实施，在推进过程的每个环节，包括评价在内的实施方式和学生管理、课程管理等在内的学校一整套管理制度，都随之做出相应的变革。所以，学校的转型变革从课程变革开始，然后在实施的过程中带动其他要素的变革，并最终形成新的学校形态。

（三）走班上课：教学组织形式的转型

走班上课打破了以行政班为单位的上课方式，转变为由学生选择的课程形成的教学班。这种教学组织形式，具有如下几个特点：

1. 行政班教室转变为学科教室

为了让资源更贴近学生，服务学生的学习，我们把传统的教室建设成了集上课、阅览、实验、讨论、教研等多功能于一体的学科教室，学生每天在不同的学科教室之间流动，学科教室承载着更多的教育功能。（1）学科教室首先是学科授课的地方。教室遵照学科、课程的特点和要求建设，具有典型的学科属性，并因学科的不同属性而进行区分，诸如语文教室、物理 II 教室、数学 V 教室、汽车设计教室等，彰显出各个学科的学科文化。（2）学科教室是学生上课的地方。学科教室里布置了丰富的学习资源，包括各类图书、学习资料、电脑、投影仪、实验仪器、设备以及必备的学习用具等。这些资源随时对学生开放，更贴近学生，方便学生使用。（3）学科教室还是学生讨论、阅读、上自习的地方。任何一个学科教室没有课的时候都开放为自习室，学生可以按照自己的需求，选择到任何没有课的学科教室上自习。（4）学科教室是教师备课、办公和答疑的地方。选课走班制把任课教师推进了一间间教室，以方便学生在需要时随时能找到教师，学校取消了公共办公区，教师每天的上课、备课、办公等大部分工作都是在自己的学科教室里进行的。（5）学科教室以任课教师的名字命名。每位教师按照学科特点和自己的风格布置，每间教室都具有鲜明的学科特色和教师的个人风格。

2. 学生没有固定的教室，没有固定的课桌

为方便学生存放学习用品，学校在教学楼的走廊里为每人准备 1~2 个柜子，供放置个人学习、生活用品之用。学生每天带着随堂需要的学习用具和学习资料，按照课表，在不同的教室之间流动。走班上课，颠覆了学生等待与教师走动的传统模式，构建一种学生积极主动，教师等待咨询、随时提供服务的崭新课程生态。

3. 以教学班为基本单位进行集体授课

与一开学被安排在一起而形成的行政班不同，由学生选择的课程形成的教学班，成为学校的基本单位。通常情况下，一位学生本学期选择了几门课程，就会有几个教学班。同一年级的不同学生，甚至不同年级的学生因选择同一门课程而走进相同的教室，成为一个教学班内的同学。教学班存在的时间长短，随课程而定，通常一门课程结束后即结束。

4. 学生处在各种教育力量的相互作用和影响中

与行政班有限且固定不变的交往伙伴不同，选课走班扩大了学生的交往范围，同一教学班级不同学习层次的同学之间、专业任课教师与学生之间，导师、咨询师与学生之间以及家长与学生之间等，这些关系构成学生成长的环境，以各种不同的方式对每位学生产生这样或那样的影响。

（四）从管理到领导：学校管理模式转型

1. 建立师生导向的扁平结构

选课走班带来了教学组织形式的变革，同时，也对学校的组织结构提出了与之相应的变革要求。我国学校的内部组织结构脱胎于马克斯·韦伯创立的科层制组织管理体系。这种金字塔式的管理结构层级多，从校长、副校长、中层部门到年级，师生的需求

往往要经过 4~5 个层级才能传递到最高决策层。要让师生的需求以最快的速度得以反应，就需要调整组织结构，压缩学校组织结构层级，建立"扁平化"组织管理结构。在扁平的组织结构中，校长直接面对学部，副校级的干部兼一个年级或部门的主管。这样确保师生的需求以最快的速度得以反应，减少无效劳动。

这种扁平结构，有如下几个特点：第一，强调服务第一，师生导向。我们倡导管理者就是服务者的理念，强化服务意识。充分尊重教师与学生的发展需求，把服务教师和学生发展作为学校一切工作的出发点和落脚点。例如，在资源建设中，我们认为，"学校资源建设应该把钱更多地花在离学生最近的地方与教育教学最需要的地方"。为了"让最需要资源的人员能够及时方便地获取资源，尽量让使用资源的人有权利合理管理资源"，我们让资源走进教室，建设了多功能的学科教室。在决策方面，我们坚持"哪个层级获得的信息最充分，就在哪个层级做出决策，或者由哪个层级的人员参与决策"的决策原则。为激发学生自主发展的动力，为每位学生的自我成长提供服务，我们构建了评价与诊断系统，实施学生综合素质评价报告单制度。通过个性化的学业诊断与分析平台，每位学生随时看到自己的学习和其他各方面的表现情况：既可以看到自己的表现，也能够看到自己在全体同伴中的位置情况；既能够看到一个学段的表现情况，也可以看到纵向上的发展变化趋势。让每位学生在与自我的对比中，在自己原有的水平上得到发展，获得不断进步的信心。每个学期结束前，综合素质评价平台会对每位学生本学期各个方面的表现情况，自动生成一个"综合素质评价报告单"，通过网络反馈给每位学生和家长。另外，可以随时查阅的这些成长信息，也为学生的自我反思和制定自我规划提供了帮助。第二，以"舒服"为取向。扁平结构强调发挥每位成员的创造才能，而让每个人都感到很舒适，每个人的潜能都有发挥的空间，这时候被管理者的创造性才能迸发出来。所以，扁平结构形成了群体之间和谐的互动、开放的工作环境，给团队成员自由宽松的氛围，让他们能自主工作并有效解决工作中的问题，充分发挥主动性和创造性。多数学校成员在创造性的工作中获得了满意和愉快的感受。第三，营造"简单"的学校文化。当学校一切的活动和资源都围绕教与学而展开和安排的时候，学校的各项制度就会去除很多传统管理的官气。扁平化的组织结构降低了管理重心，能够让一线的需求信息直接传递到最高层的决策者手中，得到最迅速的响应，让教师们感觉到办事简单、方便高效了。应该看到，在一所追逐升学率的学校里，极容易滋生人与人之间处处防范、讳莫如深的人际关系。当学校教育的目光落在每位学生身上时，当教育的价值追求集中在分数以外更重要的东西上时，扁平结构就自然去除了教师个体之间的竞争和嫌隙，还增强了组织成员以及不同职能部门之间的沟通、合作和交流，营造了合作、共享、学习等组织文化内涵。

2. 建立多种激励机制

在学校变革的过程中，我们非常注重组织成员的参与，强调唤醒组织成员的主体性，调动人的潜能和主观能动性，要从管理走向领导。为此，我们通过各种平台和途径，构建一套多元的教师激励机制。第一，把检查和评价分开，淡化和慎用评价。在学校管理中，评价是一把双刃剑，用不好就会伤人，于是，我们提出淡化评价，这本身就是对教师的无形激励。这表现在以下两方面：一方面，将评价引导为诊断。评价需要进行价值判断，而诊断主要是帮助教师查找问题，目的是为了改进工作。例如，学校每个学期组织一次学生层面的调研，这项工作在过去叫"评教评学"，淡化评价后，我们改为"教育教学情况调查"，意在告诉教师，这项工作不是领导拿来说事的评价，而是以研究的态度，帮助教师查找自己的问题，为诊断和改进教育教学服务的。另一方面，将检查与评价分开。在学校工作中，有些事情可以检查，但不要评价，譬如对教师的备课；有些检查需要认真仔细，但评价却不要太计较，譬如对学生的常规检查。如果我们与教师分分计较，教师就必然与学生分分计较，既影响师生关系和班级生活质量，也不利于学生的长远发展。

第二，搭建各种平台，让每个人的长项和创造才能都能得到施展。有的时候，服务并不能解决所有的问题，领导还需要创造各种机会，运用多种方式，发现并展示每个人的闪光点，促使其自觉、持久而稳定地提高工作绩效。例如，随着选课走班的实施，传统的班主任的管理模式被完全打破，面对处于流动和自主选择中的学生，管理的工作量陡然上升，需要建立一种新的与之相应的管理制度。我们借用管理大师明茨伯格（Henry Mintzberg）提出的"分布式领导"的概念，[8]年级实施"分布式领导"的管理模式，将各种管理事务进行项目分类，形成咨询师、学科教研组长、小学段与研究性学习主管、过程性评价主管、终结评价与诊断主管、选课与排课主管、教育顾问（特殊行为问题）、自主研修主管、考勤主管、大型活动主管等岗位。这些分布式领导项目由年级的任课教师，根据自己的专长主动承担，既确保了年级工作和教育教学管理的高效、有序，又给每位教师搭建了施展个人才华的平台。除了这些项目之外，学校的职业考察课程、学生社团以及不同类型的学生研究性课题指导教师、学校课程研究院的学科兼职研究员、教育家书院的兼职助理等岗位，也为各学科学术拔尖又有很高思想境界的教师搭设了施展潜能的平台。更为重要的是，在选课走班制下，随着行政班和班主任的消失，任课教师的教育和管理的责任大大增加。每位教师走到了教育的前台，他们不仅要负责自己学科的教学和学生的学习，还要关注学生的心理、情绪和人际交往情况；不仅要教学生学会，更要教学生会学，要管理和领导学生的学习，帮着学生制定规划，通过检测诊断，查找问题、指导方法，通过描绘愿景、确定目标，激发学生的内动力等。当承担这样的教育职责时，每位教师都是教育者，也都是领导者。

第三，重视教师的职业规划和专业成长。学校很重视教师的专业成长，充分考虑教师发展的不同需求，设置多层次、多类别的教师专业发展课程，供教师选择。为了减轻行政命令式的专业成长可能带来的压力和负担，学校尽量以学术的而非行政的方式推进，激发教师自主提升的愿望和需求，变被动成长为主动成长。学校还充分挖掘各种资源，牵线搭桥，为教师进入各种学术组织、研究机构、教材编辑等多个领域创造条件，让他们在校外的学术领域中快速成长。

第四，建立沟通、对话、协商的机制。与管理的行政命令不同，领导更注重通过与组织成员建立关系，运用这种人际影响力去达成目标。在学校里，我们一般不太主张提"执行力"，因为在学校转型性变革中的大多事情需要商量着来做，例如随着班主任管理模式的消失，我们建立了导师、咨询师和教育顾问制度。与过去班主任管理方式不同的是，这些岗位更注重通过沟通、协商的方式，一对一地为学生提供各种帮助、服务、咨询和引导。尤其是教育顾问角色，主要面对的是学生的各种行为问题或更深层次的认识问题，更需要丢弃传统的"权威"性"说服"，通过倾听、平等的对话和沟通的方式，心平气和地解决。

（五）教师转型：学校转型最深层次的转变

当学校的价值取向落实到学校的教育教学实践中并通过改革实践与每位教师发生关系时，学校的变革就与教师发展成为一个不可分割的有机整体，所以学校转型的关键要素之一是每位教师的转型。正像叶澜教授指出的："学校转型不仅是教育实践的变化、培养目标的重新构建和实现，而且是教育者自身的发展变化过程。没有一线教育实践工作者自身的变化，要实现转型是不可能的。"[9]在学校转型性变革中，教师经历的转型主要有以下几方面：

1. 观念之变

我们提倡，学生是自主发展的主体，要扩大学生自主发展的空间；课堂是学生自主发展的舞台，要减少讲和听，增加说和做等。这样的思想通常并不能很顺利地让教师们接受，尤其是一些课上得很精彩的教师。这些教师多年来认为教学很出色，学生喜欢，学生满意度高，教学质量好，长期的经验固化在大脑中的观念不容易改变。要舍掉自己驾轻就熟的教案、多少个不眠之夜熬出来的课件、积累多年的素材以及站在讲台上演讲获得的学生的认可与欣赏的感受，要改变谈何容易！但当课程变革触及每间教室、每个课堂的时候，当学生的自主选择性被调动起来之后，教师的观念必须转变。经过痛苦的挣扎与转变，越来越多的教师逐渐认识到，教师要从一位教育者转变成为学生成长的服务者，但人的观念转变是最深层的变化，需要长期的过程。

2. 思维方式之变

变革更多的是对旧的思维习惯的挑战，在挑战中必然会面临很多意想不到的问题，而解决这些问题几乎没有可以参考借鉴的经验。面对问题，我们倡导用改革的方式解决改革中出现的问题，而不是简单地退回去，项目研究便是一种改革的方式。与志同道合者组建一个项目组，集中大家的智慧，首先，从最"痛"处着眼，通过头脑风暴，排出大家认为最关键的几个要素；接着以"鱼骨图"的形式，对每个要素的影响因素进行分析、排序并找出完成项目的途径；最后分别展开研究并形成研究成果。项目研究不仅让学校的教科研顶天立地，而且让研究真正贴近实践一线的需求，帮助教师解决问题。更重要的是，经过几年不同层面教师的参与，教师们尝到了甜头，项目研究逐渐成为一种解决问题时的思维惯性。另外，课程的变革，也需要教师从微观课堂中走出来，站在课程的层面，乃至学科的宏观层面上思考整体架构，从微观到中观再到宏观，其本质就是一种思维方式的变革。

3. 专业素养之变

过去，教师只是单纯的任课教师一个角色，现在要承担科任教师、导师、咨询师和分布式领导，每种角色都需要一定的素养支撑，多重角色下教师的素质模型构建和成长发展路径对于教师素养提出了更高的要求。过去教师管好自己的课堂就行了，而现在没有了班主任，每位教师的教育和管理的责任大大增加。过去教师教会学生就行了，而现在要教学生会学，要学会管理和领导学生的学习，帮着学生做计划，检测，指导方法，还要帮助学生描绘愿景、确定目标。过去教师只是课程的实施者，而现在教师不仅要研究教与学的方式，还要设计和研发不同层次、不同类型的课程，编写相关的学习资源，这需要教师具有相当的课程研发能力和专业学术能力。这些工作的内容、职责和要求都是对教师很大的考验和挑战。

4. 管理与教育方式之变

过去，教师常常是以"警察"的身份，靠行政权力，以我们认为合理的方式去管理学生。而选课走班之后，学生与我们平起平坐，有了自主发展的愿望和动力，他们需要的不是"管""堵""罚"等管理手段，而是咨询、服务、引导和陪伴。过去，我们总是对学生不放心，不敢放手，而真正给学生提供空间之后，学生表现出的能量让很多教师感叹。这样的看法在慢慢改变着过去对学生的很多固有认识，并重新思考教与学的关系。正如联合国教科文组织在《学会生存》中所描述的那样："教师的职责现在已经越来越少地传递知识，而越来越多地激励思考；除了他的正式职能以外，他越来越成为一位顾问，一位交换意见的参与者，一位帮助发现矛盾论点而不是拿出现成真理的人。他必须集中更多时间和精力去从事那些有结果的更富有创造性的活动：互相影响、讨论、激励、了解、鼓舞。"[10]

5. 职业尊严之变

过去，教师的职业尊严来自课堂上的侃侃而谈，教学设计的环环相扣、引人入胜，精妙的问题设计能够让学生掉进我们预设的"陷阱"，以及个人多年的教学经验积累的个人魅力等，这些基本上都是来自课堂和讲台上。而现在，当把课堂还给学生，当教师成为学生成长的服务者后，教师能从哪里寻找职业成就感呢？我们的答案是，新的"权威"需要从了解走向理解，从理解走向信任。如果我们只是仅仅了解学生，而不是深刻地理解他们，那就没有信任，没有信任就没有教育。我们的职业成就感还存在于对国家课程标准进行可操作化的分级分解、给学生提供能抓得住的"拐杖"、让学生自主学习时心中有数上；存在于帮助学生唤醒沉睡的潜能、明确未来的发展方向上；存在于当学生遇到困难和问题时、教师能够随时提供有用的咨询和建议上，即教师是学生成长的陪伴者和看护者。

二、学校转型的策略选择

(一)学校转型的内在动力

从学校组织变革的动力机制来看,学校存在于开放的社会系统之中,学校的发展受到内外环境的交互影响,这些影响体现着外部环境变迁带来的挑战和内部环境的反弹,代表着不同团体在价值和利益上的不同追求。这在学校中产生出"推"或"拉"的作用力,造成学校运作的紧张与不稳定,从而形成了学校变革的动能。[11]转型期社会的挑战,形成了推动学校转型的外部力量,但转型性学校变革的动力机制来自学校内部,这是由于以下三方面的原因:其一,学校的变革行为首先是实践行为。教育是一种建构性的实践活动,学校变革的动力首先来源于学校每天面临的问题和困惑,是在积极寻求解决办法的过程中产生的。其二,学校转型的主力军是学校的组织成员。改革常常是不得已的事情,需要付出很大的代价,只有真正意识到变革任务的紧迫、认清变革的方向、以变革为己任,才能将外部社会的挑战和压力,转变为自身变革的动力。其三,学校转型是在学校这个实践场域中发生并完成的。学校只有自觉清晰地认识到社会变化着的需求和发展趋势,把外在的需求内化为学校自身的责任和使命,变革的顶层设计才能在这个鲜活的实践场所中,通过教师和学生的具体行为落地,变革才可能推进到深层次,学校才可能发生转型性的变化。"特别是随着教育体制改革的深入,办学自主权的下放,我国学校发展的新机制应该是学校内生机制。"[12]所以,形成学校自身变革的自主意识是有效实施学校转型的内在动力。面对一个个处于发展中的鲜活的学生,学校转型过程的挑战和曲折是难以预料的。只有拥有这样的内动力,才能够在每一步的困难和挑战面前,不轻易言退,积极寻找解决的良策,让变革向深层次逐步推进;而在每一步的跨越之后,又能始终保持着理性的清醒,减弱影响转型变革的阻力。

(二)学校转型需要全体成员的共同努力

1.确立共同的价值观

一所成熟的现代学校,要有自己信奉的教育哲学,既包括学校的使命和发展的愿景,也包括学校在重要领域的价值取向,比如,我们提出要把学生培养成为"志存高远、诚信笃行、思想活跃、言行规范的社会栋梁和民族脊梁"。又如,我们把课程和课堂作为学校变革的战略改进领域,提出"课程是学校最为重要的产品,也是学校的核心竞争力";"课堂改变,学校才会改变",等等。在学校转型中,让所有的教师知道并认同这种主张和价值取向，甚至让所有的家长知道我们共同的目标和愿景是什么，同时知道我们靠什么、通过什么渠道来实现这样的教育之梦，这是非常必要的。只有这样，这些观念才能渗透在学校的教育实践中，并通过每位教师的教育行为落地；只有这样，每个个体或团队才能创造性地工作，充分发挥自己的聪明才智，随心所欲而又不逾矩，多样化的创意才有可能由此勃发；只有这样，在日后的变革中，当我们遇到一些问题和困难时，才不再去追问、怀疑我们的目标，少一些彷徨和犹豫，多一分坚定和坚守，自觉地把挑战和压力转化为动力并共同应对。

2. 校长要走在改革队伍的中间

如上所述，学校变革需要聚集全体成员的愿望和干劲，而仅有这些是不够的，变革还需要领导者。在学校转型中，领导者最重要的不是具有处处冲锋陷阵、舍生忘死的"勇气"，而是走在学校变革队伍中的智慧。走在变革的队伍中，校长的作用主要有以下五方面：（1）说服和凝聚大家的价值认同和智慧决策。在今天这样一个时代，让人们盲目服从任何一位领导都已经显得苍白，服从真理才是凝聚一个团队的关键。因此，变革的科学性、可行性、变革的价值在哪里，就必然成为团队中的成员特别是核心成员首先要弄清的问题。（2）领导还肩负着运筹帷幄的职责。既要给改革先行者提供充足的装备和及时跟进的服务，又要通过各种方式，鼓舞士气，激励他们坚持不懈地走下去；同时，在他们遇到困难和问题时，及时出现，前往营救。而对于落后者，让他们不惊慌、不退缩，理解变革暂时的曲折，相信风雨之后有彩虹，是团队保持凝聚力、向心力和战斗力的关键。（3）及时提醒，控制节奏。校长必须始终保持清晰的思路和清醒的头脑，只有行走在改革的队伍之中，才能根据大家行走的快慢，控制改革的节奏。（4）在队伍中，校长的身影总能给大家带来无限的力量，尤其是当变革碰到急流险滩、遇到急风暴雨的时候以及当大家遭遇困境、一筹莫展的时候。校长一定告诫大家不要着急，并与大家一起分析问题、积极寻求解决的办法。（5）确保改革一直朝着预定的方向行进。学校转型的顶层设计是系统思考，但一定要分步实施、小步推进。走在队伍中，校长能够确保每一步推进的方向是明确的；有的时候，尽管走得很慢，但一直朝着预定的目标前行。

（二）注重顶层设计、分步推进是学校转型的关键策略

变革，尤其是触及每位教师和学生的学校转型性的变革，是一项复杂的工程，正如经合组织国际学校的看法那样："学校改进的目的是学校作为一个整体的变革（单纯的人

事改革或单独在一个教室内的变革都不会有效）——计划必须是系统的并持续一个时期的。变革涉及学校的所有方面，变革必须考虑到与具体的教学变革相关的许多因素。"[13]需要做好充分的准备，仅凭激情和干劲是远远不够的。

首先，做好顶层设计。不可否认，学校转型性变革充满了太多无法预知的因素，但顶层设计必须非常清楚，必须把变革的思想、培养目标和课程体系的框架、思路等确定了，至于变革过程中的方法策略可以在实践中慢慢摸索，也可以有多种渠道。学校变革的顶层设计主要包括以下三点：其一，形成全体成员共同的价值观，包括学校的培养目标和组织结构；学校在教师、学生、课程、教育教学、教育科研、决策、管理、评价、资源等重大领域的价值观和行为准则。其二，学校课程体系的结构设计，也就是学校的课程改革方案，包括学校课程建设的指导思想、原则，学校课程体系设置的学习领域、学科和课程模块，学校的教学组织形式和评价要求以及学生的毕业要求等。其三，各学科课程建设的设计，主要包含学科课程和学科资源两大类，学科课程设计包括该学科设置多少门课程、课程设置的思路设计、每门课程的定位、适用的学生、开设时段、课时、学分以及选课要求等。例如，高中物理按照难度分三个层次，从物理 1 到物理 3 逐步提高，物理 2 为分层必选课程，其课程的难度定位是"达到理科高考难度"，适用学生是"三年制高中选择工程与经济学方向、有一定学习能力的学生"。学科资源设计包括学科教室的建设方案、学科各类学习资源的建设方案以及每门课程的课程标准等。

其次，在变革的过程中分步推进。学校转型对传统模式的冲击是巨大的，需要给每个成员情感的接受和适应过程。教育变革不能搞大刀阔斧，不能搞跨越式，任何理想、追求都要本着务实的态度，从学校的实际出发，找到那个适合自己的办法，以能显见成效的方式推进改革。由于师生个体存在多种差异，学校变革的具体方案只能在实践中不断完善和丰富。学校转型没有办法先制定出一个完美的方案，然后在实践中贯彻执行，因为有太多预想不到的情况，所以变革的方案是在实践中不断形成和完善的。例如，学校转型最初是从变革课程开始的，但随着选课走班的推进，挑战的问题便接踵而至，原本只是课程的变革，随着行政班和班主任的消失，学生和年级的管理制度面临着重建；启动每位学生为自己负责任的教育机制需要构建；基于每位学生发展信息的数字化的技术平台建设又迫在眉睫。总之，内动力、小班化、标准化等学校变革每个阶段都面临着不同的挑战和问题，需要分步推进，逐步实施。

我们深知，学校转型性变革是一个缓慢的过程，不可能一蹴而就。如果贸然突进，就会面临很大的风险。这个时候就需要采取如下一些策略和方法：（1）让一些学科或一些教师率先尝试，让变革的急切之情在教师之间传递。学校里总会有一些比较有想法又敢于实践的学科教师率先踏入这条河流，他们的惊喜、感悟会在平日与同事闲聊和交往中传递给周围的同伴，变革的火种就这样"静悄悄"地传播开来，带动越来越多的人进入。（2）搭建各种形式的分享机制，让率先获得的经验得到最大程度的分享，让后来者在先行者的经验中起步。例如，通过教育年会、教学年会中各种论坛、教育沙龙等形式，把做得比较成型的经验进行最大限度的推广。（3）给教师彷徨和等待的时间。学校转型对每个人来说都会带来巨大的压力，因此，这样的变革需要时间，而且每个人从观念的转变、策略的运用、方法的创新与借鉴都必须经历别人无法代替的过程，感悟、体验、纠结、挣扎，这种经历的快慢或缓急每个人是不一样的。因此，要允许落后，允许没有赶上的同志在后面，给他们一个思考、彷徨、旁观的过程，因为，有时不是他们不愿意去行动，只是一时还没有找到方法。

参考文献：

［1］［3］［6］［9］叶澜.21世纪社会发展与中国基础教育改革［J］.中国教育学刊，2005（1）.

［2］方展画.育人模式转换：基础教育改革的抉择［J］.教育发展研究，2010（17）.

［4］周贵礼.我国学校教育现代转型探讨［J］.教育研究与实验，2011（2）.

［5］雅斯贝尔斯.什么是教育［M］.邹进译.北京：生活·读书·新知三联书店，1991.

［7］裴娣娜.学校教育创新视野下中国基础教育改革的实践探索［J］.课程·教材·教法，2011（2）.

［8］张晓峰.分布式领导：缘起、概念与实施［J］.比较教育研究，2011（9）：44～49.

［10］联合国教科文组织国际教育发展委员会.学会生存——教育世界的今天和明天［M］.华东师大比较教育研究所译.北京：教育科学出版社，1996.

［11］操太圣，卢乃桂.论学校组织变革中的教师认同［J］.华东师范大学学报（教育科学版），2005（3）.

［12］赵学华.试论中国学校发展的内生机制［J］.北京社会科学,1997（4）.

［13］达林波.理论与战略:国际视野中的学校发展［M］.范国奋译.北京:教育科学出版社,2002.

选自《课程·教材·教法》2014年第4期

关联拓展阅读之三

制度更新: 探索学校管理"新秩序"

张红霞

一、一所学校的制度更新之路

1.从"有序"到"无序":学校变革催生制度更新需求

进入课改以来,H校以课堂教学改革为重点开展了一系列实践变革,随着改革的推进,变革过程中产生了新的矛盾和问题,出现了新的组织形态、人际关系和组织关系,原有的秩序被打破,构成了一种由变革带来的新的"无序"（积极的"无序"）状态,管理层的协调问题彰显出来,需要对课堂变革中涌现出来的新的人与人之间、组织与组织之间以及人与组织之间的"新关系"进行界定、规范和约束,形成新的"有序"状态。改革的重点需要从课堂层面提升到学校层面,形成学校管理层面整体改革的思路和整体设想。在该校管理者看来,传统的学校制度和管理模式已经成为一个"非解决不可"的问题,并决定以制度建设为突破口开展学校管理变革实践。

2.从"无序"到"立序":梳理、重构学校制度

（1）系统、分类梳理学校已有制度。H校结合自身实际情况和办学特色,以现代教育理念为参照,对学校已有制度的来源和形成过程、制度文本结构进行了系统的分类梳

理，并深刻反思了制度的价值取向问题。

经考察，H校近十年来共产生了102项制度要求，大致分为三种类型，即学校常规类、本校特色类、评价考核类。这些制度的形成又主要有三种来源渠道，包括移植"学校管理规程"条款和内容、演绎上级部门政策文件或工作要求、学校分部门制定的例行工作条例，这些制度大都来自"外部"，而非生于"内部"，缺少学校自身独特性的体现。而对制度文本结构的审视发现，学校原有制度是一种典型的宝塔式科层结构模式，并且呈现条线分割、散点分布的特点。总体来看，学校原有制度层次不够清晰，类型不够简约，结构不够合理，形式不够规范。

变革首当其冲、最为深刻之处就是人们在制度价值取向上的更新，解决任何制度问题，必须对制度文本背后更深层次的价值取向问题进行反思。H校发现在价值取向层面，学校原有制度存在以下问题：只强调制度化约束，缺乏对师生权利和义务的人文关怀；只关注结果性评价，缺乏对事件的过程干预和预案设计；只强调各部门独立操作的即时效应，缺乏对教师群体的成长及学校整体工作的协调和长远考虑。

（2）对制度做删、改、并、补处理。H校在深刻反思学校制度存在的诸多问题后，积极寻求多种改革举措，开始对学校制度进行大刀阔斧的改革。

第一，删除：将已经过时的、不符合现在要求的以及内容重复的制度删除，如删去《教学常规》中对学生上课举手姿势的规定；作业批改的具体符号要求；教师对教材选择必须预先请示的规定等。

第二，修改：重要的制度、蕴含可持续发展元素的制度，精心加工，扩展提升。尤其是那些直接影响教工生存状态的制度，全校上下几次讨论，大幅度修改，如教师考勤制度、奖金发放方案。

第三，合并：将原来繁多杂乱的制度按照一定的系统进行"类聚整合"，如教学与研究方面14项归并为《H小学教学与研究管理制度》六大方面；总务原有30项合并为《H小学校园安全制度》四类并补充了"紧急处理预案"。

第四，补充：将管理实践中创造的有效的管理方法进行整理，提升为全新的有效制度，如重在提高师德的《为人师表、三思而行——H小学教工30问》；切实帮助教师专业化发展的《"教师专业化自主发展"方向性指标与要求》等。

同样是加加减减的方法，但是，当这种方法渗透了整体意识、系统意识、发展意识时，对制度文本删、改、并、补的过程就不再是简单地做出一个新的制度，它是一个从散点到整体，使条线分割、呈散点状态的学校内部制度集约化、系统化的过程，也是变革者对自身变革行为的选择和修正。

（3）整体重构学校制度新体系。经过上述制度更新后，H校学校制度的形成主要有三类情况：老制度新用，即学校原有制度已难以适应变革和发展需要的，赋予原有制度新的内容；新制度新定，即根据学校管理实践的需要，重新设计、制定新的学校制度，并在其运行中逐步得到认同和完善；有效经验制度化，即将创造的一些经验、行之有效的方法以制度的形式固化下来。经过整体重构最终形成了学校制度系统的四大板块，包括通过构建共同愿景来培养团队精神的制度；通过规范师生行为来提高教育质量的制度；通过落实法人治理来加强民主管理的制度；通过改革评价考核来激励创新进取的制度。

与变革前的学校制度相比，变革后的制度内容从量到质都实现了根本的改变。制度内容的层次性、类型化都有了很大改善，最明显的变化就是数量大大减少，这里的"少"呈现的是一种简约化、整合化的"少"，并不意味着工作任务和活动项目的减少，它是制度从原来零散的、条线分布状态向制度的集约化、系统化的改变，这样一来，学校人员的工作任务和活动项目不仅没有减少，反而会因为任务、活动领域的统整对教师的工作提出了更高的要求，带来了更多的挑战。

3.从"立序"到"新序"：在稳步实施中不断完善学校制度

在制度变革过程中，学校教职工对制度的解读力和执行力得到很大的提高，人们由原来对制度的被动执行和随意评价变为主动参与、积极推进。在发挥制度对新的人际、组织关系的规范与约束的同时，赋予学校制度对人的行为活动的改进、激励功能，形成新的秩序。与不变革相比，变革总是带来更多的新问题，这也意味着，任何制度都不是完美无缺的，相反，变革带来的更多、更新的问题不断涌现，H校学校管理制度仍在不断地调整、完善中。

二、学校制度更新的基本思路

H校变革前存在的诸多制度问题在当前很多中小学中都普遍存在，其变革过程呈现出制度更新过程的一些基本思路。

第一阶段：改变"参照系"，摸清现状，界定问题。学校制度的变革与发展需要寻找新的生长点，而新的生长点的发现与把握来自于学校管理者认识"参照系"的改变，不同的参照系决定了学校对现状的把握是否准确，对问题的定位是否清晰，并直接影响制度变革的方向和方式。例如，按照"内涵式"发展标准为参照系，在 H 小学管理者看来，传统的办学思想和管理制度与模式，由于认识偏差和处理不当，成为阻碍教师发展进而影响学生发展和学校发展的拦路虎。如果按照"外延式"发展标准为参照系，该校的规模、办学条件以及社会声誉已经达到一个较高的水准，至少暂时不需要再寻求新的发展空间。但是，认识"参照系"的改变也要基于学校自身独特的生境和现状，并深入了解学校里正在发生的真实状态，此外，学校管理者除了要有勇于革新的热情和魄力外，同时也要提升作为一个变革领导者的水平和能力，准确把握变革的节奏和火候。

第二阶段：修订文本，重新架构，反复实践。依照新的认识"参照系"，摸清现状、定位问题、找准新的生长点之后，还需要从学校实际出发，寻找制度变革的突破点或切入口，例如，有的学校可以从制度整体变革着手，有的学校则可以把制度项目更新作为突破口。在具体的变革策略上，对制度内容、框架的梳理和对制度执行方式的革新是必不可少的，并要在制度实际运行过程中，反复实践，不断调整。这个阶段的问题在于，有没有或在多大程度上调动、激发了基层教师的民主参与行为，直接决定了制度执行的契合度和制度功能的实现程度。因此，缺少了基层教师和组织广泛、积极的民主参与，不仅制度基本的约束、规范功能不能得到有效发挥，而且容易造成制度变革过早"夭折"，难以实质性地实现制度更新效果。

第三阶段：在实践运行中不断调整完善。将制度活化为运行"机制"，制度在此阶段的调整和完善已不同于之前"破旧立新"意义上的调整和完善，学校制度从内容到结构、价值取向到执行功能已经基本呈现出了更新的特征，即从零散、琐碎转向集约化、系统化，从强调惩戒、约束到注重规范、激励，从（领导）个人主导到基于责任人的民主参与，从管人、驭人到助人成长等，在切实有效的保障条件下，制度变革就有可能进入一个良性的、持续发展阶段。在这个阶段，管理者面临的一个挑战是：如何将"静"的制度"活化"再运行的过程，最终使制度在人的日常行为活动中达到"自动化"，使人身处制度之中而不自知，遵循制度的过程就是一种学校生活方式，从而达至一种"心的秩序"。因此，机制的探索是对制度更新的聚焦和深化，在这个意义上，能否活化为运行机制是制度变革走向稳定、走向成型的关键路径。

三、学校制度变革实践的几点启示

1.从事务"管理者"变为变革"领导者"

任何变革不只是外部强加的结果，更多的是来自于内部的需要，学校制度更新也是如此，走的是一条主动发展的变革之路，需要学校自身形成清醒的自我发展意识，要求以校长为核心的学校管理层要从事务"管理者"变为变革"领导者"。

在领导学那里，管理者和领导者之间有着明显的区别，即管理者是把事情做正确，而领导者是做正确的事情。"管理者的目标源于需要而非欲望，他们长于缓解个体及部门间的矛盾，抚慰组织内的方方面面以确保日常工作的顺畅运行。领导者则不同，他们以一种富于个性化的、积极的态度对待目标。"而且两者在精力的投向和思维方式上也不同，管理文化强调理性及控制，管理者始终都是一个问题解决者，精力投向主要放在专门业务和具体程序上。领导者主要的投向则是组织的发展方向或该部门的人际关系协调及其成员需要的满足度，并引发整个组织的变革，为整个组织和全体人员注入一种精神和希望。总的来说，作为管理者的校长或中层做得更多的是一种程序化的控制工作，而作为领导者的他们则必须是一种变革的力量。在学校制度更新过程中，这两种形象常常会"游弋"在同一个人身上，正因如此，更需要以校长为首的学校管理人员具有较为明确的"角色自觉"意识，在履行管理职能和领导职能之间找到一个恰当的宽阔位置，在运用管理力量规避风险的同时，增强自己领导者的角色地位和作用，而不仅是一个日常事务型的管理者。同时，领导活动的综合性、超脱性与全局性、超前性与战略性等特性决定了以校长为首的管理层需要在转换角色的同时，还要转变思维方式，以动态生成的思维善于捕捉变革时机，以整体综合的思维统整工作，并使之有机化。

2.在多维互动中聚集更新力量

学校基层人员和组织是一股不可或缺的力量，可以看作是学校制度变革动力的来源。这一巨大力量的激发需要基层组织人员广泛、真正、有效地参与到学校管理及其制度变革中来，梅奥让工人们在交谈中选择话题、提建议、发牢骚，在吐露心声的同时，看到自己的许多建议被采纳，尚且感到参与了决定公司的经营与未来，而不只是做了一些没有挑战性和不被感谢的工作，学校领导与管理者更应该对有着高度专业性和自主性的教师抱有极大的乐观与信任态度，并积极促使基层组织人员尤其是教师发挥自身积极性和主动性，在实践学校制度变革的过程中，不断实现自我更新、自我提升，促进专业自主发展，获得职业生命尊严。这本身既是对领导与管理者，也是对教师的一种高挑战和高支持。

此外，激发或者有了这样的力量还不够，还需要把学校管理者、教师、学生等多种力量聚集到一起，打通其筋脉，使其融合起来，在基层人员的自觉努力与领导管理层的权威运用之间形成制度变革的合力，使其成为一股强劲的变革力量。这种合力不是简单地把各方力量加在一起，需要多元主体的多维互动，使每一个学生、教师、管理者都成为学校制度变革策划者、参与者、推进者，尽量避免其成为破坏者、逃避者的可能，使每个人都成为变革的动力，否则只会是各种力量的纠结，并可能相互消解整体力量。学校制度变革主体多元化、多样化、多数化，并使其关系状态在多维中互动，同时，每一个个体又都是"多"中的"一"，是一个统一了"一"与"多"的变革主体。

选自 2012 年《青年与社会·中外教育研究》

关联拓展阅读之四

浅谈对"以人为本"学校管理模式的认识和思考

高建利

新课程改革要求学校管理模式应从强调常规管理转向创新管理，从强调对有形资产的管理转向注意对无形资产的管理，从强调物本管理转向注重人本管理，从强调分工转向注重团队协作，从强调刚性管理转向注重柔性管理。学校管理的以人为本，就是要尊重学校管理者和师生的发展，要把以人为本的思想渗透于校园文化和制度建设中，加强常规教学，打造名师工程，创新德育模式，转变校长角色，纠正不良行为，建立激励机制，充分调动广大师生的工作、学习积极性，提高学校教育教学水平。

一、什么是"以人为本"的学校管理模式

诸多名校的成功经验表明：一所学校的发展光靠校长一人的力量是远远不够的，要靠组织、靠大家、靠制度，而最重要的是要靠全体教职工的共同努力。新的教育理论也指出，学校的发展重在管理，而管理之道重在凝聚人心，实施以人为本的管理。通过以人为本的管理，突出发挥每一位师生的主观能动性，实行全员管理，让每一位师生都产生"我很重要""我是学校主人""我会成功"的主体意识，充分肯定每一位师生的劳动和学习，着力培养优秀骨干教师和特长学生，营造独特的校园文化和办学特色。

那么什么是"以人为本"？新时期，一所学校应该怎样实施"以人为本"的管理呢？"以人为本"即以"人"为"根本"。从严格意义上来说，以人为本是人力资源管理的范畴，指在管理过程中以人为出发点和中心，围绕着激发和调动人的主观性、积极性、创造性开展的，以实现人与企业共同发展的一系列管理活动。学校和企业的管理从根本上是有本质区别的，但以学校和企业的成长和发展而言，无疑这两者在管理上又有诸多的相同之处。对一个学校成长和发展而言，为实现培养一批品牌学科和骨干教师、培养出一些名牌大学的"预备梯队"这一目标，许多学校都制定了诸多特色各异的管理制度，但究其根本都离不开以人为本的管理模式和原则。下面笔者就以人为本的管理模式谈几点认识。

以人为本的学校管理模式的基本思想就是教职工和学生是管理中最基本的要素。教职工和学生是能动的，他们与学校环境是一种交互作用。学校创造良好的管理育人环境可以促进教师、学生和学校的发展；教师个人、学生个体目标与学校整体教育教学目标的实现是可以协调的；通过以人为本管理模式将学校切实建设成一个学习型、组织型的社会群体，从而使教职工学生实现自己的人生目标，在此过程中，学校通过进一步了解教职工和学校目标，以体现教职工利益。以人为本的学校管理模式要以教职工和全体学生的全面发展为核心，以此实现"人的发展是学校发展和社会发展的前提"这一主题。

以人为本的学校管理应遵循的原则主要有以下四点：重视教职工和学生的需要；管理手段以激励为主；在管理中注重培养教职工和学生；学校的各项活动组织设计以教职工和学生为中心。以上四点，可以概括为16个字，即"教育大计、教师为本，学校教育、学生为本"。在教育中，什么最重要，什么最根本，什么最值得我们关注？是教师、学生。只有确立这样的教育观，我们的学校教育才会全面、协调、可持续发展，我们的

学生才会真正成长为德才兼备、体魄健全的社会主义建设必需人才，我们的教师才能实现自己的人生理想。

二、激发师生的积极性是以人为本学校管理的前提

学校管理以调动人的积极性和创造性、促进人的发展为宗旨，这就离不开激励，而激励的过程就是我们常说的调动人的积极性的过程。新课程的实施要求学校管理者必须进一步树立激励师生的观念，并为顺利调动师生的积极性和创造性，保证其全面、和谐地发展创设有利的条件和氛围。

1. 创设一个民主宽松、积极进取的校园文化氛围

只有在和谐宽松的环境下，师生员工的创造性和积极性才能最大限度地得到激发。因此，学校领导必须和师生共同创建一个民主宽松、积极进取的校园文化氛围。我们不赞成片面强调刚性管理，而主张以德治校，以人为本。比如，在老师的考勤问题上，我们不设签到簿，而是通过营造一个人人积极向上的校园文化氛围，让教师们在比、学、赶、帮、超的合作竞争中自觉地准时或提前到岗。对于家里确实有特殊情况需要时间处理的，可以在不影响上课和正常工作的情况下告知考勤负责人，在两个小时内离岗处理，不计假。这样老师在处理完个人问题的情况下，就可以安心地投入到工作中了。这样不但不会把一些个人的烦恼带给学生，而且会让教师在一种轻松愉快的心境下工作，从而激发教师的工作热情，提高工作效率和工作质量。

这种积极进取的校园文化氛围，充分地调动了师生的积极性。个别素质不高的人，在这种积极向上的校园文化氛围中，也逐渐被影响着、改善着。

2. 满足师生合理需求，激发师生工作和学习的动力

传统的教育管理理论认为，人们应该去努力适应环境的变化而不是改变环境。因此在新课改前的学校管理中，要求教师去努力适应学校管理者的领导风格、管理行为，而学校管理者没有必要注意教师的愿望、所思及所想。

从根本上来说，需求是教师的工作源泉。教师的工作动力，无一不是由其需求引导的。在现代的新课程背景下的校本管理中，校长与教师之间寻求相互信任，校长鼓励教师进行一些必要的创新活动，鼓励他们迎接新课程改革带来的挑战，为他们提供必要的教育信息资源。校长需要经常与教师交流，了解教师在工作中遇到的实际困难，并及时帮助他们解决这些困难。特别是在实施新课程方面应及时加强教师培训，给予指导和提

供帮助，以解决在实施中遇到的困难，激发他们实践探索的动力。这样，教师就更有心思关注学校的教育教学活动，关注并实践新课程改革，为学生和学校的发展出谋划策、贡献智慧。

管理者应鼓励师生积极参与学校的各项管理活动，特别是要鼓励他们参与学校的重大决策，这样既可以发挥他们的聪明才智、满足他们的需要，更可以增强他们对决策的认同感、激发他们的积极性和创造性。校长应对师生所做的贡献给予适当的奖励，引导他们与自己合作，共同分担领导工作和责任，一起来规定并实现组织目标。

3. 在激励的环境中，让师生学会自我激励

营造积极进取的校园文化氛围，满足师生的合理需要，虽然能使师生产生一种愉快的心理体验，但这种体验一般是短暂的、外在的，还必须在此基础上激发师生的内驱力，即引导师生学会自我激励，形成内在激励。内在激励是自我产生的发自内心的一种激励力量。这种激励能满足师生的声誉需要、成就需要、自尊需要、发展需要等。内在激励是以认同感为基础的，它对学校目标、课改目标认同，就产生一种肯定的情感和积极的态度。这样教师会发自内心地把搞好新课程改革看作是应该做的事，因而自觉产生一种精神动力。这种激励不仅能产生一种愉快的心理体验，而且能认识自己的能力，从而产生追求更大成功的强烈愿望。这种强化作用所延续的时间是长久的，并且无论遇到什么困难都会百折不挠、奋勇向前。总之，让师生学会自我激励将促进新课程的顺利实施和学生、教师、学校的健康发展。

三、以人为本学校管理模式实施的方法和途径

先进合理的学校管理体系能优化配置学校教育资源，保障学校工作高速、有效运转的秩序，同时又能调动各方面的积极因素，形成育人合力，追求最佳的教育效益。新时期，学校要实现以人为本管理模式必须围绕上述任务，通过以下途径和手段进行管理：

1. 努力向公正去接近

现实中，真正意义上的公正是不存在的，公正不过是人们心中一种美好的愿望和期待，是人性中善的一面，它存在于人的内心，所谓公道自在人心就是这个道理。我们无法指望在现实的学校中找到绝对的公正，但我们可以努力向公正去接近，去满足大家这种愿望和期待，这就叫以人为本。目前我们学校还存在着一些不合理的现象，我们就要寻找政策依据，努力向公正去接近。比如我们学校一直致力于教师的考核制度、班级的

评比制度等，并且要求教职员工积极建议，尽量实现公平。当然这也需要广大教职员工的大力配合，因此，我们一直在具体工作中发扬民主的精神，我经常告诉我们的老师："学校办好了，你们是功臣！学校办砸了，我是罪魁祸首！"努力让每个教职员工都以主人翁的态度对待学校的发展、对待自己的工作。

2. 倡导务实作风

学校工作首先应立足实际，真实地反映事物的本来面目，不言过其实、贪大好功，坚决反对浮夸和浮躁，倡导求真和务实。例如，我们在评课教研活动中要求各个教师从实际出发，从帮助别人找问题出发，多给其他老师提意见；其次，每次例会上也要求各个教师给学校提建议和问题，给领导提建议和问题，给其他教师提建议和问题，就事论事，当面就解决掉一些问题，事事从实际出发，也可以在讨论中得到最好的解决途径；第三，鉴于我们学校的实际，我们始终给教师一个真实的答案，比如待遇问题、发展问题，让教师心中有数；最后，不管是什么职位的领导，都要经常深入到教学、学生管理的第一线，这样一是能够得到最真实的情况，二是能够让教师、学生时刻感觉到他们不是孤立的，感受到学校的关怀，从而认真静心地工作和学习。

3. 按规律去办事

学校的每一位教职员工都应在自己的岗位上以研究的心态，探索本岗位规律，并按其规律进行工作，那样就会大大地提高我们的工作效率，也会增强我们对工作的幸福感和自豪感，更会进一步激活我们自身工作的潜能，来满足人的最高层次的需要——自我价值的实现。因此我们按照学校要求制定了一系列工作职责制度，从值日、上课、学生管理、活动组织等各个方面入手，开始手把手地教，然后一丝不苟地督促，让每个教师知道该做什么、应该怎么做、怎么做才能达到效果。

4. 努力为教师谋福祉

学校应让教师充分感受到学校的发展直接给他们带来的好处，让教师在获得实惠的基础上充分意识到学校发展与个人发展的密切关系。学校在重视教师物质福利的基础上同等重视精神福利，统筹好教师物质福利与学校基础建设之间的关系，让教师认同并接纳学校的做法，支持学校各项改革政策、措施的落实，从而使学校在不同阶段的发展目标能够达成。这具体体现为"约束与调动"。怎样辩证地处理约束与调动的关系？关键在于强调"调动"，凡事从调动着手。争取人心，力求把有形的约束化为无形的约束，寓约束于调动中。人的管理首先是人心的管理 。任何人在感情上都需要尊重、信任和理解，知识分子在这方面尤为突出。当教职工受到尊重、信任和理解时，他们才会"士为知己者死"，才会自觉遵守规章制度、自觉接受约束。所以学校要从调动教职工的积极性、能动性着手，采取多种激励手段，如目标激励、荣誉激励、信任激励、情感激励等。多为教职工提供实现志向和发挥才能的机会，多给教职工一些"感情投资"。

5.教师的职责应落实到服务对象上来

教师应以学生满意不满意、高兴不高兴，家长满意不满意、高兴不高兴作为衡量自己工作好坏的标准。乱堂或低效课堂是教师最大的不道德，创造高效课堂才能真正体现"以人为本"。如果我们对一位不受学生欢迎、达不到家长满意的教师无原则地包容，就是对学生的不负责任，就是对学校发展的不负责任或对多数教师的不负责任，不但不能体现"以人为本"，甚至是不人道。我们始终把"规范"二字放在首位，突出抓课堂教学规范，就是要将教师的职责落实到课堂上、体现在学生身上。

6.创新工作机制，激活创造热情

作为发展中的学校，首先需要良好的校园秩序。良好的秩序应使人有序地工作、学习和生活，又不压制或阻碍人的潜能发挥。这就需要我们不断对现有秩序进行诊断和分析，打破旧有的或不合时宜的秩序，重新建立新的秩序，进一步激活人的创造力。这就需要制定一系列的规章制度，"不倚规矩，不成方圆"，这也是一个服从与协调的关系问题。规章制度不仅有约束和规范功能，更有引导和激励功能；规章不仅可以规范个别素质不高的师生的行为、保护大多数师生的工作和学习不受影响，而且可以有效地引导和激励师生积极、有效地工作和学习，愉快、健康地发展和成长。

7.达成人与校园的和谐共处

校园是师生学习、生活的重要场所，因此，我们通过建立各种机制，形成人和校园的和谐共处。去年我们学校开展了班风班貌评比，今年还将继续进行校园文化设施建设，实行任课教师共建文明班级制度，坚持不懈地开展文明班级评比活动，开展校园卫生清扫与保洁等工作，努力达成人与校园和谐共处的目标。

8.创建和谐的人际环境，营造家的氛围

人际环境是学校最重要的环境。学校可以没有漂亮的校舍，可以没有先进的教育教学设施，但决不能没有好的人际环境。它关系到全校师生的生命质量，关系到优秀校园文化的塑造，关系到学校发展目标的达成。因此，学校将积极倡导：学生间"团结友爱、诚信互助"，教师间"理解、尊重、互助"，师生间"民主、平等、合作"，管理与被管理者间"理解、尊重、包容、合作"；支持教师间相互接纳、相互赏识、相互帮助；坚决反对同志间相互诋毁，坚决抵制队伍中的小集团、小派别，坚决抵制耍手段、搞权术、做表面文章；坚决摒弃人际关系中的陋习和不正常关系。全校上下牢固树立"好的人际环境是自己最大的精神福利"的意识，努力形成"团结协作、敬业创新"、为每个人谋福祉的战斗集体。

在处理人际关系上，管理者往往有两种不同的态度：一种是一味要求下级服从，强调教职工听话；另一种是讲究民主，注意协调，以协调促服从。我们认为后一种才是正确的态度和理想的境界，这就是"以圆促方"。要"以圆促方"处理好人际关系，就应努力建造一个共同的思想基础，树立一个共同的奋斗目标。必须真正做到爱护教职工，将心比心，设身处地地考虑教职工在工作、学习、生活上的问题，随时注意调节各方面的关系，以取得协调配合。

总之，"以人为本"学校管理模式的核心是实现人与人的和谐发展，即学校管理者要在建立相互尊重、理解信任的人际交往基础上，树立人力资源是第一资源的观念，尊重劳动，尊重人才，尊重创造，重视、关注和推进教职工和学生的全面发展，想方设法提高本地区人民群众的综合素质，即教育水平、文化品位、精神追求、道德修养。只有这样，才可以使我们学校的发展少走弯路，才能提高教育教学质量，进而实现学校的可持续发展。

关联拓展阅读之五

改革力度最大的学校究竟什么样？看看这几所学校

教育一直处在变革之中，深度改革的学校究竟什么样？能带给我们什么启发？小编带你走一遭，领略一下深度教育改革的风景。

1. 美国的 ALTSCHOOL：解决问题，更要发现问题

去 ALTSCHOOL 连锁小学任何一所学校参观，也许你都会感到失望，它没有让你仰视的大门、华丽的校舍，只是就地改造旧金山当地不大的民居。

例如，靠近旧金山梅森堡的那所，教室空间狭长，没什么书桌，只有最简单的书柜，以及满墙的便利贴。

甚至，你第一眼看到 ALTSCHOOL，也许会把它错当成一家创业公司，大整块的玻璃墙、自然采光、数不清的苹果电脑。兴许你还能看见一群十二三岁的孩子在会议室里做瑜伽。

这所学校是前谷歌负责人马克斯·温蒂拉（Max Ventilla）在做的一个个性化的教育机构，近期完成了新一轮 1 亿美元融资，投资者包括脸书（Facebook）首席执行官扎克伯格。

ALTSCHOOL 想要重新定义教育，组建一个学习型社区，让不同年级的学生互相辅导。所以，温蒂拉把学校称为"蒙特梭利 2.0"。

大家都知道蒙特梭利的学前教育是混龄的，3～6 岁的孩子在一个班级上课。而在 ALTSCHOOL，即使中小学也是混龄的（学前班到 1 年级、2 年级到 5 年级、6 年级到 8 年级）。

就像小豆豆读的巴学园一样，同一个班里不同学生上的课程不同。譬如，一个擅长数学的 3 年级孩子可能在上着 5 年级孩子该学的数学课，而阅读课仍然与他同龄的孩子

同步。这样一来，每个孩子都能发现自己有不如别人的地方（弱项），但也有比别人做得好的地方（强项），他们也许羞于向老师提问，但很乐于与同伴一起解决问题。再譬如，即使围坐在一起进行阅读训练，每个孩子的学习方式和要求的学习成果也是不同的。对于阅读水平已经很高的学生，老师会要求他将文章改编成剧本或做改写，而对于阅读理解能力尚需帮助的学生，也许只是回答几道互动问题。

在这里，填鸭式的教育模式被否定，学生被鼓励，不单单做一个问题解决者，更是一个问题发现者。

在这里，小小孩用平板电脑，而大一点的孩子用手提电脑，他们通过电子产品来完成定制的课程、项目和活动。老师每天会将当日的任务发送到学生的游戏清单（playlist），活动也许包括在可汗学院的网站上做20分钟数学，或者与同学合作创造细胞的一部分。学生完成任务后提交文档或照片，老师及时追踪并评估学生的学习。这样，老师可以为不同的学生布置不同的功课，于是离因材施教又进了一步。

在这里，孩子每周都要外出考察一次，实地探访博物馆或参加科学研讨会，接触更广阔更真实的世界。除此以外，比起传统的学校，老师还被赋予了更多创造的空间。在为开学做准备时，老师没有为教学购买家具，而是保持了教室空白的状态。他们的期望是学生能参与到教室设计中的一部分。开学后，老师请专家教他们"设计思维"，也会带他们去校外参观，去寻找教室设计的灵感。在ALTSCHOOL的老师看来，"没有学生的想法和参与，你是没有办法也不可能布置出一个真正为学生着想的学习环境的"。

在ALTSCHOOL正式开学之前，老师会和学生聊天，以期勾画这个孩子详细的学习者档案。此外，老师会把一些数学、语言问题给学生，但他们做得对错并不重要，重点是老师需要更了解学生本身的性格癖好。

"我更关心，在这些数学问题中他们选择了哪些去做？为什么？他们是如何思考和解答的？"

"我问他们，如果你们能随便设计学校，那你们想要的学校是什么样的？孩子的奇思妙想能让教育者看到他们的偏好以及有趣的想象力。"

由此，学生档案里，除了基本的个人信息，还有他们的兴趣爱好、学习方式、强项和弱点、个性偏好等。这些档案成为ALTSCHOOL为学生制作个性化学习计划的依据。依靠软件的帮助，老师会根据学生现状来制定全年的学习目标。这些目标最终细化为每周都会更新的游戏清单（playlist），学生每天在这些清单上挑选不同的项目学习。这些清单完成了，就意味着他们达到了一项项的学习目标。

也许温蒂拉颠覆教育的最初动力来自他自己的孩子，但现在他却更坚信，用技术手段帮助孩子自我学习、自由探索，这才是属于未来的教育方式。

2. 美国的 Tinkering School：东敲西打学校

吉佛·图利（Gever Tulley）原来是位软件工程师，有一次公司圣诞聚会时，他和同事聊起了小时候在家附近的森林和沙滩与哥哥们的各种探险经历，然后感叹，现在的孩子都被过度保护了，父母给孩子划定的安全区域日渐缩小，但这也阻断了孩子探索世界、与周围环境互动的机会。

束缚的结果是，他们变成了"消费者"，而不是一名"创造者"。

于是，他发起创办了一所学校——东敲西打学校（Tinkering School），这里没有课程，没有考试，只有工具——木头、钉子、绳子、轮子和木匠所需的各种电动工具。他相信给孩子工具、材料和一定的指引，孩子的想象力和创意会让你大开眼界。

没有做不到，只有想不到！自己动手打造一艘木船，所有的孩子都能挤上去。想过用一个超大的帆来拉火车吗？花了整整一个星期，孩子们完成了。

拥有一座树屋是很多人的梦想。

每个男孩都会幻想自己骑摩托车的模样，但哪有自己亲手做出来的这辆拉风。

该学校的口号是：想，做，修补（Think, Make, Tinker），因为图利相信儿童在动手操作和建设的过程中，能学到无可取代的经验和真正地解决问题的能力。

一开始只是在图纸上，但最终纸上的蓝图会成为触手可及的现实，譬如自己搭建的游乐场（Playground），所以他非常愿意把这些看似危险的工具交到孩子的手上（8 岁以上）。这些不再是小时候父母从玩具反斗城扛回来的巴布工程师的玩具了，都是真家伙，用的也都是真材实料。

学校的孩子与其说是在建设，不如说是在探索和实验，他们沟通、合作，学习如何在一个团队中工作。常常会遇到设计的想法无法落实、碰到各种困难，但学校的氛围就是鼓励试错，以很积极的心态看待困境，允许孩子以"玩的心态"面对各种不顺利。只要有足够的耐心，自有惊喜出现。

图利说，他一直以"逃离速度"（escape velocity）来评价一个项目，即在制作的过程中孩子是否容易分心，以及建造好之后孩子是把它抛在一边，还是愿意继续探索、玩耍和修正。而他们所做的一切就是尽可能延长孩子探索的兴趣。

就像孩子搭好乐高玩具、能自己编故事玩上好半天一样，Tinkering 的项目也具有这个特点，譬如有的孩子自己搭建游乐场。

有什么比按着自己的兴趣，亲自设计和搭建一座游乐场更让人兴奋的呢？

不止这些，图利在 2007 年的时候，曾经做过一个"你应该让你孩子做的 5 件危险的事"的演讲。只有接触危险的事情，孩子才可以积攒到宝贵的经验——克服恐惧、激发想象力和创造力，学习承担后果，继而担负责任。

3. 芬兰的我和我的城市（Me & My City）项目：沉浸式体验学习

"最短的上课时间、最少的考试和最平等的教学"是外界对芬兰教育的评价。

芬兰教育与文化部于 2009 年设计创立的"我和我的城市"项目，因其创新的理念，得到了国际教育界的广泛认可和关注。2014 年，获得"欧洲企业推广奖"和"世界教育创新峰会奖"。一句话，"我和我的城市"项目是将小学教学大纲和体验式教学创新性地加以融合。

"我和我的城市"的创立愿景，就是培养孩子们的创业思维和企业家精神。有了创业的能力，这些年轻人未来能更好地去发现和解决社会中存在的问题。

这是一个面向芬兰所有小学六年级学生（12～13 岁），帮助他们学习有关创业、经济和社会的"沉浸式体验学习"，主要通过角色扮演的方式，将在校所学的知识，运用到模拟的社会中去。

上海有一个"星期八小镇"，那是一个让小娃娃们体验不同职业的商业项目。那么"我和我的城市"就是一个由政府资助的、更真实地让十几岁的少年们学习他们在社区中的角色以及了解社会是怎么运转的教育项目。

"我的城市"是一个占地约 500 平方米的模拟性微型城镇，由活动隔板搭建而成，包含 15～20 个不同行业的企业，提供 70 个职位。

进入"我的城市"之前，70 名小学生先在自己的学校接受理论课。授课老师需要事先参加专业的培训课程，再由他们给学生上 10 节理论课，话题涵盖社会、经济、商业、创业等领域，比如："为什么要交税？""工作是为了什么？""为什么不同的职业领取不同的薪水？"

课堂学习后，学生们就可以进入"我的城市"，进行模拟体验式学习，尝试将他们所学到的理论知识运用到现实生活中去。

进入"我的城市"，小学生们穿上工作服，就变成成年人了。他们上网搜索职位、写简历、申请工作、面试，然后上班工作，领取薪水，付税、购买自己需要的产品，并在这个过程中学习如何确保个人收支的平衡。

例如，选定职业后，小市民们可能需要依据自己的职位，设计一项服务或产品，并设法申请获取政府或投资机构的启动资金，然后通过各种营销手段出售自己的服务或产品；拿到盈利或工资之后，他们便可以根据自己的需求，买入别人的产品，继续拓展业务，或转而做其他的投资。

"我的城市"有一套自己的银行和金融系统，因此，所有成员的开销、流通产品的购买价格、销售状况、工资水平等各项数据都会由 IT 团队在后台进行实时更新。在项目之后，孩子们通过这些数据，可以清楚地了解"物"和"钱"是如何在政府、个人和企业、非营利机构等之间流动的，从而更直观地了解社会运转的情况。

因为"我的城市"是用活动隔板搭建而成的，所以在不同的城市，它可以很方便地被改建成和当地类似的样子。他们也会和当地企业合作，所以"我的城市"中出现的公司常常是当地真实存在的公司，仿真度非常高，因此孩子们在玩中学的兴致很高。

这种并非以单向的授课方式来完成教学大纲的任务，而是把大纲融入角色扮演和更广的社会范畴里的尝试和成功，再一次验证了，只有当孩子们发现他们所学的知识能够真正运用到现实生活中时，他们的学习兴趣才会被激发起来。

4. 印度的河滨学校：化知道为做到

最后，再加一所——印度的河滨学校（Riverside School），一个以"化知道为做到"为教育理念、相信孩子可以改变社区和世界的学校。

校长基兰·塞蒂（Kiran Sethi）在 2001 年时，因为受不了儿子学校压抑的教育方式，开办了一家拥有自由教学空间的学校。她把儿子从学校接回家，在自家客厅建立河滨学校（Riverside School）。

前年，河滨学校的第一批学生已经毕业。这里的孩子成绩好，富有责任心，具有社会意识，受到全世界各地教育者的关注。

普遍价值观都认为：孩子就是孩子，孩子什么也不能做！

河滨学校却相信"我可以"（I Can）。设计师出身的校长，即使转身为教育工作者，在校舍和课程安排等方面，却能处处发现设计的印记。基兰·塞蒂相信每一个小朋友都有自己的潜力和学习方式，她关注培养好奇心，同时注重培养每一位孩子的公民意识，鼓励孩子从社会问题出发，模糊生活和学校的界限。只有走出学校、积极参与解决社会问题，孩子才能亲身获取知识和体验。

在她看来，任何引领改变的事件发生，从中的人（孩子）需要经历三个过程：

（1）意识（aware）：看到哪里需要改变，因此孩子要有很强烈的同理心、感觉和知觉。

（2）能力（enable）：通过意识之眼，想象如何发生这些变化。

（3）行动力（enpower）：倡议并做，使变化真正发生。

河滨学校的老师不一定是科班出身，但都对创意教育有着热情和决心。在课堂上，他们用多元有趣的方法引导孩子学习，从不做知识的灌输者，而是透过大量的发问提高孩子自主学习的兴趣和解决问题的能力。

比如，生物课上，老师会先端出一盘比萨饼和一盘粪便，让学生通过感官（看、闻等）来感觉事物，进而讲解身体消化系统的奥秘。

同学在第一次办珠宝展失败后，学校会请珠宝制造专家和营销专家来答疑，然后大家重新制作首饰，再尝试用专业的销售技巧成功售卖自己的作品。和普通学校不同，这里的老师鼓励孩子不断犯错，从失败中学习，并给予爱与耐心，陪伴孩子成长。

2009年，基兰·塞蒂去TED做演讲，通过"教导孩子如何发挥影响力"为主题的演讲影响了世界各地的教育者和年轻人。受此启发，校长设计出由"感受、想象、行动、分享"为基础的"为改变而设计"（Design for Change，简称DFC）全球孩子创意行动挑战赛，鼓励孩子去感知身边的社会问题，发挥自己的想象力创造出解决办法并付诸行动，最后通过视频的方式分享自己的行动。

在培养孩子同理心的同时，传播了"我可以"的力量，相信孩子也可以改变世界。目前，孩子们尝试解决的问题包括环境污染、教育、卫生、健康、残障人士等多个领域。

2013年，香港女孩邓家怡听到基兰·塞蒂校长的现场演讲后，开始在中国内地推广"为改变而设计"挑战赛和传播"我能"的种子。2015年是DFC在中国推广的第二年，全国已经有包括北京、上海、广州、青岛等18个城市，上千名孩子参与了DFC行动。

5. 北京市十一学校：让学生的创意飞扬

"资本时代已经过去，创意时代正在到来。"美国未来学家阿尔文·托夫勒曾经这样预言。

如今，预言成为现实。在世界各国比拼创意竞争力的今天，中国将怎样发挥自身的创造力？中国的学校又将如何培养具有创意的人才？北京市十一学校一个个别开生面的创意文化活动、一名名敢想敢干的学生，让我们看到了答案。

十一学校的运动会是"世界级"的。"奥林匹克运动会""世界民族运动会""五洲城市运动会"，三年一轮转，十一学子不仅展示了青春的运动之美，更导演了一场场多元文化的视听盛宴。

在"五洲城市运动会"上，每个班代表一个中外名城，李雨晗同学策划了各班依据各城市太阳升起的先后顺序出场的方案，令全校师生交口称赞。

在十一学校年度奖学金颁奖盛典上，最耀眼的或许不是上台领奖的学生，而是跟校长一起为同学颁奖的高二学生马鸟鸟。马鸟鸟是十一学校乐仁咖啡厅的CEO，她拿出经营利润的50%在学校设立了"乐仁奖学金"，专门奖励具有社会责任感并积极参与公益慈善活动的学生。这是十一学校第一个由在校学生设立的奖学金，也是第一个专门奖励参与公益慈善事业的奖学金。

年末，在十一学校的操场上，近千名师生扮演成各种各样的卡通形象，上演了迄今为止规模最大的一场校园卡通秀，无论是扮演成喜羊羊的老师，还是扮演成米老鼠的学生，全都在狂欢中绽放激情。这场以"创意迪士尼，欢乐在十一"为主题的校园狂欢节，总策划是韩雨辰同学。在她的总指挥下，十一学子们一共策划了"师生花车游行""美食一条街""梦幻城堡歌舞会"等十大创意活动，欢乐洒满了校园的每一个角落。

十一学校的师生每年都是在欢呼声中迎来新学年的。每一次开学典礼总有惊艳的创意，犹如学校送给每个师生的新学年礼物。在2011年秋天的开学典礼上，通过大屏幕现场抽取各年级火炬手，航模抛球选取幸运师生按响开学铃声，令开学典礼高潮迭起。这是黄启皓、王婉婷两位同学策划的杰作。如今，"开学护照""火炬接力"等已成为十一师生心中难忘的经典。

十一学校有学生自行组织的校园新闻发布会，学生以记者身份跟特邀嘉宾畅谈校园内外的热点话题。主办这个活动的少年社科院，有一个创意十足的院长郑沛惊。2011

年，他把正处在风口浪尖上的"狼爸"请到了校园新闻发布会上，跟十一学子展开了一场唇枪舌剑。十一学子的风采征服了以霸气著称的"狼爸"，他在博客中写道："我对十一学校的学生们敬畏有加……十一学校学生的问题的深度、广度、宽度让我肃然起敬。"

"罗马尼亚文化日""法兰西周""澳大利亚文化日"……这是在十一学校经常看到的一道多元文化风景。在十一学校，几乎每个月都有一两个以国家名字命名的文化日活动。活动的策划、组织全部由各年级的学生负责。在首届"德国文化日"上，叶枫同学策划了"柏林电影节"主题，并说服技术课的老师，带领同学在课堂上亲手制作出一个个水晶柏林熊和木制雕刻盘，令嘉宾们赞不绝口。如今，十一学校共有8个每年一届的外国文化日活动，它们已成为十一学子感知世界文化、结交各国友人的重要平台。

"魏老师，这节课你能不能不讲话，由我们自己来讨论？"这是十一学校的历史特级教师魏勇在课堂上遭遇的一次意外。善于激发学生思考的魏老师欣然同意了曾文远的要求，把课堂交给了学生，全班同学还给了魏老师一堂精彩的自主讨论课。这个"意外"其实在曾文远同学心里预谋已久了。自从"课堂成长年"以来，十一学校的课堂一天天地发生着变化。学生端坐听讲的时候少了，自主研修、合作探究、研讨辩论的时候多了。无论是历史还是政治，无论是语文还是生物，经常可以看到由学生自发组织的讨论课、辩论课。

本学期选修戏剧课的学生为全校师生、家长和来宾送上了他们自编自导的42台戏剧。动感激越之《歌舞青春》，壮志豪情之《花木兰》，经典再现之《雷雨》……所有人的创造力都在一个个团队中得以空前地爆发。音乐剧《花木兰》的导演吴帆，大胆地对剧本进行了改编，把电影、动画片和《木兰辞》进行整合，设计了"匈奴来袭、皇宫进谏、点兵……"等剧情，并引入了民族舞蹈、打戏和蒙太奇等多种元素，让观众欣赏了一台独一无二的《花木兰》。一位嘉宾情不自禁地赞道："太有意思了，太好了，这帮孩子太有创意了！"

这些五彩缤纷的文化创意活动让人感叹十一学校学生创造力的同时，也为学校鼓励创新的办学理念喝彩。或许，未来广阔的社会舞台才是他们真正大显身手的地方。

6. 北京亦庄实验小学：席卷全国的"全课程"

2012年，"全课程"研发启动；2013年，北京亦庄实验小学成为首所"全课程"实验校；2014年，众多学校参与实验；2015年，浙江省教育厅以红头文件的形式在全省推广

"全课程"。每天，亦小里参观者络绎不绝。

中国的课程改革和实验琳琅满目，为什么偏偏是这样一个尚走在路上的探索，引起了如此广泛的关注？

（1）这是教室吗？

宽大漂亮的地毯、柔软舒适的沙发、高品质的绘本和乐高玩具以及可以上网的电脑……走进亦庄实验小学低年级教室，您或许会有时空变幻的错觉：这是小学教室吗？120平方米的宽大教室，其中包括80平方米的教学区，30个孩子分成若干小组相对而坐；40平方米的活动区铺满地毯，孩子可以坐在地毯上阅读、游戏、上网和玩乐高玩具；孩子们的作品或培育的小植物在四周展示。

面对这样的教室，不由令人慨叹，教室硬件的变化，不仅是活动空间的扩大，更是为孩子们创造更多元的学习方式、更为丰富的儿童生活。身处"家"一样的教室和学校，孩子们会真正喜欢学校，进而喜欢学习，培养一生对于学习的态度，过一种更丰富、更好玩的小学生活。

（2）绘本当教材

一年级孩子的人生第一节语文课绝对不会是汉语拼音a、o、e，而是绘本《大卫上学去》。因为汉语拼音太枯燥、太难了，如果一开始就用一个半月教拼音，孩子对学习的向往，对学校的兴趣将荡然无存。《大卫上学去》中，不断惹麻烦的大卫最后还是得到了老师的鼓励，他给了刚踏入小学校园、心里尚且非常忐忑的孩子们安全和自由。

匆忙建立起来的规矩对儿童内在的心灵是一种约束，最终一定会影响他的思维和心灵。全课程的低段以绘本为主教材，语文、数学等学科概念不再出现，取而代之的是一个个主题鲜明、饶有趣味的单元，整合现有各个学科，不着痕迹地开启孩子们的小学生活，包括绘本、故事、绘画、音乐、舞蹈、戏剧、游戏等，每月一个大主题，每周一个小主题，一年级教材充溢着游戏精神和探究意识，让孩子们乐在其中。

（3）化单元学习为主题任务的学习

春天就要到了，学习全课程的孩子们要用一个多月时间来学习《发现春天》这一主题教材。为什么是"发现"春天？因为春天需要去探秘、寻找，满足儿童强烈的好奇心。所有的课程都有开启意识：带上你的工具纸、笔，整个身体，让眼睛更明亮，让耳朵更灵敏，让皮肤更敏锐，我们到校园里、公园里、大自然里去寻找春天，看谁找到的春天多。这个课程一开启，就让春天跟孩子紧密地融为一体。

这本教材里面有诗，有文，有画，有歌，有舞，有电影，有春游，让孩子多维度地去感受春天。当然，最后孩子们还要用多种作品、多元的形式来融入春天。春天还未结束，一年级的每个小朋友都已经画了几十幅甚至上百幅的画，由家长笔录了很多口述的文章。这些画怎么处理？老师们正式给孩子集体印刷出版，出版社是北京亦庄实小出版社，书号没有。但是仪式很隆重，每个教室都铺上红地毯，举行首发式，然后签名售书（这人生的第一本著作基本上都卖给了家长）。

这样的一个春天的课程，孩子的学习始终伴随着春天、发现春天、体验春天、创造春天，最后春天即课程，课程即春天。

"全课程"研究中心主任李振村认为：儿童应当成为教育改革、课程改革、教学改革的起点和归宿，没有第二个起点，也没有第二个归宿。全课程从儿童出发，回到儿童本身。

7. 网络上爆棚的"北京魔法学院"，听说是一所3.0版本的学校

听说这个校区的每一个孩子在小学六年里面，都会和5位兄弟姐妹一起成长。听说这个校区在改变了传统学校空间的同时，教师的教育方式、学生的学习方式也随之变化。

听说在新校区建设中生发出"班组群""校中校""真实的学习""邻家孩子""学校教育共同体"等教育创新概念。

听说斯坦福的学者、美国的好校长、芬兰的优秀老师们连续三年与这所学校的老师们共同探讨什么样的学校才是"全球好学校"。

听说……

承载如此多教育理想和创新的校区到底什么样呢？相信您也和小编一样充满了好奇。外行看热闹，内行看门道。咱们一起前去探索一番吧。

从中关村三小的万柳南校区出发，向北走两个路口，三小的新校区就坐落于此。学校建筑规划设计是中国传统民居的瑰宝——福建的土楼。这种世界独具特色的大型民居建筑，体现出来的是"天人合一"大家庭的和谐共处的东方哲学理念。

但是，中关村三小的万柳新校区的建筑设计，不是封闭的，而是开放的。新校区整个建筑地上高四层、地下两层，"C"型环抱的综合楼体结构坐北朝南，直面整个城市的中心，仿佛以最大热情拥抱着城市、拥抱着走进来的每个人。

　　新校区的校门往内退了 10 米，在局部呈"凹"字形。这不仅是学校让出来的一个缓冲带，便于家长接送孩子，防止拥堵和危险，学校也让出了校门口的人行道，特别是盲道。

　　3.0 版本学校最精彩、最创新之处，当然应该是学生学习和成长所需的空间设计。

　　整个学校的建筑物，是一个综合体。走进去之后，就可以一直在室内穿行，四通八达，风雨不误。走在这个综合体楼里，看不见惯常的长长走廊一边或两侧一间间并列的格子间教室，而是"三室一厅一卫"家的格局。这样的设计可不是直接"照搬"家庭空间，而是遵循世界最佳学校教育知识和实践、符合儿童终身发展的独特"班组群"的空间设计。

　　在这样"三室一厅一卫"家的空间里面，三间教室连在一起，来自三个相邻年级的班级共同组成一个学习群体。三间教室之间除了一道墙外，其他的都是经过清华建筑声学实验室把关的活动隔断板。隔断板可以折叠或展开，平时三个班级即可以在各自的教室里学习，也可以根据需要，打开不同或全部的隔断板，两个或三个班级可以自由组合在一起，开展多样的真实的学习。

　　"一厅"是这样的，孩子们可以做这些：

　　一个"班组群"的整体空间，是研究者依据社会学、儿童发展学等相关理论，科学设计出的个人空间、规定组群空间、分享空间和公共空间四个递进层级的空间。

　　个人空间，有类似小屋、树洞等可"藏身"其中的家具，方便学生独处或三两聚集，带给孩子们静谧思考的私人领地。

　　固定组群空间，即传统意义上的教室。

　　分享空间，指的是"一厅"，是大孩子与小孩子一起玩耍和活动的场地。

　　公共空间，是宽敞的过道，以及自然阳光下的晾台。

　　每一个"班组群"，都是南北通透的最佳户型，阳光普照，通风良好。天气好时，前后开窗可通风；有雾霾时，关闭门窗，利用整栋楼都安装的空气净化系统，可以确保孩子们呼吸干净的空气。人人谈之色变的雾霾，再也影响不到这所学校孩子们的正常上学了。

　　每一个"班组群"内的空间，种有赏心悦目的花草，还有户外的大晾台。待春暖花开之时，孩子们的种植箱里更是姹紫嫣红。

在这样的"大家"里学习和成长，孩子们是十分开心的。相信在家长们看来，也是极好的吧。

现在上学的孩子，大多还是独生子女。独生子女的教育，无论是在家庭，还是在学校，都具有很大的挑战。怎么办？

现在国家放开二孩政策，将来一个家庭有两个孩子的现象越来越多，怎么去教育？

世界上有专门考虑怎么帮助独生子女成长的学校吗？有教育孩子与兄弟姐妹一起和谐成长的学校吗？

让我们听听"大家三小"对"学校应该是一个怎样的地方"的深度思考。

在三小的老师看来，"学校首先应该是学生学习人与人之间共处的地方，而不仅仅是学习孤立的知识或技能的场所"。在学校，孩子的成长需要稳定的同伴交往，同时，又要有一定的多样性。为此，"大家三小"创新地设计了"班组群"。在"班组群"里成长的孩子，在小学六年里面，可以有5个"兄弟姐妹"，两个比自己大的哥哥姐姐，两个比自己小的弟弟妹妹，还有与自己一样大的同学，一起玩耍、一起学习、一起成长。这样丰富的"家"的关系，将为孩子建立、学习、实践一生健康发展所需的丰富人际关系，提供传统的班级授课制无法比拟的可能和机会。在这样丰富多彩的社会生态里，孩子不仅可以有多样化成长的楷模和同伴，同时也可以成为其他孩子的楷模和伙伴。

家长们，准备好让您的孩子进入这样一个充满爱与温馨、充满色彩与魔幻的大家庭了吗？

综合整理自《当代教育家》杂志，小花生网《人民画报》等。

附 丛书阅读导图

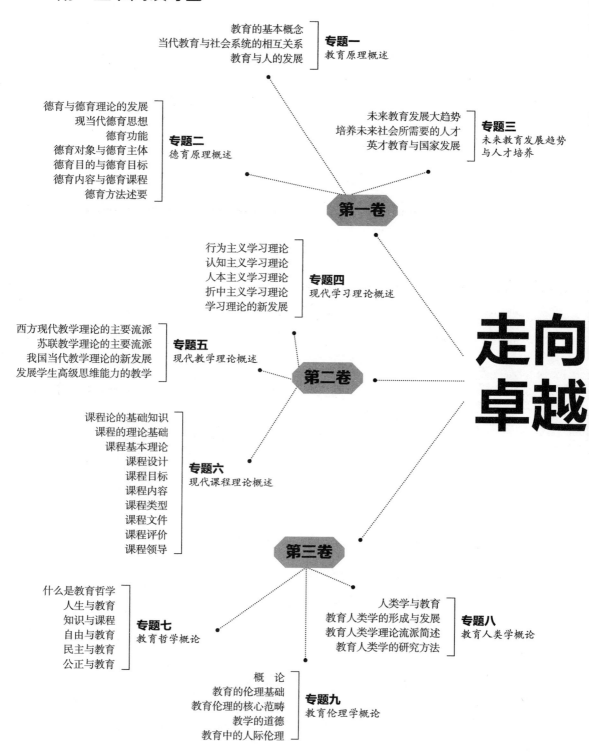

专题一 教育原理概述
- 教育的基本概念
- 当代教育与社会系统的相互关系
- 教育与人的发展

专题三 未来教育发展趋势与人才培养
- 未来教育发展大趋势
- 培养未来社会所需要的人才
- 英才教育与国家发展

专题二 德育原理概述
- 德育与德育理论的发展
- 现当代德育思想
- 德育功能
- 德育对象与德育主体
- 德育目的与德育目标
- 德育内容与德育课程
- 德育方法述要

第一卷

专题四 现代学习理论概述
- 行为主义学习理论
- 认知主义学习理论
- 人本主义学习理论
- 折中主义学习理论
- 学习理论的新发展

专题五 现代教学理论概述
- 西方现代教学理论的主要流派
- 苏联教学理论的主要流派
- 我国当代教学理论的新发展
- 发展学生高级思维能力的教学

第二卷

专题六 现代课程理论概述
- 课程论的基础知识
- 课程的理论基础
- 课程基本理论
- 课程设计
- 课程目标
- 课程内容
- 课程类型
- 课程文件
- 课程评价
- 课程领导

第三卷

专题七 教育哲学概论
- 什么是教育哲学
- 人生与教育
- 知识与课程
- 自由与教育
- 民主与教育
- 公正与教育

专题八 教育人类学概论
- 人类学与教育
- 教育人类学的形成与发展
- 教育人类学理论流派简述
- 教育人类学的研究方法

专题九 教育伦理学概论
- 概论
- 教育的伦理基础
- 教育伦理的核心范畴
- 教学的道德
- 教育中的人际伦理

走向卓越

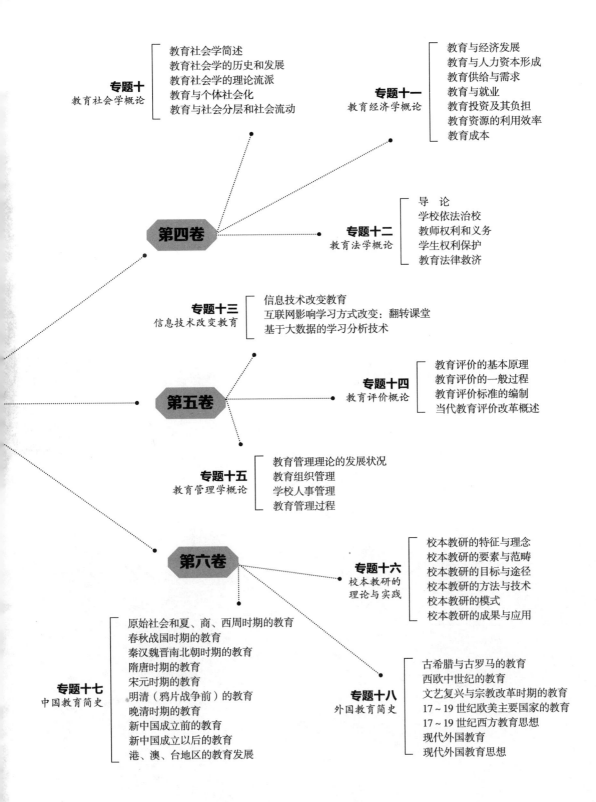

专题十　　教育社会学简述
教育社会学概论　　教育社会学的历史和发展
　　　　　　　　　教育社会学的理论流派
　　　　　　　　　教育与个体社会化
　　　　　　　　　教育与社会分层和社会流动

专题十一　　教育与经济发展
教育经济学概论　　教育与人力资本形成
　　　　　　　　　教育供给与需求
　　　　　　　　　教育与就业
　　　　　　　　　教育投资及其负担
　　　　　　　　　教育资源的利用效率
　　　　　　　　　教育成本

第四卷

专题十二　　导　论
教育法学概论　　学校依法治校
　　　　　　　　教师权利和义务
　　　　　　　　学生权利保护
　　　　　　　　教育法律救济

专题十三　　信息技术改变教育
信息技术改变教育　　互联网影响学习方式改变：翻转课堂
　　　　　　　　　　基于大数据的学习分析技术

第五卷

专题十四　　教育评价的基本原理
教育评价概论　　教育评价的一般过程
　　　　　　　　教育评价标准的编制
　　　　　　　　当代教育评价改革概述

专题十五　　教育管理理论的发展状况
教育管理学概论　　教育组织管理
　　　　　　　　　学校人事管理
　　　　　　　　　教育管理过程

第六卷

专题十六　　校本教研的特征与理念
校本教研的　　校本教研的要素与范畴
理论与实践　　校本教研的目标与途径
　　　　　　　校本教研的方法与技术
　　　　　　　校本教研的模式
　　　　　　　校本教研的成果与应用

专题十七　　原始社会和夏、商、西周时期的教育
中国教育简史　　春秋战国时期的教育
　　　　　　　　秦汉魏晋南北朝时期的教育
　　　　　　　　隋唐时期的教育
　　　　　　　　宋元时期的教育
　　　　　　　　明清（鸦片战争前）的教育
　　　　　　　　晚清时期的教育
　　　　　　　　新中国成立前的教育
　　　　　　　　新中国成立以后的教育
　　　　　　　　港、澳、台地区的教育发展

专题十八　　古希腊与古罗马的教育
外国教育简史　　西欧中世纪的教育
　　　　　　　　文艺复兴与宗教改革时期的教育
　　　　　　　　17～19世纪欧美主要国家的教育
　　　　　　　　17～19世纪西方教育思想
　　　　　　　　现代外国教育
　　　　　　　　现代外国教育思想